İNSANLIĞIN SON BİN YILI

İSMAİL TOKALAK

İNSANLIĞIN SON BİN YILI

İsmail Tokalak

Genel Yayın Yönetmeni
Mustafa Karagüllüoğlu

Editör
Yağmur Yıldırımay

©Ataç Yayınları
T.C. Kültür ve Turizm Bakanlığı
Sertifika No: 16427

ISBN: 978-605-80843-2-2

1. Baskı: Ekim 2019

Sayfa Düzeni
Adem Şenel

Kapak Tasarımı
Barış Şehri

Baskı-Cilt
Şenyıldız Yay. Matbaacılık Ltd.Şti.
Gümüşsuyu Cad. Işık Sanayi Sitesi C Blok No: 102
Topkapı / İstanbul
Tel: 0212 483 47 91-92 (Sertifika No: 11964)

ATAÇ YAYINLARI
Çatalçeşme Sok. No: 52/1 34410 Cağaloğlu-İstanbul
Tel: (0212) 528 47 53 Faks: (0212) 512 33 78
www.atacyayinlari.com / bilgi@atacyayinlari.com

İNSANLIĞIN SON BİN YILI

İSMAİL TOKALAK

"ataç

İsmail Tokalak

(e-posta: tokalak@btinternet.com)

1953 Bafra doğumlu olan İsmail Tokalak, İstanbul Üniversitesi Fen Fakültesi'ni 1979 yılında, Londra Üniversitesi (S.O.A.S.) Ekonomi Bölümü'nü 1998 yılında bitirdi. 1980 yılından itibaren çeşitli konularda araştırmalar yapmakta olan yazarın *Bizans-Osmanlı Sentezi* (2006), *Dünyayı Yönetenler ve Sistemleri* (2008), *Dünyada İlaç ve Kimya Terörü* (2014), *Dünyada Gıda Terörü* (2014), *Küreselleşme Kıskacında Türk Tarımı* (2010) ve *İslam Ülkeleri Neden Geri Kaldı?* (2011), *Yahudiliğin Kökenleri ve Küresel Gücü* (2014), *Paranın İmparatorları* (2014), *Kurumlarıyla ve Oyunlarıyla Küresel Sömürü,* (2016), *Kapitalizmin Soygun Düzeni* (2016), *Korku İmparatorluğu Yükselişi ve Düşüşü* (2016), *Geri Kalmışlık ve Terör* (2017), *Ahilik Bektaşilik Alevilik ve Mevleviliğin Kökenleri* (2017) ve *Üst Akıl* (2018) adlı kitapları vardır.

İÇİNDEKİLER

ÖN SÖZ

Günlük yaşantımızı, dünyaya ilişkin
hemen hiçbir şey anlamadan sürdürüp gidiyoruz.[1]

ABD'li gökbilimci, astro-biyolog Carl Sagan(1934-1996)

Kuantum fiziği insanın doğayı,
yaşamı anlamasındaki en büyük başarıdır.[2]

ABD'li uygulamalı fizikçi, Yale Kuantum Enstitüsü
Başkan Yardımcısı, Prof. A. Douglas Stone

İnsan, yaşayan canlılar içinde öleceğini bilen tek ve en zeki canlıyken evreni, kendisini hâlâ iyi tanımayan, doğayı, kendi geleceğini ve sağlığını en çok tahrip eden canlıdır. Ama insanın doğaya en iyi uyum sağlayan canlı olduğunu söylemek zordur. İnsanoğlu bugün hızla gelişen teknolojinin yakın gelecekte kendisine ne gibi olumsuzluklar getirebileceğini henüz tam kavramış değil.

Evrenin matematiğe uygun rasyonel bir yapısı olduğu gibi matematik bir dili ve birbirine zincir şekilde bağlı işleyen fiziki bir düzeni vardır. Evrenin matematiksel işleyiş dilini ve kurallarını bilmezseniz, doğanın yasalarını matematiksel modellerle açıklayamazsanız evreni anlayamazsınız. 1900'lerin başına gelindiğinde insanlar klasik fiziğin her şeyi açıkladığını düşünüyorlardı. Fakat 1905-1916 yılları arasında Einstein'ın görelilik teorileri klasik fiziğe yeni boyut kazandırdı.

---

1   Carl Sagan'ın Stephen Hawking'in (1942-2018) *Zamanın Kısa Tarihi* kitabına yazdığı ön sözden. Stephen Hawking, *Zamanın Kısa Tarihi*, Çeviri: Dr. Sabit Say-Murat Uraz, İstanbul: Milliyet Yay. 1988, s.11.

2   A. Douglas Stone, *Einstein and the Quantum: The Quest of the Valiant Swabian*, Princeton-Oxford: Princeton Univ. Press, 2013, s.2

1920'lerde ortaya çıkmaya başlayan[3] kuantum fiziği/mekaniği ise evreni anlamada yepyeni dünyanın kapılarını açtı. Normal eğitimli bir kişi için anlaması ve kavraması oldukça zor olan kuantum fiziği, evreni makro dünya ile açıklayan klasik fiziğin mikro dünyada, yani atomaltı parçacıklarını açıklamada, anlamada yetersiz olması nedeniyle ortaya çıktı. Kuantum fiziği bizim makro-dünyada şekillenmiş olan felsefemizi değiştirmemiz, evrene, yaşama yeni bir boyut ve açıdan bakmamız gerektiğini gösterdi. Bize evrenin oluşumunu, gelişimini ve nereye doğru evirildiğini göstermeye çalışıyor.

Çevremizde gördüğümüz hemen her şeyin açıklaması kuantum kuramı ile mümkün olup anlam kazanıyor. Kuantum fiziği bize evrendeki her şeyin birbirleriyle ilişkili olduğunu da gösteriyor. Kuantum fiziği, hiçbir şey gözlenmedikçe gerçek değildir, der. Kuantum fiziği sizi düşünmeye, soru sormaya, her şeyi anlamaya iter. Doğayı tanımanız, onun yasalarını öğrenmeye çalışmanız, onunla bütünleşip daha bilinçli insan olmanızı sağlar.

Einstein klasik fizikteki belirliliklerin (zaman, konum, memontum vb.) kuantum fiziğinde olmamasından dolayı[4] ona sıcak bakmıyordu, fakat oluşturduğu görelilik teorisi ile farkından olmadan kuantum fiziğine katkıda yardımcı bir rol oynadı.[5]

Parçacık fizikçileri ile evreni ve içimizdeki yerini anlamaya çalışan astrofizikçilere göre insanlar, yıldızlar ve galaksiler, bitkiler ve aklınıza gelebilecek her şey, görebildiğimiz göremediğimiz

---

3   Aslında kuantum kavramlarının sahne almaya başlaması, 20. yüzyılın hemen başında Alman fizikçi Max Planck'ın (1858-1947) 1900 yılında elektromanyetik ışınımların doğasıyla ilgili temel bir sorunu çözdüğünü duyurması ile kısmen başladı diyebiliriz.

4   Görelilik teorisinde zaman, hız, uzunluk, momentum gibi kavramlar görecelidir. Kuantum fiziğinde konum, momentum, hız, enerji kesin olarak ölçülemez, daima belirsizlik vardır. Üstelik dalga-parçacık ikiliği, sıfır noktası enerjisi, paralel evrenler gibi gündelik hayatta tecrübe edindiğimiz bilgilere tamamıyla aykırı sonuçlar doğurur. Örnek olarak, klasik fizikte eğer bir deneyi tamamıyla aynı şartlarda iki veya daha fazla yaparsanız aynı sonuçlar elde edersiniz. Kuantum fiziğinde ise bir deneyi aynı şartlar altında yapsanız dahi farklı sonuçlar alırsınız, çünkü kuantum fiziğinde olaylar rastlantısaldır.

5   A. Douglas Stone, *Einstein and the Quantum: The Quest of the Valiant Swabian*, Princeton-Oxford: Princeton Univ. Press, 2013, s.2. (A. Douglas Stone, *Einstein ve Kuantum*, Çeviri: Volkan Yazman, İstanbul: Say Yay. 2017.)

ama etkisini görebildiğimiz her şey aslında temelde birbirine bağlı ilişkilerden oluşuyor.

Evrenin, doğanın birbiriyle bağlı düzenini bozmaya başlarsanız bu bozulma katlamalı şekilde yaşamın her alanını olumsuz etkiler. İnsan ne kendisini ne kendisinin parçası olduğu ve ona hayat veren doğayı tanımıyor. İnsanlık 19. yüzyıldaki endüstriyel devrimden itibaren bilinçsizce daha çok tüketmek, daha çok kazanmak için doğadan limitsiz şekilde alarak, onu tahrip ederek doğaya karşı kazanılması mümkün olmayan bir savaş veriyor. Bunun insanlığın kazanmasının mümkün olmadığı bir savaş olduğunun ve kendi sonunu hazırladığının farkında değil.

İnsanlar objektif olarak doğaya uygun düşünmelidir. Bunu yapması için de doğayı, yaşamı tanıması, doğaya yabancılaşmaması gerekir. Fakat insanlar gittikçe doğadan uzaklaşmakta, yeşilin olmadığı beton yığınları içlerine kendilerini hapsetmekte ve her geçen gün makinelere daha bağımlı yaşamaktadırlar. Bu durum insanı, insan olma olgularından uzaklaştırmakta ve geleceğini belirsiz kılmaktadır.

Teknolojinin hızlı gelişimi hemen hemen insan kontrolünden çıkmış durumda. Hızla gelişen teknoloji insanlığa büyük faydalar sağlarken aynı zamanda yaşam için birçok tehlikeyi de beraberinde getirmekte, insanoğlu ise hâlâ bunu görememekte ve buna karşı tedbir alamamaktadır. İnsanlık kendisini hayatın akışına bırakmıştır ve artık teknolojiye bağımlı yaşamaktadır. Teknolojinin kontrolünü elinden kaçırdığı an onun esiri olacaktır. Şu anda hangi teknolojinin etik olmayan alana girdiği konusunda bir sınırlama getirilmiş değil.

California Üniversitesi'nde insan zekâsını okuma konusunda yapılan çalışmaların sonucu, Nisan 2019'da *Nature* dergisinde yayımlandı. Bu çalışmanın sonucunda insanların düşüncelerini okuyan ve bunu konuşmaya çeviren bir şifre çözücü (*decorder*) cihaz yapıldığını öğrenmiş olduk.[6] Cihazın henüz test aşamasında olduğu şu anda mükemmel çalışmadığı, fakat dinleyenlerin cihazın sesli hale getirdiği kişinin düşüncelerinin %70'ini

---

6   Gopala K. Anumanchipalli, Josh Chartier & Edward F. Chang Speech synthesis from neural decoding of spoken sentences *Nature*, Vol. 568, s.493-498, 2019.

anladıkları belirtiliyor. Bunun kısa sürede mükemmel hale geleceğinden şüphe yok. [7]

Bu alet bir yerde nörolojik engellerden dolayı konuşamayan hastaların kendilerini ifade etmek için çok yararlı olacak fakat diğer taraftan bunun tıp dışındaki alanlarda kullanılması, insanların düşüncelerinin okunarak kayda geçirilmesine nasıl bir düzen ve sınırlama getirilecek? Bu tip sorulara şimdilik kimse cevap veremiyor.

İnsan, her şeyin fiyatını biliyor. Değerini, ölçüsünü bilmediği en önemli şey de doğa. Günümüzde doğanın değerini ve olanları tam olarak anlamadığımız için gelecekte nasıl bir felakete doğru koştuğumuzu da hem anlamıyoruz hem de görmek istemiyoruz. İnsanlık derin bir uyku içinde. İnsanoğlunun yüz bin yıllık zorlu macerasının son dönemecinde nereye doğru gittiğini görmesi için bu geldiği nokta önündeki son fırsattır. Yoksa Prof. Hawking'in dediği gibi; insanoğlu bin yıla kalmadan kendisini yok edecektir.[8] Bu çalışmanın temel amacı, insanlığın çok yakın bir zamanda karşı karşıya kalacağı bu geri dönülmez tehlikeyi belgeleriyle göstermektir.

Bugünkü adaletsiz, acımasız aşırı tüketime iten küresel ekonomik sistemde bir avuç küresel gücün yararına işleyen karşılıklı küresel bağımlılık vardır. Bu sistem kaynakları aşırı tüketip adil olmayan şekilde paylaştırırken, toplumun sosyal düzeninin ve tabiatın dengesinin bozulmasını da hızlandırır. İnsanoğlu bu kaos içinde tüketirken aynı zamanda her yönden tükeniyor.

Sadece bize hayat veren doğal kaynakları tüketmiyoruz; doğayı yok edip ondan uzaklaştıkça birbirimizden de uzaklaşıyor,

---

7   Ağzın şekline ve seslerine odaklanarak bilim insanları bir ilke imza attı. Akıl okuma teknolojisini işlevsel kılmak için beynin dudakları, dili, gırtlak ve çeneyi hareket ettiren bölümüne elektrotlar yerleştirildi ve beynin bu bölgesindeki elektrik sinyalleri algılandı. Bilgisayarda farklı sesler için ağzın ve gırtlağın hareketleri kopyalandı. Sonunda "sanal ses aygıtından" sentetik bir konuşma duyuldu. Araştırmacılardan nörolog Profesör Edward Chang şöyle diyor: "İlk defa olarak bu çalışma bir kişinin beyin faaliyetlerine dayanarak cümlelerle konuşmanın önünü açtı. Konuşma kaybına yol açan motor nöron hastalığı, beyin hasarları, gırtlak kanseri, felçler, parkinson hastalığı gibi hastalıklarda işe yarayabilir. Ancak teknoloji, beynin dudakları, dili, gırtlağı ve çenenin doğru biçimde hareket etme ilkesi kapsamında çalışıyor. Felçli bazı hastalar bundan yararlanamayabilir."

8   Roger Highfield , Colonies in space may be only hope, says Hawking, *Daily Telegraph*, 16.10.2001.

küresel sistemin nasıl işlediğinin farkında olmadan bizi sömürenlere, doğayı acımasızca tüketenlere de sessiz kalıyoruz. Onlar doğayı tüketirken bizi de sömürüyorlar. Dünyanın acilen korumacı doğa ve kontrollü teknoloji bilinci içinde sürdürülebilir bir sisteme ve ciddi bir tüketim ahlakına ihtiyacı vardır. Bunun için de gençlerimizi öncelikle bu yönde eğitip yetiştirmeliyiz.

İsmail Tokalak
Haziran, 2019

İNSANLIĞIN SON BİN YILI MI KALDI?

Eğer uzayda kendimize bir yer bulamazsak insanlığın
önümüzdeki bin yıl daha yaşayacağını düşünmüyorum.[9]

İngiliz astrofizikçi Prof. Stephen Hawking

İnsanlar Sonunu Nasıl Hazırlıyor

21. yüzyılda insan ırkının yaşamına
devam etme şansı %50'den fazla değil.[10]

İngiliz Astrofizikçi Prof. Martin Rees (1942-)

Dünyadaki canlılar bir bütün olarak birbirine bağlıdır. Yaşamda dejenerasyon, bozulma başladığında insanların bu olumsuz etkiden kaçması mümkün değildir. Dünyadaki bu bozulmaya en büyük etki yapanlar da insanlardır. Bugün yalnız insanlar yeryüzünden kalksa kısa süre içinde dünya hasarlarını onarır, sular ve hava daha temiz, dünya daha yaşanacak bir yer halini alır. Yayılma beslenme içgüdüsü ile yaşayan aşırı artan insan nüfusu, dünyadaki bütün dengeleri bozmakta, kendi geleceğini de tehlikeye sokmaktadır.

---

9   Roger Highfield , Colonies in space may be only hope, says Hawking, *Daily Telegraph*, 16.10.2001.
    I don't think the human race will survive the next thousand years, unless we spread into space.

10 Simon Hattenstone The end of the World as we know it (Mertin Rees Interwiev) *The Guardian*, 24.03.2003.
    Martin Rees, *Our Final Century: Will the Human Race Survive the Twenty-first Century?*, U.K Eastbourne: Gardners Books, 2004
    Will the human race survive the 21st century it asks. Ultimately, Rees concludes that we have no more than a 50-50 chance of surviving

Dijital çağda birisiyle diyalog halindeysen bunun tüm dünya ile diyalog halinde olduğun anlamına geldiğini bilmeliyiz. Dijitalleşmenin bedeni gereksiz hale getirmesi insanlık tarihinde çok dramatik değişikliklere neden olacaktır. "Yıkıcı teknoloji (*disruptive technologies*)" ifadesi ilk kez 1995'te Clayton M. Christensen tarafından kullanıldı.[11] Son zamanlarda bu ifadenin bir türevi olarak "yıkıcı inovasyon"da kullanılıyor.[12]

Teknoloji gelişme hızını o kadar arttırmış durumda ki bunun hızına yetişmek artık mümkün değil. Dijital bir cihazın daha yüksek teknolojisi iki senede ya da senede bir piyasaya çıkarken senede iki kereye düştü. Bugün insanlık artık gelecekte kendisini nelerin beklediğini tahmin edemiyor. Teknolojinin cazibesi ve yönlendirmesinin seline kapılmış durumda. Kanadalı filozof, medya iletişim kuramcısı Prof. Marshall McLuhan (1911-1980),[13] teknolojilerin getirdiği kötülüklerin insanlar tarafından görmezden gelindiğini çok öncelerden uyaran bilim insanlarından biriydi.[14] Bu teknoloji, toplumu hızla şekillendirip değiştirirken tüm yaşam ve sosyal ilişkilerini etkilerken bunun ileride tüm insanlık ve doğa için yıkıcı olabilecek yönleri olduğunu büyük çoğunluk göremiyor. İşte insanoğlu için en büyük tehlike burada başlıyor. Bu durum insanoğlunun kendi eliyle sonunu getirecek bir durum.

İnsanoğlunu uzaya ilk yolcuğunu Nisan 1961'de yaptı. Bu o zamana kadar yapılan en büyük teknolojik başarılardan biriydi. Teknolojik ilerleme kısa sürede katlanarak arttığında bu başarı unutuldu. Şimdi insan hayal edemediği teknolojik dünyanın içinde yaşamaktadır. Fakat insanoğlu kendisine bu ileri teknolojinin ne

---

11 Joseph L. Bower-Clayton M. Christensen, Disruptive Technologies: Catching the Wave, Harward Business Review, Ocak-Şubat 1995.

12 Clayton M. Christensen-Michael E. Ravnor-Rovry McDonald, What Is Distruptive Innovation? Harward Business Review, Aralık 2015.

13 Herbert Marshall McLuhan, iletişim uzmanıdır. Aslen Kanadalıdır. 1928 yılında Manitoba Üniversitesi'nde mühendislik eğitimi almış, aynı üniversitede İngilizce ve felsefe üzerine yüksek lisans yapmıştır. 1935 yılında ise Cambridge Üniversitesi'ne geçiş yaparak, burada edebiyat üzerine doktora eğitimini sürdürmüştür. 1944 yılında doktora çalışması bittikten sonra Amerika'nın çeşitli üniversitelerinde öğretim görevlisi olarak yer almış, 1946 yılında da Toronto Üniversitesi'ne geçmiştir.

14 Nurdoğan Rigel (Edit), Gül Batuş, Güleda Yücedoğan, Barış Çoban, (2005). *Kadife Karanlık-21. Yüzyıl İletişim Çağını Aydınlatan Kuramcılar*, İstanbul: Su Yayınevi, 2005, s.18-19.

gibi bir son hazırladığını bilmemektedir. Bu tehlikeleri bir avuç aklı başında astrofizikçi ve diğer bilim insanları dile getirmektedir.

Ünlü İngiliz fizikçi Prof. Stephen Hawking (1942-2018) 1960'ların başında 21 yaşındayken tedavisi olmayan amyotrofik lateral skleroz (ALS) hastalığına yakalanmıştı. Stephen Hawking öğrenciyken yakalandığı ALS hastalığı sebebiyle kendisi için özel olarak geliştirilen bir bilgisayar sistemiyle iletişim kuruyordu.

Kendisi bu talihsiz durumu şöyle anlatıyordu: "Vücudum gittikçe zayıflayıp hareket ve ellerimi kullanma, formül yazabilme kabiliyetini kaybederken beynim çok daha güçlü çalışıyor ve düşüncem daha geniş alanlarda seyahat ederek ufkumun genişliğiyle evrenin çalışma sistemini kafamda ve düşüncemde daha net şekillendiriyordum. Beynimi canlı tutmam benim bugüne kadar (iki sene kısa ömür biçmelerine rağmen) uzun yaşamamın en temel nedenidir. Yaşamımın üçte ikisinin (bu hastalık nedeniyle) her dakikasını her an ölme tehlikesiyle karşı karşıya olma ihtimaliyle geçirdim. Ben çocukken zamanımın büyük bir kısmını yıldızlara bakarak geçirir, sonsuz ufukların bitiş noktasının nerede olduğunu düşünürdüm. Yetişkin yaşa geldiğimde de 'Biz neden dünyaya geldik?', 'Nereden geldik?', 'Evreni tanrı mı yarattı?', 'Yaşamın anlamı ne?', 'Evren neden var?' sorularını sormaya başladım. Bu soruların bir kısmını cevapladım, diğer bir kısmın konusunu hâlâ sorguluyorum."[15]

Hawking, çocukluğunda ve gençliğinde kendi kendine sorduğu soruları astrofizik bilimine vâkıf olarak cevaplamaya çalışmaktadır. Astrofizikçilerin temel hedefi evrenin nasıl çalıştığını ve evrenin

---

15   Stephen Hawking, I think the human race has no future if it doesn't go to space, *The Guardian*, 26.09.2016

I have lived with ALS, amyotrophic lateral sclerosis, for fifty years. When I was diagnosed at age twenty-one, I was given two years to live. I was starting my PhD at Cambridge and embarking on the scientific challenge of determining whether the universe had always existed and would always exist or had begun with a big explosion. As my body grew weaker, my mind grew stronger. I lost the use of my hands and could no longer write equations, but I developed ways of travelling through the universe in my mind and visualising how it all worked. Keeping an active mind has been vital to my survival. Living two thirds of my life with the threat of death hanging over me has taught me to make the most of every minute. As a child, I spent a lot of time looking at the sky and stars and wondering where eternity came to an end. As an adult, I have asked questions, including Why are we here? Where did we come from? Did God create the universe? What is the meaning of life? Why does the universe exist? Some questions I have answered; others I am still asking.

içindeki yerimizi anlamaya çalışmakta insanlığı da aydınlatmaktadır. Evrenin çalışma prensipleri, nasıl genişlediği, etrafında yaşam var mı, buraya nasıl geldik, gibi sorulara cevap aramaktır.

Hawking, dünyanın olumsuz gidişi açısından şöyle demiştir: "Ani bir nükleer savaş, GDO'lu virüs ve diğer artan tehlikeler yüzünden dünya üzerindeki yaşamın yok olma riskinin arttığını düşünüyorum. Eğer başka bir planete gitmezse insan ırkının yakın gelecekte yaşamını devam ettirme şansı olmayacak."[16]

Nisan 2016'da Rus *Rossiyskaya Gazeta*'ya konuşan Prof. Stephen Hawking, "NASA ve diğer uzay kurumlarının tüm çabası, toprak ve atmosfer bakımından Dünya'ya en yakın gezegen olan Mars üzerinde yoğunlaşıyor. İnsanların 100 yıl sonra Mars'ta yaşayacağından hiç şüphem yok," diyordu. Aynı konuşmayı 15 Kasım 2016'da tekrarlayan Prof. Hawking, Oxford Üniversitesi Birliği'nde (Oxford University Union) yaptığı konuşmada yaşam şartlarının hızla kötüye gittiği dünyamızda insan ırkının devam etmesi için bin yıla kadar insanlığın yeni bir planet bulması gerektiğini söylüyor, insanoğlunun yüz yıl içinde yaşayabileceği bu planete yavaş yavaş yerleşmeye başlaması gerektiğini belirtiyordu.[17] Bu çalışmanın ismi de Hawking'in, insanlığın bin yıllık ömrü kalmadı, ifadesinden esinlenerek konulmuştur.

Prof. Hawking, 2017 yılında daha önce söylediklerini tekrar ederek; yüz yıl içinde insanoğlunun yeni bir planet bulması gerektiğini söylüyor, yüz yıl içinde göktaşı çarpması, bulaşıcı hastalıklar, fazla nüfus artışı ve iklim değişikliğinin insanın sonunu getirecek uyarısını yapıyordu.[18]

Stephen Hawking, yapay zekânın da gelişerek insanlar üzerinde kontrol sağlayacağı, doğayı ve insanlığı yok edecek noktaya gelebileceği konusunda uyarırken[19] yaşadığımız çağın insanlık

16 Stephen Hawking, I think the human race has no future if it doesn't g oto space, *The Guardian*, 26.09.2016.
    I believe that life on Earth is at an ever-increasing risk of being wiped out by a disaster, such as a sudden nuclear war, a genetically engineered virus, or other dangers. I think the human race has no future if it doesn't go to space.
17 Sean Martin, We need to leave Earth or humanity will die, warns Stephen Hawking, Express, 15.11.2011.
18 Sarah Knapton, Tomorrow's World returns to BBC with startling warning from Stephen Hawking – we must leave *Earth BBC News*, 02.05.2017.
19 Rory Cellan, Stephen Hawking warns artificial intelligence could end mankind, *BBC News*, 02.12.2014.

için en tehlikeli dönem olduğunu[20] ve dünyayı yok etme noktasına geldiğimizi[21] belirtiyordu. Yaşadığımız bu uzun süre sürdürülmesi mümkün olmayan sistemde insanlığın bin yıl daha yaşamasının mümkün olmadığına defalarca dikkat çekmişti.[22] Bu uyarı kitabın da ismi oldu.

Hawking, beklenen sonuçlarından dolayı insanın bu sondan kaçabilmesi için uzayda kendisine bir yer edinmesi gerektiği konusunda uyarıyordu.[23]ABD'de Massachusetts Teknoloji Enstitüsü'nde (MIT), merkezi İtalya'nın başkenti Roma'da bulunan, arkasında küresel güç odakları olan Roma Kulübü (Club of Rome) desteğinde küresel sürdürülebilirlik üzerine bilgisayar uzmanı Jay Forrester tarafından geliştirilen bir bilgisayar programına göre bir rapor yayımlandı (Meadows Raporu).[24] Bu rapora göre dünyanın sonunun 2040'ta gelmesi bekleniyor.[25]

---

20 Stephen Hawkings, This is the most dangerous time for our planet, *The Guardian*, 01.12.2016.

21 Abigail Beall we are at the most dangerous moment in the development of humanity: Stephen Hawking warns we are at risk of destroying Earth, *Daily Mail* (mail online) 02.12.2016.

22 Roger Highfield, Colonies in space may be only hope, says Hawking, *Daily Telegraph*, 16.10.2001.
    Shivali Best, Humans will not survive another 1,000 years on Earth, says Stephen Hawking, *Daily Mail*, 15.11.2016.

23 Stephen Hawking, I think the human race has no future if it doesn't go to space, *The Guardian*, 26.09.2016.

24 Roma Kulübü'nün teşebbüsleriyle 1972/73'te, sonradan ünlü olan, "Büyümenin Sınırları" başlağıyla Meadows raporu yayımlanır ve dünya çapında ilgi uyandırır. Bu rapor 21. yy ortalarına doğru küresel bir facia olacağını öngörüyordu. Aşırı nüfus artışı, endüstri üretimi, yiyecek maddesi üretimi, çevre kirliliği ve ham madde tüketimi konularında elde edilen büyüme eğrilerine göre bir zaman dizisinin kapsadığı dönemin veya verilerin dışındaki değerlerin, geçmiş değerlerden hareketle tahmin edilerek tahmini sonuçlar ortaya konmuştu. Üretim aynı seviyede kalırsa 2000 yıllarında endüstri ve yiyecek maddesi nedeniyle tarımsal kullanılabilir alanlar o kadar azalacaktı ki, yeni tarla açılması ile dengeleme mümkün olmayacaktı. Sonuçta insanlık yiyecek sıkıntısı çekecekti ve bu da nüfus sayısı ile endüstri üretimini hızlı bir biçimde düşürecekti. Çevre, geri dönüşü olmayacak derecede kirlenecek ve tahrip edilecekti. Netice: Eğer büyüme durdurulamazsa insanlık kendi yaşam temellerini imha edecekti. Yazarın ekoloji uzmanı veya çevre korumacı değil de saygın Massachusetts Institue Of Technology'de (MIT/Massachusetts Teknoloji Enstitüsi) sadece katı gerçeklere dayanan ve rakamları konuşturan matematik ve bilgisayar uzmanı olması nedeniyle şok daha da büyümüştü. Dünya altın rezervlerinin 1979 yılında tükeneceği tahmini çıkmadı. Fakat bu raporla her büyümenin bir sonu olduğu ve büyüme ne kadar hızlı olursa bu sonun o kadar çabuk yaklaştığı, ilk kez geniş bir kamuoyunun bilincine yerleşmiş oldu.

25 Paul Partner, In 1973, an MIT computer predicted when civilization will end, Big Think, 23.08.2013.

Bütün bunlar İngiliz Astrofizikçi Prof Martin Rees'in (1942), 21. yüzyılda insan ırkının yaşamına devam etme şansı yüzde 50'den fazla değil,[26] tahminini dikkate almamızın, insanlığın geleceği için önem taşıdığını gösteriyor.

Korkutan Teknoloji Bağımlılığı ve Gelecek

İnsanlar gerçeği görme ve önlem alma yeteneklerini kaybettiler.
Dünyayı yok ederek kendi sonlarını hazırlıyorlar.
En sonunda dünyayı yok edecekler.[27]

1952 Nobel Barış Ödülü sahibi Alman tıp doktoru, filozof, müzisyen, teolog, antinükleer Albert Schweitzer (1875-1965)

İletişim biçim ve araçlarındaki değişimler, üretim şekilleri başta olmak üzere insan ilişkilerini ve kültürü meydana getiren unsurların değişmesine, başka forma dönüşmesine ya da tamamen ortadan kaybolmasına neden oluyor. Dijital devrim toplumu, bireyleri dünyaya açmakta, insanların dünyayı birlikte algılamalarını sağlamada bu sanal toplumlaşma yanında aynı zamanda bireyleri de birbirinden soyutlamaktadır.[28]

Yeni dijital ortamda artık insanların yaşam ve sosyal hayatı makinelere endeksli durumda. İnsanların yüz yüze gelmeden, oturdukları yerde toplumsallaşabilmesi fazla sağlıklı bir durum değildir. Bu sanal yaşama doğru hızla gidiş toplumun hayat

---

26 Simon Hattenstone, The end of the World as we know it (Mertin Rees Interwiev) *The Guardian*, 24.03.2003.
Martin Rees, Our Final Century: Will the Human Race Survive the Twenty-first Century? U.K Eastbourne: Gardners Books 2004. Will the human race survive the 21st century" it asks. Ultimately, Rees concludes that we have no more than a 50-50 chance of surviving.

27 Rachel Carson, *Silent Spring*, Boston: Houghton Mifflin, 1962 (başlangıç sayfası). (Rachel Carson, *Sessiz Bahar*, Çeviri: Çağatay Güller, Ankara: Palme Yay. 2004.) "Man has the lost the capacity to foresee and to forestall. He will end up destroying the earth."

28 Kanadalı filozof iletişim uzmanı Marshall McLuhan'a (1911-1980) göre, Gutenberg ile başlayan basım devrimi endüstriyel devrimin öncüsü olmuştur. Ancak basım devrimi aynı zamanda toplumu parçalamıştır. Dolayısıyla okuyucular tek başlarına okuma fırsatı elde etmişler ve toplumdan soyutlanmışlardır (Rigel, Batuş vd., 2005: 20). (Nurdoğan Rigel (Edit), Gül Batuş, Güleda Yücedoğan, Barış Çoban, *Kadife Karanlık- 21. Yüzyıl İletişim Çağını Aydınlatan Kuramcılar*, İstanbul: Su Yayınevi, 2005, s.20.)

tecrübelerini azaltmakta, onları sanal bir ortamda yaşatmaktadır. Bu durum insanları hayatın, yaşamın gerçeklerinden ve geleceği anlamaktan da uzaklaştırmaktadır.

Teknolojik gelişme yaygınlaşırken buna adapte olamayan diğer iş kollarını da yok ediyor. Her ne kadar gelişmekte olan ülkeler dijital teknolojinin büyük pazarını oluştursa da, bu teknolojiyi üretemeyen, söz konusu teknolojilere uzak kalan ve küresel toplumdan dışlanan, çağın gerisinde kalmış toplumların oluşmasına neden oluyor.

Teknoloji hayatımızı kolaylaştırmakta ve yaşamı uzatmaktadır. Fakat teknoloji bizi hasta da etmektedir. Hareketsizleştirmekte, sanallaşan sosyal ilişkilerimizle bizi antisosyalleştirmekte, bolca radyasyon almamıza neden olmakta, gözlerimizi bozmakta, el becerimizi unutturmakta, en basit matematiksel hesapları bile yerimize yapıp beynimizi tembelleştirip uyuşturmaktadır.

Artık yanımızda akıllı telefon olmadan evden çıkmıyoruz. Cep telefonumuz yanımızda olmadığında eksiklik duyuyoruz, rahatsız oluyoruz. Yanında bu tip dijital aletler olmadan insanların klinik anlamda paniklemeleri neredeyse çağın hastalığı oldu. Buna tıp terminolojisinde "nomofobi" deniyor. Bu terminoloji cep telefonun kapsama alanı dışında kalma korkusunun İngilizcesi olan *no-mobile phone-phobia* ifadesinin kısaltılmışıdır. Bu teknoloji hastalığı özellikle talebeler arasında çok yaygındır.[29]

Teknoloji bağımlılığı ile ilgili yeni isimlerle yeni hastalıklar oluşuyor. Şimdi de diğer sanal hastalık FOMO (*Fear of Missing Out*) ortaya çıktı. Akıllı telefonlarla bizi dünyaya bağlayan haberleşme, sosyal medya kanallarından ayrı kalma ya da gündemi kaçırma korkusuna da bu isim veriliyor.[30] Toplumda, sanal âlemde daha fazla yer edinebilmek gibi bir kültür oluştu. Sanal ortamda yer alamadığı, burada beğeni alamadığı zaman insanlar kendisini yalnız ve kötü hissediyor.

Dijital teknolojiye bağımlı yaşama, onunla fazla zaman geçirme bedensel ve ruhsal hastalıkları da beraberinde getiriyor.

---

29   Tim Elmore, Nomophobia: A Rising Trend in Students, *Psychology Today*.
30   John M. Grohol, FOMO Addiction: The Fear of Missing Out, Psych Central, 08.07.2018.

Teknolojinin insan hayatını kolaylaştırmasının bedelini insanlar çok ağır ödemeye başladı. Birçoğunun da hastalıklarının nedenlerinden haberi yok. Önce siz yavaş yavaş teknolojinin esiri oluyorsunuz ve neredeyse onsuz yaşamamaya başlıyorsunuz. Böylece bize getirdiği kolaylıklar, teknolojinin doğaya, insana getirdiği olumsuzlukları görmemizi engelliyor. Teknoloji masum değildir. Teknolojinin denetimsiz ve kontrol dışı büyümesi insanlığa, çevreye, yaşam kaynaklarımıza yıkıcı sonuçlar getirecektir. Teknoloji aynı zamanda insan hayatını yaşamaya değer kılan zihin yöntemlerine ve sosyal ilişkilere zarar vermektedir. Kısaca teknoloji, bir yandan bizim bilgiye kolay erişmemizi sağlayıp hayatı kolaylaştırırken diğer yandan özellikle gelecekte en büyük düşmanımız olacağını göstermektedir.

Alman düşünür, hümanist Albert Schweitzer'in (1875-1965)[31] de belirttiği gibi, insanlar gerçeği görme ve önlem alma yeteneklerini kaybettiler. Sorulacak soru şu, insanlar görme yeteneklerini ne zaman kaybettiler? İnsan binlerce yıl doğa ile uyumlu şekilde yaşadı. Doğadan uzaklaşıp izole olduktan sonra doğanın dilini de anlamamaya başladılar. Bundan dolayı doğanın onlara verdiği uyarıları, saklandıkları beton yığını şehir duvarlarının arkasından duymuyorlar, görmüyorlar. Aslında şehirlerde yaşayan insanlar yeşilden, topraktan, doğadan koptukları için doğanın yok olduğunu hissedemiyorlar. İnsanlar materyal hırslarının mahkumu oldular. İnsanoğlunun ekosisteme verdiği zararın etkilerinin artık geri çevrilemez duruma geldiğini göremiyorlar, görenlerin de yaptıkları çabalar yetersiz kalıyor. Çünkü karşılarında doğanın rantından beslenen büyük güçler var. Bunun yanında insanın bilinçsizce teknolojiye bağlı yaşaması ileride daha da artacak ve insanlık bu teknolojiyi denetlemez, getirdiği tehlikeler konusunda ilkokuldan başlayarak eğitilmezse bu durum insanlığı gelecekte geri dönülmesi mümkün olmayan bir yola sokacaktır. Bu yol halihazırda başlamıştır.

---

31 Albert Schweitzer, 1952 Nobel Barış Ödülü sahibi Alman tıp doktoru, doktoralı filozof, müzisyen, teolog, hayvansever ve anti-nükleer aktivist.

Aşırı İhtirasın, Vurdumduymazlığın ve Bencilliğin Getirdiği Tehlikeler

İlk sahnede duvarda bir silah asılı ise gelecek sahnede bu silahın patlaması kaçınılmazdır.[32]

Anton Çehov (1860-1904)

2300 yıl evvel Yunan düşünür Aristoteles'in belirttiği gibi, insanoğlunun hırsı tatmin olmaz, tatmin edildikçe yerine yenileri gelir.[33] Rus edebiyatı dâhilerinden Lev Tolstoy (1828-1910) *Benim Dinim* (*My Religion*) adlı eserinde; "Dilencisinden milyonerine kadar tüm insanlar arasında sahip olduğuyla yetinen birini arayın, bin kişiden bir kişi dahi bulamazsınız," demişti. [34] İngiliz filozof, Thomas Hobbes'a (1588-1679) göre insan, doğası itibarıyla bencil, güvensiz ve korkak bir varlıktır. Orijinal ifadesi Romalı oyun yazarı Maccius Platus'a (İ.Ö 254-184) ait olan meşhur deyim, "İnsan insanın kurdudur" (Latince *homo homini lupus*) sözüyle Hobbes, bu görüşünü pekiştirmiştir. Thomas Hobbes'un ahlak felsefesinin temelini oluşturan bu düşüncesinde, insanın bencilliği temel alınmıştır. Hobbes'a göre, insan aslında toplumsal bir varlık değildir. Doğası gereği bencildir. Kendini koruma içgüdüsü onun ana eğilimidir.[35]

---

32 Anton Chekhov, *How To Write Like A Cekhov*, Edit: Piero Brunello, Çeviri: Lena Lencek, Philedelphia: Da Capo Press, 2008.
Anton Çehov'un arkadaşı Aleksandr Semenovich Lazarev'e 1 Kasım 1889'de yazdığı mektuptan.
"If in the first act you have hung a pistol on the wall, then in the following one it should be fired".

33 İnsanoğlu genelde kısa vadeli çıkarlarına bakar. Her ne pahasına olursa olsun kazanmayı ilke edinen çıkarcılar, benciller genelde başarılı olurlar. Kapitalist sistemin temel aldığı bireyselciliğin, bencilliğin, fırsatçılığın kitabı 16. yüzyılın başında İtalya'da yazılmıştı. Bu eserin yazarı aynı zamanda bir devlet adamı olan Niccolo Machiavelli Makyavel'di, (1469-1527). Makyavel'in en önemli eseri *Prens/Hükümdar*'dır. Bu eserde Makyavel tarihten ve yaşadığı günlerden örnekler vererek hükümdarlara öğüt verir. Makyavel'e göre en önemli ve temel amaç devleti yaşatmak ve gücünü devamlı olarak arttırmaktır. Bu amacı gerçekleştirmek için kullanılacak her araç yasaldır. Makyavel'in temel felsefesi başarıya ve hedefe ulaşmak için yapılan her yolun mübah olduğuydu. Makyavel "Bütün büyük işlerde sözünde durmayanlar, yalancılar, arkadan vuranlar, acıma duymayanlar başarmıştır," demişti.

34 *İncil*'de şöyle der: "... her türlü kötülüğün bir kökü de para sevgisidir." (Timotheus/ Timeteos 6: 9-10)

35 Hobbes da döneminde giderek oluşan "her şeyin bilimle açıklanabileceği" inancına sıkı şekilde bağlanmış, insanı da aynı şekilde "temel kanunları keşfedilebilir ve

Albert Einstein'ın 1950 yılında yazdığı bir mektupta şöyle der: "İnsanoğlunun en büyük zaafı, dünyanın kendi etrafında döndüğünü sanması. Hatta bütün yiyecekleri, hayvanları ve doğayı kendine sunulmuş bir nimet sanıyor. Evren dediğimiz bütün içerisinde, kendisini diğer canlılardan ayrı tutuyor. Çevreyi istediği gibi kullanıyor. Yıkıyor, yok ediyor. Halbuki insanoğlu bu evrende zincirin sadece küçük bir parçası. Bunu reddederek aslında kendisine bir hapishane yaratıyor."[36]

İnsanoğlu dünyadaki canlı türlerinin sadece binde birini teşkil ediyor, fakat dünyadaki canlıların yok olmasında en büyük etken. ABD'de Mayıs 2018'de yapılan bir araştırmaya göre, gezegenimizde vahşi hayvanların %83'ünün, bitkilerin de yarısının yok olmasına insanlar neden oldu. Hâlâ da bize yaşam kaynağı sunan doğayı hızla yok ediyoruz. Dünyada her gün 200 canlı yok oluyor. 2016 yılında yapılan bir araştırmaya göre, 1970-2012 yılları arası dünya üzerinde tespit edilmiş canlı çeşitliliğinin yarısından fazlası (%58) kayboldu.[37]

Oxford Üniversitesi'nden zoolog, evrimsel biyolog Prof. Richard Dawkins (1941-) 1976 yılında yayımlanan *Bencil Gen (The*

bilimsel yöntemle açıklanabilir" bir varlık olarak kabul etmiştir. Ona göre doğru algı, doğru adlandırma ve doğru tanımlama ile düşüncelerini doğru sıralayan insan, bilimin şaşmaz kesinliğine ulaşır. Bu yolu izlemeyen her şey saçmadır.

Thomas Hobbes, *Leviathan* (ed. C.B. Mcpherson), New York: Penguin Publ. 1985.

Thomas Hobbes, *Leviathan* Çeviren: Semih Lim, İstanbul: Yapı Kredi Yay. 2004.

36 Olen Gunnlaugson, Olen Gunnlaugson, Edward W. Sarath (Edit), *Contemplative Learning and Inquiry across Disciplines,* Alnaby: State Univ of New York Press, 2014, s. 25-26.

Walter Sullivan, The Einstein Papers. A Man of Many Parts, *The New York Times,* 29.03.1972.

Alice Calaprice, *The New Quotable Einstein,* Princeton University Press, 2005.

A human being, wrote Einstein in reply, "is a part of the whole, called by us Universe'a part limited in time and space. He experiences himself, his thoughts and feelings as something separated from the rest — a kind of optical delnsion of his consciousness. This delusion is a kind of prison for us, restricting us to our personal desires and to affection for a few persons near est to us. Our task must be to free ourselves from this prison by widening our circle of compassion to embrace all living creatures and the whole nature in its beauty. Nobody is able to achieve this completely, but the striv ing for such achievement is in itself a part of the liberation and a founda tion for inner security."

37 2016 Living Planet Report' http://awsassets.panda.org/downloads/lpr_2016_full_report_low_res.pdf

Selfish Gene)[38] adlı kitabında, Darwin'den beri biyolojik süreçlerdeki benmerkezciliğe atıf yapar. Bu teoriye göre, bir organizma dahilindeki genlerin tek amacı, mümkün olduğunca fazla sayıda çoğalmak, yani kendisini kopyalamaktır. Bu amaçla, organizmanın yararına ya da zararına olmasından bağımsız olarak, genler sürekli olarak çoğalmayı hedefler. Bunun arkasında yatan emel, genlerin, bireyin fit/güçlü olma durumlarını korumalarıdır. İnsan, tıpkı diğer hayvanlar gibi, genetik kodlarına göre hareket eden bir organizma. O zaman bireyler hür iradesine göre davranmayıp genetik kodlarına göre hareket ediyorlar, böylece özgür ruh diye bir şey de yok. Yuval Noah Harari de kitabı *Homo Deus*'ta bu görüşü savunuyor. [39]

Bunların yanında insanların tamamen genetik kodlarına göre hareket ettiklerini iddia etmek doğru değil. Bu kodların davranış ve kişiliklerinin yönlenmesinde, zekâlarının gelişmesinde önemli rol oynadıkları artık biliniyor fakat bunun yanında insanların yaşamlarında elde ettikleri tecrübelerin, içinde yaşadığı kültürün, aldığı eğitimin insanların düşünce ve davranışlarında büyük rol oynadıkları bir gerçek. Ayrıca insanların duygu ve tepkilerini çeşitli yollarla kontrol etmek, yönlendirmek mümkün.

İnsan genelde kısa yollu çıkarlarına bakar. Çoğunlukla günlük yaşar. Uzun vadede kendisinin, doğanın, içinde yaşadığı ortamın geleceği ile fazla ilgilenmez. İnsan için öncelik gelecek değil, kendisinin ve çoluk çocuğunun karnını doyurup temel ihtiyaçlarının giderilmesidir. İnsan çoğunlukla içinde yaşadığı kompleksi ve her geçen gün yaşaması daha zorlaşan dünyayı tam analiz edemez. Bu şartlar altında geleceğe yönelik tahminler yapması onun için oldukça zordur.

Gelecekte kendisini bekleyen tehlikelerin de fazla farkında değildir. Böyle bir ortamda farkındalık ve kamuoyu yaratarak doğayı korumaya, gelecekte kendisine büyük zararlar verecek gelişmeleri önlemeye çalışması da çok zordur. Çevre toplulukları ne kadar örgütlü olursa olsun seslerini bütün dünyaya duyuramamakta, lokal kalmakta, karşılarındaki büyük çıkar grupları ile

---

38 Richard Dawkins, *The Selfish Gene*, London: Oxford University Press, 1976.

39 Yuval Noah Harari, *Homo Deus: A Brief History of Tomorrow*, London: Penguin Books, 2016. (Yuval Noah Harari, *Homo Deus*, Çevirmen: Poyzan Nur Taneli, Kolektif Kitap, İstanbul: 2016.)

mücadele etmede çok az başarı sağlamaktadırlar. Bu da dünyanın geleceğini kurtarmaya yetmemektedir.

21. yüzyılda insanoğlu kendisini yok etme çabalarını daha hızlandırdı. İnsanoğlu başta kendi olmak üzere her şeyi tahrip ediyor. Şu anda insanoğlunda dünyayı bir gecede yaşanmaz hale getirecek nükleer silah var. Bu şartlar altında modern insanın akıllı ve uzağı gören bilinçli bir canlı türü olduğunu söylemek artık zor.

İnsanlar doğanın tahribi, tüketilmesi, tehlikelerinin farkına varıp denetleyemedikleri ileri teknoloji ürünleriyle, nükleer ve benzeri silahlarla, kendi elleriyle ileride kendilerini yok edecek potansiyel güçleri oluşturuyorlar. Bu durumu da büyük bir kesim hiç umursamıyor. Yaşanan olumsuzlukların yakın gelecekte hedefi haline geleceklerini göremiyorlar.

Geleceği Umursamayan İnsana Gerçeği Gösteren Rapor

IPCC, 2015'teki Paris İklim Anlaşması görüşmelerinde, mutabık kalındığı gibi, küresel ortalama sıcaklık artış limitinin 2100 yılına kadar 2 santigratta (derece) sınırlandırılması yerine, bu hedefin 1,5 santigrat derecenin altında sınırlandırılmasının insanlar ve doğal ekosistemler için gerekli olduğu belirtilmişti. Rapora göre dünya yüzeyi 1 derece ısındı ve yaşanmaz bir düzey olan 3-4 santigrat derecelik bir ısınma yolunda ilerliyor.

1,5 santigrat derecelik bir küresel ısınmada, Arktik Okyanusu'nun yaz aylarında buzsuz olma ihtimali 100 yılda birken, 2 santigrat derecelik bir küresel ısınmada bu durum 10 yılda en az bir kere gerçekleşecek. Mercan resifleri 1,5 santigrat derecelik bir küresel ısınmada %70-90 kadar azalırken 2,2 santigrat derecede resiflerin hemen hemen tamamı yok olacak.

2050 yılına kadar bu resiflerin en az üçte birinin yok olacağı belirtilmektedir. Mercanlar koloni halinde, kendilerine bir yer tespit ederek yaşayan organizmalardır. Mercan resifleri okyanuslar için çok önemlidir. Karada Amazon ormanlarını dünyanın akciğeri olarak görüyorsak, okyanuslarda da mercan resiflerini aynı şekilde görebiliriz. Mercanlar denizdeki yaşam döngüsünü organize ederler.[40] Azalmaları ve yok olmaları dünyadaki ekolojik dengeyi bozacaktır.

İşte bütün bu kötü gidişatın önüne geçebilmek için ısınmada 1,5 santigrat derece hedefini tutturmak ve insan kaynaklı karbondioksit (CO_2) emisyonlarının 2010'daki düzeyini 2030 itibarıyla %45 oranında azaltmak ve yüzyıl ortasında (2050) bu seviyeyi sıfıra düşürmek gerekiyor. Bu, toplumun ve hükümetlerin şimdiki vurdumduymaz durumlarından dolayı mümkün görülmemektedir.

Rapora göre 1,5 santigrat derece hedefini tutturmak için 2016-2035 yılları arasında enerji sistemlerinde yıllık ortalama 2,4 trilyon dolar (dünyanın gayrisafi milli hasılasının %2,5'i) yatırım yapılması gerekiyor. Bu rakam aslında dünyayı kurtarmak için hiçbir şey fakat maalesef yapılmıyor. İnsanlar umursamazlıklarından dolayı kendi sonlarını hazırlıyorlar.

---

40 Mercan resifleri, ağaçlar ve bitkiler gibi dünyadaki karbon seviyelerini azaltmada etkili rol oynar. Mercan, CO^2 etkilerini azaltmada yardımcı olurken, besin zincirinde daha yüksek olan, tropikal balıklar ve hayvanlar için besin görevi gören diğer deniz hayvanları için bir besin olarak besin zincirini desteklerler.

İNSANI VE EVRENİ EVRİMLE ANLAMA

Evrende var olan her şey milyarlarca yıllık bir gelişme ve evrim sürecinin sonucunda ortaya çıkmıştır. Bu gerçek hâlâ devam etmekte olup dünyanın sonuna kadar devam edecektir.

En azından 3 milyar yıl öncesi dünya üzerinde sadece tek hücreli canlılar var olmuştu ve bunlar haricinde uzun yıllar tek bir karmaşık yapılı canlıya bile oluşmamıştı.[41] Kısaca bakteriler, canlılar içinde çok önemli rol oynamış ve bütün canlıların ortak atası olması yanında bugün de varlıklarını devam ettirmektedirler. Evrimsel süreç sonucu dünyamız bu basit başlangıçtan, birbirinden güzel ve karmaşık canlılara evrimleşmiştir.

"Yaşam 3 milyar yıldan uzun sürede bakteriyel kökenlerinden olgunlaşmıştır. İstisnasız tüm canlı varlıklar hücrelerden meydana

---

41 Yaşayan pek çok tür canlı olsa da, bu mikroplar bir milyar yılı aşkın süre boyunca fazla evrilmediler. Bunun nedeni "enerji tüketimi" meselesi idi. Dünyada oksijen ortaya çıkmadan önce ortamda bulunan organik moleküller özellikle glikoz ve benzerleri, ilkin hücreler tarafında mayalanmayla parçalanarak bir miktar enerjiye dönüştürülüyordu. Bundan 2,5 milyar yıl önceden başlayarak kambriyen döneminde %13'lere çıkan oksijen düzeyinin sürekli artması (günümüzde %21 ve artıyor) canlılarda türleşme hızını artırdı. İlkel mikroplar, tüm enerjilerinin %2'sini DNA kopyalama devamlılığı için, %75'ini ise DNA'dan protein yapmak için harcar. Bu nedenle bir mikrop avantajlı ve evrimsel açıdan ileri bir özelliğin DNA'sını geliştirse bile bu gelişmiş özelliği oluşturmak onu tüketir. Hücreler ancak bir yere kadar gelişebilir. Oksijen ortaya çıkınca hücre içindeki hayatsal olaylara gerekli enerjinin %95'ini sağlayan, kendine özgü DNA taşıyan, hücreden bağımsız olarak çoğalabilen mitokondriler oluşmaya başlayınca hücreye pek çok üstün özelliği eklendi ve onların karmaşık organlar hâline gelmesi yolu açıldı. Oksijenli enerji kazanımına kademe kademe geçildi. Mitokondri hücre içerisinde kimyasal enerjinin, hücrenin kullanılabileceği enerjiye çeviren kısaca vücut için gerekli enerjiyi üretmekle yükümlü organeller olup ismi Yunanca *mitos* (iplik) ve *khondrion* (tane) sözcüklerinden türetilmiştir. Boyları 0,2-5 mikron arasında değişir. Mitokondriler, oksijenli solunum yapan ökaryotik hücrelerde bulunur. Bölünüp çoğalma özelliğine sahiptirler.

gelmiştir. Yeryüzündeki yaşamın ilk iki milyar yılında bakteriler yeryüzünün ilk sakinleri olarak gezegenin yüzeyini ve atmosferini düzenli olarak değiştirmiş, yaşamın temel minyatürleşmiş kimyasal sistemlerini yaratmışlardır. Bakteriler evrim dinamiklerine tamamen yeni boyut katmışlardır."[42] "Tüm yaşam bakterilerden evrimleşmiştir."[43] Yapısal farklılıkları açısından iki temel hücre tipi bulunur. Biri bakterilerde görülen daha basit hücre tipi, diğeri ise diğer tüm hücrelerde görülen daha karmaşık hücre tipidir. Bu farklılığa dayanılarak canlılar prokaryot ve ökaryot hücreler olmak üzere iki temel gruba ayrılır. Zarla çevrili bir çekirdeği ve zarlı organelleri olmayan ilkel yapılı hücrelere "prokaryot hücre" denir. Prokaryot denilen basit hücre yapısına sahip canlılardan (bakteriler, algler vb.) bitkilerin, hayvanların oluştuğu prokaryot hücrelerden daha büyük hücre hacmine sahip ökaryot canlılara geçilmiştir. Kısaca bakteriler gibi prokaryotlardan evrimleşerek ökaryotlar olarak bilinen, çok geniş bir canlı grubuna geçilmiştir.

"Okyanusta yaşamış en eski ökaryot plankton 1,8 milyar yıl öncesine dayanır. İlk seks hayatı olan ökaryotlar 1,1 milyar yıl öncesine, büyük ökaryot evrimi patlamasıyla aynı döneme denk gelir. Bunlar yosun, mantar, kara bitkileri hayvanları ve daha birçoklarını içerir."[44] Yaklaşık 2 milyar yıl önce ortaya çıkan ve bizim hücre türümüz olan ökaryotların (bitkiler, hayvanlar, mantarlar dahil büyük karmaşık hücreli tüm organizmalar) bakterilerle arkelerden meydana geldiği artık biliniyor.

3-4 milyar yıl arası çoğu organizma mikroskobik yapıdaydı ve bakteriler ile arkeler (prokaryotlar),[45] baskın yaşam formlarıydı. Bakteriler, ökaryotlar ile arkelerin (prokaryotlar) ayrımında da rol oynamışlardı. Arkeler-prokaryotlar ve bakteriler 4 milyar yıl-

42 Lynn Margulis-Dorion Sagan, *Doğanın Doğası*, Çeviri: Avni Uysal- Gizem Uysal İstanbul: Ginko Bilim Yay. 2018, s.53.
43 Lynn Margulis-Dorion Sagan, *Doğanın Doğası*, Çeviri: Avni Uysal- Gizem Uysal İstanbul: Ginko Bilim Yay. 2018, s.55.
44 Carl Sagan-Ann Druyan, *Atalarımızın Gölgesinde*, Çeviri: Ayça Türkkan, İstanbul: Say Yay. 2016, s.168.
45 Arkelerin ilk başta bakteri oldukları sanılmıştı fakat arkeler, tek hücreli organizmalardan oluşan bir gruptur. Bu mikrobik canlılar, prokaryotturlar; dolayısıyla hücre zarları bulunmaz. Arkeler bakterilere benzer görünse de genetik yapıları, biyokimyaları bakımından farklılardır.

dan beri[46] yapı olarak fazla değişmediler fakat ökaryotlar evrim geçirdiler. Evrimde bilinmesi gereken önemli noktalardan birisi de burasıdır.

Birkaç milyar yıl önce tek hücrelilerdeki evrimsel ilişkileri tam olarak ortaya çıkarmak oldukça zordur. Sadece bazı tahminlere göre hareket edebiliriz. Günümüzde artık evrim geçiren ökaryotların içindeki kalıntı, bakteri yaşamının metabolizmasında kullanılan mitokondrilerdir. Evrimsel süreçte, bütün mitokondrilerin atasının, bir başka bakteri tarafından yutulmuş bir tür bakteri olduğu düşünülüyor.[47]

Bu tek hücreli canlılar kendi aralarında geçirdikleri fotosentezden azot bağlamaya ve solunuma kadar temel biyokimyasal süreçleri, canlılığın temel alt yapısını oluşturdular. Günümüzdeki bütün bitkiler, hayvanlar ve mantarlar ökaryotik canlılardır. Bütün

---

46 Prokaryotik canlılara ait fosil izleri günümüzden 3,5 milyar yıl öncesine kadar gitse de, birçok prokaryotun fosilleşebilecek hücresel yapısı bulunmadığı için filogenetik tarihlendirme fosiller yerine genler yoluyla yapılır. Yapılan çalışmalar, arkelerin atalarının günümüzden 3,8 milyar yıl öncesine kadar gidiyor olabileceğini göstermektedir.

47 Meşhur ABD'li gökbilimci Carl Sagan'ın (1934-1996) üçüncü eşi bakteriolog, kuramcı Prof. Lynn Margulis'in (1938-2011) öne sürdüğü "mitokondri teorisi'ne göre, Darwin'in rekabet ve kavgaya dayalı yaklaşımının yerine, mikroorganizma seviyesindeki canlıların "iş birliği ve ortak yaşam ile evrimin sağlandığı"nı esas alır. Margulis'e göre, organizmalar birbirlerine yardımcı olurlar. Güçlerini birleştirirler ve yalnız başlarına başaramayacaklarını, ortaklaşa başarırlar. Onun görüşüne göre, tipik bir hücrede ortalama iki bin mitokondri bulunur ve bunlar hücrenin %20'sini kaplar. Bu yapıların içindeki mekanizma, yiyeceklerdeki enerjiyi alarak kimyasal bir ortamda saklar ve gerektiğinde kullanılabilir hale sokar. Büyük ihtimalle serbest oksijeninin ortaya çıktığı 2 milyar küsur yıl önce dünyaya ait büyük bir hücre, bir bakteri hücresini yuttu, fakat sindiremedi. Bu iki hücre birbirleriyle uyum sağladı. Küçük hücre, büyük olandan gerekli besinleri temin ederek, ürettiği kimyasal enerjiyi de büyük olana iletti. Büyük hücre ürerken, küçük olan da üredi ve bunların ardından gelenler de aynı sistemi yaşattılar. Zaman içinde bu ortak yaşamı sürdüren hücre, kendine has özellikleri yitirerek daha çok büyük hücre için enerji temin etme görevini sürdürdü. Daha sonra da, yavaş yavaş mitokondriyi teşkil etti. Burada esas çözülmesi gereken problem, "var olan hücrelerin nasıl ortaya çıkmış olduğu"dur. Ne Margulis ne de diğer bilim insanları, bunların nasıl ortaya çıktıklarını detaylarıyla açıklamamışlardır. Şu bir gerçek ki evrimsel süreç içerisinde ilerlemeyi sürdürdükçe, görüldüğü üzere her zaman daha basit canlılardan, daha karmaşık canlıların evrimleştiğini görürüz. Lynn Margulis, On the Origin of Mitosing Cells, *The Journal of Theoretical Biology, 14(3), March, 1967,* s.255-274.; Michael W.Grey, *Lynn Margulis and the endosymbiont hypothesis: 50 years later,* Mol Biol Cell. 5.05.2017; 28(10), s.1285-1287.; M. J. Behe, *Darwin'in Kara Kutusu,* Çev. Burcu Çekmece, Aksoy Yayıncılık, İstanbul: 1998, s.190-191.

insanlar ökaryotik hücrelere sahiptir. Çoğumuz bugün olduğu gibi gelecekte de onlarsız yaşayamayacağımızın farkında değiliz. Tek hücreliden çok hücreli canlıya geçiş yaşamdaki en büyük evrim olmuştur. Canlı böylece basitten başlayıp karmaşık bir yapıya dönüşme şansı yakalamıştır. Basit yaşam denizlerde başlamış, karmaşık hale gelince bir kısmı karaya çıkmaya, hatta uçmaya başlayarak bu sefer evrimlerine karada ve havada devam etmişlerdir.

"Gezegenimiz geniş çapta ilişki kuran ve gen değiş tokuşu yapan bir bakteri sistemi tarafından büyük yaşam formları oluşmasına uygun hale getirilmiştir. Yaşam formları sadece birbirlerini öldürerek değil birbirleriyle bütünleşerek çoğalmış ve daha karmaşık bir hale dönmüştür. (Bütün canlılarda olduğu gibi) Atalarımızın bakteriler olduğunu düşünmek küçük düşürücüdür. Bu durum doğanın geri kalanından ayrı fiziksel varlıklar olduğumuz görüşüne uymaz."[48] Fakat bu gerçektir; insan evreni anlaması için bu gerçeği kabul etmek zorundadır.

Kısacası yaşamdaki çeşitli canlıların kökeni uzun zaman önce yeryüzünde bulunmuş olan ilk mikro-organizmalardan geliyor. İnsan bakterilerden ve amiplerden[49] meydana gelmiştir.[50] Bakterilerin evrimiyle oluşan yaşam bitince tekrar bakteriye dönüşülür. Tek hücreli ilk mikro-organizmalar kısa süre içinde hacim olarak birbirlerinden farklılaşmıştır. Aradaki bu büyüklük farkı, çeşitli fırsatlar yaratmıştır. Bazı mikroplar diğerlerini yutup sindirirken, bazıları da büyük ve dikkatsiz olanları enfekte edip öldürmüştür. Bugün tüm canlı organizmalar, bu mirasın bir parçası olarak, yaklaşık yüz kadar geni paylaşır. "Bizler ve maymunlar, keza canlıların çoğu aynı zamanda virüs olarak adlandırılan farklı türlerden gelen genleri de barındırıyoruz."[51]

"Atalarımız ve soydaşlarımız 500 milyon yıl öncesine dek daima denizde yaşadılar. İlk olarak karada denizde yaşayabilen,

48 Lynn Margulis-Dorion Sagan, *Doğanın Doğası*, Çeviri: Avni Uysal- Gizem Uysal İstanbul: Ginko Bilim Yay. 2018, s. 54-55.

49 Amip, vücudunun biçim değiştirmesiyle oluşan geçici kollar veya ayaklar üzerinde sürünerek yer değiştiren, tatlı ve tuzlu sularda yaşayan, aseksüel olarak ikiye bölünmek suretiyle çoğalan bir çekirdeğe sahip tek hücreli canlı (Amoeba).

50 A Christopher Hitchens, *Arguably: Essays by Christopher Hitchens*, New York: Twelve Publ., 2011, s.35.

51 Ali Demirsoy, Evrim, İstanbul: Asi Yay. 2017, s.287

yüzergezer bir amfibi canlı karaya çıktı."[52] Bulunan bir fosil kalıntısına göre 500-530 milyon yıl öncesi bir kırkayak benzeri hayvanın denizlerden karaya çıktığı tahmin ediliyor.[53] İki ayağımız üzerinde tam olarak ne zaman yürüdüğümüz tartışmalı. Son araştırmalar 3,6 milyon yıl önce olduğunu iddia ediyor.[54] Evrilen türün en iyi örneği 3,2 milyon yıl önce yaşadığı tahmin edilen, 1974 yılında Etiyopya'da bulunan 1 metre 7 cm boyundaki Lucy'dir. Lucy, muhtemelen dik yürüyor ve alet kullanıyordu.

Bilim insanlarına göre modern insanın ilk türü Homo Sapiens 200-300 bin yıl civarında dünya üzerindedir. 70 bin yıl önce tek bir tür olarak Güney Afrika'dan çıkıp dünyaya yayılmaya başladığı iddia ediliyordu fakat son yapılan araştırmalar ve Afrika'da bulunan 200-400 bin yıl eskiye dayanan insan fosilleri tek bir insan türünün yaşamadığını gösterdi.[55]

Demek ki biz muhtemelen 40-70 bin yıl arasında çeşitli yapıda insan türleri ile Avrupa-Asya bölgesini kapsayan Avrasya'ya, Avustralya ve çevre coğrafyasına yayıldık. 14.500 yıl önce de Amerika kıtasına ulaştık. İnsanın soyu tükenmiş alt türlerinden biri olan Homo Sapiens idaltu, yaklaşık 150-160 bin yıl önce Afrika'da yaşamış.[56] Aslında daha dünyada çok yeniyiz. Dinozorlar

---

52   Carl Sagan-Ann Druyan, *Atalarımızın Gölgesinde*, Çeviri: Ayça Türkkan, İstanbul: Say Yay., 2016, s.169.

53   Christie Vilcox, Evolution Out Of The Sea, *Scientific American*, 28.06.2012.

54   Aristos Georgiou, Human evolution: walking upright evolved at least 3.6 million years ago-long before modern humans appeared, Newsweek, 23.04.2018. David Raichlen (University of Arizona), Adam Gordon (University at Albany-SUNY) Using experimental biomechanics to reconstruct the evolution of hominin locomotor postures, San Diago: Experimental Biology Conference, Nisan 2018.

55   Eleanor M.L. Scerri-Mark G. ThomasüAndrea Manicca… Did Our Species Evolve in Subdivided Populations Across Africa, and Why Does it Matter? Trends in Ecology&Evolution, Vol.33, 8, s.582-584, 11.07.2018.
     Aristos Georgiou, Human did not evolve from a single population in Africa researchers sats, *Newsweek*, 11.07.2018.

56   1967 yılında Etiyopya'nın Kibish bölgesinde Omo Nehri yakınlarında erken dönem Homo Sapiens insanlarına ait iki kemik kalıntısı Richard Leakey tarafından bulunduğunda insanların en az 130.000 yıl yaşında olduğu düşünülüyordu. 1974 yılında yine aynı bölgede Omo 2 adı ile adlandırılan yine Richard Leakey tarafından başka kemikler de bulundu. Bu kemikler arasında yüz kemikleri, el ve ayak kemikleri de vardı. Bunlar da aynı yaşlardaydı. 1997 yılında araştırmacılar yine Etiyopya'da, bu sefer Herto bölgesinde başka kafatası fosilleri buldular. Bulunan bu yeni fosiller 154.000 ile 160.000 yılları arasında tarihlendirildi. Bu kalıntılara "Homo Sapiens idaltu" ismi verildi. Dik duruşa, gelişmiş bir beyne, soyut düşünme yeteneğine, ko-

135 milyon yıl yaşadı. 60-65 milyon yıl önce dünyadan kaybol-dular. Köpekbalığı 420-450 milyon yıldan beri dünyamızda ya-şıyor.[57]

2011'de yayımlanan bilimsel araştırmaya göre; bilim insan-larının tespit edebildiği dünyadaki canlı türü sayısı 8,7 milyon.[58] Tespit edilemeyenlerle beraber canlı türünün yüz milyona kadar olabileceği bile iddia ediliyor.[59] Her yıl 15 bin yeni tür keşfedili-yor. İnsanoğlu dünyadaki canlı türlerinin %0.01'ni oluşturuyor. Dünya üzerinde karadaki canlıların %86'sı, okyanuslarda yaşa-yanların %91'i hâlâ tespit edilip isimlendirilmeyi bekliyor.

DNA'nın keşfi ve yapısının incelenmesi sonucunda genetik şifreyi okumayı öğrendik. Gen haritalarını çıkardığımız canlıların sayısı gün geçtikçe artıyor. Bu genlerin canlılarda hangi işlevler-den sorumlu olduğu konusunda her geçen gün yeni bilgiler edi-niyoruz. Bu sayede yaşamın temel süreçleri, fizik, kimya açısın-dan hemen hemen çözülmüş durumda.

Moleküler biyoloji bize canlıların tek tek genlerini ve mole-küler yapı taşlarını karşılaştırarak akrabalık derecelerini ortaya çıkartma imkânı verdi. İnsanlarla şempanzelerin %99 aynı aktif genleri taşıdığını ve şempanze ile yakın geçmişte ortak atadan geldiğimizi biliyoruz.

Geçmişte evrim konusu hem doğa filozofları hem din adam-ları tarafından farklı biçimlerde tartışılmıştır. Ortaçağ boyunca ne tek başına din ne de zaman zaman oluşan felsefe ile din bir-likteliği toplumun önünü açacak bilimsel bir açıklama getirmek-ten yoksundu. Ortaçağ sonunda felsefe dinden kopmaya başladı ve daha önce terk ettiği bilim ile olan birlikteliğine döndü. Orta-çağ boyunca dini görüşler ve din adamları topluma hakimdi. Bu iktidarlıklarını genellikle insanların cahilliklerine borçluydular.

---

nuşma kabiliyetine sahip, modern insanın atası, akıllı insan anlamında Homo Sa-piens de (bugün sadece Homo sapiens deniliyor) 50 bin yıl önce ortaya çıktı.

57   Martin, R. Aidan, The Earliest Sharks, Reef Quest Centre for Shark Research, 10.02.2009.

58   Camilo Mora, Derek P. Tittensor, Sina Adl, Alastair G. B. Simpson, Boris Worm, How Many Species Are There on Earth and in the Ocean? PLoS Biol 9(8): e1001127. 23.08.2011.

59   Camilo Mora, Derek P. Tittensor, Sina Adl, Alastair G. B. Simpson, Boris Worm, How Many Species Are There on Earth and in the Ocean? PLoS Biol 9(8): e1001127. 23.08.2011.

Bilimin ışığında aydınlanma çağından geçen insanlar, her coğrafi bölgede aynı gelişmeyi yakalayamasa da zaman içinde farkındalık düzeylerini artırarak bugüne geldiler. İnsanoğlunun kendisini, dünyayı doğru anlaması için evrim konusu bilimin ışığı altında çözülmesi gereken en önemli konulardan biriydi. Bu sorunu devrimci bilim öncülüğünde, hem dinsel hem de bilimsel determinizme direnerek İngiliz doğabilimcisi Charles Darwin (1809 -1882) kırdı. Türlerin dönüşüme uğradığı gerçeğini söyleyebilmek o dönemde oldukça zordu. Bu dönem batıda bilim insanlarının hepsi için, Hıristiyanlığın yaradılış inancı yüzünden bir tek yaradılış eylemi vardı. Hıristiyanlık, günümüz canlı türlerinin, "tıpkı yaradılışın altıncı günündeki gibidir" diyerek evrimlerini kabul etmiyor, türleri değişmez olarak kabul ediyordu.[60]

Evrim döngüsünün endüstriyel devrim döneminde Charles Darwin tarafından keşfedildiği söyleniyor olsa da organizmaların jeolojik zaman boyunca değiştiği, fosillerin incelenmesi sayesinde Darwin'den en az yüz yıl öncesinde doğabilimcilerinin aşina olduğu bir gerçekti. Charles Darwin'in büyükbabası Erasmus Darwin ateşli bir evrim yanlısıydı. Darwin öncesinde Fransız aristokrat doğabilimcisi Jean- Baptiste Lemarck da (1744-1829) evrim yanlısıydı.

Modern evrim teorisi Charles Darwin'in fikirleri üzerine inşa edildi. Bu teori, bugün biyoloji biliminin temeli ve birleştirici öğesidir. Darwin'in 1859 yılında *Türlerin Kökeni* kitabı Londra'da yayımlandığında büyük ilgi görmüş, kısa sürede tükenmişti.[61] Darwin

---

60 Özellikle inanç kurumlarının görüşü olan yaratılış teorisi, içinde yaşadığımız doğanın (toprak, su, bitki, canlı) altı günde yaratıldığını; canlılığın 6000-8000 yıllık bir geçmişi olduğunu söyler. Yaratılış teorisinin iddia ettiği gibi, canlılık 6000-8000 yıllık değil, 3,7 milyar yıl geriye giden bir geçmişe sahiptir. Fosil bilimi bu gerçeği inkar edilemez biçimde ortaya koymuştur. Evrenin 13,7/13,8 milyar yıllık, dünyanın 7,5 milyar yıllık tarihi içerisinde insanların var oldukları süre çok kısadır. Dünyamız geçmişte dördü çok büyük olan çeşitli buzul çağları yaşamıştır. Buzul çağlarının sonuncusu 10.000 yıl önce sona ermiş ve insanoğlu yavaş yavaş tarıma geçmiş, bunun doğal sonucu olarak yerleşik düzen kurmaya başlamıştır. Yerleşik düzen, önce ihtiyaç fazlası üreten küçük toplulukları, sonra o ürünlerin başka mal ve hizmetle takas edilebildiği ilk kentleri yarattı. 5000 yıl önce Mezopotomya'da, Mısır'da, Hindistan'da ve Çin'de ilk kent-devletler ve ilk krallıklar oluştu.
Timur Karaçay, "Dünya Evrime Karşı: Evrim, Mantık, Matematik ve Felsefe", VI. Ulusal Sempozyumu, Foça-İzmir: 2008 s.33.

61 Charles Darwin'in 1859'da yayımladığı *On the Origin of Species* (*Türlerin Kökeni Üzerine*) adlı kitabı, canlıların ortak atalardan evrilerek çeşitlendiği fikrinin geniş

döneminin ve kendisinin sınırlı bilgisiyle teorisini tam anlamıyla şekillendirememişti. Çünkü döneminde hücrelerin çoğalma sırasında değişikliğe yani mutasyona uğraması bilinmiyordu. Bundan dolayı Darwin'in farklılaşma sürecini tam olarak detaylı şekilde açıklaması mümkün değildi. Bu da gayet normaldi.

Darwin kültür ve uygarlık farklılıklarını da biyolojik evrimle açıklamaya kalkarak yanlışa düşmüştü. Batılı beyazlar daha güçlü oldukları için uygarlık merdiveninde yükselmişler, diğerleri barbarlık düzeyinde kalmıştı. Bu görüş ırkçı faşist görüşlere de kaynaklık yapmıştı. Darwin'in şu sözleriyle ırkçılığa destek verdiği öne sürülmüştür: "Gelecekte, yüzyıllarla ölçülemeyecek kadar kısa bir zaman sonra, medeni ırklar neredeyse kesinlikle vahşi ırkları dünya çapında yok edecek ve onların yerine geçecektir.[62] Darwin'in bu öngörüsü bugün bir gerçek olarak önümüzde duruyor. Evrim konusunda da Darwin'in haklı olduğu bilimsel bir gerçektir. Evren devamlı evrim geçirmektedir. Bizim dünyamızda evrim birkaç milyar yıldır devam etmektedir.[63] Bilimsel anlayışa göre bu doğal tabiat kanunları dışarıdan bir müdahale olmadan gerçekleşmektedir.[64]

"Evrim teorisiyle benliğimizin bölünemeyen, sabit ve sonsuzluğa ulaşabilecek bir özü olduğu fikri maalesef reddediliyor. Bu teoriye göre fillerden meşe ağaçlarına, hücrelerden DNA moleküllerine kadar tüm biyolojik varlıklar, kendilerinden daha küçük parçacıkların devamlı birleşip ayrışmasından meydana gelir. Bu nedenle bölünmeyen ya da değişim geçirmeyen bir şey doğal seçilim (*natural selection*) sonucu var olmuş olamaz."[65]

---

kabul görmesini sağladı. Daha sonra yayımladığı *The Descent of Man, and Selection in Relation to Sex* (*İnsanın Türeyişi, ve Cinsiyete Mahsus Seçilim*) kitabında insan evrimini ve cinsel seçilim fikrini inceledi. *The Expression of the Emotions in Man and Animals* (*İnsan ve Hayvanlarda Duyguların İfadesi*) adlı kitabında ise insanların ve hayvanların duygularını ifade ediş şekilleri arasındaki benzerlikleri ortaya koydu.

62 Charles Darwin, *The Descent of Man, and Selection in Relation To Sex*, (London: John Murray, Publ. Volume. 1871. s 201). Darwin'in ilk baskısı olan bu kitabını şu web sayfalarından okuyabilirsiniz: http://darwin-online.org.uk/EditorialIntroductions/Freeman_The Descent of Man

63 George Gamow, *The Creation of the Universe*, New York: The Viking Press, 1952, s. 20.

64 Henry M. Morris, *Scientific Creationism*, California: Master Books, 1985, s.17.

65 Yuval Noah Harari, *Homo Deus*, Çeviri:Poyzan Nur Taneli, İstanbul: Kolektif Yay., 2016, s.114.

Darwin Maymun Soyundan Geldiğimizi mi İddia Etti?

Dünya'daki her canlı akrabamızdır. Sonuç olarak hepimiz aynı kökenden gelmekteyiz. Ama tam olarak evrim yüzünden dünyadaki hiçbir yaşam formu bizim atamız değildir. [66]

ABD'li gökbilimci, astro-biyolog Carl Sagan (1934-1996)

Bugüne kadar Darwin'in en çok eleştirildiği noktalardan biri de insanın maymundan geldiğini iddia ettiğine dair ortada dolaşan rivayettir. Royal Society'nin 1860'da üniversite kenti Oxford'da yaptığı toplantıda Darwin'e şöyle bir soru yöneltilir: "Bay Huxley, anneanneniz maymun soyundan geldiyse, büyük babanızın da aynı soydan gelmiş olması gerekmez mi?" Darwin bir köşede oturmuş eleştirileri not ederken, şu cevabı verir: "Nereden gelip nereye gittiğimizi araştıran bilimsel çabaları küçümseyip alaya alan insanlardan olmaktansa, ben, maymun soyundan geldiğimi kabul ederim, efendim." [67]

Tartışmaları izleyen muhabirler, bu yanıt üzerine ertesi günkü gazete manşetlerine, "Darwin'ciler maymun soyundan geldiklerini kabul ettiler," diye haber geçerler. Darwin'in insanın maymundan geldiğini iddia ettiği rivayet gerçek gibi hâlâ devam eder.

İnsan çok benzediği maymundan değil, bütün canlılar gibi ilk hücreden ve onun evrimleşip milyarlarca yıllık süreçte dallanıp budaklaşmasından geliyor. İnsanoğlunun genetik yapısına en yakın canlı türlerinden biri de meyve sineğidir. Dedemiz meyve sineği mi, atamız maymun mu, biz bakterilerden mi geliyoruz, derseniz milyarlarca yıl süren evrimi göz ardı ederseniz, işi sulandırırsınız.

Darwin'in *Türlerin Kökeni* ve *İnsanların Türeyişi* adlı iki kitabında bir "evrim teorisi" vardır. Darwin bu iki kitabında veya herhangi bir yerde, insanların maymundan geldiğini iddia etmemiştir. İnsan dahil tüm canlı türlerinin doğal seçilim yoluyla bir ya da birkaç ortak atadan evrildiğini öne sürmüş[68] ve o günün şartlarına göre bu teoriyi destekleyen pek çok kanıt sunmuştur. Darwin'in asıl söylediği, yeryüzünde bulunan sayısız türün,

---

66   Carl Sagan-Ann Druyan, *Atalarımızın Gölgesinde*, Çeviri: Ayça Türkkan, İstanbul: Say Yay., 2016, s.171.

67   Benjamin Farrington, *What Darwin Realty Said?*, Sphere Books, 1966.

68   A. Jerry Coyne, *Why Evolution is True*, New York: Viking Publ, 2009, s.8-11.

37

tekrarlanan dallanmalar sonuncunda ortak atalara sahip olduğuydu ki zamanla bu süreç "evrim" olarak anılmaya başlandı. Evrim mekanizması, yani Darwin'in "doğal seçilimi", bitki ve hayvanların bugünkü görünüm ve davranış biçimlerini nasıl edindiklerini belirliyor. Bunlar için ayrıca bir "ape" sözcüğü kullanılıyor. Türkçede ise bilim kitaplarında ayrıca anılan "insansı maymun" dışında, "ape" için ayrı bir kavram yok. Şempanzeye benzer ve bugünkü insanın atası diyebileceğimiz insan benzeri bir primatın 6-7 milyon yılda evrim geçirerek bugünkü insana evrilmesi genetik bilimi açısından artık izah edilen bir olgudur.

İki ayak üzerinde durabilme, doğadaki en önemli evrimsel gelişimlerinden biridir; canlılara ellerini kullanabilme olanağı sallamıştır. Ellerin ve kolların ayaklardan farklılaşması da evrimde doğaya egemen olabilme sürecinde büyük bir fırsat yaratmıştır. Primatlar içinde bu farklılaşma en belirgin ve kalıcı olarak insanlarda vardır. İnsanoğlunun kısa yaşam sürecinde bunu gözlemesine imkân yoktur. Bunu anlayıp kabul etmesi için bilimsel verileri anlamak ve kabul etmek zorundadır.

İnsanı, evreni daha iyi anlamanın, gözle görülmeyen ve yaşamın temel taşı olan maddeleri ve onların çalışma prensiplerini anlamadan geçtiğini 20. yüzyılda idrak etmeye başladık. Genetik, biyolojinin organizmalardaki kalıtım ve çeşitliliği inceleyen bir dalıdır. Genetik, organizmaların görünüşünün ve davranışının belirlenmesinde önemli bir rol oynuyorsa da sonucun oluşmasında, organizmanın çevre ile etkileşiminin ve genetik birlikteliğin etki ettiğini artık biliyoruz. James D. Watson ve Francis Crick 1953'te DNA'nın yapısını çözdüler. DNA molekülünün sarmal bir yapısı olduğunu gösterdiler. Genler, kromozom denen DNA dizisi zincirleri boyunca doğrusal bir düzende sıralanıyordu. Bir organizmadaki kalıtımsal malzemenin bütününe (yani genelde, tüm kromozomlarındaki DNA dizilerinin tamamına) "genom" adı verildi.[69] Mesela "işe yaramaz" olarak adlandırılan genler 1994'te keşfe-

---

69 Sonraki yıllarda DNA'nın genetik kodunun mesajcı RNA (mRNA) ile okunduğu anlaşıldı. Kalıtım konusunda yapılan bu moleküler düzeydeki buluşlar, DNA'nın moleküler yapısının anlaşılmasını ve biyolojideki yeni bilgilere uygulanan bir araştırma patlamasını sağladı. Böylece canlıların özelliklerini ve kalıtsal karakterlerini inceleyen, bu karakterlerin nesillere geçişini belli kalıtım kanunlarına bağlayan, genin yapı ve görevlerini araştıran bilim dalı doğdu. Bu bilim dalı canlıların daha iyi anlaşılmasını sağladı. Burada önemli nokta gözle görülmeyen canlıların çok ufak

dilmiştir. Bunlar belki çok önceleri bir fonksiyonu olan, insanın evrimleşmesiyle fonksiyonlarını kaybetmiş, DNA ile birlikte fazladan taşınan gen artıklarıdır. Bu genler zaman içinde değişirler, nesilden nesile taşınırlar ve evrimsel soyağacı çıkarmada faydalı bir görev üstlenirler. Şempanze ile insanın işe yaramayan genleri karşılaştırıldığında ikisinin de işe yaramayan genleri çok azdır. Şempanzeler; goriller, insanlar ve orangutanlarla birlikte Hominidae olarak adlandırılan büyük insansı maymunlar familyasına mensuptur. 6-7 milyon yıl önce insanın atasından ayrılan şempanzeler, bu bağlamda insanın yaşayan en yakın akrabasıdır. İnsanda bugün bir işlevi olmayan, kuyruk kalıntısı gibi görünen kuyruk sokumuna bakmak bile bu evrimi anlamayı kolaylaştırır.[70]

Maymun soyundan mı geliyoruz diye düşünüp evrimi, bilimi yadsımak, gerçekleri kabul etmemek demektir. Aslında tek hücreli bakteriler bütün canlıların ortak atasıdır. Yaşamı ve evreni anlamanın sırrı daha küçük parçacıkları ve canlıları inceleyip onları tanımaktan geçiyor. Unutulmamalıdır ki erkek ve kadın arasındaki temel farkı oluşturan tek bir kromozomdur; o da erkeklerde bulunan ve oluşumunu sağlayan y kromozomudur (dişi xx, erkek xy).

Biz, ortak atamız Homo Sapiens'den 5-6 milyon yılda evrimleştik. Bize en yakın gibi görünen "şempanze, insan ile DNA bakımından %98-99 benzerlik gösterir. %1'lik fark insan olmasına yetmiştir. İnsanda 32 bin gen tamamlandı, maymun ile insan arasında 300 gen birbirinden farklıdır."[71] Fakat bu insanın şempanzeden geldiğini göstermez. İngiliz biyolog Prof. Richard Dawkins'in (1941-) de belirttiği gibi "bu %98 bizim %98 şempanze olduğumuz anlamına gelmez. Bu karşılaştırmayı yaparken hangi birimi seçtiğiniz önemlidir. Eğer bütünüyle aynı olan genlerin sayısını

yapı taşlarının ve işleyiş sistemlerinin farkına varıldığında yaşamı daha iyi anlaşılıyordu.

70 Şimdi haklı olarak şöyle bir soruyu sormak kaçınılmaz oluyor: Neden şempanze ile insan birbirinden bu kadar farklı görünüyor? Bunun en kısa cevabı şudur; artık genlerin evrim sürecinde benzer şekilde davranarak kromozom üzerinde diziliş sıralarını veya kendi içlerinde küçük değişiklikler yaparak, milyonlarca farklı tür oluşturabildiklerini biliyoruz. Bunun ispatı da canlıdaki evrim, ilk tek hücreli canlının ortaya çıkmasından itibaren milyarlarca yıl içindeki değişik evrimsel bir değişmeyle çok çeşitli canlı gruplarını meydana getirmesidir.

71 Ali Demirsoy, *Evrim*, İstanbul: Asi Yay., 2017, s.290.

sayarsanız (DNA baz çifti veya gen) bu sayı sıfıra yakın çıkar. Sonuçta ortaya çıkacak benzerlik yüzdesinde de büyük fark çıkar."[72]

Şempanze ile insanda benzerlikler varken farklılıklar da vardır. Şempanze ve insanın y kromozomları çok farklıdır.[73] İnsan beyni şempanzeninkinden üç kat daha büyüktür.[74] İnsanda 23 çift (46) kromozom varken, şempanzede 24 çift (48) kromozom vardır. Aslında virüslerle bakterilerden başlayarak insanoğlunun canlılarla bir akrabalığı vardır. Bu evrimin kaçınılmaz sonucudur. İlla da biz maymundan geldik, diyerek evrimi dışlamak bilimsel bir tutum değildir.

"İnsan ırkının hangi çeşitlerinin mümkün olduğunu görmek için, yalnızca evcil köpeklere bir bakın. Köpeklerin binlerce cinsi olmasına karşın hepsi aslen, son buz çağının sonuna doğru, kabaca 10.000 yıl önce evcilleştirilmiş olan *canis lupus* (gri kurt) soyundan gelirler. İnsan efendilerinin seçici yetiştiricilikleri sonucu, köpekler bugün hayret verici bir büyüklük ve görünüş çeşitliliğine sahiptirler. Köpekler insanlardan kabaca yedi kat daha hızlı yaşadıklarından, kurtlardan ayrıştıklarından bu yana yaklaşık bin köpek neslinin gelmiş geçmiş olduğunu tahmin edebiliriz. Bunu insanlara uygularsak, insanların sistematik terbiyesi, insan ırkını binlerce türe yalnızca 70.000 yılda ayırabilmiştir.[75]

Evrim konusunu iyi anlamak için farklı disiplinleri iyi bir şekilde incelememiz gerektiği açık. Sadece biyolojik evrime odaklanmamız, diğer disiplinleri (astronomi, fizik, matematik, felsefe, jeoloji, antropoloji, arkeoloji, vb.) görmezden gelmemiz bizim

---

72 Richard Dawkins, *Bir Şeytan'ın Papazı*, Çeviri: Tunç Tuncay Bilgin, İstanbul: Kuzey Yay., s.108.
(Richard Dawkins, *A Devil's Chaplin:Reflections on Hope, Lies, Science and love*, New York: Mariner Books, 2004.)

73 Hughes JF (ve diğer 16 araştırmacı) Chimpanzee and human Y chromosomes are remarkably divergent in structure and gene content, *Nature*, vol.463, s. 536–539, 28.01.2010.

74 Felipe Mora-Bermudez, Farhath Badsha, Sabina Kanton. Differences and similarities between human and chimpanzee neural progenitors during cerebral cortex development, eLife. 2016; 5: e18683.

75 Michio Kaku, *Geleceğin Fiziği: 2100 Yılına Kadar Bilim İnsanlığın Kaderini ve Günlük Yaşamımızı Nasıl Şekillendirecek?*, Çevirenler: Yasemin Saraç Oymak, Hüseyin Oymak, Ankara: ODTÜ Yay., 2016, s.132.
(Michio Kaku, *Physics of The Future:E How Science Will Shape Human Destiny and Our Daily Lives by the Year 2100*, New York: Anchor Books, 2012.)

evrimi daha geniş açıdan anlayabilmemizi önleyebilir. Yalnız insanlık değil bütün canlılar ve evren devamlı değişmekte ve evrim geçirmektedirler. Artık Darwin'den bu yana insan olarak nasıl var olduğumuzu ve insan doğasını anlamaya nereden bakacağımızı biliyoruz. Şimdi de evreni anlamak için atomaltı parçacıklar gibi başka şeylere bakıyoruz.

Temel parçacık fiziği bağlamında çevremizi incelediğimizde karşımıza klasik fizik öğretilerinden daha başka şeyler çıkıyor. Önümüze yeni bir dünya açılıyor. Eğer anlayabilirsek bize hem geçmişimizi hem geleceğimizi gösteriyor.

EVRENİN OLUŞUMUNU VE UZAYI ANLAMA

Evren hakkında akıl alamaz gerçeklik evrenin akıl almazlığıdır.[76]

Albert Einstein (1879-1955)

Fizik insanoğlunun evreni anlaması açısından tarih boyunca çok önemli bir uğraş alanı olmuştur. 19. yüzyılda fiziğin genel teorileri ve varsayımları klasik fizik yasalarından oluşmaktaydı. Fizikçiler makro seviyede evreni tanıyabilmişti ve atomaltı seviyede (mikro boyutlarda) kısıtlı bilgiye sahiplerdi.

Dünya merkezli sistem anlayışı yerini, bilimsel gelişmelerin ışığı altında güneş merkezli bir sisteme bıraktı. Bu durum, dünya ve evreni anlamak açısından devrimsel zihniyet değişikliğinin kapısını açtı. Dünyayı ve evreni anlamada big bang (büyük patlama) teorisinin sebep olacağı zihinsel devrim bundan daha da önemliydi.

20. yüzyılda radyoaktivitenin, radyoaktif bozulmanın farkına varılması ve bu buluşların ışığında radyometrik tarihleme yöntemlerinin keşfi, dünyanın 4,6 milyar yıl yaşında olduğunu gösteren çeşitli kaya ve meteorların incelenmesi ile dünyadaki yaşamın kabaca 4 milyar yıl önce başladığının bilinmesini sağladı.

Tarih boyunca filozoflar, şimdi de teorik fizikçiler dünyayı zihinlerinde canlandırmaya çalışıyorlar. Bugün teorik fizikçiler dünün filozoflarından daha şanslı; ellerinde artık birçok bilgi ve yüksek teknoloji var. Eskiye nazaran evren hakkında daha çok bilgi sahibiyiz fakat hâlâ evren gerçeğinin çok azını biliyoruz. Artık yeni felsefeciler fizikçilerdir. Evren üzerinde tarih süreci içinden gelen yanlış görüşlerin düzeltilmesi fizikçilere düşmüştür.

---

76   Robert B. Edgerton, *Hasta Toplumlar*, Çeviri: Harun Turgut, Ankara: Buzdağı Yay., s.43.

Bilim insanları bitmez tükenmez bir enerji ile devamlı evreni anlamak için mücadele ediyor. Akıllarını kurcalayan sorulara cevap arıyorlar. "Yerçekimi nasıl çekiyor?" sorusunu soruyorlar, fakat biz hâlâ "çekim gücü" adı verilen bu temel gücün nasıl çalıştığını, tam olarak hangi mekanizmayla "çektiğini" bilmiyoruz. "Çekim gücü" sadece büyük kütlelerin daha küçük kütlelere uyguladığı bir güç değil. Her atom ve daha da önemlisi atomun kendi içinde de çekim gücü rol oynuyor.

Temel güçleri kavramak, atomu bir arada tutan mekanizmayı çözmek evreni daha iyi anlamamızı sağlarken teknolojide daha hızla atılım yaptıracak. Bilim insanları dünyayı oluşturan parçaları ve bu parçaları bir arada tutan şeyin ne olduğunu açıklamaya çalışıyorlar.[77] Muhtemelen bizim uzay boşluğu diye adlandırdığımız boşluk, tüm maddeleri ve atomu bir arada tutan manyetik atmosfer diyebileceğimiz bir ortamdan oluşmaktadır.

İnsanoğlu evreni önce büyük parçalara, gökyüzüne bakarak anlamaya çalıştı. Sonra gözle görülmeyen çok ufak parçaları keşfetmeye başladılar. Küçük, daha küçük ve en sonunda en küçük parçacıkta (higgs parçacığı) evrenin bilinmeyen birçok sırrını sakladığının farkına vardılar. Önce atomları, sonra bin kat daha küçük olan atom çekirdeğini, ardından da atom çekirdeğindeki alt yapılar olan protonları, nötronları ve diğer yüzlerce "elementer parçacıklar"ı keşfettiler. İşte o zaman evrenin bilinmeyenleri daha hızlı çözülmeye başlandı. Fizikçiler, dünyanın çekirdeğini bulmaya yönelik yüzyıllardır süren arayışlarında, sürekli maddenin derinliklerine ulaştılar.

Bugün insanoğlu türlerin evrimini aşmış, daha kompleks sorulara cevap vermeye çalışıyor: İçinde yaşadığımız evren nasıl

---

77 Gözle görülmeyecek kadar küçük parçacıkların nasıl olup da bir boşlukta düzenlenerek atomu oluşturabildikleri önemli bir sorudur. Bu parçacıklar, atomu çok özel bir tasarım ile meydana getirmektedirler. Bu tasarımın en önemli özelliklerinden biri, parçaların birbirlerini itmelerini ve çekmelerini sağlayan temel kuvvetlerin varlığıdır. Bu temel kuvvetler, atmosfer basıncından dünyanın yörüngesine kadar evrendeki tüm hassas dengeleri kontrol altına aldıkları gibi, atomu oluşturan parçacıklar üzerinde de etkilidirler. Bu dört temel kuvvet; güçlü nükleer kuvvet, zayıf nükleer kuvvet, yerçekimi kuvveti ve elektromanyetik kuvvettir. Bu kuvvetler öylesine hassas bir orana sahiptirler ki, bu orandaki en küçük bir değişiklik, canlılığın yok olmasına, gezegenlerin birbirleriyle çarpışıp birer toz bulutu haline gelmesine ve dolayısıyla evrenin silinip gitmesine neden olabilir.

oluştu? Başka evrenler var mı? Bir başlangıç ve bir son var mı? Evrende yalnız mıyız? Yıldızlar ve galaksiler nasıl oluştu? Atomlar, gezegenler ya da galaksiler arasında ne tür kuvvetler vardır? En küçük (temel) parçacık nedir? Dünyadaki yaşamın kaynağı nasıl başladı? Doğayı kontrol eden kuvvetler nelerdir? Bu gibi birçok soruya bilimsel açıdan belli açıklamalar artık getiriliyor, fakat bu soruların hepsine tam, doyurucu cevaplar henüz teori aşamasında duruyor.

"Büyük patlama" modeli evrenin neredeyse sonsuz yoğunluktaki küçük bir noktada, yani tekillikte başladığını söylüyor. Uzay ve zaman da büyük patlama ile yaratıldı. Ancak kimse patlamaya neyin yol açtığını bilmiyor. Çünkü fizik yasaları büyük patlama sırasında neler olup bittiğini hâlâ çözmeye çalışıyor.

Tanrı ve evrenin oluşum sırrı büyük patlamadan öncede yatıyor. Büyük patlamadan sonra fizik yasaları bir yaratıcı güç tarafından değişmez kurallar olarak birden konulmadı. Bu yasalar milyarlarca yıllık evrim içinde devamlı değişerek gelişti ve dünyayı, canlılığı meydana getirdi. Bu kendiliğinden devamlı gelişen fizik yasalarına artık yaratıcı gücün müdahale etmesine gerek kalmıyordu. Dünyadaki yaşam fiziki kurallara göre evrimleşiyordu. İnsanlar sıkışık durumlarda yaratıcı gücün müdahale etmesini beklediler. Yaratıcı gücü anlamak için doğayı, fizik yasalarını kurallarına göre anlamanın aslında yaratıcı gücü de anlama olduğunun ve bunun yaşamı da anlamayı sağladığının bir kısım hâlâ farkına varmış değil. Fizik ve fizik ötesi doğaüstü olayları inceleyen metafizik[78] araştırmalar, varoluşun içindeki her şeyi enerji olarak nitelendirmektedirler. O zaman evreni yaratan güç de bir enerji olmuyor mu? Birçok kişi hâlâ ilmin evreni ve yaşamı anlamada doyurucu, anlaşılır cevaplarını bekliyor.

Modern fiziği şekillendiren en önemli iki kuram, genel görelilik ve kuantum fiziği kuramıdır. Her iki kuramın doğmasında

---

78   Metafizik, Tanrı, ruh, ölümsüzlük vb. soyut (deney ve gözlem dışı) konuları ele alan, felsefe disiplinidir. Ayrıca metafizik kelimesi duyularla algılanamayan, deney ve gözlem dışı anlamında da kullanılır. Metafizik terminoloji olarak Aristo'nun *Metafizika* adlı eseri yönlendirici bir rol oynamıştır. Rodoslu Andronikos, Aristo'nun bu eserine "Fizika'dan (fizikten) sonra gelen" anlamında "Meta ta Physika" adını vermiş, zaman içinde bu isim fizik ötesi varlık ve bilgi alanını ifade eden bir terime dönüşmüştür. Aristo bu eserinde araştırma alanını felsefe *(prote philosophia)*, teoloji *(theologia, theologike)* ve bazen de hikmet *(sophia)* olarak adlandırmaktaydı.

da Einstein'ın katkısı çok büyük. Einstein'ın amacı bu iki kuramdaki eksiklikleri tamamlamak ve aynı çatı altında toplamaktı. Ona göre, bir kavram yeterince basit bir dille anlatılamıyorsa henüz anlaşılmamış demekti. Bu yüzden tüm doğayı tek bir kuramla açıklamayı azmetmişti. Ömrünün son 30 yılını elektromanyetik kuvvet ile kütle çekim kuvvetini tek bir kuram ile açıklayacak bir yöntem arayışıyla geçirdi. Ama Einstein'ın bu hedefi kendi dönemi için henüz çok erken bir girişimdi. O öldüğünde bile doğadaki temel kuvvetler tam olarak bilinmiyordu. Ölümünden yıllar sonra protonları ve nötronları bir arada tutan bambaşka bir kuvvet olduğu anlaşıldı. Doğada bilinen dört temel etkileşim vardır: kütle çekimi, elektromanyetik etkileşim, güçlü etkileşim ve zayıf etkileşim. Bunlardan ikisi (kütle çekimi ve elektromanyetik etkileşim) hepimizin günlük hayatta aşina olduğu etkileşimlerdir.

Güçlü ve zayıf etkileşim ise atomaltı ölçekte etkindir. Kuarkların bir arada durarak parçacıklar oluşturmasını sağlayan güçlü kuvvettir. Zayıf kuvvet ise özellikle parçacıkların bozunma sürecinde etkindir. Bu dört etkileşimin üçünü (elektromanyetik, güçlü ve zayıf etkileşim) tek bir çatı altında bir araya getiren kurama "standart model" denir. Standart modelin, çok başarılı ve kendi içinde tutarlı bir kuram olmasına rağmen hâlâ geliştirilmesi gerektiği düşünülüyor. Örneğin kütle çekiminin standart model ile nasıl birleştirileceği henüz bilinmiyor. Kısaca birçok şey hâlâ bilinmezlik içinde.

Diğer bir merak edilen soru da evrende yalnız olup olmadığımız. Bu soru günümüz insanlarının oldukça merak ettiği bir soru. Bu konuda öncelikle güneş sistemi dışında başka gezegenli sistemlerin olup olmadığına bakmalıyız. Yapılan sayısız çalışmalardan edinilen bilgilere göre, evrende etrafında gezegen bulunduran çok fazla yıldız olduğudur. Evrende milyarlarca galaksi vardır. Bu galaksilerin içinde de milyarlarca yıldız bulunmaktadır. Gezegen oluşturabilen ve gezegen oluşumuna izin vermeyen yıldız oluşumları bile göz önüne alındığında, bu kadar yıldızın en azından her on tanesinden birinin güneşe benzeyen yıldızdan oluştuğunu varsayarsak, evrende diğer benzer canlıların da olduğu görüşü hakim olur. Kısaca evrende dünya dışı yaşam olma olasılığı vardır.

Evrenin Başlangıcı Teorisi: Big Bang

Big Bang bir yaratılış değil bir dönüşümdür.[79]

Biyolog, evrimsel biyoloji uzmanı Prof. Ali Demirsoy (1945 -)

1922 yılında bir Rus meteorolog ve matematikçisi olan Aleksander Friedmann, Einstein'ın görmezden geldiği ve başlangıçta kabul etmeyi reddettiği bir şeyi fark etmişti; evren genişliyor olabilirdi. Friedmann, Einstein'ın izafiyet teorisiyle ortaya koyduğu denklemler üzerinde çalıştı ve bu denklemlerin, evrenin genişlemesini gerekli kıldığını ortaya koydu. Böylelikle durağan değil, dinamik bir evren tasarlanıyordu. Bu keşif, Einstein'ın formülleriyle yapıldığı için, Einstein fiziğiyle de uyumluydu. Genişleyen evren, her an, bir evvelki andan daha büyük olmaktadır. Bu aynı zamanda evrenin, her evvelki an, bugünkünden küçük olması demektir. Bu ise çok eskiden evrenin tek bir bileşenden başlaması demekti.

Bugüne kadar evrenin oluşumu ile ilgili pek çok teori ortaya atılmış, fakat bunlardan en çok "büyük patlama (big bang) teorisi" kabul görmüştür. Belçikalı kozmoloji uzmanı ve bir Cizvit papazı olan Georges Lamaitre (1894-1966), 1927'de ortaya attığı bu teorisinde evrenin atom içinde sıkışan, yoğun ve sıcak bir noktadan, bir "süperatomun" genleşmesi sonucu oluştuğunu söylemiştir. Lamaitre'nin bu varsayımı, bugün "büyük patlama/big bang" olarak adlandırılmaktadır.

Başta big bang teorisi sadece "teorik delile" sahipti. Gözlemsel deliller daha sonra bulundu. Zamanla çekim kanunları daha anlaşılır oldu ve izafiyet teorisinin matematiksel formüllerinin uygulaması gerçekleşti. İlk defa, evrenin başlangıcının bilimsel şekilde ciddi bir açıklaması yapılmış oldu. 1965'te A. Penzias ve R. W. Wilson'un büyük patlamadan arta kalan fosil ışımayı (kozmik mikrodalga arka alan ışınımını) tanımlamalarıyla evrenin anlaşılması için daha büyük adımlar atılmıştır.

Georges Lemaitre, Einstein'ın geliştirdiği genel izafiyet teorisi denklemlerinden hareketle big bang teorisini ortaya attı. Bu teoriye

---

79 Ali Demirsoy, *İlk 1 Saniye: Tanrı Parçacığından Güneşe Evrenin Evrimi*, İstanbul: Asi Kitap, 2019, s.97.

göre yaşadığımız evren bundan 13,8 milyar yıl önce "Big Bang" olarak bilinen bir patlama ile ortaya çıktı. Evren başlangıcından beri devamlı genişliyordu; birbirine denk bir saniyesi bile yoktu.

Evrenin genişlediği ilk olarak 1929 yılında Amerikalı fizikçi Edwin Hubble (1889-1953) tarafından kendi döneminin en gelişmiş teleskopu ile gözlemsel olarak keşfedildi. Hubble, bizden uzaklaşan galaksi ışıklarının kırmızıya, bize yaklaşan pek azının ışık renginin ise maviye kaydığını keşfetti.

Biz bugün çok uzak galaksilerin[80] ışığı milyarlarca ışık yılı mesafeden geldiği için, bu galaksilerin milyarlarca yıl önceki halini görmekteyiz. Evrenin milyarlarca yıl önceki durumunu gözlemleyerek, o zamanlar daha yoğun olduğunu anlamaktayız. Bu, büyük patlamanın bir kez daha doğrulanması demektir. Milyarlarca yıl önce daha yoğun olan evren, genişleye genişleye bugünkü yoğunluğuna dönüşmüştür.[81]

Einstein'ın formülleri bizi uzayın genişlediği fikrine vardırdığı gibi, uzayın genişlemesinin en sonuna dek geriye götürülmesinin sonucunda -uzay yok olduğu için- zaman kavramının da yok olacağına vardırır. Bundan da, büyük patlamanın sadece maddenin

---

80 Galaksi, yıldızlar, yıldızlararası ortam (gaz ve toz) ve karanlık maddeden oluşan, çekimsel olarak bağlı sistemdir. Yıldızlar, galaksilerin içinde bulunan molekül bulutlarından oluşur. Diğer ifadeyle yoğun gaz bulutu biçiminde oluşan galakside yıldızlar, gazın yoğunlaşmasıyla meydana gelirler. Galaksi hâlâ pek anlaşılamamış karanlık maddeden oluşan sistemdir. Bir galakside ortalama olarak 100-200 milyar yıldız bulunur. Bu rakamlar galaksinin tipine göre de değişmektedir. Galaksiyi oluşturan yıldızlar ve diğer yapılar, galaksi kütle merkezi etrafında bir yörüngeye sahiptirler. 100 milyar civarında yıldız, yıldızlarası madde ve kütlenin büyük çoğunluğunu oluşturan karanlık madde bulunur. Galaksilerin, çok küçük bir uzay alanında anlık enerji değişimleri sonucu oluştuğuna inanılmakla birlikte nasıl oluştuğu konusu astrofizikte aktif olarak çalışılan, sıcak ve açık problemler ile dolu konulardan biridir.

81 Büyük patlamaya göre evren, başlangıçta çok yoğundur ve bu yoğunluk, genişlemeyle sürekli azalmaktadır. Uzak galaksilere baktığımızda aslında evrenin geçmişine bakmakta olduğunuzu aklınızda bulundurun. Çok uzak galaksilerin ışığı milyarlarca ışık yılı mesafeden geldiği için, biz bu galaksilerin milyarlarca yıl önceki halini görmekteyiz. Evrenin milyarlarca yıl önceki durumunu böylece gözlemleyerek, o zamanlar daha yoğun olduğunu anlamaktayız. Bu, büyük patlamanın bir kez daha doğrulanması demektir. Milyarlarca yıl önce daha yoğun olan evren, genişleye genişleye bugünkü yoğunluğuna dönüşmüştür. Genişleyen evren her an farklı bir evren olmakta ve biz her an farklı, yeni boyutları olan bir evrende var olmaktayız. Bu evrenin içinde hiçbir an, birbirinin aynı olamaz. "Evrenin birbirine denk hiçbir anı yoktur".

değil, bununla beraber zamanın da başlangıcı olduğunu anlıyoruz. Einstein 1905 yılında izafiyet teorisi/görelilik kuramı ile zamanın mutlak olmadığını, hıza ve çekim gücüne bağlı olarak değiştiğini de gösterdi.[82]

Big bang öncesi (eon dönemi) "sürekli evren" vardı. Yani evren hep vardı. Daha önceki evrende başka yasalar geçerliydi. Big bang'den önce evrende zaman, enerji, hız oluşmamıştı. Patlamanın etkisiyle madde çevreye doğru yayıldı. Gravitasyon, yani kütle çekiminin gittikçe azalmasından dolayı onun bir fonksiyonu olan zaman da genişlemeye başladı. Kütle çekimi arttıkça zaman yavaşlamaktadır. Zaman kütlenin olduğu yerde işleyen bir süreçtir. Big bang'e kadar bilinen bir kütle yok. Gittikçe azalan kütle çekiminden dolayı evreni oluşturacak hacim ortaya çıktı. Böylece geleceğe doğru akan bir serüven başladı. Bu anlatımı tam tersinden alıp bugün incelediğimizde, evreni zaman olarak geriye doğru götürdüğümüzde, gök cisimleri gittikçe birbirine doğru yanaşıyor ve sonunda karanlık nokta halinde bir araya geliyor. Bu noktanın içi yok, zamanı yok. Dolayısıyla evrenin doğduğu 13,7/13,8 milyar yıl öncesine gittiğimizde buna büyük patlama değil, "evrenin doğumu" diyebiliriz. Big bang bir yaratılış değil, bir dönüşümdür. CERN'de yapılan deneyler önceki evrenden bu evrene geçişteki değişiklikleri incelemektedir.[83]

Atomaltı dünyanın daha iyi tanınabilmesi için atomaltı parçacıkları hızlandırmaya yarayan, çok yüksek sıcaklık ortamlarını taklit eden hızlandırıcı tüneller inşa edilmiştir. Bu hızlandırıcıların en güçlüleri İsviçre'de Cenevre şehrindeki CERN, Amerika'da Chicago şehrindeki Fermilab ve yine Amerika'da San Francisco şehrindeki SLAC'tır. Bu tünellerde yapılan deneyler, big bang'in tüm delilleriyle uyumludur ve yaşadığımız evreni oluşturan big bang'in matematiksel modelini onaylamaktadırlar.

---

82   İzafiyet veya görelilik kuramına göre, bütün varlıklar ve varlığın fiziki olayları izafidir. Zaman, mekân, hareket, birbirlerinden bağımsız değildirler. Aksine bunların hepsi birbirine bağlı izafî olaylardır. Cisim zamanla, zaman cisimle, mekan hareketle, hareket mekânla ve dolayısıyla hepsi birbirine bağlıdır. Bunlardan hiçbiri müstakil değildir. İzafiyet teorisi, günlük yaşamımızda mutlak olarak algıladığımız, zaman gibi kavramların göreli olduğunu söyler.

83   Ali Demirsoy, *İlk 1 Saniye: Tanrı Parçacığından Güneşe Evrenin Evrimi*, İstanbul: Asi Kitap, 2019, s.97-128.

Yaşamın başlangıcı ve gelişiminin sırrı, olağanüstü yapı blokları olan atomda yatmaktadır. Atom çekirdekleri belirli şartlar altında daha ağır çekirdekler oluşturmak için birbirleriyle birleşebilir ve bunun sonucunda da enerji açığa çıkar. Atomlar da diğer atomlarla, kimyasal yollarla birleşerek farklı karmaşıklık derecelerine sahip moleküller oluştururlar. Bu yolla yıldızlar, gezegenler, okyanuslar, atmosferler ve kayalar oluşturabildikleri gibi, yaşayan organizmalar da oluşturabilirler.

Paralel-Çoklu Evrenler

"Paralel evren" teorisi, uzayı, içinde bizim evrenimize paralel veya eşizlerimizin bulunduğu başka evrenlerden oluşan çok boyutlu bir labirent olarak görüyor.

Evrenin bir noktadan birden patlayarak hızla genişlemesi sonrası bugün, evrende bulunan her şeyin hızla birbirinden uzaklaştığını gözlemlemek, bunların bir noktadan dışarıya doğru saçıldıklarını düşünmek için yeterli bir sebep olarak görünmektedir. Evrende gördüğümüz kadarıyla bir şey bir kez oluyorsa mutlaka ikinci kez de olabilir. O halde evrenin tek olduğunu düşünmek de anlamsızlaşır. Eğer bir evren oluşabilmişse, o halde başka evrenlerin de oluşması mümkündür. Henüz kesinliği doğrulanmamış bir temele dayanan "çoklu evrenler teorisi", belirli kuantum gözlemlerinden ileri gelen bir yorum veya hipotez olarak görülebilir. Buna göre evrenimiz dışındaki diğer evrenler de başka zaman, uzay ve maddelerden oluşur.

Bildiğimiz üç boyutun (genişlik, yükseklik, boy) ötesinde dördüncü boyut olan, zamanın da eklenmesi ile dört boyut haline getirilen "zamanın göreceliği teorisi" bilim dünyasında büyük çığır açmıştı. Bu teori Einstein'ın matematiksel ispatıyla sınırlı kalmadı, uydu yörüngelerindeki sapmalar uzayın zamanı büktüğünün yakın zamandaki ilk kanıtlarındandı. Bu durumda zaman farkı farklı evrenleri işaret ediyor olabilirdi. Bu evrende bugünü yaşarken başka evrenlerde geçmiş ve geleceğin farklı varyasyonları yaşanıyor olabilirdi. Aynı üç boyutta konumlanmış bitişik evrenler veya kesişen evrenler de görecelik teorisinin bir sonucu olabileceği ihtimalini gündeme getirmişti. Ayrıca kuantum araştırmaları, belli problemlerle karşılaşıyordu. Atom çekirdeğinin etrafındaki yörünge seviyelerinde bulunan elektronların aynı yörüngede aynı anda birden fazla noktada gözlemlendiği saptandı. Bu sebeple bir elektronun yörüngedeki yeri olasılık değerlerine göre hesaplanırken, tam olarak yerinin tespit edilmesi de mümkün görülmemekteydi. Burada kuantum fiziğinin en temel ilkelerinden biri olan belirsizlik ilkesi oluşmaktadır (Heisenberg belirsizlik ilkesi). Evrendeki her türlü cismin o anki konumu, momentumu ve üzerindeki kuvvetleri bilinirse evrenin geçmişinin ve geleceğinin hesaplanabileceği bilinir.

Ancak kuantum fiziği ile gelen belirsizlik ilkesi bize evrendeki her türlü cismin özelliğini hesaplayabilecek bir bilgisayarımız olsa bile bu özelliklerin asla tam bir kesinlik ile bilinemeyeceğini göstermektedir. Bunun yanında bir elektron kendi yörüngesinde aynı anda birden fazla konumda bulunabildiğine göre bu durum, içinde bulunduğumuz evren için de geçerli olabilirdi. Böylece elektron davranışı ile paralel veya çoklu dünya olabilirliği hipotezi oluştu. Bu durumda kainatta sonsuz sayıda farklı evren olması muhtemeldir. Bu evrende bugünü yaşarken başka evrenlerde geçmiş ve geleceğin farklı varyasyonları yaşanıyor olabilir.

"Paralel/çoklu evrenler" tanımı 1954 yılında ilk kez Princeton Üniversitesi'nde fizik bölümünde öğrenci olan Hugh Everett (1930-) tarafından ortaya atılmıştır. Everett daha sonra 1957 yılında doktora tezinde bu konuya değinmiştir.[84] Kuantum mekaniğinin çoklu evrenler yorumu, Hugh Everett'in birçok dünya yorumlaması (MWI) kuantum mekaniğinin birkaç ana yorumundan birisidir. Paralel veya çoklu evreni meydana getiren evrenler birbirine bağlıdır ve belirli fizik, matematik kuralları ile tanımlanmış tek bir sistemin parçasıdır.

İlk ortaya atılışında bu fikir tepkiyle karşılanmıştı. Sonradan bilim insanları tarafından daha geniş olarak ele alınmış, bazıları tarafından da desteklenmiştir.[85] Bütün kuantum geçişlerinin, yıldızların, galaksilerin evrenin en uzak köşelerinde gerçekleştiğini

84   Everett, H., Relative State Formulation of Quantum Mechanics, *Review of Modern Physics*, 1957, 29: 454-462.

85   Bryce Seligman DeWitt, Quantum Mechanics and Reality: Could the solution to the dilemma of indeterminism be a universe in which all possible outcomes of an experiment actually occur?, *Physics Today*, 23(9) pp 30-40 Eylül 1970.

ve bizim dünyamızın on binlerce kopyasını yapıp çeşitlendirmekte olduğu ileri sürülmüştür. Bu hipotez ciddiye alınmış, 1960 yılından itibaren üzerine makaleler yazılmıştır.[86] 1990'larda yapılan istatistiğe göre kozmologların %50'den fazlası bu teoriyi destekliyorlardı.[87]

2000'li yılların başlarında Prof. Hawking'in de teoriyi benimsemesiyle çoklu/paralel evrenler teorisi daha da ciddiye alınmaya başlandı.[88] Stephen Hawking'e göre bu durumda görülebilir evrenimizin dışında, iç içe geçmiş ve eşizlerimizin-paralel evrenlerin bulunduğu, görülemeyen daha çok sayıda evren olduğu gerçeğini kabul etmemiz gerekir. Bu durumda daha pek çok olgu paralel evren teorisiyle açıklanabilecektir. Stephen Hawking, "Sonsuz sayıda eşiz evrenler var," diyordu.

Prof. Hawking, Nisan 2016'da Harvard Üniversitesi'ne telekonferans ile bağlanarak kara delikler üzerine konuşurken kara deliklerin paralel evrenler arasında bir geçiş kapısı da olabileceğini ileri sürmüştü.[89] Hawking'in bu konudaki bir çalışması öldükten sonra ortaya çıktı. Leuven Katolik Üniversitesi'nde görevli Belçikalı fizikçi Thomas Hertog ile çalışan Stephen Hawking'in "kozmik çoklu evren" veya "paralel evren" teorilerine yeni bir açılım getiren makalesi, İngiliz fizikçinin 14 Mart 2018'de, ölümünden

---

Mark A. Rubin, Locality in the Everett Interpretation of Heisenberg-Picture Quantum Mechanics, *Foundations of Physics Letters*, 14, (2001), pp. 301-322.
Every quantum transition taking place on every star, in every galaxy, in every remote corner of the universe is splitting our local world on earth into myriads of copies of itself.

86 Cecile M. DeWitt, John A. Wheeler eds, The Everett-Wheeler Interpretation of Quantum Mechanics, Battelle Rencontres: 1967 Lectures in Mathematics and Physics (1968).
H. Dieter Zeh, On the Interpretation of Measurement in Quantum Theory, *Foundations of Physics*, vol. 1, pp. 69-76, (1970).
Bryce Seligman DeWitt, R. Neill Graham, eds, *The ManyWorlds Interpretation of Quantum Mechanics*, Princeton Series in Physics, Princeton University Press, 1973.

87 Bruce, Alexandra, "How does reality work?". Beyond the bleep : the definitive unauthorized guide to What the bleep do we know!? s.33. (İstatistik Fransız periodical Sciences et Avenir'de Ocak 1998'de basıldı.)

88 Stephen Hawking, Steven Weinberg, Brian Greene, Max Tegmark, Andrei Linde, Michio Kaku, David Deutsch, Leonard Susskind, Raj Pathria, Sean Carroll ve Neil de Grasse Tyron gibi çoklu evren modellerinden birini destekleyen bilim insanlarının yanı sıra Jim Baggott, David Gross, Paul Steinhardt, George Ellis ve Paul Davies gibi çoklu evren modelinin bilimsel değil felsefi olduğunu savunan ve eleştiren bilim insanları da bulunuyor.

89 David Abel, Stephen Hawking casts some light on black holes, Global, 18.04.2016.

hemen sonra *High-Energy Physics* adlı bilim dergisinde yayımlandı.[90] Makale, evrenin nasıl oluştuğuna dair bir teori geliştiriyordu. Bu çalışma, Einstein'ın evrenin yaklaşık 14 (13,8) milyar yıl önce oluştuğunu anlattığı ama nasıl oluştuğuna dair verilerin eksik olduğu araştırmayı geliştirdi. Modern fizik, evrenin nasıl oluştuğuna dair birden fazla teori öne sürüyor. Bunların başında gelen big bang teorisi, patlama sonrası hızlı genişleme evresi "kozmik enflasyon" ile yeni çoklu evrenlerin oluştuğu ve bu evrenlerin de uzayda dağıldığı önermesinde bulunuyor.

Hertog ve Hawking'in yeni makalesi ise bu teoriyi daha ileri götürür. Uzayın farklı fizik kanunlarının geçerli olduğu "cep evrenleriyle dolu olduğu" teorisi yerine, bu alternatif evrenlerin birbirinden çok da farklı olmayabileceğini söylediler ve çoklu evrenleri "birbirine benzeyen ve idaresi daha kolay evren takımına" indirgediler. Bu teoriyle ilgili yapılacak başka çalışmaların big bang modellerinin de test edilebilmesine olanak sağlayacaktı.

Stephen Hawking evrenin varlığını tek bir formülle açıklayacak kuramın henüz tamamlanmadığını, bunun belki de ancak 21. yüzyılın sonuna doğru mümkün olabileceğini belirtmiştir. Ancak formül tamamlandığında da Tanrı'nın evren formülüne ulaşmış olacaklarını, bu noktanın da insan aklının nihai zaferi olacağını vurgulamıştır. Bu, şu demek oluyor; evrenin başlangıcı olarak kabul ettiğimiz, yaklaşık 13,8 milyar yıl önce gerçekleşen büyük patlamanın; imajımızın yansıması olan ve zaman ibresinin tersine aktığı bir başka evren daha oluşturduğu düşünülüyor. Bu durumda tek bir evren değil, sonsuz sayıda evren var oluyor. İspat edilmesi oldukça zor olan bu teoriye göre biz, var olan evrenlerden rastgele birisinde yaşayan canlılardan biriyiz. Paralel evren terimi; çoklu evren olarak tanımlanan, birbirinden farklı gözlemlenebilir evrenlerin hipotezsel toplamıdır.[91]

Evrenimiz dışında daha farklı evrenler varsa, bunlar da farklı büyük patlamalardan oluşmuşlardır. Bu evrenlerin fizik yasaları bizimkinden farklı olabilir. Dahası nasıl evrenimizde kuantum ile yerçekimi yasaları birbirinden farklıysa, kısacası birden

90 S.W.Hartings-Thomas Hertog, A smooth exit from eternal inflation? *Journal of High Energy Physics* Nisan, 2018:147.
91 Ervin Laszlo, *The Cennectivity Hypothesis: Foundations of an Integral Science of Quantum, Cosmos, Life, and Consciousness*, Albany: State University of New York Press, 2003, s.108.

çok yasa tarafından yönetiliyorsak, bu paralel evrenlerin de birden fazla yasası olabilir. Evrenimiz, bu paralel evrenlerle birlikte daha üst bir evrenin içinde yer alıyor olabilir. Paralel evren teorisi, uzayı, içinde bizim eşizlerimizin bulunduğu başka evrenlerden oluşan çok boyutlu bir labirent olarak görüyor. Yani, bizim evren olarak tanımladığımız belki de gerçekte iç içe geçmiş, birbirini şekillendiren ve hatta belki birbiriyle iletişim halinde olan, birbirine paralel çok sayıda evrenin bulunduğu sonsuz bir uzayın minik bir kesiti.

Kuantum mekaniğinin tam olarak çözüp anlatamadığı kuantum fiziğinin belirsizlik ilkesini anlamak için daha önce on boyutlu "süpersicim teorisi" geliştirildi. Daha sonra buna bağlı olarak 1995 yılında on bir boyutlu "M teorisi (*Mother of all Theories/* Her Şeyin Teorisi/Bütün Teorileri Anası)" geliştirildi, süpersicim teorisi ifadesi bir kenara atıldı. Kuantum fiziği ile görelilik teorisini birleştirerek her şeyin teorisini geliştirmeyi vaat eden sicim teorisine göre, evreni oluşturan temel parçacıklar tek boyutlu süper küçük sicimlerden meydana gelir. Sicim teorisinin güncel ve daha çok boyutlu versiyonu olan M teorisine göre ise, sicim teorisinin on bir uzay-zaman boyutundan göremediğimiz yedi boyutu çok küçük ve kendi üzerine kıvrılmış, göremeyeceğimiz durumdadır. Bu teori, içinde yaşadığımız evrenin on bir boyutta bir uzay zamanında bir anda olabileceği ve bu uzay zamanda kanunlarını bilmediğimiz benzer birçok evren olabileceğini savunuyor.

Teori metafizik ve parapsikoloji dallarınca incelenen ama akıl ve bilim izahında açıklanamayan durumları, yani evrendeki her şeyi açıklayabilecek bir teori olarak gösteriliyor. Eğer tam olarak ispat edilebilirse, evreni anlamak için kullanılan kuantum ve izafiyet teorilerinin açıklayamadığı her şey anlaşılmış olacak.[92] Bu

---

92   1970'lere gelindiğinde evrendeki her şeyin, dört kuvvetin kontrol ettiği temel parçacıklardan oluştuğunu söyleyen "standart model" oluşmuştu. Bilim insanları var olan evreni tanımlamak için yükseklik, genişlik, uzunluk ve zaman ile beraber dört boyutun yeterli olmadığını, ayrıca evreni şunlarla da açıklamaya çalışıyordu: "kütle çekim kuvveti" (*gravity law*-yerçekimi gibi temel şeyleri açıklıyor), "elektromanyetik kuvvet" (elektriksel manyetik olayları açıklıyor), "güçlü çekirdek kuvveti" (kuantum, proton ve notron gibi atom altı parçacıkların nasıl bir arada durduğunu açıklıyor), "zayıf çekirdek kuvveti" (kuantum, atomaltı parçacıkların radyoaktif bozulmalarını açıklıyor). Bu birbirinden farklı dört teori, yine evreni anlamayı güçlendiriyordu. Ayrıca dört kuvvetten biri olan yerçekimi, standard modelde matematiksel olarak tutarsız sonuçlar veriyordu. 2000'li yıllara gelindiğinde süper sicim teorisi ile yerçekimi ve kuantum fiziğinin bir denklemde ekstra boyutların

teoriler soyut kabul edilmeyebilinir fakat Einstein'ın genel görelilik kuramı açıklandığında bu teoriyi çok kimse anlamamış, çoğunluk tarafından çok soyut bulunmuştu, fakat şimdi herkes kabul ediyor.

Karanlık Madde-Karanlık Enerji

Karanlık enerji, kozmolojik verileri açıklamak için öne sürülmüş bir tür enerjidir. Evrenin genişlemesinden sorumludur. Karanlık madde göze görünmüyor, ama galaksilerdeki yıldızları bir arada tutarak uzaya savrulmasını önleyen ek yerçekimini sağlıyor. Evren %4,9 oranında normal madde, geri kalanda karanlık madde ve karanlık enerjiden oluşuyor.

Biz her zaman uzayın bir boşluk olduğunu düşünmüştük. Ancak kuantum kuramı, boşluğun aslında boşluk olmadığını öne

varlığıyla birleştirilebileceği öne sürüldü. Evreni daha anlaşılır kılmak için yıllardır üstünde çalışılan "her şeyin teorisi" *(theory of everything)* veya süper sicim teorisini biraz açıklamak gerekiyor. Bu tüm fiziksel olay ve etkileşmeleri (kuvvetleri) içine alan fizik, kuantum mekaniği ve görelilik kuramlarını birleştirmeye yönelik bir girişimdir, fakat bu teorileri anlamak zor olduğu için basitleştirerek izah etmek yeterli olacaktır. Bu yaklaşıma göre fizikçiler, büyük patlama sırasında on boyutun meydana geldiğini ancak altı boyutun yoğunlaşarak kıvrıldığını, diğer dört boyutun (uzunluk, genişlik, yükseklik ve zaman) genişleyerek bizim algıladığımız evrenin ortaya çıktığını , on boyutlu (sonradan bir boyut daha eklendi) evrenin aslında iç içe olduğunu matematiksel olarak açıklamaya çalışmaktadırlar. Ekstra görünmeyen şeyler ekstra boyutlarla açıklanabilirse evrenin anlaşılması kolaylaşacak. Süper sicim teorisi içinde bu kuvvetlerin her biri, bir sicimin farklı şekilde titreşmesiyle ilişkilendiriliyor. "Elektronlar, kuarklar, nötrinolar ve diğer tüm parçacıklar süper sicim teorisinde farklı şekillerde titreşen sicimlerle tanımlanıyorlar. Böylece tüm madde ve kuvvetler, titreşen sicimlerin kurallarıyla toplu halde ifade ediliyor. Süper sicim teorisi, evreni doğuran büyük patlamadan kalma kütleçekim dalgalarının belirli bir dalga boyu, frekans ve polarizasyonda olması gerektiğini söylüyor. Süper sicim teorisi genel görelilik ile kuantum fiziğini başarıyla birleştiriyor. Bu teoriye göre, bizim evreni yaratan büyük patlama bir başlangıç değil. Bunun öncesinde de pek çok patlama var. Öyleyse birçok evren oluştu ve oluşuyor. Kısacası paralel evrenler var. Bu paralel evrenin fizik yasaları bizimkiyle aynı olmayabilir. Bu teoriye göre zaman yolculuğu mümkündür. 1980'lere gelindiğinde, sicim/string teori kendi içinde beşe bölünmüş. 1995'te "M theory" olarak tekrar birleşmiş. Şu an herkesin kabul ettiği string/sicim teori = M teori. M teori olarak adlandırılmaya başlanan teorinin eski sicim teorisine göre ekstra boyut sayısı bir fazla. Toplamda on bir boyut var.

Dean Rickles, *A Brief History of String Theory: From Dual Models to M-Theory,* New York: Springer Publ., 2014.

Joseph Polchinski, *String Theory: Volume I-II,* Cambridge: Cambridge University Press, 1998.

sürmekte. Boş sanılan uzay bir "etkinlikler bölgesi"dir. Alanlar vardır, titreşir, dalgalanır. Boşluğun bu dalgalanmaları, enerji demektir. Tüm bu gelişmelere rağmen, "boşluk enerjisi"nin tam olarak ne olduğu, fizik bilimi içinde henüz anlaşılabilmiş değildir.

Evreni bütünlük içinde tutacak güçler incelenirken, evrende gözlenen maddenin yeterli olmadığı ve görünmeyen bir maddenin görünme olasılığı gündeme geldi. Bunun gözlenmesi mümkün olmayan, "karanlık madde" denen bir madde olduğu yargısına varıldı. Karanlık maddenin galaksilerin oluşmasını sağlayan şey olduğuna karar verildi. Evrendeki galaksiler ve galaksi kümelerinin oluşması için gereken maddeyi hesapladığımızda, uzayda galaksilerin oluşmasına yetecek kadar normal madde olmadığı, başka bir maddenin devrede olması gerektiği görüldü.

Normal maddenin yerçekimi, yıldızları toplayarak galaksiler halinde bir araya getirecek kadar güçlü değildi. Başka çeşit bir maddenin devrede olması gerekiyordu. Kısacası evrende karanlık maddenin etkisi olmasaydı yıldızlar dört bir yana savrulacak ve milyarlarca yıldız içeren galaksiler asla oluşmayacaktı. Astronomlar, evrende normal maddeleri (yıldızları, galaksileri vs.) oluşturan atom ürünlerinin altı katı kadar görünmeyen/karanlık maddelerin (*dark matter*) olduğunu ortaya çıkarmışlardır.

Karanlık madde astrofizikte, elektromanyetik dalgalarla (radyo dalgaları, gözle görülebilen ışık, x-ışınları vb.) etkileşime girmeyen, varlığı yalnız diğer maddeler üzerindeki kütle çekimsel etkisiyle belirlenebilen maddelerdir. Karanlık madde parçacıkları, ışıkla etkileşmediği için doğrudan gözlemlenemez, ancak çevrelerinde sebep oldukları etkiler sayesinde varlıkları anlaşılabilir.

Karanlık madde (kütle) bizim bildiğimiz kütleyi çekmiyor, aksine itiyor. Üzerine ne kadar ışık düşerse düşsün görünmüyor. Bu itmenin sonucu olarak evren büyük bir hızla genişliyor. Galaksiler her geçen gün birbirinden uzaklaşıyor. 4 milyar yıl sonra gözlenebilecek çok az sayıda gök cismi kalacak.

Karanlık madde galaksileri bir arada tutarken, boşluğun enerjisi olan karanlık enerji ise evrenin gittikçe hızlanan genişlemesinden sorumludur. Karanlık enerjinin varlığına dair en önemli veri, evrenin genişleme hızındaki artıştır. Bilim insanları evrenin büyük patlama anında küçücük bir noktadan başlayıp son 13,78

(13,8) milyar yılda genişleşerek bugünkü büyüklüğüne ulaşmasında en büyük rolün karanlık enerjiye ait olduğunu söylüyor. Evrendeki toplam madde miktarının yaklaşık %94/95,1'inin karanlık enerji ile beraber karanlık madde olduğu düşünülüyor. Diğer bir ifadeyle evrenin yaklaşık %68,3/70'ini karanlık enerji, %24/26,8 civarlarında bir bölümünü ise bu karanlık madde oluşturuyor. Kalan %4,9 kısımsa gördüğümüz tüm galaksiler, yıldızlar, gezegenler, kuasarlar gibi gök cisimlerinden oluşuyor. Bu durumda tüm evren algımız, bilgimiz ve tecrübemiz %5'in altında demektir. Kısacası bu durumda evrenin çok küçük bir kısmını algılayabiliyoruz. (Bu rakamların oran olarak az da olsa farklı verildiğini de belirtelim.)

Kara maddenin varlığı, görünen maddelerin üzerinde uyguladığı yerçekiminden daha güçlü olan kütleçekimsel kuvvetten anlaşılıyor. Bunun dışında hakkında fazla bir şey bilinmiyor. Hiçbir dalga boyunda kendisinden bir sinyal alınmıyor. Bu durum aynı zamanda evrenin en büyük gizemlerinden biridir. [93]

Fizikçiler bugüne dek onlarca farklı karanlık madde teorisi geliştirdiler, ama bunlara dair hiçbir kanıt bulamadılar. Bu sebeple karanlık maddenin aslında "ışık saçmayan normal madde" olduğu düşüncesi ön plana çıktı. Bir grup fizikçi, karanlık maddenin (kısmen de olsa) yine normal madde sınıfına giren nötrinolardan[94] oluştuğunu düşünüyor.

Özellikle de bugüne dek tespit edilemeyen teorik bir nötrino türünü (sağ elli steril nötrinoları) arıyorlar.[95] Böylece evrende ka-

---

93 Richard Panek, Dark Energy: The Biggest Mystery in the Universe, *Smithsonian Magazine*, Nisan 2010.

94 Nötrino, ışık hızına yakın hıza sahip olan, elektriksel yükü sıfır olan ve maddelerin içinden neredeyse hiç etkileşmeden geçebilen temel parçacıklardandır. Bu özellikleri nötrinoların algılanmasını oldukça zorlaştırmaktadır. Işık hızını aştığına dair hakkında görüşler bulunan ve 2011 yılında CERN'de yapılan deneyde ışıktan hızlı olduğu ölçüldüğünde kafaları karıştıran nötrinolar yakın zamanda anlaşılmaya başlanmış gizemli parçacıklardır. Çok küçük olduklarından ve neredeyse tamamen etkisiz olduklarından haklarında bilgi edinmek zordur. O kadar küçük parçacıklardır ki elektron dahi onların yanında devasa kalmaktadır. Algılanamayacak kadar gizemli parçacıklar olan nötrinolar aynı zamanda, atom çekirdeğinin yapısını incelemede kullanılan sondalardır.

95 1962'de, parçacık hızlandırma sayesinde "müon" adı verilen parçacığa bağlı, ikinci bir "nötrino" türünün de bulunduğunu keşfettiler; gene kütlesiz ve elektrik yüksüz, ama birincilerden farklı olan bu nötrinolara, elektron nötrinolarının (Ve) tersine, müon nötrinoları (Vμ) adı verildi. Hangi türden olursa olsun nötrinolar, yalnız za-

ranlık maddenin bir kısmını açıklamaya yeterli sayıda nötrino olduğunu kanıtlamak istiyorlar. Elimizdeki teoriler, nötrinoların yüzde kaçının karanlık maddeye karşılık gelebileceğini gösteriyor. Ancak uzayda bu kadar boşluğu dolduracak sayıda nötrino yok. Şimdi de elektrikli ve elektriksiz karanlık madde olduğu düşünülüyor.

Evrenin gizemlerinden biri de karanlık madde ve karanlık enerjiyi açıklamaktır. Eğer bu iki kavram gerçekten yok ise kütle çekiminin (yer çekimi) büyük ölçeklerde nasıl değiştiğini [96] bilmek başka bir sorun olarak bilim insanlarının karşısında duracaktır.

Birçok bilim insanı evrenin büyük patlamanın ardından çok kısa bir süre için ışık hızından daha yüksek bir hızla genişlediğini düşünüyor. Buna bilinmeyen bir enerji, yani "karanlık enerji" yol açmış olabilir. Fizikçiler bu senaryoyu "şişme modeli" olarak adlandırıyorlar. Şişme durduktan sonra evren ışıktan yavaş hızda genişlemeye devam etti. Oxford Üniversitesi e-araştırma Centre'den Astrofizikçi Dr. Jamie Farnes Ocak 2018 yılında yayımladığı araştırmasında,[97] evrenin %95'inin görünmez iki maddeden; galaksileri çekim gücüyle bir arada tutan, ek yerçekimi alanı oluşturan karanlık madde ile evrenin son 5 milyar yılda gittikçe hızlanarak genişlemesine neden olduğu iddia edilen karanlık enerjiden oluştuğunu söyler. Bu maddelerin kara akışkan bir sıvı (*dark*

---

yıf kuvvete duyarlıdır ve ne elektromanyetik kuvvetle ne de güçlü nükleer kuvvetlerle etkileşime girer.

96 Doğada dört temel kuvvet bulunur: elektromanyetik kuvvet, güçlü nükleer kuvvetler, zayıf nükleer kuvvetler ve kütleçekim (yer çekimi) kuvveti. Kütle çekimi, nesnelerin birbirlerine doğru çekme kuvveti uygulamasına denir. Bu çekme kuvveti, cisimlerin kütleleriyle doğru orantılıdır. Dünya yüzeyinde ise çekim ivmesi enleme göre değişir. Ekvatordan kutuplara doğru gidildikçe yerçekimi ivmesi artar ve kutuplarda maksimum değerini alır. Kütle çekimi, cisimlerin dünyanın yüzeyinde kalması, gezegenlerin yörüngelerinin olması gibi fiziksel olayların sebebidir. Kütle çekiminin doğası tam anlamıyla genel görelilik kuramı ile açıklanabilmesine rağmen yerküre üzerinde veya yakın uzaydaki hesaplarda bir kuvvet olarak kabul edilebilir. Kütleçekim aynı zamanda diğer kuvvetlere kıyasla oldukça zayıftır. Örneğin, güçlü nükleer kuvvet, kütleçekim kuvvetinden 10^{38} kat daha güçlüdür. Fizikçiler kütleçekimin de *graviton* adında bir tür parçacıkla iletildiğini düşünmektedir, fakat şimdiye kadar varlığına dair herhangi bir kanıt bulunamamıştır.

97 Jamie Farnes, A unifying theory of dark energy and dark matter: Negative masses and matter creation within a modified ΛCDM framework, *Astronomy&Astrophysics*,Vol. 620, Aralık 2018.
    Jamie Farnes, Bizarre "dark fluid" with negative mass could dominate the universe-what my research suggests, The Conversation, 05.12.2018.

fluid) ya da negatif kitleler (*negative masses*) şeklinde farklı, fakat aynı şey olma ihtimalleri öne sürülmüştür. Negatif kitlelerin de negatif bir çekim gücü (çeken değil iten) olabileceği söylenmiştir.

Karşıt Madde/Antimadde (*Antimatter*)[98] ve Gelecek

Antimadde ne karanlık enerjidir ne de karanlık madde;
dünyayı oluşturan maddenin karşıtıdır.

Antimadde, normal madde gibi pozitif enerji değerlerine sahiptir. Fakat elektrik yükünde farklılıklar içeren farklı kuantum spin-dönme yönüne sahip antiparçacıklardan oluşmuştur. Çok az miktarda antimadde evrende gözlense bile büyük patlama ile ortaya çıkmış olandan çok azı kalmıştır. Büyük patlamada madde ve antimaddenin eşit miktarda olduğu düşünülmektedir. Başlangıç sıcaklığında maddenin ve antimaddenin, elektronların ve pozitronun (elektronun antimaddesi), protonun ve antiprotonun, kuarkların ve karşı kuarkların ortaya çıkışı ve birbirlerini yok edişleri, hep big bang modeline göre açıklanmaktadır.

Büyük patlamadan sonra sonsuz yoğunluktaki evren, nasıl çok geniş bir evrene dönüştü ve nasıl maddeyle doldu? Gökbilimcilerine göre genişleyen evrende eşit miktarda madde ve antimadde oluşmuş olmalı ve birbirleriyle etkileşime giren madde ve antimadde birbirini yok ederek saf enerjiye dönüşmeliydi. Yani kağıt üzerinde bakıldığında, evren boş olmalıydı. Fakat evren milyarlarca yıldız, gezegen ve büyüleyici güzellikte canlılarla dolu. Yüksek enerji fizikçilerinin yaptığı deneyler, bize evrende bir miktar maddenin, madde ile antimadde savaşından nasıl sağ çıktığını ve bu asimetri sayesinde evrenin nasıl şekillendiğini açıklayabilir. Bunları daha iyi anlamak için atomların yapısını daha iyi anlamak gerekmektedir.

---

98 Anti madde anti parçacıklardan oluşan maddedir. Antiparçacıklar ise normal maddenin yapı taşları olan parçacıklarla aynı kütleye fakat zıt işaretli, aynı büyüklükte kuantum sayılarına (örneğin elektrik yüküne) sahip parçacıklardır. Maddeyi oluşturan tüm parçacıkların temel parçacık olsun ya da olmasın bir anti parçacığı vardır. Örneğin temel bir parçacık olan elektronun anti parçacığına "pozitron" denir. Bu anti madde parçacığı elektron ile aynı kütleye sahiptir; fakat elektrik yükünün işareti elektron gibi eksi değil artıdır. Protonun ve nötronun anti parçacıklarına ise "antiproton" ve "antinötron" denir. Bu parçacıklar da normal proton ve nötron ile aynı kütleye sahiptir; ama elektriksel yükleri zıt işaretlidir.

Modern antimadde teorisi İngiliz fizikçi ve matematikçi, kuantum mekaniğinin kurucularından olan Paul Dirac tarafından (1902-1984) 1928'de yazıldı. Teorisinde bütün parçacıkların karşıt yüklü bir antiparçacığı olabileceği, antiparçacıkların bir araya gelerek antiatomlar ve antimaddeyi oluşturacağını ileri sürüyordu. Dirac'ın bu konuda oluşturduğu denklem gözlemlenmemiş bir şeyi öngören ilk denklem oluyordu.[99] Dirac "atom kuramı ve uygulamaları için yeni, verimli biçimlerin keşfi" ile 1933 yılında Nobel Fizik Ödülü'nü aldı.[100]

Dirac'ın dehası, zamanına göre çok ileride olan görüşleri ve dünyanın, evrenin daha iyi anlaşılması için yaptığı katkıların önemi artık tam olarak anlaşılıyor. İtalyan fizikçi Antonino Zichichi'nin söylediği gibi, Dirac'ın çağdaş fizik üzerindeki etkisi, Einstein'ın yaptığı etkiden bile daha büyük olmuş olabilir!

Atomların evreni oldukça karmaşık bir yapıya sahiptir. Atomlar, hâlâ anlaşılmaya, anlamlandırılmaya çalışılmaktadır. Madde atomlardan oluşur; bunlar hidrojen, helyum ya da oksijen gibi kimyasal elementlerin temel birimleridir. Her bir elementin belirli sayıda atomu vardır: Hidrojenin bir atomu vardır, helyumun iki atomu ve bu şekilde devam eder. Antimadde parçacıkların elektrik yükü, normal maddede bulunan parçacıkların tam tersidir. Klasik fizik kurallarına göre bir parçacığın enerjisi her zaman pozitif olmalıydı, negatif enerjinin bir tanımı yoktu. Sonradan bilim insanları, elektron için tüm özellikleri aynı, sadece zıt yüklü bir antielektronun daha olduğu buldu.

Her parçacığın kendisiyle kütlesi aynı fakat yükü zıt olan bir karşı parçacığı bulunuyordu. Elektron için aynı kütle ve kuantum özelliklerine sahip, fakat sadece yükü zıt olan antielektron (pozitron) adında bir parçacık olduğu fark edildi. Daha sonra elektrona

---

99   Elektronun dalga fonksiyonu için göreli bir hareket denklemi olan "Dirac denklemi"ni oluşturdu. Bu çalışma Dirac'ın, elektron'un anti parçacığı olan pozitronun varlığını tahmin etmesine yol açtı. Bu teori elektronla aynı kütleli, fakat pozitif yüklü bir parçacığın varlığını ortaya koyuyordu. Teori daha sonra deneysel olarak da Carl Anderson tarafından 1932 yılında doğrulandı. Bu parçacığa "positron" denildi. Dirac'ın çalışmaları, sadece birbirinden farklı olmakla kalmayıp birbirine ters düşen kuantum ve görecelik teorilerini birbirleriyle ilişkilendirdi.

100   Paul Dirac'ın 1930 yılında yayımlanan *Kuantum Mekaniğinin İlkeleri* (*The Principles of Quantum Mechanics*, Oxford Science Publications, Oxford University Press) isimli kitabı basıldıktan hemen sonra temel kitap haline geldi. Bugün hâlâ kullanılmaktadır.

benzer şekilde birçok parçacık için de aynı durumun geçerli olabileceği ortaya çıktı. Antimaddenin atomaltı parçacıkları, normal maddeye göre zıt özellikler taşımaktadır. Bu atomaltı parçacıkların elektrik yükleri, normal maddenin atomaltı parçacıklarının tam tersidir.

Antimadde negatif kütleye sahip değildir. Bildiğimiz anlamda madde, diğer maddeleri kendisine doğru çeken bir kütle çekimi oluştururken antimadde ters elektrik yüküne sahiptir, kütle çekimi taşımaz. Parçacıkları antiparçacıklar aynı çeşit kütleye sahiptir. Antimadde, negatif enerjiye (sıfır enerji) sahip değildir. Doğrudan gözlemi henüz yapılmamış karanlık enerji ve evrenin %68-70'ini oluşturan karanlık madde ile ilgisi yoktur. Örneğin; elektronun (-) karşı parçacığı pozitrondur (+). Pozitron, elektronun antiparçacığıdır. Yani kütlesi elektron ile aynı fakat yükü elektrona zıt, pozitif yüklüdür. Antiparçacık veya karşıt madde fikri ilk kez 1932 yılında pozitronun keşfiyle başlamıştır. ABD'li fizikçi Carl D. Anderson bu parçacığı gözlemleyip elektronun tersi yüklü bu maddenin tam tanımını yaparak Nobel Ödülü almıştır. Kısaca pozitron, elektronun temel parçacıklardan biridir. Elektronu bölüp daha küçük bir özünü veya parçacığını bulamazsınız. Proton ve nötron ise kuark dediğimiz diğer bir temel parçacıktan oluşur.

Antimadde parçacıkları aşırı yüksek hızda çarpışmalar sonucu oluşur. Antimadde ancak laboratuarda üretebilir. Antimadde parçacıkları normal madde parçacıklarıyla etkileşime girdiğinde birbirlerini yok eder ve $E=mc^2$ formülüne göre enerjiye dönüşürler. Bu formüle göre enerji kütleye, kütle de enerjiye çevirebilir. Herhangi bir parçacık kendi antiparçacığı ile karşılaştığında anında birbirlerini yok ederek bir enerjiye dönüşmektedirler. Bu sürecin tersi de mümkündür. Az miktarda antimadde[101] büyük miktarda bir güç ortaya çıkarabilmektedir.

Antimadde dünya üzerinde nadir bulunan, üretimi en zor ve en pahalı materyaldir; çok yüksek enerji gerektirir. Üretiminde parçacık hızlandırıcıları kullanıldığı için 1999 yılında NASA 1 gram

---

101 1970'li yılların sonunda parçacık fiziğinin modern teorisi olan "standart model" adı verilen kuram oluşturulmuştur. Standart model, kütleçekim etkileşmesi hariç doğadaki dört temel kuvvetten elektromanyetik, zayıf ve güçlü etkileşmeleri bir araya getiren ve atomaltı parçacıklar arasındaki etkileşmeleri tanımlayan bir teoridir. Bu fikir evrenin başlangıcında evrende tek bir kuvvetin hakim olduğu, daha sonra ise bu kuvvetlerin birbirinden ayrıldığı düşüncesine dayanır. Doğada kendilerini farklı gibi gösteren bu dört kuvvet gerçekte tek bir kuvvetin farklı görünümleridir.

antimadde (antihidrojen) değerinin yaklaşık 62,5 trilyon dolar olduğunu bildirmiştir. Yedi-sekiz yıl sonra bu rakam 25 milyar dolara düşmüştür. [102]

CERN her yıl ancak 1 nanogram miktarda antimadde üretebilmektedir. Çeşitli radyoaktif elementlerin bozunumu sonucunda da antiparçacıklar açığa çıkmaktadır. Keşfedilen ilk antiparçacık pozitronların tıpta önemli kullanım alanları vardır.

"Positron Emisyon Tomografisi (PET)" tarayıcıları elektronun karşıt parçacıkları olan pozitronları kullanır. Bu taramalarda dolaşım sistemine enjekte edilen *flourine-18* (F-18) gibi kısa ömürlü radyoaktif bir izotop pozitron yayan bozunum geçirir. Bu pozitronlar dokuda 1mm gibi kısa bir mesafe kat ederler. Bu sürede kinetik enerjileri azalır, bir elektron ile temas ederek birbirlerini yok edip aksi yönde hareket eden gama ışınları (yüksek enerjili fotonlar) oluştururlar. PET tarayıcısı birbirlerinin aksi yönünde hareket eden bu gama ışınlarını tespit edip taranan bölgenin üç boyutlu bir resmini çıkartır.

İnsanlar yüksek miktarda antimadde üretebilme ve saklayabilme ile ilgili problemleri halledebilirse, insanoğlu evrende birçok şeyi daha iyi anlayıp sınırsız bir enerjiye sahip olacaktır. Antimadde çarpışmaları sahip olabileceğimiz en yoğun ve en saf enerjiyi üretmektedir. Antimaddeyi üretmenin pratik bir yolu bulunursa gelecekte uzay gemilerinde enerji santrallerinde kullanılabilinir. Fakat şu anda bu mümkün değil.

Kara Delikler

Kara delik, güneşin kütlesinden en az on kat daha büyük kütleye sahip, yıldızların enerjilerinin bitmesiyle içine doğru çöktükten sonra uzayda çekim alanı kendisine yakın, belli bir mesafedeki her türlü maddesel oluşumun ve ışınımın kendisinden kaçmasına izin vermeyen kozmik bir cisimdir. Kara delikler doğrudan gözlenemediği için bu ismi almışlardır.

Ünlü İngiliz fizikçi Prof. Stephen Hawking (1942-2018) Einstein'ın uzay ve zamanı kapsayan genel görelilik kuramının, big bang'le başlayıp kara deliklerle sonlandığını gösterdi. Bu sonuç kuantum mekaniği ile genel görelilik kuramının birleştirilmesi

---

102 The most valuable substances in the world by weight, *The Telegraph*, 29.05.2018.

gerektiğini ortaya koyuyordu. Bu 20. yüzyılın ikinci yarısının en büyük buluşlarından biriydi. Bu birleşmenin bir sonucu da kara deliklerin aslında tamamen kara olmadığını, fakat radyasyon yayıp buharlaştıklarını ve görünmez olduklarını ortaya koyuyordu. Diğer bir sonuç da evrenin bir sonu ve sınırı olduğuydu.

Evrendeki yıldızlar (güneş) çok büyük enerji üreten termonükleer reaktörler gibi çalışırlar. Birkaç milyar yıl sonra yakıtları biter. Genelde yıldızlar (güneş) 10-14 milyar yaşına geldiklerinde kara deliklere dönüşmeye başlıyorlar. Bu olaya onların bir tür ölümü gibi bakılabilir, çünkü görünür ışık saçmaları sona eriyor ama x-ışını yaymaya devam ediyorlar. Evrende kara delik sayısı arttıkça buna karşıt olarak, termodinamik dengeyi sağlaması gereken evrenimiz gittikçe genişliyor.

Güneşimizin toplam yaşama süresi yaklaşık 10 milyar yıl olarak tespit ediliyor. Bu yaşamının yaklaşık yarısı tamamlanmış (şimdiki yaşı yaklaşık 4,62 milyar yıl) ve yaklaşık 5 milyar yıl sonra genişleyip dünyamızı içine alacak, biz o anda eriyip yok olacağız ve ardından bir ölü yıldız bırakacak.[103] Güneşin bir kara deliğe dönüşebilecek kadar yeterli kütleye sahip olmadığı iddia edilir.

Yıldızlar, güneşin en az 15-25 katı kadar bir kütleye sahiptir. Ömrünün sonuna yaklaşan yıldızlarda, bir süre sonra merkezdeki nükleer tepkimeler kütle çekim kuvvetini dengeleyemez hale gelir, bu nedenle yıldızın tüm kütlesi merkeze doğru çekilmeye başlar, kara delik oluşur. (Güneşin kütlesinin %73'ünü hidrojen, %25'ini helyum, geri kalan kısmını ise diğer elementler oluşturur.)

Güneşte meydana gelen çekirdek tepkimeleri sırasında hidrojen helyuma dönüşür ve bu sırada enerji üretilir. Güneş gökyüzündeki büyük bir nükleer denizaltı gibidir. Yakıtını, hidrojen atomlarının nükleer reaksiyonlarıyla bir araya gelen helyum ve diğer ağır elementleri oluşturmasından alır. Bu süreçte büyük bir enerji açığa çıkar ve güneş, yavaşça kütlesini enerjiye dönüştürür.

Kara delikler evrende başıboş dolaşmaz, gezegenleri rastgele yutmazlar. Kara delikler de uzaydaki diğer nesneler gibi çekim yasalarını takip ederler. Dünyayı etkilemesi için bir kara deliğin

103 Kadri Yakut, Evrenin Evrimi, Evrim VI. Uluslararası Sempozyumu Foça İzmir, 2008, s.306.

yörüngesi güneş sistemine çok yakın olmalıdır ki bu durum pek muhtemel değildir. Bir süre sonra tüm kütle bir noktaya toplanmış olur ve yoğunluk arttığından kütlenin çevresinde olan her şey, ışık bile, bu yeni oluşan yapının içerisine doğru çekilir. Özetle kara delikler, belli büyüklükte kütleye sahip yıldızların yaşamını sürmesini sağlayan kimyasal yakıtın tükenmesi sonrasında, kendi kütleçekimleri altında, kendi üstlerine çökmeleri sonucu oluşan yapılardır.[104] Ufacık bir hacme sahipken büyük miktarda malzemenin sığması nedeniyle aşırı yoğundurlar ve müthiş bir kütle çekim kuvvetine sahiptirler. Dışarıya ışık bile sızdırmadıkları için bunları tespit etmek çok zordur. Fakat Prof. Stephen Hawking 1974 yılında uzay boşluğunda kara deliklerin, enerji dalgalanmaları oluşturduğu için yayılan veya ondan kaçabilen atomaltı parçacıklar sayesinde gözlemlenebileceğini ileri sürmüştü.

Kara deliklere giren hiçbir şey geri çıkamaz sanılıyordu. Stephen Hawking önce bunun imkânsız olduğunu söylemiş, ancak zamanla fikrini değiştirmiş, kara delikten kaçabilecek bir şeyler olabileceği fikrini ortaya atmıştı. Nitekim bu fikir sonradan ispat edildi, literatüre "Hawking Işıması" olarak geçti.

Hawking önceleri kara deliklerin evrenin dışına açılabilen kapılar olabileceğini söylese de zamanla bu fikirden uzaklaşmış ve bunun mümkün olamayacağını söylemiştir. Fakat daha sonra kara deliklerin, yuttukları enerjiyi evrenin dışına ve hatta başka bir evrenin içerisine püskürten kapılar olabileceklerini söylemiştir. Daha önce belirttiğimiz gibi, Hawking, Nisan 2016'da Harvard Üniversitesi'ne telekonferans ile bağlanarak kara delikler üzerine konuşurken kara deliklerin paralel evrenler arasında bir geçiş kapısı da olabileceğini ileri sürmüştü.[105] Bu düşünceden sonra bazı bilim insanları, bizden daha gelişmiş teknolojiye sahip başka galaksilerdeki varlıkların, kara deliklerin basıncına, çekme gücüne dayanabilecek uzay aracıyla lazer teknolojileri kullanarak yıldızlararası

---

104 Her kara delik, bir yıldızın yakıtını tüketerek kendi üzerine çökmesi sonucu oluşmaz. Örneğin çok büyük kütleli cisimlerin uzayda birbirine çarpması sırasında da kara delikler oluşabilir. Ancak bildiğimiz en yaygın kara delik oluşum mekanizması, yıldızların çökmesi sonucu oluşan kara deliklerdir (bu tarz kara deliklere *collapsar* da denir).

105 David Abel, Stephen Hawking casts some light on black holes, *Global*, 18.04.2016.

mesafede (*interstellar*) seyahat edip dünyamızı ziyaret etmelerinin mümkün olabileceğini ileri sürdüler.[106] Böylece UFO'ların da bilimsel açıklaması yapılabilirdi. Bunun yanı sıra ABD'de Massachusetts Üniversitesi'nde fizik profesörü olan Gaurav Khanna, bizim de evrende dolaşmak için ileride kara delikleri kullanabileceğimizi öne sürer.[107]

Bilim insanları, ilk defa 53-55 milyon ışık yılı uzakta bulunan bir kara deliğin doğrudan fotoğrafını çekmeyi başardıklarını Nisan 2019 yılında kamuoyu ile paylaştılar.[108] Bilimin yüz yıl kadar önce varlığını öngördüğü fakat tam ve görsel olarak ispatlayamadığı kara deliklerden birinin resimlenmiş olması, bilim ve insanlık tarihi açısından kara deliklerin gizemlerinden birini çözmek açısından büyük önem taşımaktadır. Bilim en sonunda hep haklı çıkmakta, bize doğru yolu göstermektedir.

İki kere evlenip ayrılan Hawking 2016 yılında yapılan bir röportajda, "Hayatım boyunca evrenin bilinmeyenlerini çözmek için uğraştım, hatta geçmişte uzun zaman kadınları da anlamaya çalıştım, kara delikler bir yana, evrende benim karşılaştığım en büyük gizem kadınlardır,"[109] demişti. Stephen Hawking'in sıkça söylediği

106 Rob Waugh, Aliens might be using black holes to travel (and that's why we've never seen them) Metro, 18.03.2019; Prof. Rafi Letzter, Aliens Might Shoot Lasers at Black Holes to Travel the Galaxy, Live Science, 15.03.2019.

107 Gaurav Khanna, May be you really can uze Black Holes to travel Universe, Discover, 25.01.2019.
Gaurav Khanna, Rotating black holes may serve as gentle portals for hyperspace travel,The Conversation, 09. 01.2019.

108 Bu kara deliğin fotoğrafının çekilebilmesi için dört kıtaya dağılmış altu dağ üzerinde, sekiz gözlemevinde bulunan radyo teleskopları kullanıldı. Radyo teleskoplardan elde edilen bu veriler iki yıl boyunca analiz edildi. Bu projeye "Olay Ufku Teleskobu (Event Horizon Telescope, EHT)" adı verildi. Bu başarıda 29 yaşındaki bilgisayar mühendisi Katie Bouman önemli rol oynadı. Katie Bouman, yazdığı algoritma ile bu fotoğraflamanın gerçekleşmesini sağladı. Bouman, söz konusu algoritmayı üç yıl önce Massachusetts Teknoloji Enstitüsü'nde (MIT) yüksek lisans öğrencisiyken hazırlamaya başlamıştı. Başında olduğu projede, MIT ve Harvard'dan mühendisler, astrofizikçiler ve gökbilimciler vardı. Kara deliğin fotoğrafını bir tek teleskopla çekmek mümkün değildi. Bu nedenle Bouman'ın yazdığı algoritma ile dünyanın farklı bölgelerindeki sekiz teleskoptan elde edilen veriler bir araya getirildi.

109 Richard Gray, Forget black holes! Women are the biggest mystery in the universe, claims Stephen Hawking, Mail Online 01.02.2016.
During an Ask Me Anything session on Reddit, Prof. Stephen Hawking has said that despite unravelling some of the secrets of the universe, women are the biggest mys-

bir cümle de şöyle: "Keşfetmenin zevkini seks ile kıyaslayamam ama (keşfin zevkinin) daha uzun sürdüğü kesin."[110]

Belçikalı sanayici Ernest Solvay Brüksel'de 1912 yılında İnternasyonal Solvey Konferansı düzenledi. Bu konferansa katılanlar döneminin ve sonrasının öncü fizikçileri, kimyacılarıydı. Bu konferansa katılanlardan 29 kişinin 17'si Nobel Ödülü'nü kazanmıştı. 1927 yılında elektronlar fotonlar üzerine beşincisi yapılan İnternasyonal Solvay Konferansı'nda ilk defa yeni formüle edilen kuantum teorisi tartışıldı.

1912 yılındaki toplantıda çekilmiş toplu resim. **Arka sıradakiler:** *Auguste Piccard, Émile Henriot, Paul Ehrenfest, Édouard Herzen, Théophile de Donder, Erwin Schrödinger, JE Verschaffelt, Wolfgang Pauli, Werner Heisenberg, Ralph Fowler, Léon Brillouin.* **Orta sırada:** *Peter Debye, Martin Knudsen, William Lawrence Bragg, Hendrik Anthony Kramers, Paul Dirac, Arthur Compton, Louis de Broglie, Max Born,* **Niels Bohr.** **Ön**

---

tery I have faced. Hawking has said in the past he spends most of the day thinking about women and finds them a complete mystery.

110 Claudia Dreyfus, The life and the Cosmos; Word by Painstaking Word, *The New York Times*, 09.05.2011.
Hawking extols joy of discovery, *BBC News*, 11.01.2002.
On the joy of discovery: 'I wouldn't compare it to sex, but it lasts longer.'

sırada: *Irving Langmuir,* **Max Planck, Marie Curie,** *Hendrik Lorentz,* **Albert Einstein,** *Paul Langevin, Charles-Eugène Guye, CTR Wilson, Owen Richardson.*

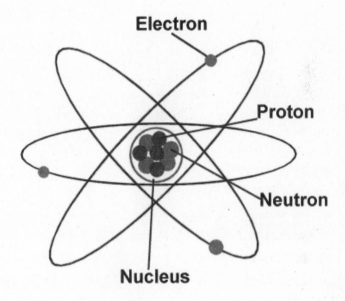

EVRENİN GERÇEĞİNİ KUANTUM MEKANİĞİ YOLUYLA EN KÜÇÜK PARÇACIKTA ARAMA

Kuantum mekaniği dalga-parçacık ikiliği üstüne kurulmuştur. Dalga-parçacık ikiliği bir parçacığın nerede olduğunu ve hızını aynı anda gösteremediğimiz bir ilke olan kuantumun "belirsizlik ilkesinin" kılık değiştirmiş halidir. [111] Örneğin elektronların hızını ölçerken aynı anda yerini tespit edemiyoruz.

Kuantum fiziğinde en belirgin özellik olan belirsizlik ilkesi gerçeklere ulaşmaya değil, kuantum deneylerindeki ölçümlere belirsizlik getirmektedir.

Bilim insanları yaşamı ve evreni daha iyi anlayabilmek için devamlı daha da küçük parçacıklara ulaşmanın hayalini kuruyor. Evreni anlamak, onu oluşturan parçacıkları ve bunların nasıl etkileştiklerini anlamakla başlar. Maddenin en küçük öğesi bilinmeden evrenin birçok sırrını anlaması çok zor olacaktır. Günümüzde evren hakkında daha fazla bilgi edinmemizi sağlayan *quantum* (Latince *"quantus"*, yani "ne kadar") belirli fiziksel nicelikler için kullanılır ve kesikli birimlere gönderme yapar. Kuantum mekaniğinin temelleri 20. yüzyılın ilk yarısında Max Planck, Albert Einstein, Niels Bohr, Werner Heisenberg, Erwin Schrödinger, Max Born, John von Neumann, Paul Dirac, Wolfgang Pauli gibi bilim adamlarınca atılmıştır. Kuantumun sözlük anlamı, "Bir dalganın olası değerlerinin alt değer kümelerinden biri"dir. Atom düzeyindeki, hatta atomdan daha küçük parçacıkların fizik kurallarını tanımlamakta kullanılır.

---

111 Patrick J. Coles, Jedrzej Kaniewski, Stephanie Wehner. Equivalence of wave–particle duality to entropic uncertainty. *Nature Communications*, 2014, 5: 5814.

Temel parçacık fiziği, büyük ölçekte doğayı incelemek yerine etrafımızdaki tüm maddeleri, uzaktaki yıldızları, hatta gök adaları oluşturan en temel, bölünemeyen parçacıkları araştırmaktadır. Temel parçacık fiziği keşfedilen parçacıklar arasındaki bağlantıyı, bu parçacıkların basit kurallar ile tüm davranışlarını açıklamaya, daha temel parçacıklardan oluşup oluşmadıklarını, enerji, madde, uzay ve zamana en temelde neyin hükmettiğini ortaya koymaya çalışmaktadır.

Atomdan daha küçük veya atomu oluşturan parçacıklara "atomaltı parçacıklar" denir. Bu parçacıklar temel olarak leptonlar ve kuarklardan oluşur. Evrende gördüğümüz cisimleri ve bu cisimler arası etkileşimi sağlayan parçacıkları, kısaca bütün evreni fermion[112] ve bozon[113] adını verdiğimiz atomaltı parçacık grupları oluşmaktadır. Maddenin canlı cansız tüm şekilleri, çeşitli elementlerin atomlarından yapılmıştır. Bu atomlar, kainatın her yerinde aynı yapıda bulunurlar ve aynı tepkime kanunlarına uyarlar.

Fransız matematikçi, gökbilimci Pierre Simon Laplace (1749-1827) 19. yüzyılda evrendeki her bir parçacığın yerinin bilinmesi durumunda, bütün geleceği öğrenecek ileriye dönük hesaplamalar yapılabileceğini, sonra da denklemlerin geriye döndürülerek geçmişteki her şeyin öğrenilebileceği ileri sürmüştü. İşte bu tarihsel başarı öyküsü, büyük olan her şeyin parçalarının giderek daha küçük ölçeklerde kavranmasıyla anlaşılabileceği temelindeki indirgemeciliğin özünü oluşturur. Bu bakış açısı, hep daha küçük düzeyler ele alınarak mümkün hale geldi.[114]

İlk olarak 19. yüzyılda John Dalton, kimyasal bileşikler üzerinde çalışarak, doğrudan atomu gözlemleyemese de deneysel ve gözlemsel verilerden hareketle bir atom teorisi oluşturdu. 1897'de Cambridge'te, John Thompson'un, atomun hareket halindeki parçacıklardan oluştuğunu keşfetmesi, mikro dünya hakkındaki anlayışlarımız açısından önemli bir dönüm noktasıdır. 20. yüzyıl

---

112 Fermionlar, lepton ve kuarklardan oluşmaktadır. Lepton ve kuarklar temel parçacıklar olarak kabul edilmektedir. Proton, nötron gibi ağır atomaltı parçacıkları kuarklar oluşturur.

113 Bozonlar, kuvvet taşıyıcı atomu bir arada tutan, aynı zamanda atom ve atomaltı parçacıklar arası etkileşimi sağlayan güç taşıyıcı parçacıklardır.

114 David Eagleman, *Incognito: Beynin Gizli Hayatı*, Çeviri: Zeynep Arık Tozar, İstanbul: Domingo Yay., 2016, s.221.

"parçacık fiziği"nin[115] keşfedilmesi çağıydı. Maddenin kütle kazanmasını sağlayan mekanizmanın ne olduğuna verilecek cevap birçok soru işaretini açığa kavuşturacaktı.

Evrende bilinen bütün maddeler (evreni oluşturan kozmik madde, yüksek enerjili madde[116] ve antimadde hariç), pozitif yüklü bir çekirdek ve etrafında dönen negatif yüklü elektronlardan oluşan, yaklaşık 100 farklı atomdan meydana gelmektedir. Evrende her madde iki ya da daha fazla atomun birbirleriyle kimyasal bağ kurarak oluşturduğu moleküllerden (tek atomlu elementler molekül değildir);[117]moleküller ise içi %99 oranında boşluk ihtiva eden atomlardan; atomlar da çekirdek ve sürekli hareket halinde olan, fiziksel boyutları olmayan, hem parçacık hem dalga özelliği gösteren,[118]daha küçük birleşiği olmayan elektrik yükleri (negatif) olan[119] elektronlardan meydana gelir.

Kuantum teorisi atom dünyasının nasıl çalıştığını gözlemleyip göstermekle gelişti.[120] İnsanoğlunun 20. yüzyılda en büyük başarılarından birisi, elektron gibi âdeta kütlesi dahi yok denebilecek (10-31 kg) parçacıkları, kuantum fiziği/mekaniği sayesinde nispe-

---

115 Atomaltı parçacıklar bağımsız olarak ömürleri çok kısa olduğu için normal şartlar altında gözlemlenemezler. Parçacık hızlandırıcısı denilen dev düzeneklerde, yüksek elektriksel alan etkisi ve hızlandırılmış parçacıkların manyetik alan etkisiyle odaklanarak çarpıştırılır ve ortaya çıkan farklı parçacıklar incelenebilir hale getirilmeye çalışılır. Bu işlemlerin yapılmasında ve yaratılan çarpışmalarda ortaya çıkan enerji miktarları çok büyük olduğundan parçacık fiziği yüksek enerji fiziği olarak da adlandırılır.

116 Elektronlarını yitirmiş atom çekirdekleriyle serbest kalmış elektronlardan oluşan gazdır. Bu iyonize olmuş gaza "plazma" denir. Plazma hali tamamen serbest elektronlara sahiptir. Bütün maddelerin gaz halleri yalıtkanken plazma hali elektriği çok iyi iletir. Güneş, maddenin plazma halidir.

117 Tek bir oksijen O melokül değildir. Oksijen başka bir oksijen atomuyla (O_2) ya da karbon farklı bir elementle birleşme yaparsa (CO_2) melokül oluşur. Basit meloküller; Su H_2O Nitrojen N_2, Ozon O_3

118 1927 yılına kadar elektronun sadece parçacık özelliği biliniyordu. Fakat 1927 yılında yapılan Davidson-Germer deneyinde, elektronlar nikel kristaline çarptırılmış ve sadece dalgaların oluşturabileceği bir kırınım deseni elde edilmiştir. Böylelikle, o zamandan beri elektronun hem dalga hem de parçacık olduğu anlaşılmıştır.

119 Normal koşullarda elektronlar atomun artı yüklü çekirdeğine bağlı durumda bulunur. Nötr bir atomdaki elektronların sayısı çekirdeği artı yüklerin sayısına eşittir. Ama bir atomda artı yüklerin sayısından daha fazla ya da daha az elektron bulunabilir. Bu durumda atomun toplam yükü eksi ya da artı olur; böyle yüklü atomlara "iyon" adı verilir. Bir atoma bağlı olmayan elektronlara "serbest elektron" denir.

120 Robert Gilmore, *Alice in Quantumland,* New York: Springer -Verdag Publ., 1995, s.7.

ten kontrol etmeyi başarmasıdır.[121] Kuantum teorisi özetle, atomun yörüngelerinde bulunan elektronların enerji seviyeleri arasındaki sıçrayışlarıdır. Elektrona bir miktar enerji verilince anında diğer enerji düzeyine sıçrayacaktır. Buna "kuantum sıçraması" adı verilir. Yani diğer ifadesiyle "ışınlanma" denir. İşte şu anda yaşadığımız evrende, soluduğumuz havada her saniye bu olay milyonlarca kere tekrarlanmaktadır.

Artık bilim insanları hep daha da küçük parçacıklara ulaşmanın hayalini kuruyor. Parçacıklar küçüldükçe, ağırlıkları artıyor. Bu parçacıklardan bir tanesinin parçalanması, yeni bir büyük patlamaya yol açıp evrenin yeniden şekillenmesine neden olabilir. Bu işlemlerin yapılmasında ve yaratılan çarpışmalarda ortaya çıkan enerji miktarları çok büyük olduğundan parçacık fiziği, "yüksek enerji fiziği" olarak da adlandırılır.

Evrenin nasıl oluştuğunu anlamak için Avrupa Nükleer Araştırma Merkezi CERN'de Mart 2010'da dünyanın en büyük atomaltı parçacık çarpıştırıcısı olan "büyük hadron çarpıştırıcısı" ile bir çarpışma yapıldı. Proton huzmelerinin çarpıştırıldığı bu büyük çarpışmada, big bang'de olduğu gibi, yüksek ısı ve zincir reaksiyonu oluşma düşüncesiyle dünyada yaşamın tehlikeye düşmesi ya da kara deliklerin oluşmasından endişe edildi, ancak böyle bir şey olmadı. Daha sonra yapılan birkaç denemede de bir tehlike oluşmadı fakat elde edilen ufak parçacıklarda tam istenilen gözlemler ve sonuçlar henüz elde edilemedi.

20. yüzyılın başlarında bilim insanları doğada sadece elektron (negatif yüklü), nötron (yüksüz) ve proton (pozitif yüklü) olarak üç temel parçacığın olduğunu ve bunların daha küçük parçalara ayrılamadığını düşünüyordu. Atom çekirdeğini meydana getiren protonlar ve nötronların, çekirdeğin çevresinde dolanan elektronlar olduğu düşünülürken, parçacık hızlandırıcılarının kullanılmaya başlanmasıyla bir sürü parçacık çıktı. Atom parçalanmaya başlanınca proton ve nötronların içlerinde "kuark" denilen parçacıklar bulundu. Böylece düzinelerce yeni parçacık keşfedildi ve bir süre boyunca kimse bunları açıklayamadı. Fizikçiler buna

---

121 Böylece elektronların, sadece bazı özelliklerinin bilinmesiyle teknolojide devrim yapıldı. Elektronikte transistor devrimi, elektronik teknoloji, mikro ve süper bilgisayarlar, telekomünikasyon teknolojileri; uydular, robotlar, daha burada sayılamayacak çok icat, elektronları kısmen çözebilme sayesinde başarıldı.

"parçacık çiftliği" adını verdi. Bilim insanları bu mikro dünyayı anlamaya çalışmaya başladıklarında bambaşka bir dünyaya girdiklerini gördüler.[122] Daha küçük birleşenlerden oluşmadığı için yalnızca elektron temel parçacık olarak kabul edilir. Diğer parçacıklar, proton ve nötronlar kuarklardan oluşurlar. Eksi (-) yüküne sahip olup elektrik yükü taşıyan elektronlar (dünyanın kendi etrafında dönerken güneş etrafında dönmesi gibi) atom çekirdeğinin etrafında dönerken kendi etraflarında da dönerler. Atom sisteminin planet sistemine benzediği kesindir.

Atomların birbirlerinden farklı olmasına neden olan şey, atom merkezinde bulunan çekirdeğin etrafındaki yörüngelerde dönen sahip oldukları elektron sayılarıdır. Diğer bir deyişle dünyanın içindeki sınırsız çeşitlilik biraz da elektronlardan kaynaklanmaktadır. Elektronlar aynı zamanda bir atomun diğer atomla etkileşimini sağlar. Doğanın kütle ağırlığı bakımından en hafif parçacığı olan elektrondur.[123] Nötron ve protonun her birinin ağırlığı elektronun ağırlığının iki bin katıdır. Elektronlar temel olarak ayırt edilemezler fakat hem parçacık hem de dalga özelliği gösterirler, doğanın nasıl çalıştığını anlamamıza yardımcı olurlar.

Atomu ve dünyayı tanımak istiyorsak mutlaka elektronu ve özelliklerini de bilmemiz gerekir. Elektronları keşfetmeseydik bugün elektrik olmayacaktı. Elektrik akımına neden olan parçacıklar elektronlardır. Atomların çekirdeklerinin etrafında bulunan elektronlar kopartılarak iletken üzerinde hareket etmesi sağlanır. Bu, elektron hareketinin ters yönünde elektrik akımı oluşur. Elektrik kısaca elektron yayılımıdır.[124]

Elektron atomaltı parçacıklar arasında kuvvet iletimini sağlayan en önemli parçacıktan biridir. İki elektronun birbirini itmesini

---

122 Kuarklar, kimse tarafından görülmeyen ve genleşme değerinin sıfır olduğu kabul edilen küçük yapılardır. Kuarkları gözlemek, anlamak bile başlı başına bir problem teşkil ediyordu. Araştırmacıların kesin olarak bildikleri bir şey milimetrenin milyarda birinin milyonda biri büyüklüğe sahip kuarkların içinde gerçekten daha küçük parçacıklar bulunuyorsa, bunlar aşırı yüksek enerjiye sahip olmalılar. Evren hâlâ birçok bilinmeyenle dolu.

123 Marcus Chown, *Atomların Dansı*, Çeviri: İmge Tan İstanbul: Alfa Yay., 2016, s.66-67.

124 Elektronların yer değiştirmesi elektrik akımını oluşturur. Bir iletken maddede milyonlarca serbest elektron bulunur. Bu maddeye elektrik uygulandığında elektronlar negatiften (-) pozitif (+) yöne doğru hareket etmeye başlar. Bu hareket "elektrik akımı" oluşturur.

sağlayan şey, aralarındaki foton alışverişidir. Bu kuvvetleri ve parçacıkları anladıkça elektronik transistorlar icat edilmiştir. Nano boyutta, gözle görünmeyen ışınları algılayan cihazlar yapılmıştır. Milimetrenin milyonda biri büyüklüğünde malzemeler tasarlanmış, milyarlarca ışık yılı uzaklıktaki kara deliklerin çarpışma şiddetleri ölçülmüştür. 1938 yılında Alman fizikçi Ernst Ruska'nın elektron mikroskobunu icadı sayesinde elektron mikroskopları, cisimden saçılan veya içinden geçen elektronların toplanması neticesinde elde edilen görüntüleri incelememize olanak sağladı.[125] Elektronların bulunuşu, gelişimi, kullanım alanı bir kitap konusu olacak kapsamlıdır.[126]

Diğer atomaltı küçük parçacıklar kuarklarda tam çözülmüş değildirler. Bugün kuarkların gerçekten var olduğunu gösteren bir veri zenginliğine sahip olmamıza karşın, aslına bakarsanız gerçekte bir kuarkı görebilmeyi halen başaramadık. Kendilerini saklıyorlar, utangaçlar ve sürekli iki veya üçlü gruplar halinde kümelenmek istiyorlar.[127] Üçlü kuarklar bir araya gelerek proton ve nötronları oluşturuyordu. İki tane yukarı, bir tane aşağı kuark bir araya gelince protonu; bir tane yukarı, iki tane aşağı kuark bir araya gelince nötron oluşturur.[128] Kuarkların en temel, en

---

125 Bu temel prensip bizi iki farklı elektron mikroskobu kategorisine götürür ki bunlardan biri "taramalı elektron mikroskobu (*scanning electron microscope* - SEM)", diğeri ise "geçirimli elektron mikroskobudur (*transmission electron microscope* - TEM). Taramalı elektron mikroskobu elektronların, kullanımı incelenecek malzeme yüzeyine gönderilmesi sonucu oluşan etkileşmelerden yararlanılması esasına dayanarak çalışır. Geçirimli elektron mikroskobu, görüntüleme ve kırınım tekniklerini birlikte kullanarak malzemelerin mikroyapısal incelemesini ve kristal yapılarının belirlenmesini birlikte sağlar. Nanometre mertebesinde cok küçük ve ince alanlardan, milyon katı büyütmelerde malzemenin kristalagrofik ve morfolojik bilgilerine aynı anda ulaşılmasını olanaklı kılan bir tekniktir. Atomları tek tek kontrol altına almayı amaçlayan maddeyi metrenin milyarda biri küçüklükte nanoteknoloji boyuta düşürmek için ultraviyole ışık yerine, madde ile etkileşme sürecinde saçılma yapmayan elektron demetleri kullanmaktadır. Günümüzde yaygın olarak kullanılan bu yönteme "elektron demet litografisi" denir.

126 Jaume Navarro, *A History of The Electron*, Cambridge: *Cambridge University Press*, 2012.
J.R.Eaton, Electrons, Neutrons, Protons in Engineering, London-New York: *Pergamom Press*, 1966.

127 Kenneth W. Ford, *101 Soruda Kuantum*, Alfa Yayınları 2011, s.41.

128 Evren büyük patlama ile ilk oluştuğunda sıcaklık çok yüksek olduğu için tüm kuarklar serbestçe hareket ediyordu. Zaman geçtikçe ve evren genişleyip soğudukça daha büyük kütleli kuarklar, daha düşük kütleli diğer kuarklara bozunmaya başlamıştır. Üst ve alt kuarklar tılsım ve garip kuarklara, tılsım ve garip kuarklar yukarı

küçük parçacıkları da bilimsel görünmüyor. Kuarklardan daha da küçük parçalara bölünemeyecek, ancak kuarklardan daha farklı şeyler oldukları muhtemel.[129]

Hawking *Zamanın Kısa Tarihi* adlı kitabında şunları söylüyor: "Işık enerjisi bir başka tür parçacıktır; bu kütlesiz parçacığa foton denir. Yakınımızdaki güneşin nükleer ocağı, dünyanın en büyük foton kaynağıdır. Güneş aynı zamanda bir başka tür parçacığın, (ışık hızına yakın hıza sahip olan, elektriksel yükü sıfır olan ve maddelerin içinden neredeyse hiç etkileşmeden geçebilen temel parçacıklardan) nötrinonun (ve antinötrinonun) da en büyük kaynaklarından biridir. Fakat bu olağanüstü hafif olan parçacıklar maddeyle etkileşime giremez ve dolayısıyla her saniye milyonlarca nötrino bizi hiç etkilemeden içimizden geçip gider. Bütün olarak fizikçiler düzinelerce temel parçacık keşfetmiştir. Zamanla, evren karmaşık bir evrim geçirirken, bu farklı yapılardaki parçacıkların özellikleri de evrimleşmiştir. Dünya gibi bir gezegenin ve bizim varlığımızın nedeni işte bu evrimdir."

İlk atom bombası Temmuz 1945'te Amerika'da deneme amacıyla New Mexico'da çölün ortasında patladığından beri atomun, maddenin en küçük ve bölünemez birimi olduğu tezi artık geçerli değil. Aslında bu tezi 1905'te Albert Einstein yerle bir etmiş, maddenin enerjiye, enerjinin maddeye dönüşebilirliğini gösteren meşhur $E\ (enerji) = m(kütle)\ c^2$ (ışık hızının karesi) denklemini yazmıştı. Bu denklemle kütlenin gerçekten de nükleer bölünme ve nükleer birleşmede kütlenin enerjiye dönüştüğünü; bir hızlandırıcıda yüksek enerjili parçacıklar birbirleriyle çarpıştırıldığında da enerjinin kütleye dönüştürülebildiğini görülecekti. Bunun ilk ispatı da Hiroşima ve Nagazaki'ye atılan atom bombaları oldu.

Einstein, Hitler'in ırkçı politikası nedeniyle 1933 yılında ABD'ye göç etti. Ağustos 1939'da ABD Başkanı Franklin D. Roosvelt'e

ve aşağı kuarklara bozunmuştur. Yukarı ve aşağı kuarklar bir araya gelip protonları, nötronları ve çekirdekleri oluşturmuştur.

129 En çok bilinenleri, alt parçacıklardan (kuarklardan) oluşan proton, elektron, nötrondur. Kuarklar bir araya gelerek hadronlar olarak bilinen bileşik parçacıkları oluştururlar. Bunların en kararlı olanları atom çekirdeğinin bileşenleri proton ve nötrondur. Kuarklar asla yalnız bir şekilde bulunmazlar; onlar sadece hadronlar dahilinde bulunabilirler. Bu sebeple kuarklar hakkında bilinenlerin çoğu hadronların gözlenmesi sonucunda elde edilmiştir.

(başk. dön. 1933-1945) bir mektup yazarak[130] Nazilerin atom bombası yapmakta olduklarını,[131] Amerika'nın bu bombayı onlardan önce yapması gerektiğini belirtmişti. ABD'de atom bombasını yapan 22 Nisan 1888'de Almanya'dan Amerika'ya göç eden Yahudi kökenli bir ailenin çocuğu olan, 1904 yılında New York'ta doğan, Einstein'ın da arkadaşı olup onunla birlikte çalışan bilim insanı Robert Oppenheimer (ölm. 1967) olacaktı.

Ağustos 1945'te Hiroşima'da patlayan atom bombasının içindeki 6 bin gram radyoaktif maddeden sadece 1 gramı bu formüle uygun olarak enerjiye dönüşerek korkunç derecede bir enerji ışıması yaptı. 80 bin kişiyi anında yok etti. Japonya'ya yapılan diğer nükleer saldırılarla beraber yayılan radyasyon, savaştan sonra da her yıl insanları öldürmeye devam etti, zamanla bu sayı 450 bini aştı.

Modern bilim tarihi, yüzyıllardır maddeyi oluşturan bileşikleri anlamaya çalışıyor. Parçacık-kuantum fiziği buna yardımcı oluyor. Bilimsel araştırmalara önem veren devletler parçacık fiziğine en büyük önemi vermektedirler. Evrenin yapı taşlarını tespit etmeye çalışırken buluntuların endüstriyel alanda yeni imkânlar yarattığı da muhakkaktır. Parçacık fiziği yoluyla evrenimizin yapı taşlarını keşfetmeye çalışırken aslında kendi bilinmeyenimizi keşfediyoruz. Daha derinliklere inmek için eldekilerden daha hızlı ve güçlü parçacık hızlandırıcı aletlere ihtiyaç var.[132]

130 Michael Byrne, Einstein's Letter To Roosevelt: Why We Created the Atomic Bomb, Vice-Motherboard, 06.08.2010.
Einstein's Letter to President Roosevelt-1939.
http://www.atomicarchive.com/Docs/Begin/Einstein.shtml

131 In the course of the last four months it has been made probable through the work of Joliot in France as well as Fermi and Szilard in America that it may be possible to set up a nuclear chain reaction in a large mass of uranium, by which vast amounts of power and large quantities of new radium-like elements would be generated. Now it appears almost certain that this could be achieved in the immediate future.

132 Parçacık hızlandırıcıları, elektromanyetik alanlar yoluyla yüklü parçacıkları çok hızlı bir şekilde hızlandıran makinelerdir. Dünyada irili ufaklı 30 binden fazla parçacık hızlandırıcısı vardır. Böyle hızlandırıcılar çok yüksek ısı ve yoğunluk ile parçacıkları çarpıştırarak dünyanın oluşumundaki ilk maddeyi oluşturan temel parçacıkları açığa çıkarmaya çalışır. Hızlandırıcı ne kadar büyük ve güçlü olursa o kadar ufak parçacıklara inme imkânı olur. İsviçre CERN'deki 6 adet hızlandırıcı ve yavaşlatıcı, en büyük ve güçlülerdendir.

Geçtiğimiz son 50 yılda parçacık fizikçileri evrenin bilinen kısmını en küçükten en büyük ölçeğe kadar "standart model"[133] adıyla formülize ettiler. 1920'de bilim insanları atomun iki temel bileşimini biliyorlardı: proton ve elektron. 1935'te pozitron, nötron ve nötrinonun eklenmesiyle rakam beşe yükseldi. Aynı yıl mezonlar keşfedildi. 1947'de sırayla muon ve pi meson (*pion*) keşfedildi. 1970'lere gelindiğinde, "standart model"in temel çerçevesi belirginleşmiş oldu.

Temel parçacıklar ve bu parçacıkların arasındaki temel etkileşimleriyle standart model, görünen tüm evreni tarif etmeye çalışır. Laboratuarda keşfedilen her parçacığın bu modelde yeri vardır. Henüz keşfedecek çok şey var. Parçacık fiziğinin birincil amacı evreni anlamaktan önce nesneleri tanımlamak ve aslında insanoğlunu yaratan, şekillendiren ortamı anlamaktır.

CERN'de 100 metre yerin altında 27 kilometre
uzunluğundaki tünelin bir bölümü

---

133 Parçacık fiziğinin standart modeli; tüm temel parçacıkları ve dört temel etkileşimin kütle çekimi dışında kalanlarını birleştiren bir kuramdır (güçlü, zayıf ve elektromanyetik etkileşim). Standart model altında isimlendirilmiş 17 parçacık vardır. Bu parçacıklar "fermiyon" ve "bozon" olarak ikiye ayrılır. Fermiyon madde parçacıklardır. Bozon ise fermiyonlar arasındaki etkileşimlere aracılık eden kuvvet parçacıklarıdır.

KUANTUM MEKANİĞİNİN GİZEMLİ DÜNYASINI ANLAMAYA ÇALIŞMAK

Emin olarak söyleyebilirim ki "kuantum mekaniği"nden
kimse bir şey anlamıyor.[134]

ABD'li fizikçi Richard Feynman (1918-1988)[135]

Her şey bilim insanlarının atomaltı parçacıklar veya foton gibi kuantum boyutundaki paketlerin dalga-parça davranışlarını çözebilmek için bir dizi deney yapmasıyla başladı. 1900 yılında Max Planck'ın Nobel Ödüllü keşfi kuantum mekaniği, radyasyonun kuanta olarak isimlendirdiği paketler halinde yayıldığını veya emildiğini göstermesi bakımından önemlidir. Max Planck'ın ifadesi ile "enerji birbirinden bağımsız birimlerle (enerji paketleri) ki bunlara kuantumlar diyoruz, bir yerden ötekine taşınabilir. Bu durumuyla enerji sürekli değildir. Enerji 'kuantize' olmuştur." Einstein 1905 yılında ışığın kuanta veya foton olarak isimlendirilen paketler halinde taşındığını öne sürmüştü. Böylece ışığın parçacık doğası gösterilmişti.

1927 yılında Davisson-Germer deneyi ile bir atomaltı parçacık olan mikroskobik parçacıklar, yani kuantum dünyasına ait olan elektronların da dalga davranışı gösterdiği kanıtlanınca bilim insanlarının önünde yeni ufuklar açıldı.

Kuantum fiziği, metrenin on milyarda biri küçüklüğündeki atomik boyutlarda çalışarak maddenin ne olduğu hakkındaki

134 Richard Feynman, *The Character of Physical Law*, MIT Press: Cambridge, Massachusetts, 1995, s.129.
"I think I can safely say that nobody understands quantum mechanics."
135 20.yüzyılın en önemli fizikçilerindendir. Kuantum elektrodinamiği üzerindeki çalışmaları nedeniyle 1965'te Julian Schwinger ve Sin-Itiro Tomonaga ile beraber Nobel Fizik Ödülü'ne layık görüldü.

düşüncelerimizi derinden etkileyen bir bilim alanı oldu. Bunun yanında makro boyutlarda evrimleşen beynimiz mikro boyutları inceleyen kuantum fiziğini tam olarak kavramakta yetersiz kalmaktadır. Kuantum yasaları hakkında öğreneceğiniz her şey, gündelik yaşamda karşılaştığınız, duyu organlarıyla algıladığınız ve beynimiz vasıtasıyla yorumladığınız diğer şeylere zıt olacaktır.

Klasik fizik sağduyumuza daha uygun. Klasik fizikte cisimler daha öngörülebilir şekilde hareket eder. Kuantum mekaniği çok küçük şeyleri açıklamaya çalışır ki onlar tamamen insan duyularının kavraması dışındadır. Bunun yanında her fiziksel sistemin bir betimlemesini kuantum mekaniği sağlar. Çünkü bütün büyük cisimler küçük atomaltı parçalardan oluşur. Bu sanal parçacıkları doğrudan ölçemeyiz fakat dolaylı etkilerini sürekli ölçeriz. CERN'de yapılan işlemlerden biri de budur.[136]

Kuantum fiziğini matematiksel soyutlamalarla anlayabiliyoruz. Tam gözlenemeyen, kavranması zor olan bir dünyaya nasıl yorum getirilir, dünyadan nasıl sonuçlar çıkartılabilir sorusuna en iyi cevap; kuantum dünyasını sadece matematikle görebiliriz, ifadesidir. "Kuantum fiziğine matematik penceresinden bakıldığında onun bir dalga mekaniği[137]olduğu görülür."[138] Bu, kuantum fiziğini anlamada bilinmesi gereken en önemli olgudur. Fakat matematiksel soyutlamalar anlaşılır bir dille açıklanmazsa kuantum fiziğini anlamak yine zor olur.

Kuantum fiziğini işin içindeki kişiler bile anlamakta zorlanırken, işin dışındaki kişilerin, konuyu kapsamlı incelemelerine rağmen tam olarak anlamaları, anlaşılır bir dille ifade etmeleri daha zordur. Bilim insanlarının, keşiflerini, halka nasıl anlaşılır

---

136 Kerem Cankoçak, *Cern ve Büyük Patlama*, İstanbul: Asi Yay., 2019, s.72.

137 Her büyük ölçekli gözlem, dalga veya parçacık açıklaması olarak yorumlanabilir, fakat fotonlar ve elektronlar dünyasında bu gibi ayrımlar bu kadar kesinlikte yapılamaz. Bazı şartlar altında belirgin olarak "parçacık" olarak isimlendirdiğimiz şeylerin dalga özelliklerini sergilerler. Fotonlar hem dalga hem de parçacık özelliklerine sahiptirler. Maddenin de ışık gibi hem dalga hem de tanecik özelliği bulunmaktadır. Cisimleri görmemizin sebebi, bu cisimlerin kendilerini aydınlatan ışınlarla olan girişimleridir. Elektron kadar küçük bir cismin yerini belirlemek için son derece kısa dalga boyuna sahip radyasyon gerekli olacaktır. Dalga boyu kısa olan radyasyonun frekansı ve enerjisi yüksektir. Böyle bir ışının elektrona çarpması, elektronun hızını ve hareketinin yönünü değiştirir. Böylece elektronun yeri belirlenmeye çalışılırken elektronun momentumu büyük ölçüde değişir.

138 Prof. Cengiz Yalçın, *Kuantum*, Ankara: Akılçelen Yay., 2015, s.62.

bir dille anlatırız, diye amaçları olmadığı gibi buna vakitleri de yoktur. Onlar işlerine konsantre olurlar ve bir bilinmeyeni keşfettikten sonra bir diğerinin arkasından giderler. Bu işin dışındaki kişiler kuantum dünyasının gizemli dünyasını anlamaya çalıştıklarında işin içinde neredeyse kaybolurlar.

Gözlemleyebildiğimiz makro dünyaya göre, bize normal gelen olaylar kuantum dünyasındaki atomaltı parçacıkların mikro dünyasında başka türlü gerçekleşir. Maddeyi oluşturan atomaltı parçacıklar kuantum fiziği yasalarına göre davranırlar. Atomların uyduğu fizik yasalarıyla, bu atomların oluşturduğu gözle görülebilir büyüklükteki maddelerin yasaları temel olarak aynı değildir. Biz bunu makro dünyadaki gibi çıplak gözle fark edemeyiz. Kuantum fiziğindeki belirsizlik ilkesi de işin içine girince olayları kavramak daha da zorlaşır.

Kuantum mekaniğinde biz bir nedene bakarak hangi sonucun ortaya çıkacağına dair olasılıkları ortaya koyabiliriz. Bu olasılıklar arasında orantısal farklılıklar da ortaya çıkar. Bunlar bize kesin bilgiyi vermeyecektir. Kuantum dünyasında aynı nedenler farklı sonuçlar da doğurabilir. Kuantum, çoğu kez teorik fizik olarak ilgi duyulan bir alandır. Anlaması da anlatması da zordur.[139]

Kuantum mekaniği; madde ve ışığın, atom ve atomaltı seviyelerdeki davranışlarını inceleyen bir bilim dalıdır. Kuantum teorisine göre olgular ve olaylar arasında neden-sonuç ilişkisi değil, olasılık ilişkisi vardır. Yani fiziksel bir kesinlik yoktur. Kuantum mekaniğinin en önemli özelliklerinden biri de, bir gözlem için kesin, tek sonuç öngörmemesidir. Makro evrende insanlar birden fazla yerde bulunmazlar. Klasik fizikte eğer bir deneyi tamamıyla aynı şartlarda iki veya daha fazla yaparsanız aynı sonuçlar elde edersiniz. Ama kuantum kuramının geçerli olduğu mikro evrende durum farklı. Bir parçacık, aynı anda birçok yerde bulunduğundan her defasında değişik sonuçlarla karşılaşırsınız.

---

139 Kuantum mekaniği bilgi içermez. Olasılıklardan bahseder. Kuantum mekaniği olasılık yasalarına dayanır fakat her şeyden önce bir bilimsel teoridir ve bütün bilimsel teoriler gibi gözlemleri açıklamak için geliştirilmiştir. Günlük hayatta gözlediğimiz basit doğa olaylarından, kontrollü laboratuar ortamlarında geliştirilen hassas deneylere kadar her türlü gözlemi kuantum kuramı açıklamaktadır. Klasik fizik ile kuantum fiziğinin nesneleri farklıdır ama ikisi de aynı kesinlikte bilimsel yasalar tarafından şekillenir.

Kuantum mekaniğinin ilginç özelliği; asla bir parçacığın konumunu ve hızını aynı anda sonsuz kesinlikte ölçmenize izin vermiyor oluşudur. Herhangi bir parçacığın konumunu ölçtüğünüzde, onun hızı hakkında bütün bilginizi kaybediyorsunuz. Tam tersi durumda ise, hızını ölçtüğünüz parçacığın nerede olduğunu bilemiyorsunuz. Bir dalga bir anda parçacık oluyor. Kuantum teorisinde parçacıkların aynı zamanda dalga da olması ve bu durumdan kaynaklanan sorunlar hâlâ aşılamamıştır ve bilim ile bilimsel felsefenin gündeminde durmaktadır.[140] Birçok nedenden kuantum teorisi anlaşılması zor bir teoridir.

Kuantum mekaniği bilime, önceden bilinemezlik ya da gelişigüzellik unsuru ekler. Bu dünyada rastlantısal durumlar vardır. Kuantum fiziğinde bir deneyi aynı şartlar altında yapsanız dahi farklı sonuçlar alırsınız çünkü kuantum fiziğinde olaylar rastlantısaldır. Bu durum Einstein'ın bile kafasını karıştırmış, o buna inanmak istememiş, bu yüzden "Tanrı zar atmaz," demişti. Fakat Nobel Ödülü'nü de kuantum kuramına katkılarından dolayı almıştı. Şu bir gerçektir ki bugün evreni, dünyayı, yaşamı kısmen de olsa anlamak için kuantum dünyasına bir göz atmak gerekiyor.

Kuantum fiziği, klasik fiziğin atom ve atomaltı parçacıkları açıklamak için yeterli olmamasından ötürü doğmuştur. 1900'lü yılların başına gelindiğinde insanlar klasik fiziğin her şeyi açıkladığını ve bu nedenle fiziğin artık yavaş yavaş sona erdiğini düşünüyorlardı. Ancak 1905 ve 1915'te açıklanan görelilik teorileri ve 1920'li yıllarda ortaya çıkan kuantum diziği bize yepyeni bir dünyanın kapılarını açtı. Küçük cisimlerin (proton, elektron, kuark vb.) normal hayatta tecrübe ettiğimizden çok daha farklı davrandıkları fark edildi. Klasik fizik, belirlemeci (determinist) bir kuramdır, kuantum fiziği bir olasılık (probabilistik) kuramıdır.

Kütle çekim kuvvetini Einstein'ın görelilik teorisi açıklar, fakat sadece yıldızlar ve galaksiler gibi astronomik mesafelerde tarif edebilmektedir. Atom çekirdeği gibi küçük boyutlarda ise açıklayamıyor. Einstein'ın fizik kanunlarının her yerde aynı olduğunu savunan görelilik teorisini atom boyunda kullanmaya

---

140 Bernard d'Espagnant, *Veiled Reality, An Analysis of The Present Day Quantum Mechanical Concepts,* New York: Addison Wesley Publ., 1995.

kalktığımızda karşımıza sonsuz enerji ve sonsuz kütleden oluşan "tekillikler" çıkıyor.[141]

Kuantum mekaniği, fiziği hangi ifadeyi seçerseniz seçin bu bilim alanı, çok küçük ölçeklerde meydana gelen fenomenlerle ilgileniyor. Büyük patlama modeli bize, ilk evrenin çok çok küçük olduğunu söylüyor; evrenin büyük ölçekli yapısını incelerken bile, kuantum mekaniğinin küçük ölçekli etkilerini göz ardı etmememiz gerekiyor. Kuantum ifadesi, Alman bilimci Max Planck tarafından 1900'de, x-ışınlarının ve diğer elektromanyetik dalgaların sadece kuantum adını verdiği ayrık paketler halinde yayıldığını öne sürdüğü andan itibaren değer bulmaya başladı. Bundan dolayı kuantum sözcüğü aynı zamanda, hem parçacık hem de dalga terimiyle eş anlamlıdır.

Einstein daha sonra, ışık dahil bütün ışıma biçimlerinin hem dalga hem de kuanta biçiminde yayılabileceğini ileri sürdü. Gerçekten de ışığın, daha çok parçacık yahut "foton" gibi davrandığı ve sürekli olmayan kuanta biçiminde yayıldığı keşfedildi. Bununla beraber elektronlardan farklı olarak fotonların kütlesiz olduğu ve daima ışık hızıyla hareket ettiği ortaya çıktı. Temelde kuantum denen bu "şey" aynı anda hem dalga hem parçacıktır. Bir ışık kuantumuna da foton diyoruz. Kuantum kuramında kullanılan temel matematiksel araç, dalga fonksiyonudur. Kuantum kuramına göre mikro evrensel sistemler için elde edilebilecek bütün bilgi dalga fonksiyonunda gizlidir. Bu atomaltının gizemli dünyasında her bir atomaltı parçacığa denk düşen bir karşıt parçacık vardır. Karşıt parçacıklar, kardeş parçacıklarıyla aynı kütleye sahiptir, ama yükleri ve diğer özellikleri zıttır. Örneğin, bir elektronun karşıt parçacığına pozitron denir, elektronun karşıtı olarak pozitif yüklüdür. Ancak bir parçacıkla karşıt parçacık karşılaştıklarında

---

141 Sonsuz kütleçekim, görelilik teorisiyle birlikte kuantum fiziğinin ve bütün fizik yasalarının iflas etmesine yol açıyor. Öyleyse görelilik teorisi, fizik yasalarının geçerli olmadığı bir tekilliği nasıl öngörebiliyor? Bu bir çelişki... Sicim teorisi bu güçlüğü aşmak için evrenin dört boyutlu değil, on bir boyutlu olduğunu söylüyor. On bir boyutlu bir evrende görelilik teorisi ve kuantum fiziği, tekilliğe veya çözümsüz denklemlere yol açmadan birleştirilebiliyor. "Yok olan boyutlar" adlı yeni bir fizik teorisi ise evrenin sadece iki boyutlu olarak başladığını ve diğer boyutların sonradan açıldığını öne sürüyor. Bu durumda sicim teorisindeki on bir boyuttan üçü, büyük patlama anından itibaren genişleyerek bugünkü uzayı oluşturdu (uzunluk, genişlik, yükseklik). Bugün evrende uzunluk, genişlik, yükseklik ve zamanla birlikte dört boyut görebiliyoruz.

birbirlerini yok ederler. Hawking, *Zamanın Kısa Tarihi* kitabında bir ironi yaparak (belki de gerçekleri söyleyerek) şöyle der: "Karşıt parçacıklardan yapılmış karşıt dünyalar ve karşıt insanlar olabilir. Eğer karşıt benliğinizle karşılaşırsanız, el sıkışmayın, büyük bir ışık patlaması içinde ikiniz de kaybolabilirsiniz!" İşte kuantum fiziğinin gizemli dünyası!

Paralel evrenler bahsinde belirttiğimiz gibi kuantum fiziğinin, maddenin atomaltı boyutunun anlaşılması zor karakterini inceleyen birkaç modeli vardır. Bunlardan birisi de "paralel evrenler teorisi"dir. Bilim insanları artık paralel evrenlerin, hatta sayısız paralel evrenin var olduğunu ve bizim de o evrenlerden birinde yaşadığımızı düşünüyorlar. 1954 yılında Princeton Üniversitesi'nde genç doktora adayı ABD'li fizikçi Hugh Everett (1930-1982) evrenimize paralel evrenler (çoklu evren) olduğunu iddia etti. Başta Stephen Hawking olmak üzere birçok astrofizikçi[142] çoklu evren hipotezini destekledi.

Kuantum mekaniğine göre çok sayıda evrenin aynı anda var olma ihtimali imkânsız değildir.[143] Kuantum mekaniğinin bir yorumu olarak "çoklu dünyalar" ya da seri evrenler kuramı, kuantum mekaniğinin ortaya koyduğu zorlukları çözmek üzere geliştirilmiştir.[144]

Kuantum kuramı atomun ve daha küçük boyuttaki nesnelerin dünyasını açıklarken içinde yaşadığımız görülmeyen dünyayı da açıklamış olur. Bu teoriyi anlamanın zorluğu da buradan gelir. Dünya ve bizler, çıplak gözle göremediğimiz atomlardan meydana gelmekteyiz. Aslında görünmeyen evren, evrende görünen her şeye hükmeder. Bu bilince sahip olmamız gerekiyor.

---

142 Brian Greene, Maz Tegmark, Andrei Linde, Michio Kaku, Clifford Johnson, David Deutsch, Leonard Susskind, Raj Pathria, Sean Carroll vb.

143 Astronomers Find First Evidence of Other Universes, *MIT Technology Review,* 13.12.2010.

144 Max Tegmark, Parallel Universes, *Scientific American* Mayıs 2003, s.41-53.
Martin Rees "Exploring Our Universe and Others", *Scientific American* Aralık 1999, s.78-83.
Andrei Linde, The Self-Reproducing Inflationary Universe, *Scientific American* Kasım 1994, s.48-55.

KUANTUM FİZİĞİ YARDIMIYLA ZAMAN (AN) - IŞIK HIZI KUANTUM TÜNELLEMEYİ VE KUANTUM DOLANIKLILIĞI ANLAMAK

Kuantum düşüncesi, daha önceki buluşlarda olduğu gibi bir kişinin parlak fikrinden ziyade, birçok bilim insanının ortak katkısıyla ve birçok deney sonucunun ortak bir çerçevede yorumlanma çabasıyla şekillenmiş olup gelişimi de bütün dünyadaki çeşitli bilim insanlarının işbirliği ile çok sağlıklı şekilde sürdürülmektedir. Bunun en güzel örneği CERN'de yapılan çalışmalara yetmişten fazla ülkeden 10 binin üzerinde kişinin katılmasıdır.[145]

Zaman

Zamanı, kesikli ve peşi sıra gelen "an"ların toplamı olarak ifade edebiliriz. An ise ölçülebilecek en küçük zaman aralığıdır.

Klasik fizikte zaman, geçmişten geleceğe doğru tek yönlü akar. Kuantum mekaniğinde zaman tektir. Klasik fizikte uzay ve zaman süreklidir ve nesnelerin özellikleri sürekli birer değişkendir. Kuantum fiziğinde uzay ve zaman süreksiz ve kesiklidir, değişkenler süreksiz olup ani sıçrayışlarla bir durumdan diğerine geçer. Einstein'ın genel görelilik teorisine göre uzay ve zaman birbirinden ayrılmaz kavramlardır. Oysa kuantum fiziğinde böyle değildir. Hatta kuantum fiziğinde zaman kavramı yoktur; an[146] kavramı vardır. An noktası, hem zamanın hem de dairenin

---

145 CERN, Our People, https://home.cern/about/who-we-are/our-people
146 An sabit, zaman ise hareketlidir. An momentum değildir. Momentum bir doğru boyunca hareket eden cismin hareket miktarının (taşıdığı hareketin) bir ölçüsüdür. Bir parçacığın doğrusal momentumu, eğer cismin hızı "v" ve kütlesi "m" ise, kütle ve hızın çarpımı olarak tanımlanır.

merkezidir.[147]Aslında harekete göre "göreceli olan" ve ışık hızındayken duran şey, "zaman" değil, "süre"dir (the duration), durduğu bu nokta ise "an"dır.

Kuantum fiziğinde her olay bir anda oluşur ve bu bakımdan olaylar arası süreklilik bulunmaz. Yaşadığımız zaman içinde de her şey an olgusu içinde oluşur. Aslında an, en önemli birimdir, ölçüdür. Bunu kaçırdığımızda yaşamın gerçeklerini kaçırmışız demektir. Geçmiş geride kalmıştır, gelecek yaşanmayabilir. Gerçekler, ölçülmesi bile mümkün olmayan en küçük zaman biriminde, an içinde oluşur. "Zaman hiçbir koşula bağlı olmayıp mutlak değildir. Onu ölçen gözlemcinin hızına bağımlı olduğu deneylerle kanıtlanmıştır. Einstein'ın özel görelilik teorisi de zamanın deneylerde görüldüğü gibi mutlak olmadığını söyler."[148]

Teorik fizikçi[149]Albert Einstein (1879-1955) özel görelilik ve genel görelilik kuramları ile iki yüzyıldır Newton mekaniğinin hakim olduğu uzay anlayışında bir devrim yaptı. Albert Einstein'ın kurduğu görelilik kuramına göre zaman evrenin her köşesinde aynı değildir ve gözlemciye göre değişir, görecelidir. Örneğin, kütle uzay zamanda eğrilikler yaratır. Burada zaman bükülür ve bu eğride bulunan bir gözlemciye göre, dışarıda duran bir başka gözlemciye olandan daha yavaş akar. İşte burada zaman evrensel değildir. Einstein'a göre hem mekânın hem de zamanın özellikleri hıza bağlıdır.[150]

Yaşadığımız evren üç boyutlu ve zamanı da eklersek dört boyuta ulaşıyoruz. Ancak elimizde sadece üç uzay boyutu var: uzunluk, genişlik ve yükseklik. Oysa matematikte boyut sınırı yok. Zamanın tuhaf ve anlaşılıp algılanması son derece zor olan çok

---

147 "Zaman", "an" kavramlarını birbiriyle bağlantılıdır fakat farklı kavramlardır.

148 Prof. Cengiz Yalçın , Kuantum, Ankara: Akılçelen Yay., 2015, s.170.

149 Teorik fizik, fiziğin matematiksel modellemeler ve fiziksel nesnelerin soyutlandırılmaları çalışmaları ve doğa olaylarını açıklayan, gerçekselleştiren ve tahmin yürüten fizik dalıdır. Bu deneysel fiziğe zıttır ki deneysel fizik araçlarla bu olayları soruşturur. Teorik fizikçiler kuramsal bulgularını deney ortamı olmaksızın analitik yöntemlerle soyut bir şekilde açıklamaya çalışırlar. Teorik fizik, deney ve gözleme küçük bir ağırlık veren matematiksel kesinliğe bağlıdır.

150 Alman astronomu Johannes Kepler (1571-1630), gezegenlerin yörüngelerinin elips şeklinde olduğunu keşfetmesine rağmen, bir gezegenin herhangi bir noktadaki ivmesini hesaplayacak (yani o bilgiyi kodlayacak) matematiğe sahip olmadığı için kütle çekimi kanununu geliştirememiştir. Bunu diferansiyel ve entegral hesabı icat eden İngiliz fizikçi ve matematikçi Sir Isaac Newton (1643-1727) başarmıştı. Newton mekân ve zamanın mutlak olduğunu sanıyordu. Einstein bunu düzeltmiş, hem mekânın hem de zamanın özelliklerinin hıza bağlı olduğunu göstermiştir

ilginç özellikleri bulunur. Zamanın göreliliği, yönü, miktarı, bükülmesi; madde, enerji ve hız ile olan etkileşimi son derece anlaşılması zor nitelikler barındırır. Zaman kesintisiz değil, birbirinin peşi sıra gelen, neredeyse sıfıra yakın *planck* zamanlarından oluşan, yani en küçük kesik kesik miktarların oluşturduğu bir dokudur. Kısaca andır.

Zamanı, uzay ve hareketten bağımsız düşünemeyiz. Uzayın olmadığı yerde zaman da olmaz. Bu yüzden uzay ve zaman birlikte bir boyut oluşturur. Uzay ve zaman; en, boy ve yüksekliğin yanında dördüncü boyut olarak kabul edilir. Evrenin dışında zaman yoktur. Ancak evrenin dışına çıkılabilseydi, o andan itibaren zaman da evrenin dışına taşınmış olurdu. Nitekim evren henüz yaratılmadan önce -en azından evren için- zaman da yoktu. Zaman, evrenin yaratıldığı (big bang), varlık ile yokluğun teğet noktasında, yani ilk *planck* zamanı (en küçük zaman miktarında)[151] ile var olmaya başladı.

Evrende zamanın sınırını belirleyen şey, ışık hızıdır; hiçbir şey ışıktan hızlı hareket edemez. Dünyamızda ışığın hızını algılayamayız, gördüğümüz şey o anda oradadır. Saniyede 300.000 kilometrelik hızıyla ışık, dünyanın bir ucundan diğer ucuna olan mesafelerde bile her şeyi gözlerimize "anında" ulaştırır. Ama devasa boyutlardaki uzay için ışığın bu hızı bile yetersiz kalır. Biz aslında güneşimizin sekiz dakika önceki halini görmekteyiz. 30 bin ışık yılı uzaklıktaki bir yıldızın ise ancak 30 bin yıl önceki halini gözlemleyebiliriz. Belki de şu an orada artık bir yıldız yok ve biz aslında olmayan bir şeye bakmaktayız!

Işık

> *Einstein'ın özel görelilik teorisi ya da izafiyet teorisine göre ışık, evrendeki en hızlı şeydir. Bunun yanında kuantum mekaniği, atomaltı parçacıklarından olan ve ışık hızından daha hızlı olduğu söylenen, çok kısa sürede görülebilen parçacıkların, sanal/hayali parçacıkların (virtul particals) olduğunu söylüyor.*

19. yüzyılın sonu ve 20. yüzyılın başlarında fizikçiler, dikkatlerini maddenin mikroskobik bileşenleri olan atomlar ve moleküllere

---

151 *Planck* zamanı, bir saniyenin 10 üzeri eksi 43'te biri kadardır. Yani bir saniyenin, yüz milyar kere yüz milyar kere yüz milyar kere on milyarda biri kadarlık bir süreyi ifade eder.

çevirince, klasik fizik dünyasının bildik kanunlarının geçerli olmadığını fark ettiler. Kuantum kavramı, 14 Aralık 1900'de Alman Fizik Derneği'nin bir seminerinde, Alman fizikçi Max Planck tarafından ortaya atıldı. O dönemin klasik anlayışına göre ısı ışınımı, uzayda diğer enerji türleri gibi dalga biçiminde yayılıyordu.

1926 yılına gelindiğinde bu kuanta denilen küçük enerji parçacıkları (dalga) veya paketlerini, ABD'li kimyager Gilbert Lewis (1975-1946) "foton" olarak adlandırdı. Işık bir nesneye çarpıp yansıdığında görünür oluyordu. Bilim insanları, ışığı dalga ya da parçacıklar bileşimi olarak tanımlıyor. Işığın dalga olarak tanımlanışı daha yaygın, çünkü gözümüz ışığı parçacıklar olarak değil dalgalar olarak içeri alır. Bir ışının elektrik ve magnetik olmak üzere iki alanı vardır.

Işın veya elektromagnetik dalga, uzayda çok büyük bir hızla hareket eden (yayılan) bir enerji şeklidir. Öteki enerjilerde olduğu gibi bu enerjinin de çeşitli şekilleri vardır. Bunlardan en çok bilinenleri, ışık, ısı, radyo dalgaları ve x-ışınlarıdır. Bu enerji şekillerinden göze görüneni sadece ışıktır. Işının uzaydaki hareketi dalgalar halinde olur. Uzayda dalgalar halinde hareket eden başka enerjiler de vardır. Örneğin ses de uzayda dalgalar halinde yayıldığı halde ışından farklıdır. Işın boşlukta enerjisinden hiçbir şey kaybetmeden büyük bir hızla yayıldığı halde, ses yayılamaz.

Max Planck, ısı ışınımı yayan bu sıcak cisimlerin duvarlarındaki maddelerin belli frekanslarda titreştiğini ve bunun sonucunda ısı enerjisinin daha küçük birimlere ayrılmayan, kuantum denilen öbekler-parçacıklar halinde yayıldıklarını öne sürdü. Planck'ın kuramı enerjinin maddeden birbirinden ayrı bölünmeyen paketler halinde çıktığını öne sürüyordu.

Planck'ın teorisinden beş yıl sonra Albert Einstein bu fikri daha da geliştirerek ışık dahil bütün elektromanyetik radyasyon türlerinin kesintisiz değil kuantize olduğunu ve bugün foton olarak adlandırdığımız ayrı parçacıklar halinde yayıldığını öne sürdü. Foton adı verilen ışık parçacıklarının ışık hızında seyahat etmesinin sebebi, bunların kütlesiz olmalarıydı. Böylece ışığın, elektronları maddenin dışına fırlatabilmesi fenomenini de açıklayabileceğini öne sürdü. Einstein'a 1921 yılında Nobel Ödülü'nü kazandıran ünlü görelilik kuramı değil, bu çalışmaydı.[152]

Albert Einstein evrende tek değişmeyen şeyin ışık hızı olduğunu göstererek zaman, hareket, mekân gibi olguların evrende hep değişken olduğunu, ışık hızının hep sabit olduğunu ortaya koyacaktı. Zaman, hareket, mekân gibi olgular evrende hep değişkenken ışık hızı hep sabitti. Evrende aslında ışık hızından başka değişmeyen diğer olgu, değişimin kendisiydi. Einstein'ın 4. boyut adını taktığı "zaman" dediğimiz kavram, tamamen enerji-madde-mekân üçlüsüne bağlı bir gelişimdir; madde-enerji-mekân sistemleri sabit, değişmez kalırsa, zaman diye bir şey oluşmuyor. Hareket-enerji-zaman, aynı şeyi ifade eden üç kavramdır. Bu üç kavram tek bir kavramda birleşir; bu kavram ışıktır.

Sesin iletilebilmesi için bir iletken ya da en azından hava gibi fiziksel bir ortamın varlığı gereklidir. Ama ışık ve onun yayılabilmesi için böylesi bir ortama dahi gerek yoktur. Işık, yıldızlar hatta galaksiler arası uzay boşluğunda bile her yöne yol alabilmektedir. Evrende maddesel bağımlılığı en düşük olan fiziksel olay veya olgu ışıktır. Işık hızında zaman tamamen durur. Hem zaman hem mekân ortadan kalkar. Işık, yolculuğunun tamamını sadece uzayın içinde gerçekleştirir ve zamandaki yolculuğu sıfırdır.

Hız, maksimum düzeye ulaştığında yani ışık hızına ulaştığında söz konusu hız için zaman da tamamen durmuş olur. Yani ışık (fotonlar) milyarlarca kilometrelik yolu tamamen sıfır zamanda gerçekleştirir. Öyle ki eğer bir yere çarpmamışsa evrenin ilk yaratıldığı andan bugüne kadar hareket eden bir foton taneciği, aldığı bütün mesafenin tamamını sıfır zamanda gerçekleştirmiştir.[153]

Işık tanecikleri için zamanın geçmişi ve geleceği yoktur. Işık hızında hareket ediyorsanız doğumunuz ve ölümünüz aynı zaman

---

152 Jim Al-Khalili-John Joe Mc Faddlen, *Kuantum Sınırında Yaşam*, Çeviri: Şiirsel Taş, İstanbul: Domingo Yay., 2016, s.45.

153 Zaman içinde hareket eden birini gözlemleyen bir gözlemci için hareket eden nesne ışık hızına yaklaştıkça büzüşür ve zamanı yavaşlar. Bunu tam olarak ışık hızının evrendeki herkes tarafından saniyede yaklaşık 299.792.458 m/sn (ışık hızı) olarak ölçecek şekilde yapar. Eğer ışık hızına yakın hareket ediyorsak zaman bizim için çok ama çok yavaş akar. Yani zamandaki hızımız çok yavaştır. Ama bu durumu biz fark edemeyiz çünkü hareket içinde biz olduğumuzdan, sanki normal zamanda hareket ediyormuşuz gibi gelir.

içinde olur. Alınan mesafe ne olursa olsun bütün yol, *planck* zamanında gerçekleşir. Herhangi bir olay, bu süreden daha az miktarda gerçekleşemez. Uzay boşluğunda düzgün doğrusal hareket eden foton parçacıklarının üzerinden zaman geçmez. Yani milyarlarca yıllık uzay mesafelerinin tamamını sıfır zamanda gerçekleştirirler. Bu yüzden de bir foton parçacığı aynı zaman birimi içinde birden çok yerde bulunabilir ve aynı zaman birimi içinde aynı tanecik, tek bir parçacık olarak zıt yönlerde hareket edebilir. Yine bu nedenle hızı ne olursa olsun hiçbir cismin hızı, ışığın hızını etkilemez. Arkadan gelen cismin hareketi ne olursa olsun ışığın ondan kaçma hızı hep aynıdır.

Üzerinden hiç zaman geçmeyen bir foton taneciği doğal olarak aynı anda milyarlarca yerde bulunabilir. Milyarlarca yıl yolculuk yapan bir foton taneciği, geçtiği yolun her noktasında aynı anda bulunmaktadır. Eğer bizler de ışığın dünyasına tabi olsaydık (aynı hızda hareket ediyor olsaydık) milyarlarca yıl boyunca tek bir saniye bile yaşlanmazdık ve aynı anda milyarlarca yerde var olabilirdik. Başka bir ifadeyle ışık için zamanın geçmişi ve geleceği yoktur. Işık için zamanın geçmişi ve geleceği hep aynı andır.

Fotonlar (ışık) zamanın hem geçmişinde hem geleceğinde hem şimdisinde aynı anda bulunabildiği gibi, aynı anda birden fazla yerde de bulunabilir. Işık, kendisini gözlemlediğimizde başka, gözlemlemediğimizde daha başka davranır. Fotonu tam olarak gözlemleyemeyiz.[154] Eğer ışık hızında hareket edebilseydik bir şehirde alışveriş yaparken aynı anda başka bir şehirde uyuyabilecek, diğer bir şehirde de bulunabilecek geçmişte, gelecekte ve şimdiki zaman içinde aynı anda birden var olabilecektik.

Farklı zamanlarda ve farklı yerlerde aynı anda bulunabilecek olan bizler yine tek bir kişi olacaktık ve diğer yer ve zamanlardaki bizler; yansımamız, kopyamız yahut hayaletimiz değil, bizzat kendimiz olacaktık. Bu gibi özellikler klasik fiziğe, gündelik hayatımıza ve algı dünyamıza ters olsa da bu, ışığın ve zamanın gerçeğidir.

---

154 Gabriela Barreto Lemos, Victoria Borish, Garrett D. Cole, Quantum imaging with undetected photons, *Nature*, vol. 512, s.409-421, 28.08.2014.

Kuantum Dolanıklık ve Işık Hızını Aşma

Dolanıklık teorisi, evrende bulunan iki dolanık parçanın birbirlerine zıt şekillerinde eylemler sergilemesiyle ortaya çıkan bir teoridir. Atomlar ve parçacıklar hem uzayda hem de zamanda dolanık olabilir.

Klasik fizik bize ışık hızını aşmanın mümkün olmadığını, ışıktan hızlı mesaj transferi yapılamayacağını söylüyor. Işık hızını aşmak cisimleri ışınlamak değil, ışık hızını aşan partiküllerle mesaj ulaştırmak. Işınlanmayı ve hatta ışıktan hızlı hareket etmeyi ve bu formda mesaj iletmeyi mümkün kıldığını gösteren kurama "kuantum dolanıklığı" deniliyor.

Kuantum kuramının, kabullenmesi belki diğerlerinden de zor olan özelliği "kuantum dolaşıklılığı"dır. Kuantum kuramında iki veya daha çok parçacık, bir araya geldikleri bazı özel durumlarda ortak bir dalga fonksiyonuna sahip olabilirler, öyle ki bu dalga fonksiyonuna göre parçacıklar birbiriyle dolanık duruma gelip birbirlerinden ayırt edilemezler, sanki tek bir parçacıkmış gibi davranırlar. Buna dolaşıklık/dolanıklık (*quantum entanglement*) durumu denir.[155]

Kuantum dolanıklığı iki veya daha fazla sayıdaki kuantum taneciğinin birbirlerinden ne kadar uzakta olursa olsunlar, zamandan

---

155 En anlaşılabilir haliyle kuantum dolanıklık; iki veya daha fazla sayıdaki atomaltı taneciğin birbirinden uzakta olmasına bağlı olmaksızın birbirleriyle eşzamanlı olarak etkileşebileceğini, başka bir deyişle haberleşebileceğini ifade eder. Kuantum dolanıklık olgusu birbirlerinden tamamen ayrı iki parçacığın birbirleriyle ışık hızından hızlı bir şekilde iletişim kurmasına denir. Kuantum fiziğinin en temel özelliği dolanıklık olgusudur, yani iki atomaltı parçacığın birbirini uzaktan etkilemesi. Dolanıklık (*entanglement*) ise kuantum parçacıkları arasında var olan aşırı güçlü bağlantıdır. İki ya da daha fazla kuantum parçacık birbirinden, aralarında büyük mesafeler olacak şekilde ayrılsalar bile mükemmel bir ahenk içinde bağlı kalırlar. Bu durum Einstein'in ışıktan hızlı bir şey olamaz görüşüne terstir. Kuantum dolanıklık bize birbirinden binlerce kilometre uzaktaki şeylerin birbirleriyle aynı anda etkileşime geçebileceklerini söyler. Doğada her şey bizim düşüncelerimizin ötesinde birbirleriyle etkileşim içindedir. Belki bu konu ile fazla alakalı görülmüyor fakat konuyu anlama açısından "kelebek etkisi" örneğini vermek gerekiyor. "Kelebek etkisi" bir sistemin başlangıç verilerindeki ufak değişikliklerin, büyük ve öngörülemez sonuçlar doğurabilmesine verilen isimdir. 1972 yılında Edward Lorenz tarafından öne sürülen teoriye göre; "Afrika'da kanat çırpan bir kelebek, Amerika'da fırtına yaratır". Her şey, zincirleme olarak birbirine etki eder ve hayatı var eden bu döngüdür. Her şey birbiriyle etkileşim içerisindedir. O nedenle bir parçacağın durumu belirlendiğinde diğerlerinin de durumu belirlenir.

ve mekândan bağımsız, birbirleriyle eşzamanlı olarak etkileşebileceğini, yani haberleşebileceğini ifade eder. Bu da teorik olarak ışıktan hızlı hareket etme ve mesaj transferinin kurumsal temelini oluşturur. Mesela birbirleriyle çok uzak mesafedeki dünyanın öbür ucunda iki ayrı elektron birbirleriyle kuantum dolanıklık sayesinde eşzamanlı olarak haberleşebilmektedir. 2016'da kuantum dolanıklığı teorisinin canlı organizmalar içinde de gerçekleşebildiği görüldü. Bu deneyin sonuçları 2018'de yayımlandı. [156]

Ne var ki zamanında Einstein'ın hiçbir şey ışık hızından daha hızlı olamaz, görüşü ile reddettiği bu teorinin Fransız fizikçi Alain Aspect (1947-) tarafından 1982 yılında ve sonraki yıllarda deneysel olarak dolaşıklığı/dolanıklılığı doğrulandı.[157] Yani, tüm nesneler birbirleriyle dolaşık olarak ilişkilidir ve bu atomsal gerçekliğin ve evrenin, temel kuantum fiziksel bir özelliğidir. Bunun kuantum kuramının yanlışlığının bir sonucu değil, gerçek bir olgu olduğu ispat edilmiştir. Einstein, parçacıklar arasında sanki ışıktan hızlı etkileşime izin veren bu özelliği görelilik teorisine aykırı olduğu için kabul etmedi ve ölene kadar da yanlış olduğunu kanıtlamaya çalıştı.

Sonradan yapılan araştırmalar da yine Einstein'ın ışık hızı aşılamaz konusundaki düşüncelerinin tam doğru olmadığını ortaya çıkardı. 1982 yılında Alain Aspect tarafından yapılan deney, parçacıklar arasında bütünsel bir ilişkinin bulunduğunu göstermekle kalmadı, ayrıca etki ile tepki arasında ışıktan daha hızlı hareket

---

156 Marletto, C-D M Coles- T Farrow- V. Vedral, Entanglement between living bacteria and quantized light witnessed by Rabi splitting, Journal of Physics Communications, Vol. 2, no.10, 10.10.2018. Jonathan O'Callaghan, Schrödinger's Bacterium Could Be a Quantum Biology Milestone, *Scientific American,* 29.10.2018.
Bu çalışmada, aralarındaki mesafe birkaç yüz nanometre (insan saçından daha ince) mesafeye kadar düşürülen iki ayna arasına koyulan yüzlerce fotosentetik yeşil kükürt bakterisinin, ortama nüfuz etmesi sağlanan beyaz ışık sayesinde fotonlarla anlık olarak hiç durmaksızın etkileşime girmesi sağlanmış. sonuçta deney başarıyla sonuçlanmış ve altı civarı bakterinin ortam boşluğuyla eşleştiği görülmüş, bakterilerin fotosentez sistemlerinin boşluk içindeki ışıkla, daha başka bir ifadeyle bazı fotonların fotosentez moleküllerine aynı anda vurmaları ve onları ıskalaması sayesinde dolanıklık içinde olabileceği gözlemlenmiş. Bu gözlem aynı zamanda kuantum dolanıklığın, hayatın devamlılığını sağlayacak ışığın çok az olduğu derin okyanuslarda yeşil kükürt bakterilerinin yaşamlarını idame ettirebilmelerini sağlayabildiğini de göstermiştir.
157 Bailly, Sean, L'intrication quantique confirmée par une expérience de Bell sans faille, Physique, 29.10.2015.

eden bir ilişki ve iletişimin bulunduğunu da ortaya çıkardı. 2008 yılında yapılan deneydeki foton arasındaki kuantum dolanıklık haberleşme hızı, ışık hızından minimum 10.000 kat ama ortalama 70.000 kat daha büyük olarak ölçüldü.[158]

Kuantum dolanıklığında gözlemlenen davranışlar elektron için spin, foton için polarizasyon olarak adlandırılıyor. Bunlar ne kadar uzakta olurlarsa olsunlar, zamandan ve mekândan bağımsız, eşlenik davranışlar değişmiyor. Yani elektron çiftinin teki dünyada, diğeri evrenin diğer ucunda olsa da, dünyadaki elektronun spinini inceleyerek evrenin diğer ucundaki halini söyleyebiliyorsunuz. Eğer bu teori gerçek olup uygulama alanı oluşturulursa iletişim artık ışık hızıyla değil, "anlık" olarak gerçekleşeceğinden iletişim teknolojisinde büyük bir devrim olacak.

Atomaltı parçalar içinde bulunan, "takyon" adı verilen, ışıktan daha hızlı parçacıkların olduğu iddia edildi. Yunanca "hızlı" anlamına gelen "takyon", Gerald Feinberg tarafından 1967'de bir makalede "Işıktan Hızlı Parçacıkların Olasılığı" başlığı altında ortaya konuldu.[159] Fakat bunlar tam olarak kanıtlanmadı. Işık hızından daha hızlı gitmek demek, ışık hızı ile büyüyen uzayın dışına çıkmak demekti. Yani bildiğimiz evrenin dışında çıkmak oluyor bu. Bildiğimiz bütün gerçekliğin ve bütün fizik yasalarının dışına çıkılıyor.

Işık hızından daha hızlı hareket eden, takyon denilen parçacıkların olduğu iddia ediliyor. Bunun yanında takyonlar, var olduğu bilinen şeyler değildirler. Pratik olarak var değildirler; teorik olarak da sadece birkaç teorisyen tarafından kabul edilen, varsayımsal olan ve varlıkları bugüne kadar hiçbir zaman ispatlanmamış atomaltı parçacıklardır. Eğer ışık hızından daha hızlı giden bir dalga-parçacık varsa bu durum bunların "bu dünyanın malı", bu evrenin malı olmadığını, evren dışı veya olsa olsa hayali olduğunu gösterir. Takyonlar eğer varsa ölçülemeyen, deney ötesi bir gerçekliğe sahipler. Takyonlar ışıktan hızlı gidiyorlarsa ışıktan da hızlı haberleşme sistemleri yapabileceğiz. Örneğin ilk olarak 1910 yılında Albert Einstein ve Arnold Sommerfeld tarafından,

158 Salart D, Baas A, Branciard C, Gisin N, Zbinden H. Testing the speed of spooky action at a distance, *Nature*, Ağustos, 2008, 14;454 (7206):861-4.

159 Feinberg, G. (1967). Possibility of Faster-Than-Light Particles, *Physical Review*, 159 (5): 1089-1105.

sonrasındaysa 1917 yılında Richard Chace Tolman tarafından tanımlanan ve bugün genel bilinene ters ya da karşı olmasına rağmen doğru kabul edilen "Tolman'ın Paradoksu" (takyonik antitelefon) düşünce deneyine göre, takyonlar varsa bir kişi gelecekten geçmişe mesaj gönderebilecektir.[160] Işık hızı aşıldığında zaman, mekân kalkacağından aynı anda hem geçmişte hem gelecekte ve hem de o anda olunacak.

Bütün bunların yanında takyon parçacıklarının olmadıklarını söylemek için de henüz erken olduğunu belirtelim. Kuantum fiziğinde imkânsız diye bir sınırlama yoktur. Boş uzay, kesinlikle ışıktan daha hızlı genişleyebilir. Kuramsal astrofizikçi Prof. Michio Kaku konu hakkında şunları söyler: "Hiçbir şey sadece uzay boşluğu veya boşluk olmadığından, hiçbir maddi nesne ışık engelini aşmadığı için evren, ışık hızından daha hızlı şekilde genişleyebilir. Big bang'den sonra evren, ışık hızından daha hızlı büyümüştür." Prof. Kaku buna kuantum dolanıklığını da ekler.[161]

Uzay-zaman bütünlüğündeki kısa yol olarak adlandırabileceğimiz solucan delikleri[162] ya da (Nathan Rosen ve Albert Einstein tarafından ileri sürüldüğü için) "Einstein-Rosen köprüsü", ışığın milyonlarca senede kat ettiği yolu sadece birkaç saniyeye indirgeyebilir. Bu nedenle belki solucan deliğinin değil ama solucan

---

160 Benford, G.; Book, D.; Newcomb, W. (1970). The Tachyonic Antitelephone, *Physical Review*, D. 2 (2): 263-265.

161 Michio Kaku, 4 Things That Currently Break the Speed of Light Barrier, Big Think, 09.09.2010.

162 Solucan deliği aslında uzay-zamanın nokta tasarımı ve zamanda bir kısa yol olan kuramsal bir vasfıdır. Bir solucan deliği evrenin uzak diyarlarına kısa yollar oluşturan uzay-zaman içerisindeki teorik geçişlerdir. Solucan delikleri ilk kez "genel görelilik" teorisinde öngörülmüştür. Solucan delikleri iki ağız ve bu iki ağzı birbirine bağlayan bir boğazdan oluşur. Bir solucan deliğinin bir boğaza bağlı en az iki ağzı vardır. Eğer solucan deliği geçilebilir ise madde solucan deliğinde bir ağızdan diğerine boğazdan geçerek ulaşabilir. Kara deliklerin en dip noktası kabul edilen yerde hacim sıfırdır ve yoğunluk ise sonsuzdur. Bilim insanları hacmin "0" olmasından yola çıkarak kara deliğin dibinin inanılmaz güçlü bir vakum etkisi ile her şeyi yok ettiğini düşünürler; yani kara deliklerin dibinde zaman ve mekân parametreleri bildiğimiz ve kabul ettiğimiz sistemin oldukça dışındadır. Bu kadar yüksek bir çekim gücüne karşı koyabilecek ve bu baskıya dayanabilecek düzeyde uzay araçları üretebildiğimizde iki kara deliğin farklı boyutlarda bağlanması ile vakum etkisinden yararlanılarak bu uzay gemisi bir kara deliğin içine girip öbür kara delikten çok kısa bir zamanda dışarıya çıkarak diğer galaksilere veya başka bir alt uzaya seyahat edebilir. Bu teori dünyamızı ziyaret ettiği artık bilinen UFO'ların da milyonlarca ışık hızı ötesinden nasıl geldiklerini izah edebilir.

deliğinden geçen her şeyin ışıktan daha hızlı olduğunu söyleye-bilir iz.

Nötrinolar (elektrik yükleri nötr olduğu için bu ismi almış-lardır) elektronlardan çok daha ufak parçacıklarda keşfedilmiş-tir. Bunların yok denilebilecek kadar küçük bir kütleye sahip ol-dukları ve etkileşmeye zor girdikleri, ışık hızına yakın oldukları, aynı zamanda takyonik bir doğalarının oldukları söylenmekte-dir.[163] 2011 yılında CERN'de yapılan deneylerde nötrinonun ışık-tan hızlı hareket ettiği rapor edildi, fakat sonradan bu deneyin fiber optik zamanlama sistemindeki bir hatadan kaynaklandığı belirtildi.[164] Evrenin büyük patlamadan bu yana oluşumunda te-mel bir rol üstlenen nötrinoların davranışları üzerine hâlâ cevap-lanmamış sorular mevcut. İnsanoğlunun evreni anlamada daha çok aşacağı yol var. Kuantum fiziği bu yolda en büyük yol gös-terici oluyor.

Kuantum-Dalga Parçacık İlişkisi

Eğer kuantum fiziği kafanızı tam karıştırmamış ise
onu tam olarak anlamamışsınız demektir.[165]

Danimarkalı fizikçi Niels Bohr (1885-1962)

Kendimiz ve etrafımızdaki her şeyin atomlar, elektronlar, pro-tonlar ve nötronlar gibi yaygın, minicik ve birbirinden farklı parça-cıklardan oluştuğunu artık biliyoruz. Işık ve ses gibi bir enerjinin parçacıklar halinde değil, dalgalar halinde yol aldığı da biliniyor. Dalgalar parçacık değildir, yayılarak ilerler. "Kuantum mekaniği, yirminci yüzyılın ilk yıllarında atomaltı parçacıkların da dalga gibi davranabildiğinin keşfedilmesiyle doğmuştur. Buna karşın ışık dalgaları da parçacık gibi davranabilir."[166]

Kuantum mekaniği en küçüklerin dünyasını yönetir; bir par-çacık aynı anda birden fazla yerde olabilir, aynı anda hem saat

163 Chodos, A. (1985). The Neutrino as a Tachyon, *Physics Letters B*, 150 (6): 431-435.
164 Neutrinos sent from CERN to Gran Sasso respect the cosmic speed limit (Press release). CERN. 8.06.2012.
165 Werner Heisenberg, *Physics and Beyond*, New York: Harper & Row, 1971, s.206.
166 Jim Al-Khalili-John Joe Mc Faddlen, *Kuantum Sınırında Yaşam*, Çeviri: Şiirsel Taş, İstanbul: Domingo Yay., 2016, s.9.

yönünde hem de saatin tersi yönünde dönebilir ve bu atomaltı parçacıklar dünyasında daha pek çok garip şey olur. Atomaltı parçacık dünyasında işleyen fizik kuralları farklı ve şaşırtıcıdır.

Foton/ışık ne bir dalgadır ne bir parçacıktır. Aynı zamanda hem parçacık hem dalga gibi hareket eden karmaşık ve anlaşılması zor özelliğe sahiptirler. Foton/ışık kütlesizdir, elektrik yüküne sahip değildirler. Işığın (fotonun) kütlesi olmadığı için kütle çekim kuvvetinden etkilenmezler. Fotonlar tüm zaman boyunca hem bir dalga hem bir parçacık gibi davrandığından, ışık hem dalga hem de parçacık özelliklerinin ikisine de sahiptir. Dalga-parçacık ikiliği ve belirsizlik 1900'lerin başında kuantumun temelini oluşturmuştu.

Işık, ister tanecik ister dalga olarak davransın her iki durumda da uzay boşluğunda saniyede 299.792 km yol alır. Bu hız, evrenin üç temel sabitinden biri olup ne bir miktar artırılabilir ne de bir miktar azaltılabilir. Işık, bu hız limitinin tamamını uzay içinde gerçekleştirdiği için zaman içinde ışığın yolculuk yapabilecek ilave bir potansiyeli bulunmamaktadır. Bu nedenle de ışığın üzerinde hiçbir şekilde zaman geçmemektedir.

Kuantum mekaniği dalga-parçacık ikiliği üstüne kurulmuştur. Elektromanyetik dalgaların parçacık nitelikleri, kendini foton adı verilen enerji kuantumlarıyla gösterir. Klasik bir parçacık olan elektronun dalga özellikleri ise, kuantum mekaniğinin temel denklemini sağlayan elektron dalga fonksiyonuyla gösterilir.

Dalga-parçacık ikiliği teorisi tüm maddelerin yalnızca kütlesi olan bir parçacık değil, aynı zamanda enerji transferi yapan bir dalga olduğunu da gösterir. Kuantum mekaniğinin temel konsepti, kuantum düzeyindeki objelerin davranışlarında "parçacık" ve "dalga" gibi klasik konseptlerin yetersiz kalmasından dolayı bu teoriyi işaret eder. Buradaki en şaşırtıcı özelliklerden biri de dalga-parçacık ikiliğinde kuantum nesnesi bir dalga gibi davranabilir fakat o nesneyi bulmaya çalışırsanız o dalga kaybolur; kendini saklar.[167] Kuantumun belirsizlik ilkesi, bir parçacık ile ilgili

---

167 Kuantum mekaniği, atomik spektrumları açıklamak için elektronların bir enerji seviyesinden diğerine geçerken bir foton absorbe ettiğini (veya yaydığını) ön kabul olarak ele aldı. Dolayısıyla erken dönem kuantum mekaniği madde ile fotonun etkileşimini konu alan bir teoriydi, ancak fotonu tüm yönleriyle tanımlamaya yönelik bir önerisi yoktu. 1930'lara gelindiğinde iki Rus fizikçi Victor Ambarzumian (1908-

nerede olduğunu ve hızını aynı anda gösteremediğimiz bir ilkedir. 2014 yılında araştırmacılar, dalga-parçacık ikiliğinin sadece kuantumun belirsizlik ilkesinin kılık değiştirmiş hali olduğunu tespit ettiler.[168]

Fotonların ve diğer atomaltı parçacıkların çift yarık-çift delik deneyiyle bazen dalga gibi bazen de tanecik gibi davrandığı görülmüştür. Kuantum fiziği ise bu duruma, "kuantum belirsizlik ilkesi" ile açıklık getirmiştir. Buna göre ışık, tanecik olmakla birlikte bir foton taneciği, aynı anda birden fazla yerde bulunabilme özelliğinden dolayı dalga gibi davranabiliyordu. Bu duruma "olasılık dalgası" adı verildi. Daha sonra parçacıkların, gözlemcisi olduğu sürece dalga gibi davrandığı, gözlemcisi olmadığında ise tanecik durumuna çöktüğü ispatlandı. Parçacıkların gözlemci etkisiyle bazen tanecik bazen de dalga gibi davranması ve aynı parçacığın aynı anda birden fazla yerde bulunabilmek gibi ilginç ve tuhaf özellikleri bilim insanlarını haklıyken haksız duruma düşürmüştü. İşin aslı, atomaltı parçacık dünyasında işleyen fizik kurallarının farklı, şaşırtıcı ve belirsiz olmasıydı.

Kuantum Tünelleme ve Gelecek

"Kuantum tünelleme" teorisi de dünyanın
geleceğini değiştirebilecek bir olgudur.

"Kuantum tünelleme" teorisinde klasik fiziğin görüşünün aksine, atomaltı parçacıklar geçmesi mümkün olmayan bariyerlerden geçerler. Bunun Einstein'ın özel görelilik teorisine bile uymayan ışık hızını geçen anlık bir olgunun olduğu mümkün görünüyor.[169] Klasik fizikte büyük parçaların her zaman küçük taneciklerden

1996) ve Dmitri Ivanenko (1904-1994) şu öneriyi öne sürdüler; sadece fotonlar değil, kütleli parçacıklar da yok olup tekrar var olabilir, birbirleri tarafından soğurulup tekrar yayımlanabilirlerdi. "Ambarzumian-Ivanenko hipotezi" denilen bu fikir, modern kuantum alan teorisinin ve parçacık fiziğinin temeli oldu.

168 Patrick J. Coles, Jedrzej Kaniewski, Stephanie Wehner. Equivalence of wave-particle duality to entropic uncertainty, *Nature Communications*, 2014, 5: 5814.

169 U. Satya Sainadh, Han Xu, Xiaoshan Wang, A. Atia-Tul-Noor, Attosecond angular streaking and tunnelling time in atomic hydrogen, *Nature*, Mart 2019.
The tunnelling of a particle through a potential barrier is a key feature of quantum mechanics that goes to the core of wave-particle duality. The phenomenon has no

oluştuğu, kuantum fiziğinde ise taneciklerin dalga karakterinde hareket ettiği düşünülür.

Kuantum fiziğinde potansiyel bir bariyere çarpan elektronun bariyeri geçip diğer tarafında görülebilme olanağı vardır. Kuantum fiziğine göre bu durumda parçacık dalga gibi davranır. Parçacıkların üzerinden, içinden geçmesi imkânsız görünen bir engel içinde hareket edebildiklerini söyleyen kuantum tünellemenin, ışıktan hızlı bilgi akışı gibi gözükmesinin sebebi budur

"Tünelleme olayı kuantum mekaniğinin çok önemli bir parçasını oluşturur. Klasik fiziğe göre herhangi bir cismin kinetik enerjisi negatif olamaz. Dolayısıyla duvara atılan bir top, duvarı ya da engeli delmeksizin diğer tarafa geçemez ve sonsuza kadar duvar dışında kalmak zorundadır. Çünkü klasik fiziğe göre, cismin, duvar ile temsil edilen enerji duvarını (engelini), duvarı delmeden (tünelleme yapmaksızın) aşabilmesi için negatif enerjiye sahip olması gerekmektedir... Bu klasik fiziğin bakış açısı olup, kuantum mekaniği konuya farklı yaklaşımlar getirmektedir. Kuantum mekaniğine göre bir enerji engelini aşmak için yeterli enerjisi olmayan bir kuantum parçacığı, bu engeli aşma olasılığına sahiptir. Yani bu parçacığın, mevcut engelin diğer tarafında yer alan x noktasında bulunma olasılığı sıfır değildir. Sonuç olarak kuantum mekaniğine göre, parçacık yeterli enerjiye sahip olmamasına rağmen, engelin sağ tarafına geçme olasılığını bünyesinde barındırmaktadır... Elektron gibi küçük kütleli parçacıkların dalga boyları, atom ve moleküllerinkinden daha büyük olduğundan, tünelleme olayı elektronlar için daha kolay gerçekleşebilir. Öte yandan çekirdek, atom veya molekül gibi ağır parçacıklar için ise, özellikle kimya ve biyolojide tünelleme söz konusudur. Elektronların bir molekülden diğerine geçişi biyolojide çok önemlidir. Hem solunumda, hem de fotosentezde enerji kaynağı, elektronların, moleküller arasındaki geçişini sağlar."[170]

---

counterpart in classical physics, and there are no well constructed dynamical observables that could be used to determine "tunnelling times".
Prof. Igor Litvinyuk-Prof. Robert Sank, (Center for Quantum Dynamics) Measuring tunneling time-physicists solve great mystery of the quantum World, *Griffith University-Griffith News*, 19.03.2019.

170 Fatih Mehmet Kılıç, Biyolojik Sistemlerde Kuantum Mekaniksel Tünelleme, Yüksek Lisans Tezi, Ankara Üniv. Fen Bilm Enst. Fizik Mühendisliği Anabilim Dalı, Ankara: 2005, s. 10-15.

Kuantum tünelleme serbest bir elektron dalga parçacığının/ paketinin bir potansiyel duvarından tünellemesi ve yansımasıdır. Bir parçacık bir bariyerden geçmek için yeterli enerjiye sahip olmadan da bunu yapabiliyor. Kuantum tünelleme, kuantum fiziğinde iyi bilinen bir olgu olmasına rağmen bu konuyu da diğer birçok kuantum teorilerinde olduğu gibi makro dünyanın düşüncesiyle anlaması zordur.[171] Kurgubilimi gibi görünür fakat gerçektir.[172] Kuantum fiziğinde teorik olarak düşünülen kuantum tünelleme veya kuantum ışınlama tekniğiyle ışık hızını aşmaya gerek kalmadan ışıktan hızlı iletişim kurabiliriz.

Bu kolay anlaşılamayan bilgiler yakında yalnız haberleşmede değil, birçok alanda kullanılacaktır. Dünyadan, güneşten gelen enerjiyi toplamayıp değerlendirmenin yolunun, kuantum tünellemenin bize göstereceği yol olabileceği üzerinde duruluyor. Dünyada çok fazla enerji boşa gitmektedir. Gezegenimize çarpan güneş ışığının çoğu yüzeyler, okyanuslar ve atmosfer tarafından emilir. Bu ısınma da saniyede milyonlarca gigawatt kızılötesi ışınımın sızıntı yapmasına, yani boşa harcanmasına yol açar. Bu ısınma, sürekli bir kızılötesi sızıntısına yol açar. Bu atık enerjiyi kullanamıyoruz. Kuantum tünelleme ile atık haldeki ısı veya kızılötesi ışınımlar yüksek frekanslı elektromanyetik dalgalar şekilde algılanabiliyor. Bugünkü teknolojik gelişmeyle bu atık ısıyı/ enerjiyi değerlendirmek (*harevesting energy from waste heat*) mümkün hale gelecek.

Dünya gün içinde oldukça enerji alır. Gezegenimize çarpan güneş ışığı okyanus ve atmosfer tarafından emilir. Tabii bu süreçte de söz konusu yüzeyler ısınır. Kızılötesi dalga boyları çok kısa olduğundan bunları kullanmak için küçük süpersonik antenlere ihtiyaç duyulur. Bu fazlalık yüksek frekanslı kızılötesi (*infrared heat*) elektromanyetik ışınımı ve ısıyı kullanılabilir elektriğe dönüştürür, nano ölçekli antenler kullanılarak elektronların,

171 Alan Duffy, Quantum tunnelling is instantaneous, researchers find, *New Physics*, 19.03.2019
       Quantum tunnelling is one of the more bizarre differences between our everyday, classical world and the surprising realm of quantum mechanics.
172 Jon Butterword, Understanding quantum tunnelling: Quantum tunnelling sounds like science fiction, and does indeed feature quite often in the genre. But it is real, and plays a role in nuclear fusion, chemical reactions and the fate of the universe. Here's how it Works, *The Guardian*, 19.10.2014.

metal izolatör metali (MIM, *metal-insulator-metal*), diyotu (*diode*, elektrik akımı ileten devre elemanı) tünelleme cihazı aracılığıyla küçük bir bariyerden geçirir. Günümüzde yol boyunca kızılötesi dalgaları elektrik akımına dönüştürebilmenin mümkün olması üzerinde çalışılıyor.[173]

Geleneksel solar-güneş paneller, görünür ışık spektrumunun yalnızca küçük bir bölümünü toplayabilirken kızılötesi ışınımları, enerjinin hepsine dokunarak enerji üretiminde bir devrim yaratabilir.

CERN ve Benzer Devasa Laboratuarlarda Ne Bulunmaya Çalışılıyor?

Bilim, ilk atomların nasıl olup da oluştuğunu ve maddeye dönüştüğünü çözerse, evrenin sırlarını ve nasıl oluştuğunu da çözecektir.

Higgs Bozonu Tanrı Parçacığı mı?

20. yüzyılın başlarında, bilim insanları doğada sadece üç temel parçacığın olduğunu düşünüyordu; atom çekirdeğini meydana getiren protonlar ve nötronlar, çekirdeğin çevresinde dolanan elektronlar. Fakat 50'li ve 60'lı yıllarda bilim insanları parçacıkları birbirleriyle çarpıştırmaya başladılar ve bazılarının parçalandığını gördüler. Sonuçta proton ve nötronların da daha küçük parçacıklardan oluştuğu ortaya çıktı. Birçok yeni atomdan daha ufak parçacık keşfedildi ve bir süre boyunca kimse bunları açıklayamadı.

1970'li yıllarda, bazı fizikçiler, bu parçacık kaosu içerisinde bir düzen keşfettiler. Parçacıklar arası bu yeni düzen, yeni keşfedilen parçacıkların özelliklerini açıklamayı başardığı gibi, daha da yeni parçaların öngörülmesini sağladı. Evrenin oluşumunu kavrayabilmek için en büyükten, yani yıldız ve galaksilerden, en küçüğe yani parçacıklara, atoma, protonlara doğru bir yolculuk yapmak zorundayız. Evrenin sırrı bu parçacıklar veya parçacığın içinde saklı. Buna popülist bir yaklaşımla, "tanrı parçacığı"

173 David Nield, We Can Now Harvest Electricity From Earth's Heat Using Quantum Tunnelling, *Physics*, 08.02.2018.

G.Jayaswala-A.Belkadib-A.Meredova-B.Pelzb-G.Moddelb-A.Shamim, Optical rectification through an Al_2O_3 based MIM passive rectenna at 28.3 THz, *Meterials Today Energy*, Vol. 07.03.2018, s.1-9.

adı da verildi. Dünyanın başlangıç noktası olarak tanrı parçacığının genel ve bilimsel adı "higgs bozonu"dur. Einstein'ın ortaya koyduğu görelilik teorisi dünyanın büyük patlama denilen olayla başladığını söylüyordu. Zamanla diğer bilim insanları da Einstein'la aynı fikirde birleşip dünyanın büyük patlama ile var olduğunu ve yapılan deneylerle dünyanın yaklaşık 4,5 milyar, evrenin ise 13,8 milyar yıldır var olduğu tespit etti.

Fransa-İsviçre sınırında, Cenevre yakınlarındaki CERN'de büyük hadron çarpıştırıcısında (LHC) neredeyse bir saç telinin milyarda birinin milyonda biri kadar küçük boyutta protonların birbirleriyle çarpıştırılmış, büyük patlama sırasında çıkan yüksek enerji yoğunluğu çıkmıştır. Bu enerji yoğunluğu ise büyük patlamadan beri nadiren oluşmuştur. Çarpışma sonucu oluşan enerji yoğunluğundan dolayı binlerce yeni parçacık oluşmuştur. İşte oluşan bu parçacıklar evrenin ilk zamanlarına ait parçacıklardır ve çok kısa bir süre yaşarlar. Atomaltı parçacıkların yaşam süreleri 10^{-6}-10^{20} saniyedir. Doğrudan gözlenemezler. 13,5 milyar yıl önce başlayan evrende atomlardan canlı hücre oluşması 3,5-4 milyar yıl almıştır. Bu deneyler evrenin ilk yaratılışında ortaya çıkan madde ve antimaddeyi araştırırken dünya oluşumunun tarihini ve gerçeklerini de ortaya koymaya çalışmaktadır.

Yaklaşık 13,8 milyar yıl önce büyük patlama olduktan sonra atomu oluşturan temel parçacıklar (bozonlar) etrafa saçıldı. Bu fizik kurallarını bulmaya çalışan fizikçilere göre ilk çıkan parçacıklar kütlesiz ve saf enerjiliydi. Fakat bilinen başka bir gerçeğe göre de evrende var olan her şeyin bir kütlesi vardır. Asıl soru, ne oldu da büyük patlamada saniyenin trilyonda biri kadar kısa bir zamanda parçacıklar kütle ve enerji kazandılar? Peki, ilk patlamadan sonra sırları içinde barındıran, bugün bozon/lar olarak adlandırılan bu parçacıklara ne oldu? Bozonlar, büyük patlama sonrasında açığa çıktıkları için artık mevcut değillerdi. Bu yüzden bilim insanları büyük patlama olayını laboratuar koşullarında canlandırabilmek için çok büyük paralar harcayıp bir düzenek oluşturdular.

Parçacık fiziğinin standart modeli içinde listeye eklenecek son bir parçacık daha kaldı: Higgs parçacığı, tanrı parçacığı ya da bilimsel adıyla higgs bozonu. 50 yıl önce Peter Higgs tarafından var olduğu tahmin edilen bu parçacığın 2012'de CERN'de keşfedilmesi Peter Higgs ve Francois Englert'a Nobel Ödülü kazandırmıştı. Bilim insanları yıllar yılı, olması gerektiğinden emin oldukları bu parçacığa "Tanrı'nın Laneti Parçacık" ya da "Lanet Olası Parçacık" (God Damned Particle) lakabını takmışlardı. Ancak makale editörleri bu isimlendirmeyi saldırgan bularak reddetmiş ve yumuşatılmasını istemişti. Bunun üzerine, İngilizcede bir nevi argo olarak görülen damned (lanet) sözcüğü tanımdan çıkarılmış ve parçacık, "God Particle" (tanrı parçacığı) olarak popülerleşmiştir.

Edinburg Üniversitesi'nden emekli İngiliz teorik fizikçi Peter Higgs (1929-) atomaltı parçacıklar üzerine yaptığı çalışmalarla 2013 yılında Nobel Ödülü kazanmıştı. Peter Higgs 1964 yılında, temel parçacıkların her yerde mevcut olan bir alan ("higgs alanı" olarak anılmaktadır) ile sürekli etkileşimleri sonucu kütle kazandıklarını açıklayan modelini ortaya koydu.[174] Bilinen evrendeki büyük boşluklarda "higgs alanı" adını verdiği enerji alanların ve (Higgs'in tezinde de "higgs bozonu" adını verdiği) atomaltı parçacıklarının bulunduğunu, maddenin bu alandaki higgs bozonuyla etkileşime girerek kütle kazandığını öne sürdü. (Bu alanın parçacık olarak gözlemlenmiş haline "higgs bozonu", "higgs parçacığı" denilmektedir.)

CERN'deki dünyanın en büyük makinesiyle ve tarihin bir deneye ayrılan en büyük bütçesiyle "tanrı parçacığı" olarak da anılan higgs alanı/parçacığı bulunabilseydi, bilim tarihindeki en önemli keşiflerden biri olacaktı.[175]

Nobel ödüllü fizikçilerden Leon Lederman, 1993'te ilk kez yayımlanan God Particle (Tanrı Parçacığı) kitabında higgs bozonuna, "tanrı parçacığı" takma adını verdiğini söyledi. Bu parçacığın, fizik açısından çok önemli olmasına rağmen bir türlü deneysel olarak doğrulanmamasına, çıkardığı dertler ile açtığı masraflara dikkat çekerek, "Tanrı'nın Cezası Parçacık" ismini almayı hak ettiğini ancak yayıncının bu ismi kabul etmeyeceğini söyleyerek

---

174 Peter Higgs, Broken Symmetries, Massless Particles, and Gauge Fields, Physics Letters, No:12, 1964, s.132-133; Peter Higgs, Broken Symmetries and the Masses of Gauge Bosons, Physical Review Letters, No: 13, 1964, s.508-509.

175 Bu isimlendirme dışında bu parçacığın bulunmasının Tanrı'nın varlığını ispatladığını veya Tanrı'yı gereksiz kıldığını söyleyen yorumlar da yanlış anlamaları çoğalttı.

"tanrının parçacığı" ismini verdiğini açıklamıştır.[176] Daha sonra bu isim medyada "higgs bozonu"nun önüne de geçerek popüler olmuştur. Higgs, parçacığın bu ismi almasından memnun olmamış ve dindarların rencide olabileceklerini söyleyerek ismi eleştirmiştir.[177]

Higgs'in hipotezi deneysel verilerle gösterilememişti. Bu hipotezin deneysel verilerle ispat edilmesi gerekiyordu. Şayet deneysel olarak gösterilebilirse Einstein'ın modelinde açıklanamayan, enerjinin maddeye dönüşürken nasıl kütle kazandığının yanıtı da verilmiş olunacaktı. Başlangıçta maddeyi, evreni oluşturan bozon parçacıklarını bulmak için ilk büyük patlamada olduğu gibi çok büyük bir çarpışmanın sağlanmasına, bunun için de çok güçlü bir hızlandırıcıya ihtiyaç vardı. Bu deney için en uygun yer CERN[178] idi. CERN'de, başlangıçta maddeyi oluşturan parçacıkların yerin 100 metre altında 27 km bir büyüklüğe sahip hızlandırıcı makine (Büyük Hadron Çarpıştırıcısı) ile birbirleriyle çarpışmaları sağlanıyor ve bu çarpışmanın sonucunda ortaya çıkan çok sayıda küçük parçacığın incelenip evrenin oluşumu anlaşılmaya çalışılıyordu.[179]

İlk deney 2000 yılında yapıldı. Bilim insanları ilk kez bozonu görüntülediklerini iddia ettiler. Ancak emin olmak için deneyin tekrar yapılması gerekiyordu. Diğer deney Temmuz 2005'te yapıldı ve bilim insanları bu deneyde higgs bozonu olma ihtimali bulunan 60 adet parçacık tespit ettiler. Daha çok veri analiz edildiğinde 2012'de bu parçacığın higgs parçacıkları olma ihtimaline daha çok yaklaştıklarını fakat daha çok deneye ihtiyaçları olduğunu açıkladılar. 14 Mart 2013'te, sıfır spine ve pozitif eşliğe sahip bir parçacık keşfedildi. Bu parçacık higgs bozonunun iki ana kriterini sağlıyordu. Higgs parçacığına çok yaklaşıldığına artık kesin

176 Leon Lederman - Dick Teresi, *The God Particle*, First Mariner Books, New York, 2006, s.22.
177 Ian Sample, Anything But The God Particle, *The Guardian*, 29.05. 2009.
178 Avrupa Nükleer Araştırma Merkezi. CERN; Fransızca Conseil Européen pour la Recherche Nucléaire ifadesinin kısaltılmışıdır. 1954 yılında 12 ülkenin katılımıyla kurulmuş olan CERN'in günümüzde yirmi bir tam üyesi ve iki tam üyelik adayına ilaveten, bir de ortak (*asosiye*) üyesi (Türkiye) vardır.
179 Bu hızlandırıcı ile bir saniyede 600 milyon parçacık çarpıştırılıyor. Protonların çarpışmaları sırasında ortaya çıkan proton enerjisi ışık hızının % 99,999 katı kadar, çarpışma sırasındaki sıcaklık ise güneşin merkezinden 100 bin kat daha fazla.

gözle bakılıyordu fakat higgs parçacığı, kuantum etkilerine karşı aşırı hassas olduğundan henüz parçacığın ne olduğu tam olarak bilinmemektedir. Higgs parçacığının kütlesini normale getirmek şu andaki teknoloji ile oldukça zor görünüyor. Parçacığın istikrarsızlığı da dahil bu problem şu anda CERN'in önünde temel bir problem olarak duruyor.

Bilim insanlarına göre açıklığa kavuşmayan şeyse, bulunan parçacığın higgs'in basit bir biçimi mi yoksa çok daha "egzotik bir şey" mi olduğuydu. Higgs bozonu, kütleleri olmayan atomlara kütle kazandıran mekanizmadır, hiçliğe kütle vermektedir. Higgs bozonunun/parçacığının teorik olarak var olduğu kanıtlandı fakat böyle bir şey elde şu anda yok. Bu tam olarak bulunmadan, maddenin neden kütleye sahip olduğunu anlamak mümkün olmayacak. Burada asıl soru, ne oldu da büyük patlamadan saniyenin trilyonda biri kadar kısa bir zamanda parçacıklar kütle ve enerji kazandılar? İnsanoğlu bu sorunun deneysel olarak ispatlanmış cevabına çok yakın duruyor.

CERN'de yapılan deneyler sonucunda eğer higgs bozonunu/parçacığını sistemli bir şekilde üretebilirsek, bu insanlık için sınırsız enerji anlamına da gelebilir. Bu da bilim insanları tarafından şu ana kadar erişilmiş en önemli buluş olacaktır. Evreni açıklayacak ve sınırsız bir enerji kaynağı elde etmeyi mümkün kılacak.

CERN'deki beş projeden biri olan LHC (büyük hadron çarpıştırıcısı) projesinde kütle, karanlık madde, antimadde, evrenin ilk anında içeriği ve maddenin nasıl bir halde olduğunu inceleyen, sırasıyla dört detektör (ATLAS, CMS, LHCb, ALICE) kapsamında devam eden deneyler var. Bugün kullandığımız birçok cihazı, kuantum atomaltı parçacık dünyasını anlamaya çalışan, CERN'de yapılan deneylerden elde edilen bilgilere borçluyuz. CERN yakın gelecekte çalışmalarını hızlandırıp daha çabuk, daha iyi sonuçlar alacaktır. 2019 yılı itibarıyla 21 milyar euro'ya mal olacak ve 27 değil 100 km uzunluğundaki tünelde yeni nesil çarpıştırma (LHC) cihazı geliştirme planlanıyor.[180]

---

180 Davide Castelvecchi, Next-generation LHC: CERN lays out plans for €21-billion supercollider, *Nature,* 15.01.2019.

KUANTUM FİZİĞİNDEN ELDE EDİLEN BİLGİLERİN TEKNOLOJİYE VE YAŞAMA UYGULANMASI

Bedenlerimiz de dahil dünyada duyularla algılanabilen, bölünebilen, ağırlığı olan nesneler, atomlardan ve onların daha küçük bölümlerinden oluşmuştur ve bu temel gerçekliğin küçük parçalarını yöneten yasalar günlük yaşamımızın her yanına yayılmıştır. Kuantum fiziği atom taneciğinin içindeki mikro dünyanın fiziği olarak bize; gördüğümüz her şeyin iç işleyişini ve en azından fiziksel olarak ne olduğunu anlatır.[181]

ABD'li fizikçi, Danah Zohar (1954 -)

CERN ve Benzeri Deneylerin Yarattığı Teknolojiler

Öncelikle, kuantum dünyası hakkındaki bütün verilerimizin, henüz çok yeni ve eksik olmasına rağmen kuantum bilimi sayesinde evren hakkında şu ana kadar öğrendiğimiz şeylerden daha fazlasını öğrendik. Bu bilgileri başta teknoloji olmak üzeri birçok alanda uygulamaya koyduk.[182] Her gün kullandığımız birçok ürünün kuantum fiziğinin bize açtığı yol sayesinde olduğunu bilmiyoruz.

"Dünyada gördüğümüz, dokunduğumuz bütün objeler, güneş ve yıldızlar da dahil olmak üzere kuantum partiküllerinden ibarettir. Güneşin ışık ve ısı üretiminin arkasında, nükleer füzyon[183]

---

181 Danah Zohar, *Kuantum Benlik*, Çeviri: Seda Kervanoğlu, İstanbul: Ayrıntı Yay., 2014, s.15.
182 Brain Clegg, *30 Second Quantum Theory*, Tiblis: Prospero Books, 2014.
      Brain Clegg, *Quantum Age*, London: Icon Books, 2014.
      Brain Clegg, *Kuantum Çağı*, Çeviri: Samet Öksüz, İstanbul: Say Yay., 2016.
183 Füzyon ise İngilizcede *fusion* kelimesinin Türkçeleştirilmiş halidir; "eriyip kaynaşmak veya kaynaştırmak" anlamına gelmektedir. Fizyon, İngilizcede *fission* kelimesinin Türkçeleştirilmiş halidir; "bölünmek, parçalanmak veya parçalara ayrılmak" anlamına gelmektedir. Nükleer kelimesi; bir atomun çekirdeği (*nucleus*) ile ilgili olan olayların geneline verilen isimdir. Nükleer enerji ise, atom çekirdeklerinin

tepkimeleri, kuantum fizik prensiplerine göre çalışır. Ayrıca gelişmiş ülkelerin toplam milli hasılasının %35'i kuantum fiziğin oluşturduğu teknolojilerden gelir (bu oran hızla artıyor). Kullandığımız elektrik akımı da kuantum fiziğinden elde edilen bilgiler sonucudur. Lazer MRI görüntülenmesinden akıllı televizyonlara, telefonlara kadar her gün kullandığımız birçok cihazın arkasında kuantum fiziğinin oluşturduğu teknoloji vardır."[184]

Kuantum fiziği/mekaniği atomaltı parçacık dünyasında mikroskobik dünyaları modelleyen bir kuram olsa da kuantum mekaniğinin uygulama alanı oldukça geniştir. Malzeme biliminden biyolojiye ve elektroniğe kadar çok sayıda alanın gelişmesine katkıda bulunan kuantum mekaniğinden; nükleer kimya ve fizik, parçacık fiziği ve kimyası, plazma kimyası ve fiziği, sıvı hal ve katı hal kimyası, sıvı hal ve katı hal fiziği, kuantum kimyası gibi çok sayıda uygulamalı fizik ve kimya dalları ortaya çıkmıştır.

Modern kimyanın ortaya çıkmasını sağlayan kuantum mekaniği; lazer, yarı iletkenler, transistor, elektron mikroskobu, taramalı tünellemeli mikroskop ve nano teknolojik uygulamalar gibi pek çok keşfin ve icadın ortaya çıkmasında da büyük bir öneme sahiptir.

Elektronlar atoma gevşekçe bağlı olduklarından kolayca hareket ettirilebilir. Elektronların gevşek bağlı ve müthiş süratli oluşları sinyalleri anında aktarmamıza imkân verir ki, geçen yüzyılın elektrik devrimini yaratan da budur. Elektronların kolayca yönlendirilebilmesi radyo, televizyon, bilgisayar, lazer gibi yepyeni teknolojilere olanak sağlayarak geçtiğimiz asrın elektrik çağı olmasını sağladı.

Kuantum mekaniği elektronların uyduğu kuralları ve atom içinde kendilerini nasıl düzenlediklerini açıklayarak kimya malzeme biliminin, hatta elektroniğin temelini oluşturdu. Elektronların madde içinde nasıl hareket ettiğini anlatan kuantum mekaniği olmasaydı, modern elektroniğin temelini oluşturan yarı iletkenlerin davranışlarını asla anlayamazdık. Yarı iletkenleri anlamasaydık silisyum transistoru, mikroçipi ve modern bilgisayarı

---

zincirleme kimyasal tepkimeye girmesi sonucunda ortaya çıkan enerjilerin tümüne (fizyon veya füzyon gibi) denir.

184 Brain Clegg, *Quantum Age*, London: Icon Books, 2014, s.1-3.

geliştiremezdik. Kuantum mekaniği bilgisinde gelişme kaydetmeseydik ne lazer olurdu ne de CD, DVD. Kuantum mekaniği olmasaydı akıllı telefonlarımız, uydu navigasyonu veya magnetik rezonans (MR) görüntüleme cihazları da olmazdı. Lazer kullanarak geliştirilen nükleer fizyonla neredeyse sınırsız elektrik elde edebilirsek mühendislik, biyokimya ve tıp gibi birçok alanda çeşitli görevler üstlenen kuantum bilgisayarlarıyla yapay zekâdan yararlanabileceğiz. Ömrümüz vefa ederse görme ihtimalimiz olan yakın bir gelecek bekliyor bizi.[185]

Bilim insanları, tüm bu deneylerle oldukça karmaşık detektör teknolojilerinden yararlanarak parçacıkların izlerini kaydetmektedirler. Parçacıkların tüm olası özelliklerini ortaya çıkartabilmek için yeni teknolojiler geliştirmekte ve daha sonra bu teknolojileri insanlığın yararı için günlük hayatımızı kolaylaştıracak ürünlere dönüştürmektedirler. Bu metodolojileri ve deneyleri geliştirerek insanlık, evrenin nasıl var olduğunu, ona hükmeden en temel fizik kurallarının neler olduğunu, varlığımız için ihtiyaç duyduğumuz enerji probleminin çözümünü söyleyecek ya da madde ve enerjiyi kendi yararına kullanabilecektir.

Hekimlerin ve bilim insanlarının AIDS ya da soğuk algınlığına sebep olan virüsler gibi ışık mikroskobuyla görülmeyecek denli küçük şeyleri görüp tanımlama ve incelenmesine olanak veren elektron mikroskobu bunlardan biridir. Elektron mikroskobunun geliştirilmesinde, elektronların dalga dalga benzeri özellikler gösterdiğinin keşfedilmesi ilham kaynağı olmuştur. Alman bilim insanları Max Knoll ve Ernst Ruska 1931'de dünyanın ilk elektron mikroskobunu geliştirerek bu mikroskopla virüsleri ilk defa görüntülemişlerdir. Ernst Ruska'nın bu başarısı ancak 1986 yılında Nobel Ödülü ile taçlandırılmıştı. Kuantum dünyasından sadece virüs gibi küçük varlıkları değil, vücudumuzun içini görmek için de yararlanırız. Hastalıkların tanısına yardımcı olma, yumuşak dokunun net olarak görüntülerini verme, iç organlardaki tümörlerin saptanmasına kadar çeşitli hastalık tespitlerinde kullanılan "manyetik rezonans görüntüleme" (MRG) cihazındaki

---

185 Jim Al-Khalili-Johnjoe McFadden, *Kuantum Sınırında Yaşam*, Çeviri: Şiirsel Taş, İstanbul: Dominigo Yay., 2018, s.7.

elektronik sistem, dalga parçacık ikilemi bilgilerinden faydalanılarak geliştirilmiştir.[186]

CERN'deki buluşlar günlük hayatımıza birçok yenilik getirmiştir. Dokunmatik ekran teknolojisi ilk olarak CERN'de, 1970'lerin başında kullanıldı. Lazer teknolojisi dijital telekomünikasyon, LED ekran, internet, atomik saat, GPS vb.[187] kuantum teknolojileri, CERN'deki çarpıştırmalar sonucunda elde edilen verinin fizikçiler tarafından paylaşılması için geliştirilen bir yönteme göre oluştu. Şimdiye kadar parçacık fizikçileri doğayı oluşturan en temel parçacıkları ve aralarındaki etkileşimleri öğrendiler. Bu da bu temel yapıları kullanarak yeni malzemeler, yeni uygulamalar ve yeni endüstri alanları oluşturmamızı sağladı.

Kanserin ilk teşhisi, evreleri ve yayılımının tespiti ile doğru bir tedavi için kullanılan PET (pozitron emisyon tomografisi) cihazı, tıpta sayısal görüntüleme amaçlı kullanılan bilgisayarlı tomografi, beyin, kas, kalp ve kanser görüntülenmesinde kullanılan manyetik rezonans (MR), tarihi ses kayıtlarının ayıklanması ve düzenlenmesinde de CERN'de yapılan çalışmaların etkisi olmuştur. Sterilizasyon, ısıya dayanıklı kablolar, suyun temizlenmesi için süper iletkenler, iletişim, inşaat mühendisliği, tümör yok edici teknolojiler, bakterileri etkisiz hale getirme gibi alanları için de CERN'de çalışmalar yapılmaktadır.

Pek çok tedavi yöntemi parçacık fiziğini anlamada kullanılan "sinkrotron" denilen hızlandırıcı teknolojilerden esinlenmiştir. Bu hızlandırıcı temelli cihazlar, inanılmaz yoğunlukta x-ışınları üretebilmekte ve bu sayede virüslerin, hastalık kaynağı mutasyonların yapıları görülebilmekte, ilaç yapımında kullanılacak moleküller taranabilmekte ve kullanıma sunulacak en uygun yapı belirlenebilmektedir. Örneğin tomografi veya röntgen cihazlarında istenilen hedefi görüntülemek için yapılan işlemlerde küçük hızlandırıcılar vardır. Bunlar elektronları bir yerden kopartıyor, hızlandırıyor ve ortaya x ışınlarını çıkartıyor. Mesela radyoterapi cihazında elektronlar daha hızlı çarpıştırılınca ortaya gama ışınları çıkıyor

186 Jim Al-Khalili-John Joe Mc Faddlen, *Kuantum Sınırında Yaşam*, Çeviri: Şiirsel Taş, İstanbul: Domingo Yay. 2016, s.9-14.

187 Chad Orzel, What Has Quantum Mechanics Ever Done For Us?, *Forbes*, 13.08.2015.

ve bu ışınlar, kanser hastalarındaki tümörlerin üzerine yönlendirilerek radyoterapi uygulanıyor.

Elektronikte kullanılan baskı devreleri, dijital konferans, akıllı ev, güneş panelleri, yapay zekâ gibi teknoloji ve buluşlar CERN'den çıktı. Burada yapılan çalışmalarla, daha az radyasyon yayan x-ray cihazları geliştirildi. CERN'den süper iletken mıknatıs ihalesi alan şirketler, manyetik kaldırma kuvvetiyle treni havada tutularak raylarla herhangi bir sürtünme olmadan saatte 600 km. hıza kadar çıkan Maglev trenlerini yapıyorlar.

Günümüzde bilgiye ulaşmak için kullanılan "www" (*world wide web*) sistemi 1989 yılında Tim Bernes-Lee tarafından CERN'de keşfedilmiştir. Radyoterapi, süper iletken mıknatıs, veri depolama, görüntüleme, veri işleme, uzay teknolojileri gibi birçok teknolojiyi de sayabiliriz.[188] Otomotiv veya genel olarak makine yan sanayisinde metallerin birbirine tutturulmasında düzenli olarak kullanılan oksijen kaynağına CERN'deki deneyler sayesinde daha hassas ve dayanıklı bir alternatif geliştirildi. "Elektron demeti kaynaklaması" adı verilen bu kaynaklama teknolojisi, özellikle de uçak motorlarındaki parçalar gibi hassas iş gerektiren yerlerde veya erime noktaları birbirinden çok farklı olan metalleri birleştirmekte kullanılıyor. Kuantum fiziği araştırmalarından elde edilen buluşlar artık hayatın her alanına girmiş durumda.

Olayı özetlersek; şimdiye kadar parçacık fizikçileri doğayı oluşturan en temel parçacıkları ve aralarındaki etkileşimleri öğrendiler. Bu da bu temel yapıları kullanarak yeni malzemeler, yeni uygulamalar ve yeni endüstri alanları oluşturmamızı sağladı. Dünya çapında 15.000 parçacık fizikçi, doğrudan bilimsel araştırmanın içindedir. Çok daha fazlası, bilgisayar, iş dünyası, finans, sağlık, eğitim, komünikasyon ve uzay endüstrileri gibi farklı branşlara katkı sağlamaktadır. Tüm dünyada 30.000 hızlandırıcı, tıp, endüstri, enerji, çevre, ulusal güvenlik ve bilimsel araştırma amacıyla aktif durumdadır. Sadece Amerika'da son 10 yılda parçacık fiziği üzerine 2000'den fazla doktora çalışması tamamlanmıştır.

Yüksek teknolojinin getirdiği olumsuz yanlarını da göz ardı etmeyerek diyebiliriz ki kuantum karanlığı aydınlatıyor.

---

188 Kerem Cankoçak, *Cern ve Büyük Patlama*, İstanbul: Asi Yay., 2019, s. 98-102.

Kuantum Fiziğinde Belirsizlikten Belirliliği Bulmak

Bilim insanları atomaltı dünyasında incelemeler yaparken parçacıkların davranışlarının gizemini tam olarak çözemiyorlar, fakat geliştirdikleri modeller sayesinde insanlığın hizmetine pek çok teknoloji kazandırıyorlar, insanlığın önüne yaşamı ve evreni anlamasında yeni ufuklar açıyorlar.

Klasik fizikte, tüm hareket onu yöneten kuvvetlerce belirlenir. Başlangıç şartlarını (bir nesnenin zaman içinde bir başlangıç anındaki konumunu ve hızını) bildiğimizde, onun kesin rotasını Newton'un hareket denklemlerini kullanarak hesaplayabiliriz. Böylece klasik fizik, determinizm (belirlenimcilik) felsefesine,[189] tüm maddesel nesnelerin hareketini tamamen tahmin edebilmenin mümkün olduğu fikrine yol açar.

Muhtemelen kuantum fiziği determinist evrenin imkânsızlığını gözler önüne serecek bir ilkeye sahiptir. Kuantum fiziğinde belirsizlik ilkesi-indeterminizm (belirlenmezcilik) hakimdir. Belirsizlik ilkesi[190] bir kuantum parçacığının hızının ve konumunun aynı anda kesin değerlere sahip olamayacağını öngörür. Fakat bu ölçümler böyle olup gerçeklere ulaşmayı zorlaştırsa da önlemez.

Kuantum fiziği bugüne kadar cevap aranan birçok soruyu cevaplama imkânı vermiş, madde ile enerjinin, dalga ve parçacığın aynı şey olduğunu belirlemiştir. Bu teori bütün evreni içine alacak kadar kavramlı ve geniş olduğundan insanoğluna yeni bir bilinç ve evreni anlama açısından yeni bir yol haritası vermektedir. 20. yüzyılın başından itibaren artan bir ivme ile gelişen kuantum fiziği/mekaniği atomaltı parçacıkların dünyasına girerek bize hiç bilmediğimiz yeni bir dünyayı gösterdi ve bilimde devrim yarattı.[191]

---

189 Evrenin veya tarihin deterministik olup olmadığı etrafında şekillenen tartışmalar sosyoloji, bilim ve felsefede önemli bir yer edinmiştir. Determinizm; evrende bir düzen olduğunu ve bu düzen çözüldüğünde nedenlerin ve sonuçların açıklanıp daha sonra gelişecek olayların bilgisini elde edebileceğimizi iddia eden felsefi bir terimdir.

190 Belirsizlik ilkesi ise determinizm felsefesinin tam tersidir. Belirsizlik ilkesine göre, bir elektronun konumunu ve hızını (ya da momentumunu) aynı anda belirleyemeyiz; bunlardan birini doğru biçimde ölçme girişimi, diğerleri hakkındaki bilgiyi bulanıklaştırmaktadır. Dolayısıyla bir parçacığın rotasının hesaplanması için gerekli başlangıç koşulları asla doğru olarak belirlenemez.

191 Johnjoe McFadden, *Quantum Evolution*, London: Harper Collins Publ., 2000.

Gerçeklik, biz onu ölçene kadar yoktur. Kuantum uygulamasında ışığın dalga özelliği gösterdiğini kanıtlayan çift yarık deneyinde kullanılan elektronlar, izlenmediği zaman dalga gibi davranış gösteriyorlar. Elektronlar gözlem araçları ile izlendiğinde sanki izlendiklerini anlıyorlarmış gibi, dalga değil de parçacık gibi davranıyorlar. Bilim insanları bu olaya "dalga fonksiyonunun çökmesi" ismini verdiler. Dalga fonksiyonu sadece gözlediğimiz için çöküyordu. Elektronun sanki onu gözlemlediğimizden haberi vardı.

Gözlem yapma eyleminin, dalga fonksiyonunun "çökmesine" neden sebep olduğu konusunda şu ana kadar kimse tatmin edici bir izah getiremedi. Kuantum teorisindeki gözlem sürecinden gözlenenin etkilenmesi, gözlemlenmesine fazla müsaade etmemesine ve ışınların özgür, keyfine göre hareket etmesine felsefi bir açıklama getirilmiş, bu olayların özgür iradenin varlığını gösterdiği iddia edilmiştir. Bunun yanında ne zaman bu parçacıklar üzerinde bir deney yapılsa, hep aynı fizikî prensiplere tâbi oldukları, içlerinden hiçbirinin kanunlara karşı gelmediği görülmüştür.

Albert Einstein (1879-1955) kuantum fiziğindeki belirsizliklerden, rastlantısallıklardan ve olasılıksal matematikten sürekli rahatsızlık duymuştu. "Kuantum mekaniği konusunda çok çalışmak gerekir, ama içimden bir ses bana bunun her şeyin çözümü olmadığını söylüyor. Bu teoriyle birçok şey açıklanıyor, ama hâlâ o'nun sırrını çözebilmiş değiliz,"[192] diyordu.

Einstein kuantum fiziğindeki deneysel ölçülerde ortaya çıkan belirsizliklerden dolayı Tanrı zar atmaz, demişti. Aslında kuantum fiziğinde en belirgin özellik olan belirsizlik ilkesi gerçeklere ulaşmaz, kuantum deneylerindeki ölçümlere belirsizlik getirirdi. Einstein bu gerçeği döneminde göremedi. Eğer Einstein 1970'leri görebilseydi büyük ihtimalle hatasını anlar ve kuantum fiziği ile yapılan başarılı çalışmaları takdir ederdi.

Prof. Stephen Hawking bu konuda şöyle der: "Einstein, Tanrı zar atmaz, diyerek yanlış ifade kullanmıştır. Tanrı da zar atar, hatta bazen attığı zarları göremediğimiz için bizim de kafamız

---

192 Max Born , *The Born-Einstein letters*, Çeviri: İrene Born, New York: Walker and Company, 1971, s.90.

karışır."[193] Bilim evreni, yaşamı herkesin anlayacağı şekilde anlatmakta zorlandığı için bu boşluk hâlâ dogma, mistisizm ve boş inançlarla doldurulmaktadır.

Kâinattaki elektronlar birbirlerinden haberdar gibi uyum içinde hareket etmektedir. Evrenin tek olmadığını, evrenlerin koridorlarla birbirlerine bağlandığını ve geçişin mümkün olduğunu söyleyen Japon asıllı ABD'li teorik fizikçi, fütürist Prof. Michio Kaku[194] *Big Think*'te şöyle diyor: "Şimdi iki elektronu ayırın ve birbirlerinden yüzlerce, hatta binlerce ışık yılı uzaklıkta olsunlar. Aralarındaki anlık iletişim köprüsü hâlâ açık olacaktır. Şayet bir elektronu hafifçe sallarsam, öbür elektron bu titreşimi aynı anda ve ışıktan daha hızlı bir biçimde (hisseder). Şayet yeterince yakın olan iki elektronum varsa, kuantum kuramına göre bunlar hep birlikte titreşebilir."

20. yüzyılın en önemli fizikçilerinden olup kuantum elektrodinamiği üzerine yaptığı çalışmalarıyla 1965'te Nobel Fizik Ödülü alan ABD'li akademisyen Richard Feynman (1918-1988) kuantum fiziğinin ve atomların evreni anlamada nasıl yardımcı olduğu konusunda kısaca şunu söylüyor: "Canlıların yaptığı her şey atomların titreyiş ve kıpırdanışlarına dayanarak anlaşılabilinir."[195] "Evrende her şey, her şeyle etkileşim halindedir."[196] "Bu dolanıklık olayına klasik fizik bir açıklama getiremez... Bizlerin algıladığı üç boyutlu uzayda (dördüncü boyut zamanı algılayamıyoruz) birbirlerinden ne kadar uzak olurlarsa olsunlar foton ve elektron çiftleri bir paranın iki yüzü gibi davranırlar, birinde meydana gelen deği-

193 Stephen Hawking-Roger Pennrose, *The Nature of Space and Time*, Princeton-Oxford: Princeton University Press, 1996, s.26. So Einstein was wrong when he said, "God does not play dice. [...] God does play dice, but that he sometimes confuses us by throwing them where they can't be seen."

194 Michio Kaku, Japonya göçmeni bir çiftin çocuğu olarak 1947'de California'da dünyaya geldi. Henüz lise çağlarındayken bir bilim fuarı için evlerinin garajında anti-madde üretebilecek güçte gama ışınları oluşturmak amacıyla bir partikül hızlandırıcısı inşa etti. 1968'de Harvard Üniversitesi'nden yüksek onur derecesiyle sınıfının birincisi olarak mezun oldu. 1974'te Osaka Üniversitesi'nden Prof. Keiji Kikkawa ile birlikte sicim teorisini alan formunda betimleyen ilk makaleleri yazdılar. Harvard, Princeton'da verdiği dersler dışında hâlâ New York Şehir Üniversitesi'nde teorik fizik alanında eğitim veriyor. (Kaku, kendisine yapılan nükleer silahların gelecek tasarımlarını yapmak ve üretmek teklifini reddetmiştir.)

195 Richard P. Feyman, R.B Leighton, M. L. Sands, *The Feyman Lectures on Physics*, New York: Addison-Wesley Pub., 1964, cilt I, s.3-6.

196 Prof. Cengiz Yalçın, *Kuantum*, Ankara: Akılçelen Yay., 2015, s.142.

şikliği diğeri anında algılar. Işınlama, bir cismi, kendisini oluşturan parçalarına ayırıp başka bir uzay noktasında yeniden bir araya getirme olayıdır. Işınlama, yani bir cismi kısa da olsa bir zaman geçmesine gerek duymadan bir uzay noktasına çıkarma, bir kuantum teleport olayıdır. [...] Bir cisim atom ve moleküllerine ayrıldığında teleport (ışınlanma) ile aynı moleküller veya atomlar diğer uzay noktasına iletilmezler, sadece onlara ait kuantal bilgiler iletilir. [...] Geleceğin haberleşmesi kuantum fiziğinin bu anlaşılmaz özelliğine dayanılarak yapılacaktır."[197]

Başından beri kuantum fiziğinden hoşlanmayan Einstein, ışıktan hızlı giden bir haberleşme aracısını kabul etmeyip kuantum kuramının "tam" olmadığını öne sürmüştü. Aynı kuantum durumundaki iki parçacığın birini diğerinden uzaklaştırdığınızda ve hareket ettirdiğinizde diğeri de aynı şekilde aynı anda hareket eder. Bu dolanıklık hali siz parçacıklardan birini gözleyene kadar devam eder. Einstein bağlantıyı anlayamamış, bu "acayip/anlaşılmaz uzaktan etki" (*spooky action at a distance*) olarak adlandırılmıştı. Bu imkânsız gibi görünen tuhaf bağ Einstein'a dolanıklık (*entanglement*) tanımlaması yapması için ilham kaynağı olmuştu. Özellikle kuantum fiziğindeki belirsizliğin genel ve geçer bir ilke olmadığını savunan Einstein bu kuantum kuramını derinliği olan bir deney ile eleştirmek istemişti. Einstein, öğrencileri Podolski ve Rosen ile birlikte 1935 yılında yazdıkları "Doğanın Kuantum Mekaniksel Tasviri Tamamlanmış Kabul Edilebilir mi?" adlı makalelerinde (EPR makalesi/deneyi) iddia etmişlerdi.[198] Einstein kuantum kuramında bir yanlışlık veya eksiklik olduğunu iddia etmişti. Kuantum teorisini çürütmek için yapılan EPR deneyi ve tezi, olaya klasik fizik gözlükleri ile bakıldığı için mantıksal kurgusu çok güçlü olmasına rağmen hataya düşmüştür. [199]

Atomaltının mikro dünyasında makro dünya düzeninden daha fazla bir şekilde düzen, karmaşa ile devamlı el ele gider. Bu karmaşanın parçalarını çözdüğümüz her an evrenin bilinmeyenlerinin

197 Prof. Cengiz Yalçın, *Kuantum*, Ankara: Akılçelen Yay., 2015, s.174-175.
198 A. Einstein, B. Podolsky, N. Rosen, Can Quantum-Mechanical Description of Physical Reality Be Considered Complete?, *Physical Review Journal*, 47, 777, 15.05.1935.
199 Prof. Cengiz Yalçın, *Kuantum*, Ankara: Akılçelen Yay., 2015, s.151.

kapısını bize tamamen olmasa da kademeli olarak açacak, gerçekleri daha iyi anlamamızı kolaylaştıracaktır.[200]

Kuantum fiziği, atom, elektron ve foton gibi parçacıkların davranışlarını inceleyen bir bilim dalıdır. Bilim insanları atomaltı dünyasında incelemeler yaparken bu parçacıkların davranışlarının gizemini tam olarak çözemiyorlar fakat geliştirdikleri modeller sayesinde insanlığın hizmetine pek çok teknoloji kazandırıyorlar. Kuantum dünyası konusunda biraz bilgisi olanlar şunu biliyor ki bu dünyada kesin gerçekler yok ve yalnız bilim dünyasında değil, özellikle bu dünyada her şey çok hızlı değişiyor. Kuantum dünyası sizin düşünce dünyanızı geliştiriyor, muhafazakar düşüncelerinizi kırıyor, çok geniş düşünmeye ve hızlı değişim dünyasına ayak uydurmanıza yardımcı oluyor.

Atomun ve elektronların bu yapısı olmasaydı, yani elektronlar algıladığımız evrenin yasalarına tâbi olsalardı, atomlar kararlı olamazdı ve saniyenin milyarda birinden az bir zamanda parçacıklar çekirdeğe çarparlardı. Dolayısıyla kararlı atomlar oluşamazdı ve bu durumda yaşam ortaya çıkmazdı. Büyük hızlarla, kendilerine has yörüngelerde dönmekte olan bu parçacıklar birbirlerine çarpmadıkları için evren var olabilmiştir. Bizim yalnız elektronlar dünyasını gözlemleyerek onları anlamaya çalışmamız bile düşünce ve yaratıcılık ufkumuzu geliştirmektedir.

---

200 Artık günümüzde on bir boyut olduğunu anlatan "M teorisi (mother of all theories) ile birlikte evrenimizin başka evrenlerin etkileşimi ile var olabileceği düşüncesi netlik kazanmaya başladı. Bu teori şu andaki teknolojik kapasite ile ispat edilemiyor fakat matematiksel model ve hesaplarla doğrulanabiliyor. Her geçen gün paralel evrenlerin varlığının hipotezlerin ve bilim kurgunun ötesinde bir gerçek olduğu daha net olarak ortaya çıkıyor.

KUANTUM BİLİNCİYLE YAŞAMI VE KENDİMİZİ ANLAMAK

Evrenin kurulu düzeni (siz yaratıcı güç diyebilirsiniz) dünyada büyük işleri atomaltı küçük parçacıklara yaptırmaktadır. "Genetik şifremiz bile kuantum parçacıkları ile yazılmıştır."[201] Kuantum ilmi bize metrenin on milyarda biri küçüklüğünde atomik dünyayı inceleyerek yaşamın gerçeklerini anlatmaktadır.

Işık ve maddenin atom ve atomaltı düzeylerdeki hareketlerini inceleyen kuantum mekaniğini/fiziğini "küçüklerin teorisi" olarak da tanımlayabiliriz. Kuantum fiziği bir nevi dalga bilimidir. "Dalgaları anlamadan gerçeği kavramak olanaklı değildir."[202]

Evreni anlamada zamanı, ışığı, dalgayı anlamak önemlidir. Astrofizik, gök cisimlerinin ve olaylarının fiziksel, kimyasal özelliklerini, yapılarını inceleyen astronomi dalıdır. Bu incelemeler için tek bilgi kaynağı, gök cisimlerinden yayılan ışık ve diğer elektromanyetik dalgalardır. Bu dalgaları tespit eden cihazlar sayesinde çeşitli bilgiler toplanır ve kimya, fizik alanlarında kullanılmak üzere depolanır. Bu bilgiler, fizik ve kimya bilimlerinde elde edilen sonuçlarla karşılaştırılarak değerlendirilir ve yorumlanır. Tüm bu incelemelerin ve çalışmaların yapılabilmesi için cisimlerden ışık ve elektromanyetik dalgaların yayılması gereklidir. Elektromanyetik dalgalar aynı zamanda tanecik karakterindedir. X ve gama ışınlarının dalga boyu küçüktür. Dalganın taşıdığı enerji daha küçük hacim içinde sıkışır. Dalga boyu küçüldükçe elektromanyetik dalga, bir taneciğe dönüşür. Kuantum fiziğin ortaya koyduğu bu özellikten faydalanılarak kanserli hastalara ışın tedavisi

---

201 Jim Al-Khalili-Johnjoe Mc Fadden, *Kuantum Sınırında Yaşam*, Çeviri: Şiirsel Taş, İstanbul: Domingo Yay., 2016, s. 245.

202 Prof. Cengiz Yalçın, *Kuantum*, Ankara: Akılçelen Yay., 2015, s.54.

uygulanır. Radyo, radar, telsiz, televizyon dalgaları tanecik değil, dalga gibi hareket ederler ve bilgiyi ses, görüntü, renk olarak bir noktadan diğerine taşırlar.

"Evren dalga ve maddeden oluşan bir bilgi okyanusudur. Nasıl elektromanyetik bilgiyi cep telefonlarına ve televizyon ekranlarına görüntü ve ses olarak getiriyorsa evrenin gerçeklerini de insanın anlayış sınırlarına aynı dalgalar getirir. Kuantum fiziği bilgi okyanusundan kaynaklanan dalgalara anlam verir. Bu nedenle evreni anlamanın yani gerçeğe yaklaşmanın yolu dalgaları ve kuantum fiziğini anlamaktan geçer."[203]

Kuantum teorisinin en büyük başarısı atomların nasıl çalıştığını açıklamak olmuş, bilindiği zannedilen birçok şeyin yeniden değerlendirilmesi gerekmiştir. Bunun sonucu olarak dünyaya, evrene daha değişik bakış açısı ve felsefi yaklaşım getirmiştir. "Kuantum fiziği sadece fiziksel kuram değil, 21. yüzyılın düşünce dünyasının kavramsal alt yapısını oluşturan entelektüel bir değerdir."[204]

Kuantum fiziği teorilerinin getirdiği düşünsel açılımların, "kuantum mantığı" denilen yeni bir mantık anlayışını gerekli kıldığını birçok düşünür ileri sürmüştür.[205] Bu mantık çoğu zaman tek tanrılı dinlerin bilimsel bir açıklaması diye de sunulmaya çalışılmıştır. Tek tanrılı dinler kuantum teorilerini kendilerine göre yorumlayarak din ile bilimin çatışmadığını, dini öğretilerin birçoğunun kuantum teorileri ile bağdaştığını ileri sürmeye çalışmışlardır.[206] Bunların çoğu da Hıristiyan din adamları ve Vatikan kaynaklıdır. Böylece kuantum teorisini kendilerine göre yorumlayan ve bilerek çarpıtan fırsatçılar, din adamları ve misyonerler

---

203 Prof. Cengiz Yalçın, *Kuantum*, Ankara: Akılçelen Yay., 2015, s.68.
204 Prof. Cengiz Yalçın, *Kuantum*, Ankara: Akılçelen Yay., 2015, s.104.
205 Andrej A. Grib, Quantum Cosmology Observer and Logic, Quantum Cosmology and the Laws of Nature, Scientific Perspective on Divine Action-Robert John Russel-Nancey Murphy (edit)Vatican Observatery Berkeley: s.182-183.
206 Robert John Russel, Nancy Murphy, C.J.Isham, *Quantum Cosmology and the Laws of Nature,* -Vatican Observatory Berkeley: 1993.
   John Polkinghorne, *Quantum Physics and Theology: An Unexpected Kinship,* Yale University Press, 2008.
   Edward F. Kelly, Adam Crabtree, Paul Marshall, *Beyond Physicalism: Reconciliation of Science and Sprituality,* London: Rowman & Littlefield Publ., 2015.
   Ian Barbour, *Hen Science Meet Religion,* New York: Harper Collins Publ., 2000.
   Rolf Froboese, *The Secret Physics of Coincidence: Quantum phenomena and fate-Can quantum physics explain paranormal phenomena?,* Books on Demand Publ., 2012.

türemiştir. Kuantum teolojik olarak ele alınmış, ya kendi inançlarını ispatlamak için çarpıtmışlar ya da yeni bir dini görüş versiyonları, mistik kavramlar oluşturmuşlardır.

"Kuantum fiziği 20. yüzyılın gidişatını değiştiren en büyük bir bilimsel alan olmasına rağmen anlaşılamaması, birçok fizik öğretmeninin konu hakkında yeterli bilgisinin olmaması nedeniyle kuantum fiziği, okullarda kendisine fazla yer bulamadı. Büyük çoğunluğumuz maalesef, faydalandığımız teknolojik cihazların kuantum fiziği sayesinde olduğunu bilmeden yaşantımıza devam ediyoruz.[207]

Kuantum evrenine giriş maddenin çözümlenmesiyle başlamıştır. Mikro boyutlardaki atomu ve atomaltı parçacıkları kuantum mekaniği sayesinde anlamaya başlayınca dünyamız değişti. Çok kişi hâlâ farkında değil fakat kuantum mekaniği görünmeyeni göstererek, bambaşka bir gerçeklik sunarak sonsuza kadar hem düşünce dünyamızın hem bilimsel gelişmenin önünü açtı. Yaşadığımız evrende kusursuz olarak meydana getirildiğimizi sandığımız bizlerin bu karmaşık düzenin kusurlu bir şekilde maddeleşmiş hali olduğumuzu bize sundu. Bütün bu kusurları bilgilerimizi geliştirerek anlayabileceğimizi ve onarabileceğimizi gösterdi.

Kuantum fiziğinin bize kazandırdığı ve sağlıktan diğer alanlara kadar hayatımızın birçok yerinde farkında olmadan kullandığımız ve yaşamımıza yön veren buluşları vardır. Bu teknolojiler bile sosyal yapımızın, düşüncelerimizin değişmesine olanak sağlar. Kuantum teknolojileri hükümetlerin, ticaretin, bilimin ve toplumun üzerinde büyük etkiler ve değişiklikler oluşturuyor.[208]

Enerjinin korunumu yasalarına göre evrende hiçbir enerji yok olamaz veya yoktan var olmaz, sadece şekil değiştirir. Öldüğümüzde beyin enerjisinin yok olması söz konusu değildir. Beyin ölümünün gerçekleşmesi insan fizyolojisinin beyine enerji aktarımını sonlandırması gerekir. Peki, bu sonlandırmadan önce var olan enerji ne oluyor? Kuantum mekaniği bilgilerine göre bu enerjinin, uzay ve zamanı bizimkinden farklı, çok sayıdaki çoklu/

207 Brain Clegg, *Quantum Age*, London: Icon Books, 2014, s.1.
208 Pieter E. Vermaas, The societal impact of the emerging quantum technologies: a renewed urgency to make quantum theory understandable, *Ethics and Information Technology*, Vol.19, Aralık 2017, s.241-246.

paralel evrenlerden birinde, bir başka formatta, varlığını sürdürmesi ihtimal dahilindedir.

Fizikçilerin yürüttüğü her bir kuantum deneyi, sonsuz sayıda paralel evrenlerin meydana gelmesine neden olur. Dalga fonksiyonunun her bir sonucu, bu paralel evrenlerin birinde meydana gelmektedir. Ayrıca kuantum bilimi çok uzak mesafeler arasında bilgi ulaştırma olanağının evrenin yapısı içinde var olduğunu da göstermiştir. Bu kompleks konuyu biraz daha açmak gerekiyor.

Şöhretini ilk olarak nesli tükenmekte olan hayvanları klonlama çalışmalarıyla elde eden, daha sonra kök hücre üzerine yaptığı geniş çaplı araştırmalarla oldukça büyük ilgi gören ve bugün ise fizik bilimiyle, kuantum mekaniğiyle ve astrofizikle ilgilenen Dr. Robert Lanza'nın 2010 yılında Bob Berman ile ortaklaşa yazıp yayımladığı *Biyomerkezcilik: Yaşam ve Bilincin Evrenin Doğasını Anlamada Kilit Rol Oynaması Üzerine*[209] adlı kitabında bu konudaki açıklamaları özetle şöyledir: Bedenin ölümüyle yaşam sona ermez ve (enerji) sonsuza kadar devam edebilir.

Kuantum fiziğinin bize öğrettiği diğer bir olay da an yakalanırsa birçok gerçeğin daha belirgin ve anlaşılır olacağıdır. Kuantum gözlemlenmesinde en büyük problem, anı yakalayıp gözlemlemektir. Doğada, doğuştan gelen bir belirsizlik vardır. Kuantum belirsizlik ilkesi gözlemi zorlaştırır. Gerçeklik, biz onu ölçene kadar yoktur. Gözlem yapma eylemi, dalga fonksiyonunun "çökmesine" neden olur. Kuantum fiziğinde zaman kavramı yoktur; an kavramı vardır. Kuantum fiziğinde her olay bir anda oluşur ve bu bakımdan olaylar arası süreklilik bulunmaz. Biz zaman içinde yaşıyor zannederiz fakat an, zamanın içinde en can alıcı noktadır.

Stephen Hawking 17 Ekim 1988 tarihli Alman Der Spiegel'e verdiği röportajda şöyle demişti: "Benim bugüne kadar yaptığım iş evrenin, bilimin/doğanın yasaları doğrultusunda oluştuğunu göstermek olmuştur."[210] Yaratıcı güç zamanla doğa yasalarını oluşturmuştur ve artık müdahale etmesine gerek yoktur. Evren bu yasalarla işlediğine göre artık ne yasalara ne insanın iradesine müdahale etmemektedir. Ne büyük doğa olaylarına ne I.ve

209 Robert Lanza-Bob Berman, *Biocentrism: How Life and Consciousness are the Keys to Understanding the True Nature of the Universe*, Dallas: BenBella Books, 2010.

210 What I have done is to show that it is possible for the way the universe began to be determined by the laws of science.

II. Dünya Savaşı sonucundaki büyük insan kayıplarına ne doğa katliamlarına ne acımasız despotlara ve haksızlıklara müdahale etmemektedir. Bunları önlemek, insanın kendi geleceğini güven altına alması için dogmayı değil bilimi, doğayı ve insan odaklı bir yaşam felsefesini, yaşamının merkezine almak zorundadır.

Evrenin yasaları (siz buna yaratıcı güç de diyebilirsiniz) dünyada büyük işleri küçük parçacıklara yaptırmaktadır.[211] Evrim için gereken hammaddenin kaynağı da mikroskobik mikro dünyadaki sonsuz derecede küçük kalıtsal değişimler olmuştur.[212] Bunun nasıl olduğunu anlamak makro dünyayı anlamanın yanında mikroskobik mikro dünyadaki en küçük atomaltı parçacıkların çalışma prensibini bilmek gerekmektedir. İnsan yalvarma, niyaz ile istediklerinin olmasını talep etme yerine doğanın yasalarını akıl ve bilim yoluyla bularak geleceğini yönlendirmesi gerektiğini artık bilmek zorundadır.

Daha önceki yıllar sosyal bilimler, bilinç, klasik fiziğin kurallarının ve bilgilerinin bir yansıması olarak görülüyordu. 20. yüzyılın başlarından itibaren kuantum fiziği atomun atomaltı parçalarına inip bu büyüleyici dünyanın sürprizlerinin, karmaşıklığının yavaş da olsa anlaşılmaya başlanmasıyla yaşam hakkındaki bilimsel yaklaşımlar, görüşler değişmeye başladı. *Kuantum Bilinci ve Sosyal Bilim* adlı kitabın yazarı Alman siyaset bilimcisi Alexander Wendt (1958-), "benim düşünceme göre kuantum fiziğinin buluşları öğrenildikçe insanın aslında bir kuantum sistemi olduğu görülecektir,"[213] der.

Evrende her şeyi parçacık olarak gören kuantum fiziğidir. Aynı zamanda atomaltı dünyaya inerek, oradaki gerçekliğin, kendi algı dünyamızdan çok farklı olduğunu göstererek evrende bağımsız ve tek tek nesneler olmadığını bize anlatmış, evrendeki her şeyin birbirine bağlı ve özdeş olduğunu anlamamıza yardımcı olmuştur. Kuantum bilimi her şeyin bir enerjiden ibaret olduğunu ortaya koymuştur. Evren sadece bir maddeden oluşuyor görünmesine

211 Jim Al-Khalili-Johnjoe Mc Fadden, *Kuantum Sınırında Yaşam*, Çeviri: Şiirsel Taş, İstanbul: Domingo Yay., 2016, s. 245.

212 Jim Al-Khalili-Johnjoe Mc Fadden, *Kuantum Sınırında Yaşam*, Çeviri: Şiirsel Taş, İstanbul: Domingo Yay., 2016, s. 224.

213 Alexander Wendt, *Quantum Mind and Social Science*, Cambridge Univ. Press, 2015, s.3.

rağmen aslında enerji boyutunda bir maddedir. Bundan dolayı yalnız atomaltı parçacıkları değil, insan da kuantum zaman birimi içinde varlığını sürdürür. Yaşam ve insan aslında bir kuantumdur. Bunu bilerek yaşamak bilincimizi hızla ileri götürecektir. Kuantum bilinci aslında ölçülemeyen zaman birimidir. Bu bilinç, insan bedenen yok olduğunda bile kaybolmamaktır. İnsan anlar içinde biriktirdiği bilgilerden oluşan bir kuantum bilinci, kuantum enerjisidir. Oxford Üniversitesi'nden İngiliz matematiksel fizikçi, bilim felsefecisi, Roger Penrose (1931-) *Kralın Yeni Aklı* (*The Emperor's New Mind*) adlı kitabında; bilincin, bir kuantum mekaniğin hayranlık uyandıracak kadar dikkat çekici bir olgusu, bir fenomeni olduğunu gündeme getirerek insan zihninin bir kuantum bilgisayarı olduğunu öne sürmüştür.[214]

Atomaltı dünyada renk, dil, din, ırk ayrımı yoktur, her şey aynıdır ve birdir. Bir altın ya da tahta atomu olması fark etmeden, tüm maddeler mikro düzeyde aynı özelliklere sahip parçacıklardır. Kuantum bilgilerine göre insanlığı atomlardan oluşan insanlık temelinde ele alırsak dil, ırk, görünüm gibi farklılıkları ile sınıflandırmamızın ve bu özelliklerine göre değerlendirmemizin ne kadar ilkel bir görüş olarak kaldığını da anlarız.

Kuantum mekaniğine göre "madde diye bir şey yoktur, sadece enerji vardır". Yani aslında her şey ışıktır, fotondur. Düşünce, bilinç enerjidir, ışıktır; yani hepimiz kuantumuz, fotonuz, bir enerjiyiz. Aslında biz bir kuantum bilinciyiz. Beden yok olduktan sonra da bu bilinç yok olmuyor.[215] Ruh diye düşündüğümüz olgu da enerjidir ve bu enerji yapısıyla bütün dünyayla farkında olmadan etkileşim halindedir. Bu durum kuantumun dalgasal yapısı gibidir. Bilinç, zaman, mekân sınırlaması dışında ve her yerde, insan bedeninde veya dışında var olabilir. Yaşam aslında bilinçtir. Kuantumda olduğu gibi bilinçte de nesneler mekânsızdır. Bilinç ve doğru yol insanın var oluş sebebidir.

214 Roger Penrose, *The Emperor's New Mind*, Oxford: Oxford University Press, 1989.
215 Alex E. Pozhitkov-Rafik Neme-Tomislav, Tracing the dynamics of gene transcripts after organismal death, *Open Biology*, 01.01.2017.
Kastalia Medrano, Where do you go when you die? the increasing signs that human consciousness remains after death, *Newsweek*, 02.10.2018.
Robert Lanza-Bob Berman, *Biocentrism: How Life and Consciousness are the Keys to Understanding the True Nature of the Universe*, Dallas: BenBella Books, 2010.

New York Times tarafından yaşayan en büyük üçüncü bilim insanı ilan edilen Dr. Robert Lanza şunları der: Biyoloji, yaşamı, gerçekliği ve evreni anlama konusunda ihtiyacımız olan temel bilimdir ve diğer tüm bilimler, biyolojinin alt dallarından ibarettir. Biyomerkezciliğe göre evren bilinci yaratmaz, tam tersi bilinç evreni yaratır. Bu yüzden canlılık ve bilinci birinci sıraya koymadığımız sürece fiziksel dünyayı anlamamız mümkün değildir. Lanza'ya göre bilinci var eden şey bedenlerimizdir. Ancak eğer bedenlerimiz tıpkı çanak antenlerin uydu sinyallerini aldığı gibi, bilinci belirli bir kaynaktan alıyorsa bedenlerimiz ölse bile bilincimiz yaşamaya devam edecektir. Aslında bilincimiz uzay ve zamandan tamamen muaftır. Aynı anda her yerdedir; bedenlerimizin hem içinde hem de dışındadır. Tıpkı kuantum objeleri gibi belirli bir yeri yoktur. Bedenlerimiz öldüğü zaman, başka bir evrende yaşamaya ve bilinci bu kez farklı bir alıcıyla absorbe etmeye başlıyor olabiliriz. Bedenlerimizin bir evrendeki ölümü, yaşamımızı yine bu evrene benzer başka bir evrende sürdüreceğimiz ve bunun sonsuza kadar bu şekilde devam edeceği anlamına geliyor olabilir demektedir. Lanza bütün bu konulardaki görüşlerini "biyomerkezcilik" olarak adlandırmıştır.[216] Dr. Robert Lanza, kök hücresi çalışmalarının da gelişmesine yardımcı olmuş, kök hücrenin 2014 yılında insan vücuduna zararsız olduğunu bilimsel olarak kanıtlamıştır. Dr. Lanzo başarılı çalışmalarıyla *Time* dergisi tarafından 2014 yılında dünyanın en etkili 100 kişisi arasında, 2015 yılında *Prospect* dergisi tarafından dünyanın önde gelen elli düşünürü arasında gösterilmiştir.[217]

Bilinç ve kuantumun iç içe geçtiği Lanza'nın bu teorisi, ölüme yakın deneyimleri, astral seyahati, beden dışı tecrübeleri ve hatta reenkarnasyonu inancın alanından çekip mantığın alanına oturtuyor. Dr. Lanza'ya göre "kuantum fiziği de dahil, evrende var olanlar ve tecrübe ettiğimiz her şey, bizlerin bilinci tarafından yaratılmakta ve şekillenmektedir. Gerçeği anlamanın anahtarı da bilinçtir".[218]

---

216 Biyomerkezcilik üzerine verdiği konferans konusunda şuraya bakılabilir; https://www.youtube.com/watch?v=zI_F4nOKDSM
217 World Thinkers: 2015 Robert Lanza, Prospect, 16.02.2015.
218 Shawn Radcliffe, Robert Lanza: Consciousness Is the Key to Understanding Reality, Sience&*Nonduality*, 17.09.2015.

"Kuantum düşünce tekniği", işte bu gerçeğin fark edilmesi üzerine doğmuş ve inşa edilmektedir. Çok sayıda farklı evrende, çok sayıda olasılıklar gerçek olarak algılanır. Bu yorumu yasaklayan bir doğa kuralı yoktur. Son senelerde tartışılan iddia, tartışılmayacak kadar saçma da değildir. Kuantum fiziğinin birçok iddiası bazı kişilere saçma gelebilir. Bu çok normaldir. Görünür makro ortamda her şeyin saat gibi işlediği ve rastlantılara yer olmadığını zannettiği bir evren içinde yaşadığına inanan insanoğlunun, mikro kuantum dünyasının gerçekleri ile karşı karşıya gelip kendisini âdeta çok boyutlu, kaotik, istatistiksel ihtimallerin belirlediği bir ortamda bulunca şaşırması normaldir.

Kuantum mekaniğinin temeli, farklı bir gerçeklik görüşüne sahip olmasıdır. Bu görüşte bir nesne yalnızca bir tek geçmişe değil, mümkün olan tüm geçmişlere sahiptir. Zaman, mekân ile var olmuştur ve dolayısıyla mekânın yoğunluğunun değişmesi zamanın da akışını değiştirecektir. Bu durumda büyük bir boşluk içerisinde her an var olan, yok olan ve değişen, başı sonu fazla belirgin olmayan, büyük doğal felaketlere açık (volkan patlaması, zelzeleler, seller, büyük bulaşıcı ve öldürücü hastalıklar vb.) insanın genetik materyallerindeki bozukluklar, belki de hiçbir zaman çözemeyeceğimiz bir kaos düzeni vardır. Fakat canlılar bu kaos ve değişken duruma milyarlarca yıl uyum sağlama becerisini gösterdi. Yaşam hataları kopyalayarak bu kaosa uyum sağladı. Bu kaoslara alıştığımız için evrenin bir parçası olarak kabul edip kaosun, düzensizliğin eksik olmadığı evreni büyük bir düzen olarak algılıyoruz. Düşünülmeyeni düşünmek, somut olmayan soyut sorulara kafa yorup cevap aramak, düşünce dünyamızın boyutlarını genişletip anlayamadıklarımıza çözüm bulmayı kolaylaştıracaktır.

Birçok gelişmenin yanında kimya malzemeleri bilimine ve elektron dünyasının oluşumuna, elektronları tanımak yön vermiştir. Elektron, negatif elektrik yüke sahip atomaltı bir parçacıktır. Bilinen hiçbir bileşeninin olmayışı sebebiyle de evrenin temel yapıtaşı (ya da temel parçacık) olarak kabul edilir. Temel fizik ayrıca, elektronların ölümsüzlüğe yakın uzun bir yaşamları olduğunu söyler.[219] Doğasında belirsizlik olan atomaltı dünyasında demek ki ölümsüzlüğe yakın bir madde, bir enerji de vardır. Belirsizlik, doğanın kendisinde bulunan bir niceliktir. Atomik dünyada mutlak, belirli tek bir seçenek yerine alternatif potansiyeller mevcuttur.

Bu ne demek oluyor acaba? İnsanoğlunun bu dünyada zamanı dolduktan sonra diğer evrenlerde sonsuz şansı mı oluyor? Bilinç ölümle yok olmadığına göre bu ihtimali olabilirlik dairesi içinde düşünülebilmeyi de mümkün kılıyor. Kuantum mekaniği bize bir dünya ve evren görüşü, bir yaşam felsefesi aşılarken sonsuz evrenler teorileri ile de bu evrenlerde sonsuz yaşam ihtimali düşüncelerini önümüze koyuyor. Acaba sonsuz sayıda yaşam şansımız mı olacak? Artık cevapları kuantum fiziğine ve zamana bırakalım.

"20. yüzyılın ilk yarısında evren anlayışımız tamamen değişti. Eski klasik fizik kuramlarının yerini dünyaya bakış açısını değiştiren kuantum mekaniği aldı. "Bu sağduyumuzla (eski bilgilerimizle) birçok açıdan uyumsuzluk içindedir. Kuantum fiziğinin bize saçma geldiği anlar olabilir. Fakat doğanın izlediği yol budur. Biz de bunu izleyip uymak zorundayız."[220]

Kuantum felsefesinde mutlak doğrular yoktur, gözlem ve tecrübelerden elde edilen doğrular vardır. Her olanın kendi öz zamanı kendi öz gerçeği vardır. İnsan çevresinden soyutlanamaz ve çevre ile görünmez bir bağ içindedir. Kuantum kuramında zaman yerine an kavramı vardır. Sürekli zaman kavramı yoktur. Her olay an içinde oluşur ve diğer bir anda farklı olaya dönüşebilir. Sürekli mutlak gerçek yoktur. Bazı kuantum fiziği deneyleri, gerçekliğin aslında herkeste aynı şekilde algıladığını, kanıtlanmış, doğrulanabilir olgular olmadığını, yani nesnellik taşımadığını gösterir. Bu yüzden kuantum fiziği, anlaşılması zor ve değişik yorumlara da açıktır. Herkesin farklı algıladığı tek bir gerçeklik olması durumu da mümkündür. [221]

219 Katherine Kornei, Synopsis: Still Waiting For Electron Decay, *Physics/Physical Review Letters*, 03.12.2015. Bilim insanları en isabetli bir ölçümle elektronlara ortalama bir "yaşam süresi" belirleyebildiler. Şu anda var olan bir evrenin şu anki yaşının yaklaşık 5 kentilyon katı zaman daha varlığını sürdürmeye devam edebileceğini hesapladılar.

220 Robert Gilmore, *Alice in Quantumland*, New York: Springer-Verdag Publ., 1995, s.5.

221 Bernardo Kastrup, Physics is Pointing Inexorably to Mind, *Scientific American*, 25.03.2019.

Einstein'ın 1933 yılında aynı fikirde olmadığı bir bilim insanına yazdığı mektubunda esprili bir şekilde söylediği gibi; "Âşık olmak insanların yaptığı en aptalca şeylerden biri değildir, fakat yer çekimi insanların âşık olmasından sorumlu değildir."[222] Buna paralel olarak, insanların bazı bilimsel hipotezleri saçma bulmalarının nedeni, kuantum teorilerinin/fiziğinin zor anlaşılması değildir. Anlaması oldukça zor da olsa bilim en sonunda bunu başaracaktır. En azından anlamaya çalışmak, dünyaya başka açıdan bakmaya çalışmak insanoğlunu birkaç boyut öteye götürecektir. İnsanın kendisini ve gerçekleri bilmesi insanın var olmasının en temel nedenlerinden biridir.

Scientific American dergisinde 2019 yayımlanan Bernardo Kastrup imzalı bir yazı, fizik dünyasında yeni bir tartışma yarattı. Yazıya göre kuarklar, enerji alanları ya da kuantum gerçekliği bir illüzyon, asıl temel gerçekliğin madde ile ya da fiziksel gerçeklikle hiçbir ilgisi yok, asıl gerçek olan şey bilgi. İlk aşamada bütün bu şeyler, algılanan dünya matematiksel gerçekliğin algılanması için bir aparattan ibaret. Herkesin farklı algıladığı tek bir gerçeklik olması durumunda Bernardo Kastrup'un iddiası doğruluk taşır.

222 Helen Dukas- Banesh Hoffman (edit), *Albert Einstein, the Human Side: New Glimpses from His Archives,* Princeton University Press, 1981, s.56. Falling in love is not at all the most stupid things that people do. But gravitation can not be held responsible for it.

GELECEKTE İNSANLIĞI VE DÜNYAYI BEKLEYEN TEHLİKELER

Bugün imkânsız denilen şeylerin kısa sürede mümkün olabileceği teknolojik çağa girmiş bulunuyoruz. Fakat bu gelişmelerin insanlığı nasıl şekillendireceğinin tam farkında değiliz.

Gelecekte Toplumu Tek Merkezde Kontrol Etmek Daha da Güçlenecek

Yakında, deri altına konulmuş bir çip sahibi değilseniz ne sigorta yaptırabilecek ne banka hesabı açtırabilecek ne de iş bulabileceksiniz. Kimlik, kredi ve sağlık bilgileriniz dahil bütün bilgileriniz bu deri altında taşıdığınız kıldan ince çiplerde bulunacak ve hürriyetinizden vazgeçerek, tek bir merkezden her hareketinizin takip ve kontrol edilmesini istemeseniz de kabul edeceksiniz. Tekno diktatörlüğün esiri olacaksınız.

Gelecekte, Zorunlu Olarak Çip Takılmış, Tek Elden Kontrol Edilen Sürülere Dönüşme

Kişilerin ve grupların davranışlarını, inançlarını, düşünme sistemlerini değiştirmek, bireyi istenilen yöne kanalize etmek maksadıyla psikiyatri, nörobilim, sosyal psikoloji gibi alanlardan yardım alınır. Amerika bu teknikleri 1970'lerden beri ABD ordusunun özel birimlerinde deneyler yaparak kullanmaya çalışmaktadır. Bu konudaki çalışmalar hakkında kısmi bilgiler, Amerikan ordusundan emekli Genereal Lyn Bunchanan tarafından 2003 yılında kitaplaştırılmıştır.[223]

---

223 Lyn Bunchanan, *The Seventh Sense*, New York: Praview Pocket Books, 2003.

Amerikan askerleri bu teknikleri öğrenerek bir nevi "psikolojik casus (*psychic spy*)" olmaktadırlar.[224] Bu askerler, düşünce yönlendirme, beyin okuma, bilinçaltı mesaj verme gibi birçok yöntem kullanarak bireyi zihinsel olarak kontrol altına almayı öğrenip bunları uyguluyorlar. Günümüzde bunlara gerek yok; deri altına veya beynin belli yerlerine takılan çiplerle kontrol edilmek veya düşüncelerin okunması bile mümkün.[225] Zamanı geldiğinde insanlara bu çipler önce masum nedenlere dayandırılarak takılacak. Bunun ilk ayağı sağlık olacak. Çip taktırdığınızda vücudunuzdaki değişimlerin daha iyi kontrol edileceği hükümetler ve Sağlık Bakanlığı tarafından propagandalarla, ikna edici yöntemlerle kabul ettirilecek. Bu durum 2010 yılında Avustralya'da başladı. Halk bunun, toplumu kontrol altına almak konusunda korkunç bir uygulama olduğunu şu anda göremiyor.

2010'da CBS kanalının bir haberinde Avustralya hükümetinin, sağlık sistemi gerekçesiyle vatandaşlarının bedenlerine Positive ID (PSID) mikroçip şirketi tarafından mikroçip implantı uygulanacağı bildirilmişti.[226] Avustralya hükümeti bu çipin insanları "süper insanlar" haline getireceği, insanların bu uygulama için âdeta yalvardıkları yönünde reklam yaparak halkı modern elektronik köleliğe hazırlamaktadır. Sağlık için (özellikle ellerine) takılacak çipin insanları sadece tek bir merkezden kontrol edilebileceğine değil, bilgilerinin Microsoft (*MSFT-Health Vault*) ve Google (*Google Health)* gibi yerlerde başkalarının eline geçme tehlikesi doğuracağına dikkat çekiliyor.[227] Avustralya halkını 2010 yılından itibaren çip taktırmaya özendiren reklamlarda, "Avustralya halkı süper insan mikroçip teknolojisini kucaklıyor," denilerek bedenine mikroçip implant uygulamasını kabul eden insanların, "süper insanlar gibi kapıları ve ışıkları dokunmadan açıp kapatabilecekleri" söylemi öne çıkarılıyor. Uygulamayı kabul edenlerin anahtarlık ve kart taşıma yükünden kurtulacakları, kredi kartı

---

224 Joseph McMoneagle (edit), *Memoirs of a Psychic Spy: The Remarkable Life of U.S. Government Remote Viewer 001,* Charlottesville VS: Humpton Roads Publ. 2006.

225 Gopala K. Anumanchipalli, Josh Chartier & Edward F. Chang Speech synthesis from neural decoding of spoken sentences, *Nature,* Vol. 568, s.493-498, 2019.

226 Jim Edwards, Positive ID's Latest Human Chip Impmant Scare Story: Medical Identity Theft, *CBS News,* 06.04.2010.

227 Jim Edwards, Your Medical Reports: Soon to be Held by Ransom by a Chip- Implant Maker, *CBS News,* 13.10.2013.

şifresine daha fazla ihtiyaç duymayacakları söyleniyor. Uygulanan çipler sadece bir pirinç tanesi boyutunda ve el bölgesine, başparmak ve işaret parmağı arasındaki etli kısma uygulanıyor, kişi gündelik hayatında çipin varlığını asla hissetmiyor. Çip uygulamasının fiyatı 80-140 dolar arası değişebiliyor. Uygulanacak çip teknolojisi sağlık sisteminde kullanılacağı gibi, kişilerin makinelerle, dokunmadan iletişime geçebilmesini de sağlıyor.

İsveç, Ocak 2015'ten itibaren isteğe bağlı olarak bazı şirketlerde çalışanlara çip takmaya başladı. İsveç'te ilk defa birçok dijital şirkete danışmanlık yapan, Coca Cola, IBM, Samsung gibi büyük şirketlerle çalışan Stockholm merkezli Epicentre şirketi[228] 150 çalışanına çip taktı. Şirketinin danışmanlık yaptığı yüzden fazla şirkette çalışan yaklaşık 2 bin kişiye de bu şirket aracılığıyla çip takıldı.[229] Epicentre şirketinin kurucularından olan Patrick Mesterton, 2017 yılında *Washington Post* gazetesine verdiği demeçte şunları demiştir: "Biz bu uygulamayı oldukça enteresan olduğu için yapıyoruz; teknolojiyle biraz oynamak istiyoruz."[230] Esasında bu iş öyle söylendiği gibi basite alınacak bir iş değil. Bütün bu gelişmeler insanlığın yakın gelecekte tamamen çipler yoluyla kontrol altına alınma projelerinin ön denemeleri.

Nakit Paranın Kalkmasının Getireceği Tehlikeler

Dijital para ile ödemenin yayılmasıyla, dijital
yolla kontrol edilmeyle toplumların hürriyetleri yok olacak.

Danimarka, Norveç, İsveç 2016 yılından itibaren nakit para yerine kademeli olarak elektronik ödemelere geçiş yapmıştı.[231] 2013 yılından itibaren İsveç Swedbank ve Nordea Bank'ın birçok şubesi nakit para kabul etmemeye başlamıştı. Bu üç ülkede bazı restoranlar, petrol istasyonları, müzeler, toplu ulaşım araçları da nakit kabul etmiyordu. Bu ülkelerin 2025-2030 yıllarında ta-

---

228 https://epicenterstockholm.com/
229 James Brooks (AP), A Swedish start-up has started implanting microchips into its employees, CNBC, 03.03.2017.
230 Jena McGregor, Some Swedish workers are getting microchips implanted in their hands, *The Washington Post*, 04.04.2017.
231 Nina Lyon, Norway, Sweden and Denmark Say "No" To Cash, Cointelegraph, 25.01.2016.

mamen elektronik-dijital para ödeme sistemine geçecek olmaları aynı zamanda eleştiriliyor. [232]Avrupa Birliği de nakitsiz bir toplum oluşmasını teşvik ediyor.[233] Eğer sistem böyle olursa para devletlerin kontrolü altındayken özel finans şirketlerinin kontrolü altına geçecek. Para aynı zamanda, istedikleri servis ücreti gibi kategoriler altında vergilendirilecek. İnsanların sahip oldukları paraların da bir güvencesi kalmayacak. Elektronik düğmeye basarak dijital ödemeler veya hesap anında dondurulabilecek. Bu, insanların her türlü hürriyetinin finansal şirketlerin kontrolüne geçmesi demektir. Dijital ödemeyle birlikte meydana gelebilecek siber saldırıların doğuracağı tehlikelere karşı bazı Avrupa merkez bankaları yöneticileri uyarmaktadır. [234]

Mart 2019'da hazırlanan yasa tasarısına göre Danimarka'da nakit para kullanma 2030 yılına kadar yasaklanacak. Amaç, sahteciliğin önüne geçmek, finansal kurumların, süpermarketlerin çalışanlarını ve şubelerini azaltarak masraflarını kısmak, daha çok kâr yapmak, vergi kaçırmayı önlemek, teröristlerin finansal kaynaklarının önüne geçmek gibi sunuluyorsa da temelde esas neden farklı. İnsanları daha çok kontrol altına alıp tek merkezden kontrol etmek, hürriyetlerini kısıtlamak.

Artık bankalar kademeli olarak, nakit parayı kabul etmeyerek insanları elektronik paraya geçmeye mecbur edecek. Bunun çok büyük bir oyun olduğunu, toplumlar için büyük tehlikeler getireceğini [235] ve büyük finansal kuruluşların bu oyunun arkasında olduğunu saygın Batılı gazeteler bile dile getirmektedir.[236] *Bitcoin* teknolojisi bunun ön denemelerinden biriydi.

232 Liz Alderman, Sweden's push to get rid off cash has some saying " not so fast", *The New York Times*, 21.11.2018.

233 Report From the Commission to the European Parliament and the Council on restrictions on payments in cash Brussels, 12.6.2018, COM.

234 Laurens Cerulus-Cat Contiguglia, Central bankers warns of cashless society, 16.08.2018.

235 Elaine Ou, The cashless society is a creepy fantasy: Givin up cash is sacrifising Freedeom . Taht is high price to pay for something that wouldn't work, Bloomberg Opinion, 14.10.2016.

236 Brett Scott, *The Heretic's Guide to Global Finance: Hacking the Future of Money*, London: Pluto Press. 2013; Guillaume Lepecq, Cash is critical: Personal and national security would be imperiled by a cashless society, 07.04.2016; Virgina Fidler, Cashless Society-It is Coming, *The Gold Telegraph*, 09.05.2018; Brett Scott, The cashless

Peki, dijital ödemelerde teknik bir arıza olursa siber güvenlik ne ölçüde sağlanabilinir? Mesela, Visa kredi kartlarında 1 Haziran 2018 günü 14.30'da başlayan, teknik bir hatadan kaynaklandığı iddia edilen bir arıza nedeniyle ertesi gün öğleden sonraya kadar (ATM'ler hariç) Avrupa'da ödemeler yapılamadı ve bu durum panik yarattı.[237] Böyle bir şeyin bilerek yapılması mümkünken, bir siber atakla da yapılabilmesi mümkündür. Böyle bir durum nakit ödemenin olmadığı bir ortamda büyük kaos yaratacaktır.

Kısaca, nakit ödeme olmayan yerde bir düğmeye basılarak insanların parasal birikimleri saniyeler içinde ellerinden alınabilecektir. Merkez bankalarıyla ülkelerin para basma hürriyetleri ellerinden alınarak devletler kontrol altına alınabilir, halk kolayca açlığa mahkum edilebilir. Ayrıca her türlü ödeme kontrol altında olup gözlenebildiğinden kimsenin bir mahremiyeti kalmaz.[238] Milli güvenliğin zedelenebileceği böyle bir durumda yaşanacak kaosu kimse hesap edemiyor.

Kredi kartları ile ödeme hızla yaygınlaşıyor. 2016 yılında ABD'de ödemelerin yalnız %11'i para %89'u kredi kartı ve benzerleri ile dijital ödeme yoluyla yapılmıştır.[239] Batı Avrupa'da parayla ödeme %68 (2013 istatistiği).[240] Gelişmiş ülkelerde hızla kağıt veya madeni parayla ödeme azalıyor. Aslında dijital ödeme sistemine geçme yine toplumun alışveriş eğilimlerinin, zevklerinin, kişinin hangi ürünlere ne kadar para harcadığının tamamen kontrol altına alınması demek. Yalnız ABD'de değil Avrupa'nın büyük şehirlerinde de toplu taşıma araçlarında, zincir mağazalı büyük dükkanlarda, restoranlarda, benzin istasyonlarında çoğunlukla kredi kartı ile ödeme yapılıyor. Türkiye'de bile toplu ulaşım

society is a con and big finance is behind it, *The Guardian*, 19.07.2018; Brett Scott, Hang on to your cash. This dash to digitise payments is dangerous, *The Guardian*, 13.09.2017.

237 Visa card network failure-what we know so far, *The Guardian*, 01.06.2018.

238 Guillaume Lepecq, Cash is critical: Personal and national security would be imperiled by a cashless society, 07.04.2016.

239 2016 U.S. Consumer Payment Study, TSYS, s.12. http://www.tsys.com/Assets/TSYS/downloads/rs_2016-us-consumer-payment-study.pdf

240 Deborah Weinswig, Mobile Payments: Supporting Europe's Move to a Cashless Society, Fung Global Retail Technology, 06.07.2016, s.7.

araçlarında çoğunlukla elektronik biletler kullanılıyor. Kredi kartı alamayan toplumun en alt katmanındaki insanlar tamamen toplumdan soyutlanıyorlar. Hükümetler küresel güçlerin zorlamasıyla yavaş yavaş bir alternatif bırakmayarak halkını sadece dijital ödeme sistemine itiyor.

Akıllı cep telefonlarıyla ödeme de hızla yayılıyor. Fung Global Retail Technology şirketinin 2016 yılında yaptırdığı bir araştırmaya göre[241] kağıt ve madeni parasız ödemeye geçmeyi hızlandırmak için 2020 yılında Avrupa'da bütün POS terminalleri cep telefonu ile ödeme kabul edecek. Dijital ödemede alt yapısı ve sistemi gelişmiş ülkelerin başında Finlandiya sonra sırasıyla Singapur, ABD, İngiltere, Hong Kong, Norveç, İsveç, İsviçre geliyor.

Kredi kartlarının küresel soygun düzeninde çok önemli birkaç fonksiyonu daha var. Kredi kartıyla yapılan alışverişlerle bilgiler depolanarak milyarlarca kişinin tüketim eğilimleri ele geçirilmekte ve büyük bir ticari istatistik elde edilmektedir. Bir diğeri ise, küresel güçler, kağıt parayı kademeli olarak ortadan kaldırarak, alışverişi tamamen kredi kartlarına döndürerek çoğu ABD'de olan belli merkezlerden insanları kontrolleri altına almayı planlamaktadırlar. Bütün bu gelişmelerden dolayı nakit parasız bir sistemi büyük tehlike olarak görmeliyiz.[242]

Yoksullar ve ufak iş sahipleri nakit para ile işlerini ihtiyaçlarını döndürürler. Nakit para olmayan bir sistem, yoksulluğu artırıp herkesin bir merkezden kontrol edilmesini kolaylaştırır. Nakit para kullanılması, bireylerin hiçbir merkeze ihtiyaç duymadan istediği gibi mal alıp satmasını ve birikimlerini bir merkeze bağlı olmadan kontrol etmelerine yarar. Yapılan analizlere ve tahminlere göre, dünyada tamamen elektronik/dijital ödemeye 2030 yılında İsveç geçecek ve onu Danimarka takip edecek. [243]

241 Deborah Weinswig, Mobile Payments: Supporting Europe's Move to a Cashless Society, Fung Global Retail Technology, 06.07.2016.

242 Dominic Frisby, Why we should fear cashless World, *The Guardian*, 26.03.2016.

243 Adam Forrest, The rise of cashless city: There is this real dangeour of exclusion, *The Guardian*, 09.01.2017.

Gelecekte nakit ödemesi kalkacak toplumlar, dijital parayı kontrol eden finansal şirketlerin esiri olacaktır. ABD Teksas eyaleti Temsilciler Meclisi Üyesi Ron Paul (1935-) şu uyarıyı yapmıştır: "Nakit ödemesi olmayan bir ülkede toplumun bireysel hürriyeti elinden alınmış demektir."[244] Nakit ödemeden vazgeçmek hürriyetimizden vazgeçmek demektir. Bunun bedeli çok ağır olacaktır. [245]

---

244 Tyler Durden, Ron Paul: A Cashless Society Is Very, Very Dangerous, Zero Hedge, 06.06.2018.

245 Elaine Ou, The cashless society is a creepy fantasy: Givin up cash is sacrifising Freedeom. Taht is high price to pay for something that wouldn't work, Bloomberg-Opinion, 14.10.2016.

GELECEKTE İNSANLIĞI BEKLEYEN TEKNOLOJİK TEHLİKELER

Biz ilk başta aletlerimize şekil veririz,
daha sonra aletlerimiz bize şekil verir.[246]

Kanadalı filozof, medya iletişim kuramcısı
Marshall McLuhan (1911-1980)

Büyük Başarı Olarak Sunulan Geleceğin Muhtemel Büyük Tehlikesi: Yapay Zekâ

Yapay zekâ gelişerek insanlar üzerinde kontrol sağlayacak,
doğayı ve insanlığı yok edecek noktaya gelebilecek.[247]

Prof. Stephen Hawking (1942-2018)

Yapay zekâ (AI)[248] bir bilgisayarın veya bilgisayar kontrolündeki bir robotun çeşitli faaliyetleri canlılara benzer şekilde yerine getirme kabiliyetidir. Yapay zekâ ile ilgili yapılan çalışmalarda insanın doğayı, evreni daha iyi anlaması için genellikle insanın düşünme yöntemleri analiz edilerek, bunların çok daha ileri düzeyde

---

246 John M. Culkin, (1967, March). A schoolman's guide to Marshall McLuhan, *The Saturday Review*, 51-53, 70-72. s.54; Nurdoğan Rigel (Edit), Gül Batuş, Güleda Yücedoğan, Barış Çoban, (2005), *Kadife Karanlık 21. Yüzyıl İletişim Çağını Aydınlatan Kuramcılar*, İstanbul: Su Yayınevi, 2005, s.22.
Buna benzer bir ifadeyi de Winston Churhill'in 1943 de İngiliz Parlamento'sunda kullandığı ifade edilir: 28.10.1943 Hansard, United Kingdom Parliament, Commons, House of Commons Rebuilding, Speaking: The Prime Minister (Mr. Churchill), HC Deb 28, volume 393, cc403-73.
247 Rory Cellan, Stephen Hawking warns artificial intelligence could end mankind, *BBC News*, 02 .12. 2014.
248 İngilizce *artificial intelligence* kavramının kısaltması olan *AI* sözcüğü de bilişimde sıklıkla kullanılır.

olanı geliştirilmeye çalışılmaktır. Kısaca yapay zekâ, herhangi bir canlı organizmadan faydalanılmaksızın, tamamen yapay araçlar ile oluşturulan, insan gibi davranışlar ve hareketler sergileyebilen makinelerin geliştirilmesi teknolojisinin genel adıdır.

Bilim insanları yapay zekâyı ikiye ayırıyor: Birincisi "zayıf yapay zekâ". Uçakların otomatik pilotu, Google arama motoru, Windows işletim sistemi ve video oyunları zayıf yapay zekâ sınıfına giriyor. Diğeri "güçlü yapay zekâ". Bu da her yönüyle insan zekâsına benzeyen ve insan zekâsından ayırt edilemeyecek olan yapay zekâ olarak tanımlanıyor. Bu türde yapay zekâyı, yani düşünen bilgisayarları henüz geliştiremedik. Çünkü bilgisayarların işlem hızı ve kapasitesi insan beyninin kapasitesini aşsa da bilgisayarlar desen tanıma, değişen durumlara uyum sağlama, çağrışımlı düşünme, sembolik dil kullanma, öğrenme ve yaratıcılık gibi alanlarda insan zekâsına yetişemiyor.[249]

Şu anda basit formunda diyebileceğimiz yapay zekâ hayatımızın ayrılmaz bir parçası oldu. Akıllı telefonlar ve onlarla sesli komutların sağlanması (Siri/Alexa), uçakların otomatik pilotu, tren sinyalleri, video oyunları, internet, sosyal medyada ekrana yansıyan reklamlar ile size uygun ürün tavsiyesi, navigasyon-yön bulma, bankacılık, borsa, finans sistemi, gelişmiş dijital güvenlik sistemleri, sürücüsüz giden arabalar, Google, Facebook, Amazon, Linkedin, Netflix, ihtiyacınızı öğrenerek sıcaklıkları ayarlayan akıllı termostat Nest, yüksek dijital teknolojiyle donanmış arabalar, insansız hava araçları Dronlar ve burada sayılması mümkün olmayan birçok kurumun işleyişi yapay zekâya bağlı çalışıyor.[250]

Gerçek yapay zekâ kendi kendine öğrenendir. İleri yapay zekâ ezberci zihniyetle çalışmıyor. Yapay zekâ düşünerek ve akıl yürüterek çalışıyor. Bu yüzden de insanlar gibi yaratıcı olabiliyor, yani özgür bir irade geliştirmeleri mümkün. Bu durum bize gelecekteki tehlikelerin boyutlarını gösteriyor. Bunun yanında güvenlik için konulan bütün şifreler bugün artık insan beyni taklit edilerek onun gibi çalışan kuantum bilgisayarları tarafından

---

249 Kozan Demircan, Yapay Zekânın Şafağı, 15.07.2014.
https://khosann.com/yapay-zekanin-safagi-3-bilgisayarlarin-insan-gibi-dusundu-gunu-nasil-anlariz-turing-testi-ve-ozgur-irade/

250 Anne Sraders, What Is Artificial Intelligence? Examples and News in 2019, The Street, 03.01.2019.

kırılabiliyor. Henüz gelişme aşamasında olan kuantum bilgisayarların modern güvenlik sistemlerine girme ve böylece tüm siber dünyayı tehdit edebilme kapasitesi gelecekte karşılaşılacak diğer büyük tehlike olabilir.

İnsan ve teknoloji iç içe geçiyor. İnsan ve makine arasında hızlı bir bütünleşme söz konusu. Akıllı cep telefonlarımız, bilgisayarlarımız, internet bağlantımız olmadan âdeta yaşamdan kopuk olmaya mahkum olduk. Biz dijital makineleri kontrol ederken onlar da bizi kontrol etmeye başladı. Şu anda insan yüzünü bile tanımlayabilme noktasına gelen yapay zekâ ve makinelerle olan ilişkilerimiz daha ileri safhaya gelecek

İnsan ve makine bütünleşmesi ile süper insanlara dönüştürüleceğimiz çok açık fakat bunun sınırları nasıl çizilecek? İnsan ve makineden oluşan hibrid bir yapıda birer siborga dönüşeceğine kim karar verecek. Diğerleri ne olacak? Dijital dünyada insan davranışları konuşmaları, haberleşmeleri yapay zekâ vasıtasıyla devamlı kayda geçiriyor. Mesela akıllı telefonlarda Siri ile görüşmeniz kaydediliyor. Siri piyasaya çıktığından bu yana ona söylenmiş olduğunuz bütün kayıtları ellerinde bulunduruyorlar. Siri'ye söylenilen her şey kaydediliyor, hiçbiri atılmıyor. Her çeşit girdileri elinde tutup, kişilikleri analiz edip kaydeden bir sistem var. Bu kadar detaylı tutulan verilerin ne kadar insanların yararına, ne kadarı zararına kullanılacak bilinmiyor.

İnsanlığın Kimliksizleştirilip, Pasifize Edilip Arka Plana Atılma Tehlikesi

İnsan vücudunun ve beyninin biyolojik sınırlarını aşmak için süper insan zekâların geliştirilmesi ve *transhuman* oluşturulup ölümsüzlük sunmaya çalışmanın sonuçları ve sınırları ne olacak? Yaratılacak tasarımın kontrolü kimin elinde olacak? Bu konuda net bir cevap yok; tehlikeli mecralara kadar uzanabilecek bu girişimlere ne bir regülasyon getirilmiş ne de sınırları çizilmiştir. Kendi kendine bir üst zekâ geliştirebilecek yapay zekâlı robotların insanları kontrol altına alması nasıl önlenebilinecek?

İnsanın tecrübeleri, bilinci, duygu ve düşünceleri, sevgisi, empatileri ne oranda bir makine verileri algoritmalarına işlenebilir? 16. yüzyıl Fransız filozoflarından Peter Ramus (1515-1572), ilerlemenin ancak geçmişi anlayarak yaşanabileceğini ileri sürüyordu. Geçmişi anlamak da insan bilincinin gelişmesine etki eden diğer önemli bir etkendir. Yapay zekânın geçmişi ne ölçüde anlayıp değerlendireceği büyük soru işaretidir. İletişim araçlarının değişmesi, insanın içinde yaşadığı dünyayı algılamasını farklılaştırırken aynı zamanda kendisine ilişkin düşüncelerini de dönüştürmektedir.

Japon bilim insanı Michio Kaku yapay zekâ konusunda şöyle demektedir: "En sonunda robotların bizden daha zeki olacakları o kaçınılmaz gün geldiğinde, dünya üzerindeki en zeki varlık artık biz olmayacağınız gibi, bizim kendi yarattıklarımız, kendilerinden çok daha zeki kendi kopyalarını yapabilirler. Bu kendi kendini kopyalayan robotlar ordusu, böylece bitmek tükenmek bilmeyen bir şekilde yeni nesil robotlar yaratacak, bunların her biri bir öncekinden daha zeki olacak. Robotlar kuramsal olarak daha zeki robot kuşakları üretebileceklerinden, bu süreç en nihayetinde üstel olarak patlayacak, bu durum, onlar gezegenin kaynaklarını silip süpürmeye başlayana dek devam edecek. Bütün bunlar robotların doymak bilmez çok daha zeki olma arayışlarının sonucu olacak."[251]

Oxford ve ABD Indiana Üniversitesi mezunu Avustralyalı matematikçi, filozof ve davranış bilimci David Chalmers (1966-), insanlığın güvenliği için, yapay zekâ sisteminin ne gibi gelişme göstereceği tam olarak test edilmeden, gerçek yaşamın kopya edilmemesi gerektiğini belirtiyor. Yapay zekâ gittikçe kendinden daha zeki makineler geliştirdiğinde sonucun insanlık için bir felaket olacağına dikkat çekiyor. [252]

İnsan bilinci hâlâ tam olarak tarif edilemeyen bir olgu. Bilinci düşünce dünyamızdan, duygularımızdan, çevremizden kazandığımız bilgilerin bize kazandırdığı bireysel farkındalık olarak tanımlayabiliriz. Fakat bilincimiz de devamlı değişim içindedir. Tecrübelerden elde edilen bilinç, insanın kişiliğini belirlemede, doğru-yanlış kararlar vermede önemli rol oynar. Prof. David Chalmers'e göre yapay zekânın insan bilincini geliştirmesi için insanın

---

251 Michio Kaku, *Geleceğin Fiziği*, Yasemin Saraç, Oymak Hüseyin Oymak, Ankara: ODTÜ Yay., 2016, s.132.

252 David J. Chalmers, *The Singularity: A Philosophical Analysis Journal of Consciousness Studies*, 17, 7-65, 2010, s.37.

geçtiği deney ve evrelerden geçmesi gerekir fakat yapay zekânın duygusal düşünce ve zekâyı da içeren insan bilinci gibi bir bilinç geliştirmesi mümkün görünmüyor. [253] Bunun yanında David Chalmers, yapay zekâ ile bilinçten yoksun bir dünya yaratmanın tehlikelerine de dikkat çekiyor. Chalmers, gelecekteki süper zekâ formları üzerine yapılan tartışmaların, sıklıkla yapay zekânın bir noktada bilinç kazanacağı varsayılarak yapıldığını dile getiriyor. Chalmers, öngörüsünü şu şekilde açıklıyor: "Gelecekte büyük bir yıkım yaşama olasılığını yükselten şey, yapay genel zekâyı tamamen bilinçten yoksun bir insan veya süper insan seviyesinde yaratmamız ve tüm dünyanın bu yapay genel zekâ formu tarafından idare edilmesidir. Bu dünya, üstün bir bilgi ve zekâ potansiyeline sahip olabilir, ama bilinçten ve öznel deneyimden yoksun bir dünya olur. Bu nedenle bilinçten yoksun bir dünya, olumlu bir sonuç olamaz. Belki çok olumsuz bir sonuca da sebep olmaz, belki de hiç sonuç bile alınmaz ve bu, alınacak en kötü sonuçlardan birisi olur."[254]

Elon Musk bu konuda şöyle diyor: "Yapay zekâ beni korkutuyor. Yapay zekânın kontrolden çıkıp insanlığı hedef alması mümkün. Bunun için bizim bir an evvel Mars gezegeninde yerleşmeye başlamamız lazım.[255] Bu teknolojiler konusunda çok dikkatli olmalıyız. Yapay zekâ teknolojisiyle şeytanı davet ediyoruz. İnsanlık için büyük tehlike arz ediyor."[256]

Yapay Zekâlı Katil Robotlar

İngiltere Sheffield Üniversitesi'nden robot bilimi ve yapay zekâ profesörü İrlandalı Noel Sharkey (1948-) savaşlarda ve diğer güvenlik işlerinde kullanılacak yapay zekâlı savaşçı robotların yapım aşamasına gelindiğini, robotların kontrollü kullanılması

253 David J.Chalmers, (1995). The Puzzle of Conscious Experience Scientific American, 273 (6), 80-86.

254 David J. Chalmers, *The Conscious Mind. In Search of a Fundamental Theory*, Oxford University Press, 1997.
David J. Chalmers, The Singularity: A Philosophical Analysis Journal of Consciousness Studies, 17, 7-65. 2010.

255 Maureen Dowd, Ellon Musk's billion-dollar crusade to stop the A.I apocalypse, *Vanity Fair*, Nisan 2017.

256 Alyson Shontell, A Comment About Artificial Intelligence Left Elon Musk Frozen On Stage, Business Insider, 2014, Betty Liu, Tesla's Elon Musk: we're 'summoning the demon' with A.I, *The Telegraph*, 28.10.2014.

konusunda Birleşmiş Milletler tarafından alınmış önleyici ve denetleyici kararların olmadığını, bunların toplum için büyük tehlike arz edeceğine dikkat çekerek ülkelerin bu konuda bir şeyler yapmasını söylemiş, katil robotları durdurun kampanyası başlatmıştır. 1997 Nobel Barış Ödülü sahibi Jody Williams (1950-) gibi birçok tanınmış kişi de bu harekete destek vermiştir. [257] Artık bu tehlikeye dikkat çeken birçok yayın da yapılmaktadır.[258]

Avustralya'daki Yeni Güney Galler Üniversitesi'nde yapay zekâ profesörü olan Toby Walsh, Nisan 2018'de yapay zekâlı savaşçı robotlar hakkında şunları söylemiştir: "Bu robotlar, teröristlerin ve haydut devletlerin sivillere karşı kullandıkları 'terör silahları' haline gelecekler. İnsan-askerlerden farklı biçimde, ne denli kötü olursa olsun her türlü emri yerine getirecekler. Bunlar kitle imha silahları olacak. Tek bir programcı ve bir üç boyutlu yazıcı, daha önce bir insan ordusunun yaptıklarını yapabilir. Savaşların hızını ve süresini değiştirerek onu sanayileştirecekler. Gece-gündüz durmaksızın öldürmeye elverişli olacaklar ve insanların kendilerini savunmasına fırsat vermeden hızla öldürecekler."

Katil robotlar olarak da bilinen bu yapay zekâ destekli destroyerler, tanklar, uçaklar ve silahlar, herhangi bir insan müdahalesine ihtiyaç duymadan, geleceğin savaşlarında yer alabilirler. International Data Corporation (Uluslararası Veri Birliği) tarafından yürütülen araştırmalar, robotlaşma konusundaki küresel harcamaların 2016 yılında 91,5 milyar dolardan 2020'de 188 milyar

257 Joe Pinkstone, Killer robots that are incapable of telling the difference between innocent civilians and enemies could be on battlefields within a year, Mail Online, 11.04.2018.

258 Amanda Sharkey, Autonomous weapons systems, killer robots and human dignity, *Ethics and Information Technology,* Aralık 2018, s.1-13.
Amoroso, D., Sauer, F., Sharkey, N., Suchman, L., & Tamburrini, G. (2018). Autonomy in weapon systems: The military application of artificial intelligence as a litmus test for Germany's new foreign and security policy. In Heinrich Böll Stiftung publication series on democracy (Vol. 49).
Amoroso, D., & Tamburrini, G., The ethical and legal case against autonomy in weapons systems. *Global Jurist.* https://doi.org/10.1515/gj-2017-0012
Goose, S., (The growing international movement against killer robots). Harvard International Review, 17.05.2018; Asaro, P. (2012). On banning autonomous lethal systems: Human rights, automation and the dehumanizing of lethal decision-making, special issue on new technologies and warfare. *International Review of the Red Cross,* 94 (886), 2012, s.687-709.

dolara yükseleceğini ve tam otonomiyi gerçekleştirmeye oldukça yakın olduğumuzu ortaya koyuyor.[259]

Stephen Hawking'in de yapay zekânın gelişerek insanlar üzerinde kontrol sağlayacağı, doğayı ve insanlığı yok edecek noktaya gelebileceği konusundaki uyarısı[260]yapay zekâ konusunda yakın gelecekteki tehlikenin kavranması açısından dikkate alınması gereken önemli bir uyarıdır.

Ayrımcı, Irkçı Yapay Zekâ Oluşumu ve Bunun Sosyal Yapıyı Bozma Tehlikesi

Yapay zekânın diğer bir tehlikesi de kullanımının ne kadarının halka yayılacağıdır. Yapay zekânın kontrolünü elinde tutanlar bunu insanlara hükmetmek, istedikleri grupları dışlamak, onları kontrol altına almak için de kullanacaktır. Biyomühendislik ve yapay zekâ alanında ilerleme süreçlerinin bir araya gelmesi sonucu insanlık, küçük bir insanüstü sınıf ile işlevsiz üyelerden oluşan bir alt sınıf şeklinde ikiye ayrılabilir. İşlevsiz kalmak çok tehlikeli sonuçlar doğurabilir. Böyle bir durumda kitlelerin geleceği, az sayıda seçkinin insafına kalır.[261]

Yapay zekâ üzerine yapılan bir araştırma, robotların veya yapay zekâ kullanan cihazların seksist ve ayrımcı olmayı kendi kendilerine öğrenebildiğini ortaya koydu. Nisan 2017'de *Science* dergisinde yayımlanan araştırmada[262] yazılan dili otomatik olarak algılayan ve kendi kendine öğrenerek çeviri yapan yazılımlar incelendi. Erkek isimlerinin daha çok kariyerle alakalı terimlerle, kadın isimlerinin ise daha çok aileyle ilgili kavramlarla bağdaştırıldığı ortaya çıktı. Araştırmada Google Translate uygulamasında karşımıza çıkan Türkçe bir içeriğe de yer verildi. Google Translate'e, "O bir doktor" yazıldığında İngilizceye "He is a doctor" olarak çevrildiği, yani Türkçe cümlede herhangi bir cinsiyet

---

259 Mattha Busby, Killer robots: pressure builds for ban as governments meet, *The Guardian*, 09.04.2018.

260 Rory Cellan, Stephen Hawking warns artificial intelligence could end mankind, *BBC News*, 02.12.2014.

261 Yuval Noah Harari, *21. Yüzyıl İçin 21 Ders*, Çeviri: Selin Siral, İstanbul: Kolektif Yay., 2018, s. 83.
Yuval Noah Harari, *21 lessons fo the 21 Century*, London: Jonathan Cape Publ. 2018.

262 Aylin Çalışkan, Joanna J. Brayson, Arvind Narayanan, Semantics derived automatically from language corpora contain human-like biases, *Science*, 14.04. 2017: Vol. 356, sayı. 6334, s. 183-186.

açıklaması yer almadığı halde erkek olarak kabul ettiği belirlendi. Ayrıca Avrupalı ve Amerikalı isimlerin daha olumlu kavramlarla, buna karşılık örneğin Afro-Amerikan isimlerin daha olumsuz kavramlarla bağ oluşturduğu gözlemlendi. Araştırmacılar insanı taklit eden yapay zekâ yazılımlarının bu tür bir handikabı olduğunu ve yapay zekâya sağlanan fonksiyonların artmasıyla birlikte bu durumun daha ciddi sonuçlar doğurabileceğine dikkat çekiyor.

Yapay zekâyı gözü kapalı savunanların bunu, insan yeteneklerini arttırabilecek bir teknoloji olarak göstermeleri doğrudur. Bu görüş bugün çok açık olarak ispat edilmiştir. Yapay zekâlı makinelerin şu anda bile geldiği nokta çok etkilidir ve yakın gelecekteki gelişme hızı ise düşüncelerin de ötesindedir. Fakat makinelerin olumsuz yanlarını göz önüne almadan bunları hayatın ayrılmaz bir parçası yapmak ileride çok daha tehlikeli bir konuma gelecektir. Bu kadar güçlü, etkin fakat hatalara da açık ve kusurlu olmaya eğilimli bir teknolojiye güvenerek dünyayı bizim kontrolümüzden çıkartıp bu zekâya mahkum etmemizin, kendimizi onlara mahkum etmemiz anlamına geldiğini bir an evvel görmek zorundayız. Ayrıca bu durumun demokratik süreçleri ve toplumsal oluşumu da olumsuz etkileyeceğini görmek gerekiyor. Konunun bazı uzmanları yapay zekânın getireceği olumsuzlukları artık dile getirmeye başladılar. ABD'de 2018 yılında 979 uzman arasında yapılan kamuoyu araştırmasında birçoğu yapay zekânın büyüme potansiyelini hoş karşılamakta, diğerleri de artan teknoloji bağımlılığımızın düşünme, bağımsız harekete geçme veya başkalarıyla etkili bir şekilde iletişim kurma kapasitemizi kötü etkileyeceğinden endişe duyduklarını belirtmişlerdir. [263]

Otomasyona geçişin hızlanmasıyla milyonlarca kişinin işini kaybedeceği, sosyal ve ekonomik problemlerin hesaplarını henüz kimse yapmamaktadır. Bu kadar insan çalışma hayatından çekileceği gibi tüketimlerini de minimuma indireceklerdir. Yapay zekâlı robotlar alışveriş yapmaz, tüketime katkıda bulunmaz, peki onların ürettiklerini kim alacak? Duyguları, bilinçleri olmayan, algoritma verileri ile çalışan makinelerin insanlar yerine sağlıklı düşünmesi ne ölçüde gerçekleşebilir? Duygularımızın, sinir sistemimizin,

263 Janna Anderson, Lee Rainnie, Artificial Intelligence and the Future of Humans, Pew Research Centre 10.12.2018.
John Noughton, If tech experts wory about artificial intelligence, shouldn't you?, The Guardian, 16.12.2018.

beynimizin bu makinelere nasıl adapte olacağı, ortaya çıkabilecek olumsuz sonuçlar hiç göz önünde bulundurulmuyor. Teknolojik gelişme insanın kendini yok edeceği yere kadar denetimsiz bir şekilde giderse bu durum insanı insan olmaktan çıkaracaktır.

Ray Kurzweil ve ilaçları

Yapay zekâya insanı insan yapan en önemli değer olan bir vicdan verebilir misiniz? Vicdan insanda doğal olarak gelişmiş en insani duygu ve en adil hukuktur. Vicdan, hukuk kuralları oluşturulmadan önce de vardı. İnsanlık yakın gelecekte makinelerin olmayan vicdanına mı mahkum olacak?

Gelecek Tahminleri Konusunda En Etkin Kişi Ray Kurzweil'in Psikolojisi

*Google'ın kurucularından ve PayPal'in yaratıcılarından Peter Thiel, Google'ın yöneticilerinden fütürist dahi Ray Kurzweil **ve** birçok zengin sonsuza kadar yaşamanın planlarını yapıyorlar.* [264]

---

264 Dara Horn, The Man who want tol ive forever, *The New York Times*, 01.08.2016. Henry Blodget, Guess how much Google futurist Ray Kurzweil spends on food that will make him live forever?! Business Insider, 13.04.2015; Ted Friend, Silicon Valley's quest to live forever, *The New Yorker*, 27.03.2017.

Sonsuza Kadar Yaşamak İsteyen
Gözü Kararmış Yapay Zekâ Dâhisi

Öncelikle gelecek hakkında tahminler yapanların en başında gelen 1948 doğumlu Ray Kurzweil'in bir karakter tahlilini yapmak gerekiyor. Kurzweil ölümsüzlüğü arıyor ve hiç ölmemenin hayalini kurup projelerini yapıyor. Kurzweil ölmemenin doğanın yapısına aykırı olduğu, her canlının öleceği bir alemde sonsuza kadar yaşamak istiyor. Kendini umutsuz bir hayale kaptırmış. Zeki ve başarılı bir adam fakat hırsları bazı gerçekleri görmesini önlüyor. Ölümsüz ya da çok uzun bir yaşamın, bir ölçüde mümkün olsa bile, insanlığa getireceği korkunç sonuçları hiç hesap etmiyor. Zaten gelecek konusunda yaptığı birçok tahminin de %14-15'i doğru çıkmıyor.[265]

Kurzweil ölümsüzlük hayalini gerçekleştirmek, teknik olarak bunun mümkün olacağını düşündüğü 2045 yılına kadar yaşamak için uyguladığı özel diyet programı uyguluyor. Bunun yanında kalp sağlığı için ayrı, göz sağlığı için ayrı, beyin sağlığı için ayrı ve cinsel yönden güçlü kalmasını sağlayacak onlarca ayrı hap kullanıyor. Kurzweil günde 100 taneden fazla hap şeklinde vitamin ve gıda takviyeleri alıyor. Kendisine çeşitli iğneler yaptırıyor, yüz kremleri yanında hücrelerde enerji üretmeye yardımcı olan ve hücrelerin mitokondrilerinde saklanan bir bileşik olan koenzim Q10 (*coenzymne*) alıyor. Beyin sağlığı ve genel sağlık için kullanılan, doğal olarak soya lesitinin içinde bulunan *phosphatidycholine (fosfatidikloin)* ve vücudun her hücresinde, dokusunda kullanılan bir antioksidan olan glutatyona varana kadar birçok gıda takviyesi kullanıyor.[266] Böylece 100 yaşına kadar yaşayacağına, sonra bilgisayara bağlanarak ölümsüzlüğü yakalayacağına inanıyor.

Yaşlanma sürecini ve sorunlarını psikoloji, psikiyatri, biyoloji, sosyoloji ve tıp gibi birçok bilim dalıyla iletişim içinde inceleyerek yaşlanmayı önlemeye, yaşamı uzatmaya çalışan kişiye "biyomedikal gerentolojist" deniyor. Cambridge Üniversitesi'nde bilgisayar mühendisliği yapıp biyoloji konusunda doktora yaparak kariyerine başlayan Dr. Aubrey Grey (1963-) bu kişilerden

---

265 Dominic Basulto, Why Ray Kurzweil's predictions arer right 86% of the time, Big Think, 13.12.2012.

266 Carole Cadwaller, Are the robots about the rise? *The Guardian*, 22.02.2014.
Brady Hartman, Google Futurist Ray Kurzweil Hacks His Body With These, Longevity Facts, 12.08.2017

biri. Konuyla ilgili kitaplarından biri, *Yaşlanmayı Durdurma/Yaşlanmaya Son Verme*'dir.[267] Aubrey de Grey dış görünüş olarak uzun saç ve sakallarıyla 19. yüzyıl sonu 20. yüzyıl başı Rusya'sında saygı ve korkuyla bakılan papaz Rasputin'e (1869-1916) benziyor. Doku yenileme ve ilaçları üzerine çalışıyor. Çoğu bilim insanı tarafından kendisine şüpheyle bakılıyor. Grey ayrıca Ray Kurzweil'in akıl hocalarından. [268]

Microsoft kurucusu Bill Gates'in, geleceği en iyi tahmin eden adam dediği Ray Kurzweil'e göre, 2020 yılında birçok hastalık kaybolacak çünkü nano robotlar halihazırdaki medikal teknolojiden çok daha etkili olacak (bu tahminin bu tarihte gerçekleşmeyeceği çok açık). 2030'da sanal gerçeklik %100 gerçeklik hissini verebilir düzeye gelebilecek. 2040'larda yapay zekâ insan zekâsından 1 milyar kat daha gelişmiş olacak. 2045 yılında beynimize sentetik bir beyinle kablosuz ağ bağlayarak zekâmızı milyarlarca kat arttıracağız.[269] Bu tahminleri yapıp kendisini ölümsüzlüğe hazırlayan Kurzweil genç görünmek için saçlarını boyuyor fakat dışarıdan baktığınızda öyle sağlıklı da görünmüyor. Biyolojik bedeninin yaşlanmasını durdurmak, beynini bilgisayara bağlayarak tamamen yeni ve yaşlanmayan bedene transfer olmak hayaliyle yaşıyor. Kurzweil'e göre bu şekilde insanların modifiye edilmiş bedenleri, bir kaza sonucu tamamen yok olsa bile internet ortamındaki benlik yepyeni bir bedene yüklenerek yeniden var olmaya devam edecek. Yani insan ölümsüzleşecek. Kurzweil Tanrı'ya oynuyor, "Tanrı var mı?" sorusuna "Henüz yok," cevabını veriyor.[270]

Kurzweil, belki bilgisayar, yapay zekâ konusunda başarılı, hatta beslenme rejimi, sağlık, ölümsüzlük üzerine üç kitabı var, fakat

---

267 Aubrey de Grey-Michael Rae, *Ending Aging: The Rejuvenation Breakthroughs That Could Reverse Human Aging in Our Lifetime*, New York: St. Martin's Griffin Publ. 2008.

268 Mercenary Trader, What if de Grey and Kurzweil are half right?, *Business Insider*, 09.05.2014.

269 Dr. Peter Diamandis, Ray Kurzweil's Mind-Boggling Predictions fort he Next 25 Years, Singularity Hub, 26.01.2015; By the 2020s, most diseases will go away as nanobots become smarter than current medical technology; By the 2030s, virtual reality will begin to feel 100% real; By the 2040s, non-biological intelligence will be a billion times more capable than biological intelligence; By 2045, we will multiply our intelligence a billionfold by linking wirelessly from our neocortex to a synthetic neocortex in the cloud.

270 John Rennie, The Immortal Ambitions of Ray Kurzweil: A Review of Transcendent Man; *Scientific American*; 15. 02.2011.

insanın temel biyolojik yapısı hakkında fazla şey bilmiyor. Canlılarda doku kaybından sonra ortadan kalkan bir hücrenin yerini, aynı cins hücrelerle doldurma, yenileme işlemine "rejenerasyon" denir. İnsanlarda da tıpkı diğer canlılarda olduğu gibi rejenerasyon olur, ancak her dokuda rejenerasyon olamaz. Deri, mukoza, damarlar ve kemik iliği iyi rejenere olurken, gençlik evresinden çıkınca kas, akciğer ve beyin hücrelerinde rejenerasyon yeteneği olmaz. (İnsanda güçlü kas kütlesi olması sağlıklı ve uzun yaşamın nedenlerinden biri. Bunun için de vücudun bütün kas kütlesini çalıştıran hafif sporlar yapmalısınız.) Her ne kadar damarlar rejenarasyon olsa bile bir süre sonra aşınır, fonksiyonlarını kaybetmeye başlar ve hiçbir hastalığınız olmasa bile damar sertliğinden kaynaklanan hastalıklardan ölürsünüz.

Kromozomların uçlarında bulunan telomer yapıları sayesinde de ömür uzatılabilir. Telomerler, kromozomların sonundaki nükleik asitin (DNA)[271] yapıtaşı olan, organik molekül nükleotid dizilerden oluşan yapılardır. DNA'nın bir bölümüdür. Telomerler çoğalmak için her hücre bölünmesi sonrası aşınır ve kısalır. İnsan hücresinin önemli bir parçası olan telomerlerin boyu, uzun yaşam ve insan sağlığı için çok önemlidir.[272] Telomerlerin boyu kısaldıkça insan yaşlanır ve ölüme doğru gider. Telomerin boyunun kısalmasını önlemeye/geciktirmeye çalışan projeler var fakat henüz belli aşamaya gelemediler.[273]

Klinik çalışmalar hap şekline girmiş vitaminlerin, besin takviyelerinin bir faydası olmadığını gösteriyor.[274] Teknoloji ne kadar

271 Nükleik asitler insan, hayvan, bitki, mikroorganizma ve virüs gibi bütün canlılarda bulunan ve kalıtsal özelliklerin nesilden nesile taşınmasını sağlayan, hücreler tarafından sentezlenen büyük organik bileşiklerdir. Görevleri genel olarak kalıtsal bilgiyi taşımak, aktarmak ve hücreyi yönetmektir. Nükleik asitler organizmanın bütün genetik bilgilerini depolar ve yeni nesillere aktarır. Ayrıca hücrenin üremesi, protein, enzim ve hormon sentezi gibi birçok temel hayati olayları da yönetirler.

272 Masood A. Shammas, Telomeres, lifestyle, cancer, and aging, Curr Opin Clin Nutr Metab Care. 2011 Jan; 14(1): 28-34.

273 Gorenjak V, Akbar S, Stathopoulou MG, Visvikis-Siest S.The future of telomere length in personalized medicine. Front Biosci, 01.03.2018, 23:1628-1654.

274 Fan Chen, MS, MPH; Mengxi Du, MS, MPH; Jeffrey B. Blumberg, PhD; Kenneth Kwan Ho Chui, PhD, Association Among Dietary Supplement Use, Nutrient Intake, and Mortality Among U.S. Adults: A Cohort Study, Annals of International Medicine, 09.04.2019.

gelişirse gelişsin biyolojik yapınızın dejenerasyonunu önlemek mümkün değil. Onların yerini alacak suni materyallerin biyolojik bedeninize nasıl bir uyum sağlayacağı belli değil. Sağlasa bile artık insan, bildiğimiz insanlıktan çıkıp makineye bağlı bir yaşayan ölü olur. Böyle bir yaşama razı kişi normal değildir ve dünya için tehlikelidir.

Kurzweil yapay zekânın getireceği her türlü olumsuzluğa kulağını tıkamış, yalnız olumlu yönlerini görmeye çalışan biri. Kurzweil'e göre 2045 yılına gelindiğinde insan eliyle geliştirilmiş bilgisayar ve yapay zekâ ürünleri ilk defa insan zekâsını geride bırakarak yeni bir benlik seviyesine ulaşacak. Ancak Stephen Hawking (1942-2018) başta olmak üzere yaklaşık iki yüzden fazla bilim insanı yapay zekâ ve tekillik düşüncesinin, insanlığın sonu olacağını savunuyor.[275] Onlara göre gelişen teknolojiler sadece insanların işlerini ellerinden alıp robotlara devrederek dünya üzerinde amaçsız milyarlarca insan orduları yaratmakla kalmayacak, insanlık tarihinin en karanlık dönemini de başlatacak.

Ray Kurzweil sekiz yaşından beri bilimkurgu romanları okuyarak yetişmiş bir mucit, girişimci, mühendis, yapay zekâ ve beyin bilimi araştırmacısıdır. 2012 yılında Google Mühendislik Departmanı'nın başına getirilmiştir.[276] Maalesef Google dünyayı ve insanlığı teknoloji ile kontrol etmek amacında olan böyle insanların yönetiminde.

Google 2013 yılından itibaren Amerikan ordusuna robot üretimi yapan Boston Dynamics olmak üzere birçok firmayı satın

---

Conclusion:Use of dietary supplements is not associated with mortality benefits among U.S. adults.

David J.A.Jenkin, J. DavidSpence,Edward L.Giovannucci... Supplemental Vitamins and Minerals for CVD Prevention and Treatment, *Journal of the American College of Cardiology*, Vol. 71, Issue 22, 05.06.2018, s.2570-2584. Conclusion:Conclusive evidence for the benefit of any supplement across all dietary backgrounds (including deficiency and sufficiency) was not demonstrated; therefore, any benefits seen must be balanced against possible risks. The review also found some supplements can be harmful.

275 Paul G. Allen, The Singularity Isn't Near, *Technology Review*, 12.10.2011.
John Rennie, Ray Kurzweil's Slippery Futurism, *IEEE Spectrum*, 29.11.2010.

276 Kurzweil bir yandan ölümsüzlüğü beklerken diğer taraftan da Google'ın yöneticisidir. Para işini de iyi bilmektedir. En büyük finansal sahtekarlıkların yapılmasına müsait olan, 2006 yılında faaliyete geçirdiği bir Hedge Fon (*İnvestment Software*) şirketinin de sahibidir.

almaya başladı.[277] Google gibi bir internet arama motoru, yazılım ve yapay zekâ donanım devi neden Pentagon'un finanse ettiği İleri Savunma Araştırmaları Projesi (DARPA), bir makineden beklenmeyecek kadar çevik olan, karda ve buzda yürüyebilen robotlar ile ilgilenir? Bütçesi birçok ülkeden fazla olan Google, şu anda robotlardan ordular yapma kapasitesine ve gücüne erişmiş durumdadır.[278]

Geleceğin Diğer Büyük Tehlikesi: Tekillik (*Singularity*)

Teklik, insanın geçirdiği tecrübeleri, bilgi birikimini kullanarak düşünme, karar verme mekanizmasını bir üst yapay zekâya devretmesi, onun tarafından yönlendirilmeyi kabul etmesidir. İnsan-makine karışımı "transhuman çağı" makinenin hızını ve zekâsını insan zihnine entegre etmeyi, tekilliği oluşturacak fakat insanı insanlıktan çıkartacaktır.

"Sibernetik", organizma teriminin kısaltılmasıdır. İlk defa ABD'li bilim insanları Manfred Clynes ve Nathan S. Kline tarafından, uzayda kendi kendini düzenleyen insan-makine sistemlerinin avantajlarını anlattıkları, 1960 yılında yayımlanan "Siborg ve Uzay" adlı makalesinde kullanılmıştır.[279]

"Singularity akımının" öncüsü Ray Kurzweil'in yıllardan beri en fazla kullandığı ifade, "eksponensiyel (üssel/geometrik) büyüme"dir. Singularity'nin sembolü, bir yönüyle markasına dönüşen bir geometrik fonksiyon eğrisi de mevcut. Bu kavram, bilgi teknolojilerinin üssel gelişiminin bir "akıl patlamasına" varacağı öngörüsü ile ilgili. Bu "akıl patlaması" sonucu ortaya çıkacak "süper yapay zekâ" ile ilgili de sonsuz refah senaryolarına kadar uzanan pek çok farklı görüşü var.

ABD'li mucit Raymond Kurzweil (1948 -) insanın biyolojik zekâsı ile yapay zekâ arasındaki giderek yakınlaşan ilişkinin kaçınılmaz olacağını 1990'larda öne sürmüştü.[280] Yine 1990'larda

---

277 Danielle Muoio, The 6 craziest robots Google has acquired, *Business Insider,* 09.04.2016.

278 Diğer birçok robot firmasını daha alınca muhtemelen bütün bilgileri kopyaladıktan sonra Boston Dynamics'i 2017'de sattı.

279 Manfred E. Clynes-Nathan S. Kline, "Cyborgs and Space", *Astronautics,* Eylül, 1960.

280 Ray Kurzweil, *The Age of Spiritual Machines: When Computers Exceed Human Intelligence,* NewYork: Viking, 1999.

Avustralyalı yapay zekâ uzmanı Hans Moravec (1948-) de aynı kanıdaydı.[281]

Kurzweil genel olarak yapay zekâ yaratmanın yolunun, insan beynini ve çalışma sistematiğini iyi anlamaktan geçtiğini söyler. Teknolojinin ivmelenme kanunu (the law of accelerating returns) ile (bu teori ona ait) teknolojideki gelişmelerin hızlanacağını, bunun da yapay zekâ çalışmalarında çığır açacağını iddia eder. Şu an bilimin, beyni anlama noktasında ne durumda olduğunu, daha önce yapılan yanlışları, bugün hâlâ sıkıntılı olan tahminleri (kuantum hesaplama v.s.) açıklamaya çalışıyor.[282]

İnsan beyninin evrimi, beynin hacminin büyümesi ve özellikle neoretks alanlarının artışıyla ilintilidir. Neokorteks[283] beynin düşünce merkezidir. Görme, işitme, konuşma, yaratma, düşünme gibi üst düzey zihinsel fonksiyonları yönetir. Duyular aracılığıyla algıladıklarımızı bir araya getirip "anlam" ürettiğimiz merkezdir. (Hâlâ beyin fonksiyonları konusunda çok az şey biliyoruz.)

1979 Eylül'ünde, Scientific American dergisinin dosya konusu beyindi. Dergide nörondan, beynin gelişiminden, hastalığından, görme yetisinden ve beyinle ilgili merak edilen birçok şeyden bahsediliyordu. Dosyada, 1953'te James D. Watson ve Maurice Wilkins ile beraber DNA molekülünün yapısını keşfederek 1962 Nobel Fizyoloji/Tıp Ödülü'nü paylaşan İngiliz moleküler biyolog, fizikçi ve nörobilimci Francis Crick (1916-2004) makalesinde, beyin konusunun nasıl ele alacağının bilinmediğini, beyin hakkında söylenenlere fazla kulak asılmaması gerektiğini söyler.[284] Bunun haricinde İngiliz matematikçi, bilgisayar bilimcisi ve kriptolog, bilgisayar biliminin kurucusu, yapay zekânın babası olarak gösteri-

281 Hans Moravec, Robot: Mere Machine to Transcendent Mind, New York: Oxford Univ. Publ. 1999.
282 Ray Kurzweil, Bir Zihin Yaratmak, Çeviri: Dilara Gostolüpçe, İstanbul: Bilgi Üniv. Yay., 2015. Ray Kurzweil, How to Create a Mind: The Secret of Human Thought Revealed, Viking-Penguin Publ. 2012.
283 İnsan beyni yaklaşık 85 milyar nöron adı verilen hücreden meydana geliyor. Beyin iki yarı küresi (korteks) ve iki korteksi birbirinden ayrı olan bir organ. Bu korteksler fiziki olarak farklı oldukları gibi fonksiyonları da farklı. Bir bilgisayar ile karşılaştırırsak, beynin sağ korteksi bir paralel işlemci gibi çalışıyor. Sol korteks ise bir seri işlemciye benzer şekilde çalışıyor. Bu iki korteks yaklaşık 300 milyon sinir lifinden (akson) oluşan bir bağlantı demeti ile bağlanıyor. Bunun haricinde iki korteks birbirinden tamamen ayrı.
284 Francis Crick, Thinking about the Brain, Scientific American, Eylül Vol.241, 1979.

len[285] Alan Turing (1912-1952), II. Dünya Savaşı sonrası makineler düşünebilir mi, sorusunu ortaya atmıştı. Döneminde yapay zekâ gelişmediğinden bilgisayar işlemcileri, programcıları da beynin işleyiş yapısıyla ilgilenmiyorlardı.

Kurzweil, neokorteks ve onun insan zekâsında üstlendiği rolün üzerinde durmakta, yapay bir neokorteksin nasıl modellenebileceğine dair tahminler yürütmektedir. Nöronların bilgiyi tanıma sırasında nasıl çalıştığını, bunun bilgisayar tarafından nasıl modellenebileceğine dair tahminlerini ve bu konudaki mevcut diğer çalışmalarını dile getirir. Şu an dünyanın farklı yerlerinde yapay neokorteks çalışmalarının ne durumda olduğunu (fare beyni simüle edilebilmiş), örnek çalışmaların ne zaman insan neokorteksi seviyesine gelebileceğini örneklerle anlatıp bizi yapay zekânın da insan beyni gibi çalışabileceği konusunda ikna etmeye çalışıyor.[286]

Hem makine hem canlı kısımdan oluşan yapıya "siborg (*cyborg*)" denir. Bir canlının siborg sayılması için ana şart, makine kısmının yaşamsal fonksiyonlardan birinde rol alması gerekliliğidir. Siborg, biyolojik ve yapay (örneğin elektronik, mekanik veya robot) kısımları olan varlıklara verilen isimdir. Kuzweil, insan ırkının devamı ve yapay zekânın bizleri yok edebilecek seviyelere gelmemesi için, her birimizin ileride birer yarı insan yarı makine, yani siborg olmamız gerektiğini iddia eder. Kuzweil'e göre doğrudan beyne bağlanan bir "ara kablo" ile bir anlamda (beyin-bilgisayar ilişkisi, BCI/*brain computer interface*), beyin ile bilgisayar arasında bağlantı sağlanacak ve bant genişliğini arttırarak insan

---

285 Alan Turing, İngiltere'de 1952'de "aleni ahlaksızlık" iddiasıyla yargılandı. Suçu, homoseksüel olmaktı. Turing'e 2 yıl hapis yahut "kadın hormonuyla tedavi", yani kimyasal kısırlaştırma cezası verildi. Dâhi matematikçi ikinci şartı, yani hormon iğnelerini tercih etti. Önce iktidarını kaybetti, sonra göğüsleri büyüdü, vücudu deforme oldu. Bu muameleye daha fazla dayanamadı, tedavinin birinci yılında, siyanür enjekte ettiği elmayı yedi, bir daha uyanmadı. Alan Turing'i utançtan ölüme gönderen kanun, İngiliz yasalarından ancak 1967'de çıkarıldı. İskoçya ve Ulster'de ise 1980'de. İngiltere başbakanı yaptığı açıklamada "eşcinsel düşmanı bu yasanın kurbanı binlerce homoseksüelden ve kanun karşısına çıkarılmak korkusuyla yaşayan milyonlardan" da özür diledi. Turing, Naziler'in efsanevi kripto makinası Wehrmacht Enigma'yı çözmeyi başarmış, böylece müttefikler savaş sırasında Almanlar'ın şifreli mesajlarını okuyabilmelerine ve Atlantik Savaşı'nda üstünlüğü ele geçirmelerine en büyük katkıyı yapmış bir kahramandı.

286 Ray Kurzweil, *The Singularity is Near: When Humans Transcend Biology*, London-New York: Viking-Penguin Books, 2005; Ray Kuzweil, *İnsanlık 2.0 Tekilliğe Doğru Biyolojisini Aşan İnsan*, Çeviri: Mine Şengel, İstanbul: Alfa, 2016.

bedeninin sınırları ve engelleri aşılabilecek. Bilgisayar ortamına aktarılan insan bilincinin bedenden kurtulması bir anlamda ölümsüzlük anlamına da gelir. İşte bu tekillik olur.

Bilgisayar ile insan beyninin birleşmesinin yapay zekâdan daha güçlü olacağına inanılmaktadır. "Nöral bağ" olarak adlandırılan insan beyninin makineye bağlanması olayı, insanların yapay zekâ ile rekabet edebilmesini sağlayan bir bilgisayar ara yüzü teknolojisidir. Şu anda bu teknolojinin geliştirilmesi için araştırmaya fon sağlayan Elon Musk, durumun gerçekleşebileceğini düşünüyor.

Tekillik (*singularity*) kavramının dayandığı temel zemin "zekâ patlaması (*intelligence explosion*)"dır. İnsanın zekâsı, makine yapay zekâ karşısında çok geri kalacaktır. Üstün zekâlı makineler çok daha üstün makineler tasarlayacak, o zaman makinelerin kaçınılmaz zekâ patlaması karşısında insan zekâsı, onlarla yarışamayacak durumda kalacaktır.

Tekilliğe, insanlık tarihinden kopuşu gerçekleştirebilecek bir olay olarak bakan ilk isim, Macaristan doğumlu Yahudi asıllı Amerikalı matematikçi, bilgisayar bilimcisi John von Neumann (1903-1957)'dır dır. İngiliz matematikçi Irving John Good'ın (1916-2009) 1962 yılında bu konuda verdiği konferansları derleyip 1966 yılında yazdığı bir makalede, zeki makinelerin insanın müdahalesi olmadan, kendilerinden sonra gelecek kuşağı tasarlamaları sonucunda oluşan bir "zekâ patlaması" olacağına değinmişti.[287] Bu zekâ patlaması ABD'li bilimkurgu yazarı ve ABD San Diago Devlet Üniversitesi'nde matematik profesörü olan Vernor Vinge (1944-) tarafından 1983 yılında "tekillik" olarak adlandırılmıştı.[288]

Vinge, 1993 yılında yazdığı başka bir makalesinde 30 yıl içinde insan zekâsını aşan bir zekâyı yaratabileceğimizi ve bu durumu tekillik olarak adlandıracağımızı söylemiş, bu tekliğin kendi

---

287 Irving John Good, Speculations Concerning the First Ultraintelligent Machine, *Advances in Computers*, Vol.6, 1966, s.31-88.
An ultra-intelligent machine is a machine that can far surpass all the intellectual activities of any man however clever. The design of machines is one of these intellectual activities; therefore, an ultra-intelligent machine could design even better machines. To design an ultra-intelligent machine one needs to understand more about the human brain or human thought orboth.

288 Verrnor Vinge, First Word, Ocak 1983.
Adam Ford, Vernor Vinge's First World on the Singularity, Singularity Summit Australia, Melbourn, 14.08.2012.

kurallarını dayatacağına, bizi büyük sürprizlerin ve bilinmezliklerin beklediğine dikkat çekmişti.[289] Tekillik konusunu çok önce tahmin edip gündeme getiren bu bilim insanı aynı zamanda, insanın yapay zekâ ile bu macerasının kötü sürprizlerle bitebileceği konusunda da insanları çok önceden uyardığı bilinmektedir.

Raymon (Ray) Kurzweil'e göre tekillik, biyolojik düşüncemiz (zekâmız) ve varlığımız ile teknolojinin birleşmesinin doruğunu temsil edecektir. Tekillik sonrasında insan ile makine, fiziksel olan ile sanal gerçeklik arasında ayrım olmayacak. Tabii bunlar belki ihtimal dahilinde fakat işleyişi ve alınacak sonuçlar konusunda birçok endişeyi de beraberinde getiriyor. Bir kere beyin tamamen mekanik bir sistem değil. Ray Kuzweil 2005 yılında yazdığı kitabında tekilliğin 2009 yılında gerçekleşeceğini düşünüyordu, fakat yanıldı. 2017 yılında bu tahminini 2045 yılına çekti. [290]

Olayı özetlersek: İnsan-makine karışımı "transhuman çağı", makinenin hızının ve zekâsının insan zihnine entegre edilmesiyle gibi tekillik oluşacak. Böylece beynimizin işlem gücü ve erişilebilir bellek sınırları çok üst seviyeye çıkacak, fakat bu yapay zekâya bağlılık en sonunda insan zekâsının takip ve kontrol edemeyeceği bir noktaya gelecek. Yapay zekâ, insan zekâsının ötesine geçerek insan doğasını ve yaşamını şu anda öngörülmez bir şekilde değiştirecek.

İstisnai fiziksel, duygusal ve entelektüel yetenekleri olan "süper insanların" yükselmesiyle inanç özgürlüğü (özgür düşünce) nasıl ayakta kalabilir? Böyle süper insanların sıradan insanlardan çok farklı deneyleri (üstün güçleri) ortaya çıktığında neler olacak? 21.yüzyıl ideal insanları, sıradan insanlara, 19. yüzyılda Avrupalıların Afrikalılara yaptığı gibi davranarak (köleleştirerek) yeni bir (sömürücü) süper insanlar sınıfının doğmasına neden olabilir.[291]

En büyük nimet olan insan aklının işlevleri ve tanımları dar bir alana hapsedilerek bu tanım içinde sevgi, duygusal düşünce olmayan bir makineye devrediliyor, onun esaretine sürükleniyor.

289 Vernor Vinge, The Coming Technological Singularity: How to Survive in the Post-human Era, *Whole Earth Review,* 1993.

290 Christianna Reedy, Kurzweil Claims That the Singularity Will Happen by 2045, *Future Society,* 05.10.2017.

291 Yuval Noah Harari, *Homo Deus,* Çeviri:Poyzan Nur Taneli, İstanbul: Kolektif Yay., 2016, s.364.

Bu durum bize insan hürriyetinin son noktası olarak sunuluyor. Tekliği göklere çıkartan, insanın mucizevi bir kurtuluşu olarak sunanlar bu eğilimin uzun vadede insana nasıl bir olumsuzluk getirebileceği konusunda sessiz kalıyorlar.

Tekillik, biyolojik düşüncemiz ve varlığımız ile teknoloji birleşmesinin doruğunu temsil edecek, fakat bu insanlığı, biyolojik köklerinin ötesine geçen bir dünyayla karşılaştıracaktır. Tekillik sonrasında, insan ile makine arasında bir ayrım olmaması insanın var oluşuna, tabiatına aykırı bir durumdur. Duygularımız, sinir sistemlerimiz, beynimiz buna nasıl adapte olacağı, bunun insanlık için olumsuz yanlarının olabileceği göz önünde bulundurulmuyor. Halbuki teknolojik gelişme insanın kendisini yok edeceği yere kadar denetimsiz bir şekilde giderse, bu durum insanı insan olmaktan çıkarır.

İnsanı insan yapan tecrübeleri, sosyal ilişkileri, mücadele ederek kazandığı bilgilerinden soyutlamak, onu makineye bağlı bir sanal-yapay bir yaşama itecektir. Sözde çok zeki, yapay zekâ ile yarışacağız diye oluşturulmaya çalışılan bu proje, insan zekâsına bağlı olarak çalışacak insan ötesi varlıklar oluşturmaya da yol açacaktır. Bu, insanlığın geleceği için çok tehlikeli bir durum olacak, insanın en hayati organı olan beyninin doğal yapısını da bozacaktır.

> *Beyin gökyüzünden büyüktür...*
> *Beyin denizden daha derindir...*
> *Tanrı'nın ağırlığındadır.* [292]
>
> Emily Dickinson (1830-1886)[293]

---

292 Emily Dickinson, *Complete Poems*, New York: Faber & Faber Publ., 2016.
293 Ray Kurzweil, *How to Create a Mind: The Secret of Human Thought Revealed*, New York: Viking-Penguin Publ., 2012, s. 37.

HIZLA ARTAN ELEKTROMANYETİK ALANLARIN TEHLİKESİ

Etrafımızda gücü gittikçe artan elektromanyetik alanlar sağlığımız için en büyük görünmez tehlikelerden biridir.

Görülen görülmeyen bütün ışınmalar elektromanyetik dalgalardır. Titreşip dalga hareketi yapan elektrik ve manyetik alan şiddetidir. Cep telefonlarının sesi, televizyon ekranının rengi ve hareketi elektromanyetik dalgalar taşır. Işık bir dalga hareketidir. Dalga boyu 400 ve 700 mikron arasında olan görünür ışık bandını oluştururlar. İnsan gözü birçok dalgayı göremez. Radyo, radar, telsiz ve cep telefonu gibi cihazların yaydıkları dalgaları göremeyiz fakat bunlar dalgaların taşıdığı bilgileri sese ve renge dönüştürür. Evren de madde ve dalgalardan oluşan bir enerji sistemidir.

Teknolojinin hızla ilerlemesi, daha çok elektrikli ve dijital aletlerin kullanılması, elektriğe ihtiyacın arttığı çevremizde elektromanyetik alanlar hızla artıyor. Dünya Sağlık Örgütü'ne göre elektromanyetik alanların ne içeride ne dışarıda insanları olumsuz etkilemesinden artık bir kaçış şansı bulunuyor. İnsanların maruz kaldığı EM dalgalar güçlerine bağlı olarak enerjilerini, fotonlar yoluyla değişik oranlarda canlıya aktarmaktadır.[294]

---

294 Işınımlar, dokuya etki derecesine göre, iyonlaştıran (*ionizing*) ve iyonlaştırmayan (*nonionizing*) ışınımlar olarak iki sınıfta incelenir. İyonlaştırıcı (ionizing) ışınım (radyasyon): Yüksek frekanslı (1024 Hz'den yukarısı) EM dalgalardır. Röntgen (x ışını) ve gama ışınları örnekleridir. İyonlaştırmayan (*nonionizing*) ışınım: Frekans tayfının 1 Hz'den (Hertz=frekans birim saniyedeki dalga sayısı) başlayarak yaklaşık 1000 GHz'lik bölümüdür. Bunlar atomik bağları kırmak için gerekli enerjiye sahip olmayan (iyonlaştırmayan) fotonların oluşturduğu EM dalgalardır. Görünür ışık, kızılötesi, RF (radyo frekans), mikrodalga, statik ve manyetik alanlar bu grupta incelenir.

Günümüzde elektromanyetik alan oluşturan kaynaklar arasında radarlar, mobil telefonlar, radyo ve televizyon vericileri, tıbbi ve endüstriyel uygulamalarda kullanılan çeşitli aletler, yüksek gerilim hatları, mikrodalga fırınlar, elektrikli ev aletleri bulunmaktadır. Bunlar kapasitelerine göre değişik oranlarda elektromanyetik radyasyon yayarlar. İyonize radyasyon sınıfındaki röntgen cihazında kullanılan X-ray ve daha yüksek radyasyon yayan gama ray, DNA ve insan hücrelerine doğrudan zarar verir.

Bu durumun beynin işleyişine ve sinir sistemine zarar verdiği bir gerçektir. Beynin en fazla manyetik alana maruz kalan temporal ve oksipital bölgelerinde tümör riskinin arttığı tespit edilmiştir. Manyetik alanlar, DNA üzerinde de olumsuz etki yapmakta[295] bunun dışında hücre ve organ düzeyinde de birçok zararlı etkiye neden olmaktadır.[296] Kısaca hücre deneyleri, hayvan modelleri ve insan üzerinde yapılan çeşitli çalışmalarda elektromanyetik alanın (EMA) hücre döngüsü, apoptoz, gen ifadesi, immün yanıt, hücre büyümesi, hücre bölünmesi, oksidatif stres ve strese yanıt mekanizmaları üzerinde bazı uyarıcı ya da baskılayıcı etkileri görülmüştür.

2000'li yıllardan önce yapılan araştırmalarda yüksek gerilim hatlarına yakın yerlerde yaşayan çocuklarda lösemi riskinin biraz daha yüksek olması EMA çalışmalarında dikkatleri bu hastalığa çekmişti. Yüksek düzeylerde manyetik alan maruziyeti ile çocukluk çağı lösemileri arasında bir ilişki olduğu saptanmıştır.[297] Elektromanyetik alan etkisine maruz kalan, devamlı dijital aletlerle haşır neşir olan çocuklarda dikkat eksikliği-öğrenme zorluğunun ve hiperaktivitenin arttığı da öne sürülmektedir.[298]

---

295 Lai H, Singh NP. Melatonin and a spin-trap compound block radiofrequency electromagnetic radiation-induced DNA strand breaks in rat brain cells. *Bioelectromagnetics,* 1997;18:446-54.
Robison JG, Pendieton AR, Monson KO, Murray BK, O'neill KL. Decreased DNA repair rates and protection from heat induced apoptosis mediated by electromagnetic field exposure. *Bioelectromagnetics,* 2002;23(2):106-12.
296 Somosy Z. Radiation response of cell organelles. Micron 2000;31:165-81.
297 P. A. Kokate, A.K.Mishra, Exteremly Low Frequency Electromagnetic Field and childhood Leukamia near transmission lines: a review, *Advanced Electromagnetics,* Vol.5 NO.1 Nisan 2016.
298 *Faruk Levent, Elektromanyetik Alanın Dikkat Eksikliği Hiperaktivite Bozukluğunun Etiyolojisi ve Seyri Üzerine Etkileri New Symposium Journal, Temmuz, 2011, Cilt 49, sayı 3;* Faruk Levent, The effects of electromagnetic field on attention deficit hy-

Bütün bu araştırmalara rağmen Avrupa Komisyonu Sağlık Riskleri İçin Bilimsel Danışma Komitesi (SCENIHR) büyük şirketlerin menfaatlerini korumak için halkın sağlığını hiçe sayarak radyofrekans elektromanyetik etkiye maruz kalmanın, beyin tümörlerinde risk artışı göstermediğini, sağlık sorunlarına yol açmadığını iddia edebiliyor.[299]

Dünyanın üzerinde yaşamamızı sağlayan en önemli şeylerden biri güneş ve onun sahip olduğu manyetik alandır. Bizi güneşten ve diğer yıldızlardan gelen zararlı ışınlardan koruyan en önemli kalkan, manyetik alandır. Pusulanın renkli ucunu kuzeye doğru çeviren şey de işte bu manyetik güçtür. Araştırmalar, dünyanın manyetik alanının en az üç milyar yıldır var olduğunu gösteriyor. Birçok canlı bu manyetik alan vasıtasıyla yollarını buluyor. Manyetik kuzey kutbu, Kanada'dan Sibirya'ya doğru kayıyor. Yapılan ölçümlere göre, manyetik kuzey kutbu her yıl yaklaşık 50 kilometre Rusya'ya doğru kayıyor. Bu olay 150 yıl önce başladı, giderek hızlanıyor. Son yıllarda bu yer değiştirme biraz daha hızlanıp yılda yaklaşık 40 kilometreyi buldu. Gittikçe hızlanan bu artışla kuzey ve güney kutupları 1000 yıl veya daha önce yer değiştirebilir. Bundan dolayı bilim insanları dünyanın manyetik modelini yenilemek zorunda kalıyorlar, aksi taktirde uydu haberleşmesini bozabilir, elektrik şebekeleri çalışmayabilir. Bütün bunlara bağlı olarak GPS teknolojisi de tehlikeye girebilir. Manyetik kutup yer değiştirdikçe bu sapma açısı da değiştiği için uzmanlar dünyanın manyetik modelini 5 yılda bir güncellemek zorunda kalıyor. Bu modeli değiştirmek zorundalar çünkü gerek askeri gerekse sivil uçaklar, gemiler yönlerini belirlerken bu modeli esas alıyorlar. Artık her gün kullandığınız Google ya da Yandex haritaları gibi navigasyon sistemleri de bu verilere bağlı çalışıyor.

Kutupların yer değiştirmesi kaçınılmaz, nitekim milyonlarca yıldır da yer değiştiriyor. Dünyanın manyetik kutuplarının pek çok kez yer değiştirdiğini ve bu olayın ortalama 250-300 bin yılda bir gerçekleştiği tahmin ediliyor. Bu durumda yeryüzüne ulaşan zararlı ışınlar, radyasyon artacak, kanser olayları ve genetik bozulmalara neden olacak. Canlıların büyük bir bölümünün soyu tükenecek.

peractivity disorder in the course of the disease and the etiology, *New Symposium Journal* 49(3):165-172, January 2011.
299 http://ec.europa.eu/dgs/health_food-safety/dyna/enews/enews.cfmal_id=1581

Bu kaçınılmaz gidişatın dışında, teknolojinin hızla gelişmesiyle paralel giden elektromanyetik alanlar (EMA), insan organizması başta olmak üzere bütün canlılar üzerinde olumsuz etkiler oluştururken elektronik aletler üzerinde de büyük ölçüde karışıklığa sebep olur. Yüksek güçte bir radyo dalgası ya da mikrodalga atımının önüne çıkan tüm elektronik devreleri yok edebilir.

Görünmez ve sessiz şekilde çalışan elektromanyetik silahlar (*electromagnetic weapons*) gittikçe gelişiyor. Dünya kamuoyunun bu konuda fazla bilgisi de yok. Medya böyle önemli konulara değinmiyor. Bu konudaki gerçekler ve medya ile silah endüstrisi ilişkileri hakkında yazılanlar bile sonradan sansürleniyor.[300] Bu silahlar sessiz ve görünmez olduğu için gücü elinde tutanların dışarıya fazla bilgi verme zorunlulukları da yok. İşlerini sessizce ve iz bırakmadan gayet etkili şekilde halletmektedirler. Çeşitli frekanslarda ve güçte olan bu silahlar, kolayca düşman hedefini yok edebilir. Mesela oldukça gelişmiş, uzaktan elektromanyetik dalgalar gönderen silahlarla (*electromagnetic interference*/EMI) herhangi bir cihazın elektronik çalışması bozulabilir. Güçlendirilmiş mikrodalga silahlarla (*high power microwave*/HPM Weapons) elektronik sistemleri bozulabildiği gibi, kişinin veya pilotun bilinci de etkilenebilir. Elektromanyetik silah grupları bugün oldukça çeşitlenmiş ve gelişmiş durumdadır. Bunlarla artık bırakın uçakları, uyduları bile vurmak mümkündür.[301]

Bugün "nonlethal" adı altında, gözle görünmeyen çeşitli silahlar geliştirilmiştir. Çeşitli psikolojik etki vermek, beyni kontrol etmek, elektromanyetik dalgalar ile acı vermek, insanları fiziksel ve duygusal olarak etkilemek, elektronik sistemlere müdahale etmek, doğal afetler yaratmak, uçakları düşürmek gibi çeşitli alanlarda elektromanyetik dalgalar kullanarak bu görünmez silahlar kullanılmaya başlanmıştır. Bu konuda toplumu aydınlatacak çok

---

300 Peter Phillips - Bridget Thornton - Lew Brown, *The Global Dominance Group and the US Corporate media*, Seven Stories Press, 2006, http://www.projectcensored.org/wp-content/uploads/2010/05/Global_Dominance_Group.pdf;
Peter Phillips - Lew Brown - Bridget Thornton, *Sonoma State University Project Censored*, Media Freedom Foundation, December 2006.
http://www.mediafreedominternational.org/2009/09/21/us-electromagnetic-weapons-and-human-rights/.
301 Jason Jeffrey, Eartquakes: Natural or Man-Made?, *News Dawn Magazine*, Kasım-Aralık 1999.

az eser vardır. (Google'da "nonlethal weapons" diye aratırsanız bu silahlar hakkında geniş bilgi edinebilirsiniz.)

Bahsedilen silahlar çok çeşitli fonksiyonlara sahiptir. Bu tip silahlar 1950 ve 1960'ta yapılan nükleer silahların testi sırasında keşfedilmesine rağmen, tarihte ilk defa, güçlü elektromanyetik dalgaların bir silah olarak kullanılabileceği ihtimali dünya basınına Eylül 2012'de yansıdı. İsrail'in nükleer silah geliştiriyor diye savaşla tehdit ettiği İran'ı "elektromanyetik darbe (*electromagnetic pulse*/EMP)" silahı ile vurma ihtimali olduğu, 9 Eylül 2012 tarihli İngiliz *The Sunday Times Gazetesi*'nde yer aldı.[302] Amerikalı uzmanlar bile böyle bir ihtimalin olduğunu dile getiriyorlardı. Bu elektromanyetik saldırı sırasında oluşan enerji ışınları açığa çıktıkları bölgede son derece güçlü bir akım oluşturuyorlar. Ortaya çıkan güçlü akım bölgedeki elektronik araçları ve devreleri yakıp işlevsiz hale getiriyor. Böylece iletişim araçları, enerji ağları, finansal ve acil yardım hizmetleri devre dışı kalıyor. Bu saldırıya maruz kalan ülkede teknoloji ağları işlemeyince, ülke yüzlerce yıl geri gidebiliyor.

Yakın Geleceğin En Büyük Tehlikelerinden Biri: 5G Teknolojisi

5G dünya tarihinin en aptalca (tehlikeli) fikri.[303]

Washington Devlet (State) Üniversitesi, Biyokimya ve Temel Tıbbi Bilimdalı Emirütüs Prof. Martin L. Pall (Şubat 2019)

5G, "5. nesil mobil telekomünikasyon hizmeti", yani yeni nesil kablosuz telefon teknolojisi anlamına geliyor. Bu teknolojinin birçok alana yenilik getirip teknolojik ilerlemelere büyük katkı sağlayacağı şüphesiz. Zaten bu özelliği öne sürülerek uluslararası küresel şirketler bu teknolojiyi teşvik ediyor, fakat çevreye, insanlığa getireceği büyük yıkım göz ardı ediliyor. Bu şirketler hükümetlerin politikalarını yönlendirdiğinden 5G'nin getireceği tehlikeler kamuoyuna fazla yansımıyor. 5G'den daha az radyasyon

---

302 Uzi Mahnaimi, Israeli gamma pulse 'could send Iran back to Stone Age', *The Sunday Times*, 09.09.2012.

303 Arjun Walia, 5G Is The "Stupidest Idea In The History of The World", *Collective Evolution*, 19.02.2019.

yayan, daha düşük radyofrekansı olup daha az elektromanyetik alan yaratan 3G, 4G gibi teknolojiler bile sinsi bir şekilde, nörolojik hastalıklardan depresyona[304] kadar çeşitli hastalıklara neden olurken kat kat güçlü olan 5G tehlikesi büyük bir çevre ve sağlık felaketine neden olacaktır. [305]

5G ilk olarak ABD'de 2018 sonlarına doğru kısmen uygulanmaya başlanan teknoloji, 2019 yılından itibaren kademeli olarak dünyada da uygulanmaya başlandı. Saniyede 10-14 gigabits hıza sahip 5G teknolojisi, 100 milyar civarındaki makineyi destekleyecek, 4G teknolojisinden yüz kata kadar daha güçlü olacak.[306] Başlangıçta 5G teknolojisinin 10-20 kat arası 4G'den daha hızlı olacağı ileri sürülürken 2022 yılına kadar akıllı telefonların çoğunun 5G teknolojisinde olacağı iddia ediliyor. ABD'li Prof. Martin L. Pall gibi bu işin uzmanı birçok kişi tehlikenin farkında ve insanları uyarmaya çalışıyorlar. [307]

Aslında askeriye için geliştirilmiş milimetrik radyasyonu kullanan bu teknoloji, iletişim alanında bir devrim yaratıyor gibi görünse de yaşamamıza, doğaya büyük sorunlar getirecek. 5G, yüksek teknolojiyi elinde bulunduran güçler tarafından getireceği olumsuzluklar umursanmadan teşvik ediliyor.[308]

En basit bir cihaz veya ilaç piyasaya sunulurken 5-10 sene gibi bir süre testlerden, deneme süresinden geçiyor. Ancak cep telefonu vb. cihazlarda buna riayet edilmiyor. Firmalar, ürünlerinin zararsız olduğunu da ispat edemiyorlar. Ama şu anda kullandığımız, 4.5G'lerin bile insan vücuduna olan zararları kanıtlanmışken

304 Martin L. Pall , Microwave frequency electromagnetic fields (EMFs) produce widespread neuropsychiatric effects including depression. J Chem Neuroanat, 2016; 75(Pt B):43-51.

305 Prof. Martin L. Pall, 5G: Great risk for EU, U.S. and International Health! Compelling Evidence for Eight Distinct Types of Great Harm Caused by Electromagnetic Field (EMF) Exposures and the Mechanism that Causes Them, 17.05.2018. ttps://peaceinspace.blogs.com/files/5g-emf-hazards--dr-martin-l.-pall--eu-emf2018-6-11us3.pdf

306 Jim Young , AT&T Plans 5G Network Trial for DirecTV Customers, Reuters, 04.01.2017.

307 Mike Elgan, Why 5G will disappoint evryone, Computer World, 29.09.2018.

308 Milimetrik dalgaların %90'ından fazlası epidermis ve dermis tabakasında yutulur. Isısal etkiler göz yüzeyinin altına geçerek değişik seviyede katarakt gibi hasar oluşturur. Savunma sistemine ve hücre büyümesine, organlara etki ederek kansere sebep olur. Hücre büyüme oranını ve bakterilerin antibiyotiklere direncini değiştirir. 5G insanlardan daha fazla bitkilere etki eder. Bunlar yalnız birkaç tanesidir.

daha ileri bir teknoloji olan 5G'nin ne tür riskler taşıdığı da merak konusu.

Amerikalı teknoloji uzmanı, yazar ve aktivist Arthur Robert Firstenberg (1950-) 2019 yılında devreye alınması planlanan 5G teknolojisinin doğal hayatı olumsuz etkileyebileceğini ve insanlarda kanser dahil tedavisi imkânsız hastalıklara yol açabileceğini ileri sürüyordu. Başlattığı bir online kampanya ile Birleşmiş Milletler, Avrupa Birliği ve Dünya Sağlık Örgütü gibi uluslararası organizasyonlardan 5G geliştirme çalışmalarının derhal durdurulmasını istedi. Ocak 2019'da binlerce bilim insanı, Birleşmiş Milletler, Dünya Sağlık Örgütü, Avrupa Birliği başta olmak üzere çeşitli uluslararası örgütler dilekçe vererek kablosuz iletişimi daha hızlı yapan fakat radyo frekansı[309] yoluyla çok yüksek miktarda radyasyon yayan 5G teknolojisinin, getireceği tehlikeler göz önünde bulundurularak durdurulmasını talep etti. [310] 5G ile dünya yörüngesine 20 bin civarında uydu konuşlandırılmasının düşünüldüğünü ve Elon Musk'ın Kasım 2018'de 12 bin uydu daha fırlatmak için resmi makamlardan onay aldığını söyleyen Firstenberg, dünya çapında her yerde 5G antenleri kurulduğunu ve kendisine gelen raporlara göre şu anda bile insanların bu yüzden hasta olmaya başladığını, böcek popülasyonunun etkilendiğini belirtmiş, 5G'nin küresel bir felakete neden olacağı konusunda uyarılarda bulunmuştur.

Arthur Robert Firstenberg'in ifadesine göre ilk uydular 1990'ların sonlarında cep telefonları için piyasaya çıktı. Yörüngeye yerleştirilmeye başlandıkları günden itibaren bunlara duyarlı insanlar hastalandı. ABD'de ölüm oranı da %5-10 arttı ve bazı kuşların uçamadığı bildirildi. Bunu en çok anlayan insanlar, güvercin besleyenlerdi. Kuşlarını bıraktılar ama geri dönen olmadı. Bu duruma sadece 77 uydu sebep olmuştu. Birleşmiş Milletler Dış Uzay İşleri Ofisi (UNOOSA) verilerine göre Ağustos 2018 itibariyle dünya

---

309 Radyo frekansları ise iyonlaştırıcı olmayan bir tür radyasyon yayıyor. Yani x ışınları, kızılötesi ve gama ışınları tarafından yayılan ve DNA'nın yapısını değiştiren iyonlaştırıcı radyasyona göre etkileri daha az. Bazı bilim insanları ise radyo frekanslarından yayılan radyasyonun da tümör oluşumuna, hatta gebelikte düşüklere neden olabileceği gerekçesiyle dikkatli olunmasını öneriyor. Televizyonlardan kablosuz internet bağlantı alanı anlamına gelen wifi sağlayıcılarına kadar birçok kaynak, radyasyon yayıyor.

310 Arthur Firstenberg, Petition: 26,000 Scientists Oppose 5G Roll Out, Principia Scientific, 09.01.2019.

yörüngesinde 4 bin 857 uydu bulunuyor. 5G teknolojisi nedeniyle 20 binden fazla uydu ihtimali büyük felaket senaryosunu da beraberinde getiriyor. [311]

5G doğayı, atmosferi ve insanları çok yüksek radyasyon dalgalarıyla çevirerek canlılığı tehdit edecek. Doğayı bozacak,[312] yaydığı radyasyon, mikrodalga radyasyonu etkisi yaparak özellikle derimizi tamamen etkileyecek. Cildimizin erken kırışmasına ve erken yaşlanmasını tetikleyecek, stresi arttıracak, çocukları, hamile kadınları ve yaşlıları daha çok etkileyecek, DNA'larımız başta olmak üzere genetik yapımızı bozacak, kanserli tümör oluşumunu hızlandıracak, kalp ve beyin ritimlerimizi bozacak.[313]Ayrıca beyin şeker/glikoz metabolizmasını bozma, genel olarak vücudun biyoritmini düzenlemeye yarayan, hayvan ve insan vücudundaki uyku ve diğer periyodik etkinliklerin yerine getirilmesini sağlayan bir hormon olan ve beyindeki epifiz bezi (*pineal gland*) tarafından salgılanan melotinini azaltma etkileri arasındadır. Daha önceki çalışmalarda 5G'nin altındaki versiyonlar da bile cep telefonlarının kansere neden olduğu söylenmiştir.[314] Yüksek elektromanyetik alan insanların uykularına kadar olumsuz etkide bulunur.[315]

---

311 Mart Drake, Killer 5 G warning, *Daily Star*, 04.02.2019.

312 Katie Haggerty, Adverse Influence of Radio Frequency Background on Trembling Aspen Seedlings: Preliminary Observations International, *Journal of Forestry Research*, Volume 2010, Article ID 836278.
Balmori, A. 2009. Electromagnetic pollution from phone masts. Effects on wildlife pathophysiology. Electromagnetic Fields (EMF) Special Issue, 16 (2-3): 191-199; Cucurachi, S., W.L.M. Tamis, M.G. Vijver, J.W.G.M. Peinjenburg, J.F.B. Bolte, and G.R. de Snoo. 2013. A review of ecological effects of radio frequency electromagnetic fields (RF-EMF). Environment International 51 (January 2013): 116-140.

313 Jody McCutcheon, Frıghtenıng frequencıes: the dangers of 5g & what you can do about the, Eluxe Magazine, 30.01.2019.

314 Smith-Roe SL, Wyde ME, Stout MD, Winters JW, Hobbs CA, Shepard K G, Green AS, Kissling G E, Tice R R, Bucher J R, Witt K L.Evaluation of the genotoxicity of cell phone radiofrequency radiation in male and female rats and mice following subchronic exposure. 49th Annual Meeting of the Environmental Mutagenesis and Genomics Society. San Antonio, Texas, September 22-26, 2018. Environmental and Molecular Mutagenesis; 59 (Suppl. 1): 85-85. 2018.
Falcioni L, Bua L, Tibaldi E, Lauriola M, Report of final results regarding brain and heart tumors in Sprague-Dawley rats exposed from prenatal life until natural death to mobile phone radiofrequency field representative of a 1.8 GHz GSM base station environmental emission, Environmental ResearchVol. 165, Ağustos 2018, s.496-503.

315 Borbely, A. A., R. Huber, T. Graf, B. Fuchs, E. Gallmann, and P. Achermann, 1999, Pulsed high frequency electromagnetic field affects human sleep and sleep electro-encephalogram. Neurosci. Lett. 275 (1999): 207-210.

"Elektromanyetik radyasyon" ve "elektromanyetik alan" kavramları birbirinden farklıdır. Elektromanyetik radyasyon, bütün elektrik enerjisini kullanan yüksek frekanslı cihazlardan radyasyon yayar. Düşük frekanslı cihazlar, örneğin ev aletleri, radyasyondan ziyade elektromanyetik alan oluşturur (yayar).

5G'nin insan sağlığına zararları tespit edilmeden alt yapısının oluşturulduğu ve henüz 5G'nin uygulamaya sokulmasının yanlış olduğu konusunda birçok bilim insanı uyarılarda bulunmuştur. Radyo frekansları üzerinde dünyanın sayılı uzmanlarından olan Avustralyalı Profesör Dariusz Leszcynski ve diğer otuz isim, Dünya Sağlık Örgütü adına bu konuda 2011 yılında yaptıkları araştırmalarda 5G de dahil radyo frekansı salınımlarının kanser yapma potansiyeli olduğuna dikkat çekmişlerdir. [316]

Prof. Dr. Selim Şeker, *5G Nesnelerin İnterneti ve Sağlığımız* adlı kitabında teknolojinin getirdiği tehlikelere değinir.[317] Prof. Şeker'e göre elektromanyetik radyasyon hayatımızın gerçeği, ancak vücudumuzun dayanabileceğinden fazla radyasyona maruz kalmamıza, sağlığımızı olumsuz yönde etkilemeye neden olmaktadır. 5G ile insanlık tarihinde ilk defa insanlar ve canlılar, yeterli testlerden geçmemiş insan yapımı cihazların yaydığı, iyonize edilmeyen radyasyona maruz bırakılacak. 5G sadece mevcut mobil sistemleri olan 3G ve 4G'yi çok daha yüksek bir seviyeye taşımakla kalmayıp insanlar arası haberleşmenin yanı sıra makineleri, cihazları ve nesneleri de kontrol edebilecek. Teknolojinin beşinci nesli 5G, 3G ya da 4G'den çok daha yaygın ve tehlikeli olacak.

5G dalga boyları kısa olduğundan baz istasyonları çok sık şekilde, yaşadığımız her alanda çok yakın mesafelerde bulunacak. Her 150 metrede, evimizin dibindeki cihazlardan yayılan elektromanyetik radyasyona maruz kalacağız. Dünyada radyasyonsuz yaşanacak yer kalmayacak. 5G'den korunmak için standartlar yok.[318]

---

316 Miriam Fisher, Radiofrequency expert warns 5G radiation could be carcinogenic, *The West Australian*, 15.02.2019.

317 Prof. Dr. Selim Şeker, *5G Nesnelerin İnterneti ve Sağlığımız*, İstanbul: Hayy Yay., 2018.

318 Alexander Lerchl, Melanie Klose, Karen Grote, Tumor promotion by exposure to radiofrequency electromagnetic fields below exposure limits for humans, *Biochemical and Biophysical Research Communications*, Vol. 459, sayı 4, Nisan 2015, s.585-590.

Yapılan bazı araştırmalarda görülüyor ki, cep telefonu kullanan bazı insanlara beyin kanseri teşhisi konulmuş. Bu yüzden uzun görüşmeler kablolu telefon ile kısa görüşmeler veya sabit telefon bulunmayan ortamlardaki görüşmeler cep telefonuyla yapılmalı. Çocukların gelişen sinir ve diğer sistemleri yetişkinlere göre daha iletken olduğundan, RF enerjisini kafada daha fazla yutarlar. Bu yüzden cep telefonunun yaydığı EM radyasyon, çocukların beyin aktivitelerinde değişimlere neden olabilir; öğrenme eksikliklerine, konsantrasyon bozulmalarına ve agresif davranışlara yol açabilir. 2017'de 35 ülkeden 180 bilim insanı, 5G ile ilgili çalışmaların, bilhassa çocuklar ve hamile kadınlar için güvenli olduğu ispat edilene kadar durdurulmasını istediler.[319] Bu konuda ilk defa Nisan 2019 yılında Brüksel'de 5G karşısında tedbir alındı. Yüksek derecede radyasyon yayması, bu radyasyonun Belçika'da tespit edilen radyasyon limitlerini aşması ve halk için sağlık sorunları yaratabileceği nedeniyle bu şehirde 5G altyapı oluşturulması durduruldu.[320]

ABD Columbia Üniversitesi'nde Fizyoloji ve Hücre Biyolojisi Bölümünde öğretim görevlisi olup moleküler düzeyden hücre, doku, organ, sistem ve organizma düzeylerine kadar fonksiyonu ve bu fonksiyonun altında yatan mekanizmaları araştıran Dr. Marin Blank elektromanyetik alanın tarihsel gelişimine dikkat ederek bizde yarattığı olumsuzluklara kısaca şöyle dikkat çekiyor: "Biz, bize zarar veren bir şeyler yarattık ve bunun kontrolü artık elimizden kaçıyor. Edison'un bulduğu lamba çevremizde çok az radyasyonlu elektromanyetik alan yaratıyordu. Bugün etrafımızdaki radyasyonlu elektromanyetik alan çok yüksek seviyelere ulaştı, hızla da artıyor. Piyasaya yeni çıkan elektrikli aletler radyasyon salınımını daha da arttırıyor. Ortamdaki bu radyasyon hücrelerimizi tahrip ediyor, erken ölümlere neden oluyor."[321]

Bütün bu olumsuzlukların yanında bu teknolojinin daha fazla değer ve gelir yaratacağı da çok açık. Dijital ekonomi, özellikle

319 Prof. Dr. Selim Şeker, *5G Nesnelerin İnterneti ve Sağlığımız*, İstanbul: Hayy Yay., 2018.
320 Josh del Sol Beaulieu, Brussels Becomes First Major City to Halt 5G Due to Health Effects, 03.04.2019.
321 Arjun Walia, 5G Is The "Stupidest Idea In The History of The World", Collective Evolution, 19.02.2019.

Çin, 4G ile büyük atılım yapmıştı. 5G yalnız daha hızlı bir 4G değil. Bu teknoloji daha fazla değer yaratarak, daha fazla veriyi kullanarak işletmelerin iş yapma biçimlerini, hızlarını temelden değiştirecek, birçok farklı sektörün yeniden yapılanmasına yardımcı olacaktır. Bu nedenle 5G'nin önlenmesi zor görülüyor. Fakat götürüsü getirisinden çok fazla olacak.

Olayı özetlersek, insan ve çevre sağlığına vereceği zararları tam belirlemeden bilinçsizce kullandığımız ileri teknoloji ürünleri ile daha rahat bir yaşam ve haberleşme, daha çok para kazanma uğruna yaşantımızı geri dönülemez bir yola sokuyoruz. Bu konudaki uyarıları da fazla dikkate almıyoruz. Çünkü umursamaz bir şekilde günümüzü yaşıyoruz. Gelecek nesillere yaşanabilir bir dünya değil, görünmez tehlikelerle dolu bir kaos bırakıyoruz.

Geleceğin Görünmez Orduları ve Tehlikeleri: GDO Virüslü Sivrisinekler

Biyolojik silahlar diğer canlılar üzerinde zararlı etkiler yaratmak maksadıyla kullanılan bakteri, virüs, mikrobiyal toksinlerdir. Virüsü nasıl yaydığını tespit etmek mümkün olmadığı için düşmanın kim olduğunu da tespit etmek mümkün değildir. Ayrıca bu silahları yapmak çok da ucuzdur. Top, tank, savaş uçağı gibi pahalı silahlara ve bir orduya ihtiyaç duymadan kullanılabildiği için, bu silahlar çok etkili bir güç haline gelmiştir.

Gelişen teknoloji sayesinde bir ülke öldürücü yapay bir virüs geliştirip kendi insanlarını bu virüse karşı dayanıklı hale getirebilir, ele geçirmek istediği ülke topraklarına virüsü yayabilir. O ülkedeki veya kendi ülkesi dışındaki tüm insanlığı yok etmesi artık mümkündür.

Biyolojik silahların kullanımı yasaktır fakat biyolojik silah olarak kullanılan virüslerin ve bakterilerin kimler tarafından kullanıldığının, hangi amaçlara hizmet edildiğinin ispatı çok zor olduğu için, bu silahların kullanılmadığını zannetmek biraz saflık olur.

Kimsenin haberi olmadan, hiçbir risk analizi yapılmadan İngiliz biyoteknoloji şirketi Oxitec, GDO'lu sivrisinekler üretip bunun gizlice 3 milyonunu 2009 yılında Cayman Adaları'nda çevreye saldı, bir sene sonra bunu kamuoyuna açıkladı.[322] Olay dünyada ilk defa GDO'lu sivrisineklerin çevreye salınma örneğiydi. Bu sivrisinekler ateşli sarıhummanın bir çeşidi olan, daha çok tropikal bölgelerde görülen, dünyada aşısı geliştirilememiş, sivrisineklerden geçen "deng (dengue) humması/ateşi" denilen virüsü taşıyorlardı.[323] Sivrisinekler sözde, taşıdıkları virüsle tedavisi oldukça zor deng hummasına karşı aşı görevi göreceklerdi. Tabii bu gelişmekte olan ülkelerin halklarını korumak için organize edilmiş masum ve hayırsever bir uygulama değildi. ABD ordusunda ve CIA'de biyolojik silahlar üzerine yapılan araştırmalarda, tedavisi zor olan deng virüsü üzerinde 1950'den beri çalışmalar yapıldığı biliniyor. Ed Regis, bunu *Amerika'nın Gizli Biyolojik Savaş*[324]adlı eserinde açıklamıştır.

Aslında CIA'in bu deng humması taşıyan sivrisinekleri halkın haberi olmadan Florida başta olmak üzere birkaç bölgede daha önceden denediği ortaya çıkmıştı.[325] Küba'da 1981'de yaygın olarak görülen deng hummasının CIA ve Pentagon'un gizli biyolojik saldırısı sonucu yayıldığı, ABD'de yayınlanan *Covert Action* dergisi editörü William H. Schaap tarafından öne sürülmüştü. 1982'de Sovyet medyası, ABD'yi CIA ajanları vasıtasıyla Afganistan'da deng virüsü yaymakla suçlamış, aynı suçlamayı Nikaragua 1985-86'da yapmış, fakat bu olaylar çabuk unutulmuştu.

Bu GDO'lu sivrisinekler, resmen biyolojik silah denemelerinin bir parçasıdır. Deng humması ateşli bir hastalık olup, insanları çalışamaz hale getirdiği gibi, %20 oranında ölümlere de sebep olur. Böyle bir virüs, GDO'su değiştirilerek daha tehlikeli ve etkili hale getirilmiş sivrisineklerle kolayca yayılarak bir toplum etkisiz hale getirebilir.

322 Katherine Nightingale, "GM mosquito wild release takes campaigners by surprise", Sci Dev Net, 11.11.2010, www.scidev.net.

323 Maria Cheng, GM Mutant Mosquitoes Fight Dengue Fever In Cayman Islands, But Experiment Could Wreak Havoc On Environment, Critics Say, *Huffington Post*, 11.11.2010.

324 Ed Regis, *The Biology of Doom: America's Secret Germ Warfare Project*, Henry Holt Publ., New York, 2000, s. 21.

325 H. B. Arberelli-Zoe Martell, "Florida Dengue Fever Outbreak Leads Back to CIA and Army Experiments", Truthout News, 21.07.2010, http://www.truth-out.org.

1978 Pentagon Dokümanı: "Biological Warfare: Secret Testing&Volunteers", Army Chemical Corps and Special Operations and Projects Divisions at Fort Detrick.

Proje İngiltere'de geliştirilmiştir, fakat arkasında ABD ve Dünya Sağlık Örgütü vardır. Projeye ABD merkezli Bill ve Melinda Gates Vakfı 38 milyon dolar yardım etmiştir.[326] Bill Gates ve vakfı, GDO'lu projeler ve aşılar ile yakından ilgilenip parasal yardımda bulunuyordu. Küresel güçler Bill Gates ve vakfına belli bir misyon vermişlerdi. Gates, bilerek ya da bilmeyerek bu misyona uymak zorundaydı.

Sözde deng hummasının yayılmasını önlemek için üretilen virüsü taşıyan sivrisineklerin bir süre sonra kontrolden çıkıp bu hastalığı önleme yerine daha çok yayacağı çok açıktı. Brezilya hükümeti 2013 yılında ülkede, deng hummasıyla savaşması için bu hastalığın virüslerine sahip GDO'lu sivrisineklere izin verdi. Fakat Şubat 2014'te GDO'lu ve deng hummması virüslü sivrisinekler denenmek için Bahia şehrine salındığında, bölgede hastalığın anormal ölçülerde arttığı rapor edildi.[327]

Unutulmamalı ki GDO'lu virüs aşılanmış sivrisineklerin arkasında özel firmalar ve para kazanma çıkarları yatar. Bu tip sivrisinekleri üreten İngiliz firması Oxitec, diğer ülkelerin kapılarını çalarak hükümetleri, sağlık bakanlıklarını bu sivrisineklerin deng hummasıyla en iyi savaşan araçlar olduğunu inandırmaya çalışmaktadırlar.[328] Yani oyun içinde oyun var! Bu kadar yardımsever görünen Bill Gates nasıl oluyordu da dünyada şeytan şirket diye tanınan, insan sağlığına ve çevreye zararlı olan GDO tekelini neredeyse eline geçirmiş Monsanto gibi tehlikeli bir şirketin 500 bin hissesini satın alabiliyordu?

326 Anthony Gucciardi, Bill Gates Foundation Funded Approval of Genetically Modified Mosquitoes, Shatter Limits News, 06.01.2010, http://shatterlimits.com
327 "Joint Press Release: Agricultura Familiar e Agroecologia (AS-PTA), Red América Latina Libre de Transgénicos (RALLT)", Third World Network, GeneWatch UK, 08.07.2014.
328 GMO Mosquito Trial Has Reverse Effect Causes Dengue Emergency, Activist Post, 09.07.2014.

NANOTEKNOLOJİ VE GELECEK

Nano teknolojinin faydaları yanında insan üzerinde olan ve olabilecek zararlarını göz ardı edersek insanlığı diğer büyük bir teknolojik problem bekliyor demektir.

Nano teknoloji, yaygın olarak kullanılan mevcut teknolojilerin daha ileri düzeyde duyarlılığa sahip olarak küçültülmesine dayanan bir teknolojidir. Nano teknoloji de bir kuantum fiziği ürünüdür. Atomların ve moleküllerin en küçük birimlerini ifade etmek ve maddeyi atomik boyutu ile kontrol etmek amacıyla kullanılır. İlk kez 1974 yılında Tokyo Üniversitesi'nde Norio Taniguchi tarafından ortaya atılmıştır. 1980'lerin ortalarında atom yapılarının taramalı tünel mikroskobu ile atomların bir noktadan alınıp başka bir noktaya taşınması ve görüntülenmesi sonucunda, atomun manipüle edilmeye başlamasından itibaren nano teknoloji başladı.

Nano teknoloji dediğimizde gözle görülmeyen şeylerden bahsediyoruz. Bir nanometre (nm) metrenin milyarda biri kadar bir uzunluğa sahiptir ve teorik olarak milimetrenin de milyonda biri kadar bir uzunluktur. İnsan saç teli ile bir kıyaslama yaptığımızda yaklaşık olarak saç telinin on binde biri kadar bir kalınlığa sahiptir. Nano ölçülerde kuantum fizik yasaları devreye girer. Nano teknolojinin ilerlemesiyle küp şeker büyüklüğünden başlayarak bakteri büyüklüğünde bilgisayar yapmak mümkün olabilecektir.

Boyutlar küçüldükçe bir şeyi üretmek çok daha zorlaşır. Çünkü boyut küçüldükçe maddenin bütün özellikleri değiştirilebilir. Madde makro boyutlardan, genellikle 100 nanometreden daha küçük boyutlara indiğinde bu bölgeye kısaca "kuantum alanı" denilir. Bu durumda madde farklı özellikler sergileyip birçok uygulama alanı sağlayabilir. Nano teknoloji sayesinde evrenin, doğanın yapıtaşlarıyla, atomlarla çok şey oluşturulabilir. Nano teknolojinin tıp, sanayi, havacılık ve ticaret alanında uçsuz bucaksız bir uygulama potansiyeli vardır.

Nano teknoloji normal fiziki kurallara uygun çalışmaz. Yalıtkan bir malzeme, iletken hale gelir. Işığı farklı çevirir, renk değiştirir, direncini arttırır, iletken ya da yalıtkan yapar. Nano teknoloji, moleküler boyutlarda yeni malzeme teknolojilerinin de gelişmesini sağlamıştır. Mesela karbon nano tüpler[329] yardımıyla gelecekte yapı yönünden sağlam ve hafif ürünler elde edilebilecektir.

Nano teknolojinin neler yapabileceği son yıllarda oldukça gelişmeye başlayan kuantum fiziğinin kanunları sayesinde ortaya çıkıyor. Görüldüğü gibi kuantum fiziği her gün daha çok alanda bize yardımcı oluyor. Kuantum mekaniğinin izafiyet teorisiyle bir arada incelenmesiyle, parçacıkların sürekli birbirlerini yok edip başka parçacıkların açığa çıktığı, birden yok olan, sonra boşlukta tekrar yaratılan parçacık çiftlerinin ortaya çıktığı bilmediğimiz bir varlık alemini tanımış olduk. Bu bilinmeyen varlık alemi bize bilimsel uygulama, önemli cihazları keşfetme ve yapma yollarını da açtı.

Nano teknoloji, maddenin atomik, moleküler seviyede kontrolüdür. Maddelerin atomlarıyla istediğimiz gibi oynayabilmemiz, hayal bile edemeyeceğimiz şeylerin gerçekleşebildiğini bize gösterir. 1980'lerin başında taramalı tünel mikroskobu ve taramalı prob mikroskobunun keşfiyle, nano teknoloji alanında nano boyutta çalışmak kolaylaştı. Bilim insanları yüzey yapısını atomik boyutta görebilir hale geldi. Aynı zamanda bilgisayar teknolojisindeki gelişmeler, nano boyutta karakterizasyon ve modelleme ile özellik tahminini kolaylaştırdı. Nano malzeme karakterlerinin eşsiz kombinasyonu (mekanik özellikler vb.) birçok ilginç alan üretti.

1-100 nanometre[330] ölçeğinde (insan saç telinin çapı yaklaşık 50-80 bin nanometredir) fiziksel, kimyasal, biyolojik yapıların

---

329 Silikon devri kapandığında, bilgisayar teknolojisinin temelini oluşturan silikonun yerini almaya aday maddelerden biri, karbon. Çelikten daha dayanıklı olduğundan ve elektrik ilettiğinden ileride bilgisayarların da karbon bazlı yapılması muhtemel. Şimdiden sanayiye girmeyi başaran karbon nanotüpler, bu özellikleriyle yüksek miktarda elektrik aktaran kabloların yapımında kullanılmaktadır.

330 Nanometre (nm) 5 ile 10 atamonun art arda dizilmesinden oluşan metrenin 1 milyarda biri ölçüsündeki uzunluğu temsil eder. DNA melokülünün ise 2,5 nanometre olduğu düşünüldüğünde, protein melokülü 5 nm, kırmızı kan hücresi (alyuvarlar)

anlaşılması, kontrol edilmesi ve atomsal seviyede değiştirilip kontrol edilmesi nano teknolojinin alanı içine girer. Böylece bu teknoloji, atom ve molekül ölçeğinde özel yöntem ve tekniklerle yapıların, materyallerin ve araçların inşa edilmesini sağlayarak piyasaya yeni ürünler sunar. Bu teknoloji sayesinde bilgisayarların boyutları daha da ufalabilir ve bilgi transferi daha da hızlanır.

Moleküler boyutta yapılan teknolojik gelişmeler, maddenin yapısında temelden değişiklikler yaptığı için insanlara çok daha üstün özellikli ürünler elde etme şansı verdi.[331] Nano teknolojinin sağlık sektörüne de girmesiyle insan sağlığı için yeni çözümler üretebilme daha kolaylaşacaktır. Akıllı nano robotlarla teşhis koyma daha zahmetsiz hale gelecektir. Halihazırda bakterisiz ve mikropsuz ortam yaratma olanağını kısmen başarmış olan nano teknolojinin bu kolaylığı sağlık sektörünü rahatlatacaktır. Yine nanometre boyutunda yapılan ameliyatlarda kullanılan aletlerle, hatta robotlar vasıtasıyla vücudun hastalıklı bölgesini doğrudan tedavi etmek mümkün olabilecektir. Vücuttaki her bulgu bulunup rapor edilebilecektir. Vitaminlerin, antioksidanların, omega yağlarının nano kapsüllerin içine konulup sadece gerekli yere iletilmesi henüz geniş kullanma alanı bulmasa da başarılmış durumdadır.

Mikroişlemci silikon çip üzerine yerleştirilmiş binlerce elektronik devreden oluşur. Mikroişlemciler, elektronik cihazlarda hesaplamaları yapan ve kararları veren silikon çiplerin toplamıdır. Silikon[332] çip, elektronik cihazların hemen hemen hepsinde

---

7 bin nm, tipik hücre duvarının kalınlığı 2 nm, sıradan nezle virüsü yaklaşık 75 nm'dir. Bu değerler nanoteknolojinin ne kadar küçük ölçeklerde çalıştığını gözler önüne sermektedir.

331 Bakteri üretmeyen gıda mamulleri ve materyaller, ışık hızında çalışan bilgisayarlar, kendi kendini temizleyen boya malzemeleri, sıcağı soğuğu geçirmeyen tekstil ürünleri ve değişik malzemeler... Çok uzak mesafeye çok hızlı enerji iletebilen malzemeler... Kısaca nanoteknoloji çok geniş alanda kullanılabilecek milyarlarca dolarlık yeni pazar olanakları açarken insan hayatını kolaylaştıran ürünleri de sunacak. Bu teknoloji sayesinde binaların dış cepheleri, bina içlerindeki malzemeler kendi kendini temizleyeceği gibi nemden ve sudan etkilenmeyecek, mikrop tutmayacaktır. Araçların üzerindeki boyaların çizilmesi, kaportaların aşınması bu teknolojiyle çözülecek. Bu, bahsedilen nanoteknolojinin getireceği yeniliklere çok küçük bir örnek. Kullanım sahası geliştikçe kısa sürede hayatın her alanını kapsayacaktır.

332 Kum, %25'i oranında silikon içerir. Silikon, oksijenden sonra yerkürenin kabuğunda en çok bulunan elementtir. Kum, özellikle de kuvars (*quartz*) içeriğinde silikon dioksit (SiO2) halinde bol miktarda silikon içerir ve yarı iletken üretimi için vazgeçilmez bir malzemedir. Kum, çeşitli aşamalardan geçirilerek içinde bulunan silikon

olan minyatür elektronik beyinlerdir. Silikon, özelliğinden ötürü yarı iletken olarak adlandırılır. Bunun anlamı, kullanım şekline göre ya iletkendir ya da yalıtkan. Bu özelliği sayesinde bir mikro-işlemcide olması istenen milyonlarca transistoru mükemmel bir biçimde destekler. 2015 yılında IBM tarafından ilk defa insan saçından 10 bin defa daha ince olan, 10 nanometre büyüklüğünde silikon transistorlardan çok daha kullanılışlı, karbon nano tüp transistorlar yapılmaya başlandı. Bu buluşla silikon çiplerin yerini karbon çipler alacak, bilgisayarların kapasitesi artacak, büyük miktardaki verilerin daha çabuk analizi yapılacaktır. Belki California'da bulunan bilgisayar ve yüksek teknolojinin merkezi olan Silikon Vadisi'nin ismi de çağın gerisinde kalacaktır.

Mayıs 2017'de IBM araştırmacıları, tırnak büyüklüğündeki bir alana 30 milyar transistor sığdırdıklarını ve ihtiyacımız olan işlem gücüne ciddi destek veren bilgisayar çiplerini üretmek için yepyeni bir yol bulduklarını açıkladılar. Yeniliğin anahtarının, mevcut çipler üzerindeki transistor kapı boyutunun 10 nanometreden 5 nanometreye (nm) kadar düşürülmesinden geçtiği söyleniyor. Bu daha fazla güç anlamına gelir. Böyle bu durum kendi kendine giden otomobillerden (sağlığa büyük zararları olmasına rağmen) 5G'nin getireceği inovasyonlara, akıllı telefonlara kadar her alanda tesirini gösterecektir. [333]

Nano Teknolojinin Getireceği Tehlikeler

Bu teknoloji, bazı ülkelerde yiyeceklerin raf ömrünü uzatmada, bakterilerden arındırmada, güzel koku salmasında kullanılmaya başlandı. Fakat kamuoyu tarafından tepki çekebilir korkusuyla henüz açıklanmıyor. GDO'lu gıdalar gibi tepki çekilmesinden korkuluyor.[334] Nano teknolojinin gıda üzerindeki za-

---

ayrıştırılır. Silikon yeterli saflığa ulaştığında elektronik malzeme üretimine hazır hale gelir. Ortaya çıkan elektronik üretimine uygun silikon o kadar saftır ki her bir milyar silikon atomu içinde bir tane yabancı atom bulunur. Saflaştırma aşaması tamamlandıktan sonra eritme aşamasına geçilir. Sonuç olarak 0,1 m'nin milyarda birinden daha az pürüze sahip silikon plakalar elde edilir. Bu minik plakalar üzerine milyonlarca transistör yerleştirilir. Ardından her lot bir çip olacak şekilde kesilir .

333 Brian Barett, IBM Breakthrough ensures silicon will keep shrinking , Wired, 06.05.2017.

334 Gıdalar ve Nanoteknoloji, www.nanoturkiye.net/2009/02/25/gidalar-ve-nanoteknoloji/

rarları henüz tam olarak test edilmediğinden gıda alanında nasıl kullanılacağı konusunda da genel kabul görmüş bir regülasyon yok. Bu da işin riskli tarafıdır.

Dünyada ilk defa Kanada hükümeti, nano teknoloji firmalarından nano teknolojik ürünlerin içindeki nano materyallerin detaylarını belirtme zorunluluğunu getirmiştir (Şubat 2010). Nano teknoloji ve sentetik biyoloji (*synthetic biology*) bilimin hızla gelişme gösteren oldukça enteresan iki alanıdır, fakat halkın büyük çoğunluğu bu iki gelişmenin tam içeriği ve uygulamaları hakkında elle tutulur bir bilgi sahibi değildir. Amerika da bile bu konudaki bilgisizlik çok büyük oranlardadır.[335]

Nano teknoloji bugün hem gıda paketlemesinde hem de doğrudan gıdada kullanılmaktadır. Nano teknolojinin 21 milyar dolarlık pazarı olan besin ve diyet takviyesi (mineraller, vitaminler vb.) olarak kullanılmaya başlanması, zararları hakkında yeterli araştırma ve deneyler yapılmadığı, kullanılacak doz oranları belirlenmediği, yan etkileri doğru dürüst bilinmediği ve pazara çıkmadan önce testlerinin yeterli şekilde yapılmadığı için büyük risk taşımaktadır.[336]

Çevreye salınan nano materyallerin taşınızı, miktarları, bozunumu, dönüşümü ve nihai akıbetleri tam olarak bilinmemektedir. Şimdiye kadar yapılan çalışmalarda, alıcı ortamlarda nano materyallerin biyolojik olarak bozunabilecekleri ve birikebilecekleri, diğer kirleticilerle birlikte taşınabilecekleri veya bünyelerine toksik kirleticileri bağlayarak taşınımını artırabilecekleri, diğer kirleticilerle kimyasal ya da fiziksel reaksiyona girebilecekleri belirtilmektedir (EPA, 2007).[337]

Nestle, Kraft Food gibi gıda devleri çeşitli nano teknolojik gıdalar üzerinde çalışmalar yapmakta ve birçok nano teknolojik

335 Nanotechnology, Synthetic Biology&Public Opinion, Peter D. Hart Reaearch Associates, Washington, Inc. 22. Eylül 2009 s. 3, www.nanotechproject.org/publication/archive/8286/

336 William B. Schultz-Lisa Barclay, A Hard Pill to Swallow: Barriers to Effective FDA Regulation of Nanotechnology -Based Dietary Supplements, Woodraw Wilson International Center for Scholars, 17 Haziran 2009 (Project on Emerging Nanotechnologies/PEW) Washington www.nanotechproject.org

337 Şule Kaplan, Tanju Karanfil, Mehmet Kitiş, Nano Materyallerin Potansiyel Çevresel Etkileri 7. Ulusal Çevre Mühendisliği Kongresi Yaşam Çevre ve Teknoloji 24-27 Ekim 2007, İzmir, TMMOB Çevre Mühendisleri Odası.

gıdayı pazarlamaktadırlar. Nano teknolojiyle üretilen, pişirme dereceleri, şekilleri ve diğer yöntemleriyle kişinin istediği tat ve renklere dönüşebilecek, akıllı gıda (smart food) denilen kişiye özel nano teknolojik gıdalar üzerinde bu büyük gıda firmaları çalışmalarını sürdürmektedirler.[338]

Geç de olsa, nano teknolojiyle üretilen gıdaların muhtemel zararlarının olabileceğinin farkına varılmasıyla Avrupa Birliği Komisyonu Gıda Güvenliği Dairesi (Européen Commission the European Food Safety Authority/EFSA), kendi bilim heyetinden nano teknolojinin gıdadaki potansiyel tehlikeleri konusunda araştırma yapmıştır. 2009 yılında yayımlanan raporda[339] tatmin edici bir sonuç elde edilememiştir. Bu alandaki çalışmaların oldukça yeni olduğu, yeterli bilgilere sahip olunmadığı, bu şartlar altında nano teknolojinin getirdiği risklerin belirsizlik içinde olduğu ifade edilmiştir.[340]

Bazı kişiler, gelecekte moleküler mühendisliği kullanarak toprağa ihtiyaç duymadan büyük miktarlarda gıda üretimi yapılabileceği görüşündedirler. Bu konuda Amerika'da Cornell Üniversitesi gıda bilimi bölümünden Prof. Carmen I. Moraru şöyle demektedir: "Nano makineler atomik seviyede sentezlerle limitsiz oranda gıda üretebilecekler, bu da açlığa son verecektir."[341]

İnsanların sağlığı için risk taşıyan ve sentetik yollarla üretilmiş böyle gıdaların insanların açlığını önleyeceği değil, sonunu getirebileceği göz önünde bulundurulmalıdır. 2008 yılında dünyada ilk defa İngiltere'de düzenlenen bir organizasyonda (UK Soil Association) nano parçacıklı gıdaların potansiyel zehir olduklarından, insan sağlığını tehdit ettiklerinden bahsedilerek organik gıdada kullanılması yasaklanmıştır.[342] Nano teknoloji, kanser ya-

---

338 Georgia Miller- Scott Kinnear, Nanotechnology: The new threat to food, www.nano.foe.org.au/node/198

339 The Potential Risk Arising from Nanoscience and Nanotechnologies on Food and Safety, The EFSA Journal (2009) 958, 1-39 EFSA-Q-2007-124a www.efsaeuropa.eu

340 The scienitific committee wishes to emphasise that thye risk assesment proceesses are still under development with respect to characterisation and analysis of ENMs (engineered nanometerials) in food and feed. Under these circumstances, any individual risk assessment is likely to be subject to a high degree of uncertainty.

341 Carmen I. Moraru, Nanotechnology: A New Frontier, in Food Science, Food Technology, Aralık 2003 Vol.57, no. 12, s.25.

342 Dominique Patton, No nano in organic foods, says UK certifier, Decision News Media, 16.01.2008, www.nutraingredients.com

pıcı bir toksin olup su boruları, evlerin sıvaları dahil birçok yerde kullanılan ve tehlikeli bir madde olduğu çok geç anlaşılan asbestos yolunda gitmektedir.[343]

Lozan'da bulunan EPFL'den[344] araştırmacılar, 2007 yılında aşılarda kullanılabilecek ve daha az yan etkiye neden olacak bir nano partikülü geliştirip buna patent almışlar ve bu çalışmalarını *Nature Biotechnology* dergisinde (Ekim, 2007) yayımlamışlardır.[345] Bunun haricinde nanoteknoloji ile yeraltı ve şehir suyu şebekelerinin dezenfekte edilmesi ve temizlenmesi gündeme gelmiş, hatta bu konuda bazı uygulamalar yapılmıştır. Nanoteknolojik yolla sularda yapılan arıtmanın ne gibi sağlık sorunları oluşturabileceği araştırılmamaktadır. Zaten belli bir regülasyona ve kısıtlamaya tabi olmayan nanoteknoloji, şimdilik birçok alanda hiç haberimiz dahi olmadan hayatımızın bir parçası olmuş durumdadır.

Nanoteknoloji artık birçok alanda uygulama alanı bulduğundan maalesef kozmetiklerin içeriğine kadar girmiştir. ABD Kanser Önleme Birliği (Cancer Prevention Coalition) Başkanı ve Illinois Üniversitesi Profesörü Dr. Samuel S. Epstein son yıllarda kozmetik ürünlerinin içinde, özellikle kırışıklıkları giderici kremlerde kullanılan nano parçacıkların insan sağlığı için çok tehlikeli olduklarını öne sürmektedir. Dr. Epstein, ürünlerin içindeki maddelerin ultra-mikroskobik seviyelerde ufaltılıp nano parçacıklar seviyesine getirildiğinde diğer maddelere oranla deriden kana, oradan vücudun bütün organlarına kolayca sızabileceğine dikkat çekmektedir."[346]

İlaçlarda da nanoteknoloji kullanılmaktadır. Çok küçük partiküller oldukları için hücre zarlarından geçerek diğer konvansiyel ilaçlara göre hastalığı daha etkili iyileştireceği amaçlanmıştır. Nano ilaçların birçok hastalığa karşı etkisi tartışılmazdır fakat bütün diğer kimyasal ilaçlarda olduğu gibi yan etkileri göz ardı

343 Vincent R. Johnson, Commentary: Is nanotechnology the new asbestos?, Stateman, 28.12.2016.
344 EPFL: "Ecole Polytechnique Federale de Lausanne"
345 Tai S. Reddy, J. Van der Vlies, Elenoara Simeoni, Veronique Angeli, Gwendalyn J Randolph, Exploiting lymphatic transport and Complement activation in nanoparticle vaccines, 1.10.2007, s.1159-1164, www.nature.com/nbt/journal
346 Cancer: The Health Risk Behind the Cosmeceutical Mask, Chicago, IL, October 6.10.2009, World-Wire,www.healthy-communications.com/epstein10-masks.htm

edilmemelidir.[347] Nitekim ne gibi sağlık sorunları oluşturacağı bilinmeyen nano partiküllü ilaçların sağlık sorunları doğurduğu ortaya çıkmıştır.[348] Mesela, bağışıklık sistemi bakteri, virüs gibi gözle görülmeyen mikropları tanıyordu ama bu hiç göremediği partikülleri tanımadığı için onlara karşı nasıl davranacağı bilemiyor, bağışıklık sisteminin işlevi bozuluyor ve vücutta şişmelere neden oluyor.[349] Her ne kadar medikal dergilerde nano ilaçların bağışıklık sistemini güçlendirdiğine dair makaleler varsa da bu her zaman böyle olmuyor. Belli şartlar altında bağışıklık sistemini de olumsuz etkileyebilmektedir.[350] Yine nano partiküllerin akciğerleri tahrip ettiği,[351] toksin oluşturduğu,[352] genlerin bozulmasına neden olduğu bilinmektedir. Bu partiküllerin solunmasının tehlikeli olduğu bilinmekte,[353] ayrıca yenmesi durumunda kolon kanseri, astım, ağızdan başlayarak anüse kadar devam eden crohn gibi çeşitli hastalıkları tetiklemektedir.[354]

Bunların yanı sıra nanoteknoloji ile hava, toprak, deniz kirliliği, küresel ısınma gibi gezegeni felaketlere sürükleyecek etkinlikler

347 Anderson DS, Sydor MJ, Fletcher P. Andrij Holan, Nanotechnology: The Risks and Benefits for Medical Diagnosis and Treatment, Journal of Medicine&Nanotechnology, 28.07.2016.

348 The Risk of Nanotechnology for Human Health, *The Lancet*, Vol. 369 sayı. 9568, 07.04.2008.
Anderson DS, Sydor MJ, Fletcher P. Andrij Holan, Nanotechnology: The Risks and Benefits for Medical Diagnosis and Treatment, Journal of Medicine&Nanotechnology, 28.07.2016.

349 Marit Ilves, Sara Vilske, Kukka Aimonen, Nanofibrillated cellulose causes acute pulmonary inflammation that subsides within a month, *Nantocicology*, Vol.12, Sayı. 7 s.729-746, 2018.

350 Effects of Engineered Nanometerials in Human Immune System, *Life Science News*, 12.12.2018.

351 Nanoparticle exposure can awaken dormant viruses in the lungs, Helmholtz Zentrum Muenchen-German Research Centre for Environmental Health, Science Daily, 16.01.2017.

352 Antonio Pietroiusti-Helene Stockmann-Juvala -Kai Savolaine, Nanomaterial exposure, toxicity, and impact on human health, Wires, Nanomedicine and Nanobiotechnology, 28.02.2018.

353 JelenaKolosnjaj-Tabia, Anthropogenic Carbon Nanotubes Found in the Airways of Parisian Children, *The Lancet*, Vol.2, Sayı. 11, 11.11.2015, s.1697-1704.
Sam Wong, Carbon nanotubes found in children's lungs for the first time, *New Scientist*, 21.10.2015

354 NUS study: Nanoparticles may promote cancer metastasis, National University of Singapore (NUS) 01.02.2019; Vicki Stone- Helinor Johnston, What are the risks of nanotech?The Guardian, 28.03.2014; What are the Risks of the Development of Nanotechnology in Medicine?, Just Science, 13.12.2017.

kontrol altına alınacak, kanserden, bakteriyel kökenli ve virüslerin sebep olduğu hastalıkların hastalığın tedavisi mümkün hale gelecektir. Beyin, kalp, böbrek gibi kritik organların zaman içinde kaybolan dokularını yeniden üretebilecek nano robotlar devreye girecektir. Yine de bu teknolojiye sağlık ve gıda alanında çok dikkatli yaklaşmak gerektiği unutulmamalıdır. Nanoteknoloji partiküllerinin insan vücudu ile etkileşime geçtiğinde zararlarının da olduğu ve bu konuda çok geçmeden tedbirler almanın gerektiği insan sağlığı ve geleceği için önemli noktalardan biridir.

TEKNOLOJİ BAĞIMLILIĞI VE GENÇLERİ BEKLEYEN SAĞLIKSIZ GELECEK

*Bizim toplumumuz artık çocuklara doğayla
doğrudan ilişki kurmalarını öğretmiyor.*[355]

ABD'li gazeteci, yazar Rihard Louv (1949 -)

İnsanlığın Çocukluktan İtibaren Teknolojinin Esiri Olmasına Giden Yol

*Sağlıklarını bozacak, gerçek yaşamdan izole olacak derecede teknoloji
bağımlısı olan gençler, "teknolojik bağımlılık hastalıkları" kategorisi içinde
tedavi edilmektedirler.* [356] *Bu tedavi metodolojisi yaygınlaşmalıdır.*

Çocuklarda Doğa Eksikliği Hastalığı

İnsanlık kendisini bildi bileli binlerce yıllık süre içinde doğa-
nın dostuydu; ona saygı duydu, onu kutsallaştırdı, dini inancının
parçası yaptı. 19. yüzyıl sonları 20. yüzyılın başlarından itibaren
bilinçsiz bir şekilde insanoğlu çıkarı, aşırı hırsı, kâr ve rantı uğ-
runa doğanın âdeta düşmanı oldu. İnsanlığa yaşam kaynağı olan
doğayı yok etme yarışına girdi.

İnsanın kendi eliyle yarattığı nükleer silahlar dünya tarihinin
en büyük yıkıcı gücü oldu.[357] Teknoloji ilerledikçe doğa ve insan

355 Richard Louv, *Last Child in the Woods,* New York: Workman Publ.-Algonquin Bo-
oks, 2005, 2008, s.3.

356 Doç. Dr. Özden Arısoy, İnternet Bağımlılığı ve Tedavisi, Psikiyatride Güncel Yak-
laşımlar, *Current Approaches in Psychiatry,* 2009; 1:55-67 s.57-58.
Christina Gregory, PhD, Internet Addiction Disorder: Signs, symptoms, diagnosis,
and treatments for those who may be addicted to the Web on their PC or smart
phone., Psycom, 04.03.2019.

357 İsveç Stockholm'de bulunan SPRI (Uluslararası Barış Araştırmaları Enstitüsü) 2012
kayıtlarına göre, dünyada 8 devlet (ABD, RF, İngiltere, Çin, Fransa, Hindistan, Pa-

için sayısız riskleri de beraberinde getiriyor. [358] Bu risklerin yarattığı olumsuzluklar ise en çok çocukları etkiliyor.

ABD'li yazar Richard Louv 2005 yılında yazdığı, kısa sürede ABD'de çok satanlar listesine giren *Ormanlardaki Son Çocuk*[359] adlı kitabında[360]çocukların çoğunlukla yaşamlarını kapalı yerlerde sürdürerek yeşil alanda vakit geçirememelerinin ve doğayla kontaklarını kaybetmelerinin, yaşadıkları en büyük olumsuzluk olduğuna dikkat çeker. Çocuklar artık bir ağaca tırmanamıyor, bir çay ve ırmak kenarında gezinti yapamıyor, dolayısıyla doğayı tanıyamıyor.

Tanrı'nın bize, özellikle çocuklara hediye olarak verdiği doğadan çocukları kopardık. Onları bahçesiz, oyun sahasız, doğası olmayan okullara, sayısız elektronik aletin bulunduğu apartman dairelerine tıktık. Hareket kabiliyetlerine, vücut koordinelerine, kas ve kemik gelişmelerine, kanser ve kalp hastalıklarından korunmalarına faydalı olan güneşten D vitamini almalarını kısıtladık.[361] Kısaca doğal

kistan ve İsrail) her an kullanıma hazır 4400 nükleer silaha sahip. Eğer depolarda tutulanlar dahil edilirse kabaca 19000 nükleer silahtan bahsediliyor. ABD ve RF sırasıyla 8000 ve 10000 civarında savaş başlığına sahipken, diğer nükleer devletlerin savaş başlığı sayısı 80 ile 300 arasında değişiyor. Yıkım gücü dünyada canlı bırakmayacak kadar büyük. Örneğin ABD'nin Ohio sınıfı nükleer balistik füze denizaltılarının taşıdığı 6500 deniz mili menzile sahip 24 adet "UGM 133 Trident-D-5" füzelerinin 60 ton ağırlığındaki sadece bir tanesinin ateş gücü, Birinci ve İkinci Dünya savaşlarında -Hiroşima ve Nagasaki'ye atılan nükleer bombalar dâhil- kullanılan tüm bombaların ateş gücünden fazla bir yıkım gücüne sahip. Büyük şehirlerde patlatılacak 100 Hiroşima gücünde (1,5 MT) nükleer bomba stratosferde kabaca 5 milyon ton serpinti zerrecikleri dumanı yaratarak küresel ısının buz çağı dönemine geri dönmesine neden olacaktır.

358 NASA, ilk atom bombasının patlatılmasından yıllar sonra patlama sonrası oluşan nükleer serpinti dumanının %40'ının stratosferde 10 yıl kalacağını tespit edebildi. Bu tip patlamadan sonra atmosfere karışan nükleer serpintinin, patlamanın daha uzağında yaşayan o anda ölümden kurtulmuş gibi görünen insanların DNA, metabolizma ve üreme sistemlerine uzun dönemde hasar verdiği ve kansere neden olduğu yine yıllar sonra farkına varılmıştı.

359 Türkiye'de 2012 yılında TUBİTAK tarafından *Doğadaki Son Çocuk* adıyla tercüme edilip basıldı.

360 Richard Louv, *Last Child in the Woods*, New York: Workman Publ.-Algonquin Books, 2005, 2008

361 D vitaminini vücudumuz üretiyor. Bunun için cildin güneş ışınlarıyla bir süre temas etmesi yeterli. Deride bulunan bir ön madde güneş ışınlarıyla D vitaminine dönüşüyor. Sağlıklı bir insanın vücudunda bulunan toplam D vitamininin neredeyse tamamı bu şekilde yapılıyor. Yiyecek ve içeceklerle kazanılan D vitamini miktarı çok az. Süt, süt ürünleri ve balıkta yeteri kadar D vitamini yok. Kanda ölçülebilen D vitamini vücutta yeteri miktarda varsa(25(OH) düzeyiniz 5 ng/dL'nin altındaysa ciddi bir eksiklik söz konusu. 40 ng/dL'nin üstü olması gerekiyor) kanser, şeker has-

mutluluklarını ellerinden alıp televizyon, video oyunları, bilgisayar gibi gözlerini bozacak, onları gerçek dünyadan uzaklaştıracak sanal bir dünyada dijital aletlerle yaşamaya mahkum ettik. Doğayı, insanları tanımadan, yalnız televizyon seyrederek, kitap okuyarak ebeveynleri tarafından verilen bilgilerle hayatı tanımak mümkün değildir. Hayat yaşanarak tanınır. Ellenmeden bellenmez. En sağlıklı bilgi, doğadan ve pratik yaşam içinden gelir.

Kuşları kafese koyduğumuz, balıkları havuzlarda suni yemlerle beslediğimiz gibi çocuklarımızı da suni gıdalarla, hareket sahalarını kısıtlayarak yetiştirmeye başladık. Tabii bu durumda doğadan kopuk büyüyen çocuklarda belli hastalıkların oluşması kaçınılmaz olur. Richard Louv buna "doğa eksikliği hastalığı (*nature deficit disorder*)" adı veriyor. Bu hastalık ne doktor muayenesinde ne kan tahlillerinde ne de psikiyatris ve psikolog kontrolünde ortaya çıkıyor.

Doğa ile bütünleşemeyen çocuk sağlıksız büyür. Doğayı acımasızca tahrip etmemiz bu hızda devam ettiği sürece ne bugün ne de gelecekte çocukların doğa ile haşır neşir olarak büyüme şansı yoktur. Çocuklar artık kapalı yerlerde büyütüldükleri için dışarıdaki yaşam gerçeklerinin farkında değiller.

Çocuklarda Teknoloji Bağımlığının Doğurduğu Hastalıklar

Bütün gününü bilgisayar başında geçiren, yeme-içme ihtiyaçlarını bilgisayar önünde karşılayan kişilerin, bir süre sonra beyin kimyaları madde bağımlılarındaki gibi bozuluyor.[362]

Matthew Gentzkow (1975 -)

Çocuklarda erken yaşta görülen obezite, diyabet hastalığı, dikkat eksikliği, koordinasyon eksikliği, psikolojik bozukluklar

---

talığı, kalp damar hastalıkları, osteoporoz ve hipertansiyona yakalanma olasılığınız azalıyor.

362 Matthew Gentzkow (University of Chicago)- Jesse M. Shapiro (University of Chicago), Does Television Rot Your Brain?, NBER Working Paper, No. 12021 Şubat, 2006, JEL No. I21, J13, J24.

Elizabeth A. Vandewater, David S. Bickham, June H. Lee, Always On Heavy Television Exposure and Young Children's Development, *American Behavioral Scientist*, Ocak, 2005 vol. 8 No. 5 s.562-577.

Marie Winn. *The Plug-in Drug: Television, Computers, and Family Life*, New York: Penguin, 2002.

genetik nedenlerin dışında çocukların çoğunlukla kapalı yerlerde toplumdan izole, dijital aletlerle haşır neşir olarak hareketsiz büyümenin, şekerli ve işlenmiş gıdalar tüketmenin de bir sonucudur. Küçük yaştan itibaren çocuklar evde mızmızlanmaya başladıklarında ellerine birer elektronik alet verilip susturulur. Artık çocuklar mamalarını bile televizyona bakarak yiyorlar.

Çocukken sosyalleşmesini önlediğimiz, arkadaşları içinde kendisini savunma, koruma, arkadaşlık geliştirme tecrübelerinden yoksun kıldığımız ve mutluluklarını dijital dünya ile sağladığımız çocuklarımız yetişkin çağa geldiklerinde toplumla uyum sağlayamıyorlar, kırılgan ve problemlerini tek başlarına çözebilecek tecrübeden yoksun oluyorlar. Bütün gününü bilgisayar başında geçiren, yeme-içme ihtiyaçlarını da bilgisayar önünde karşılayan kişilerin bir süre sonra beyin kimyaları madde bağımlılarındaki gibi bozuluyor.[363] Böylece pozitif sosyal ilişki geliştirmekte başarılı olamayıp yetişkin yaşlarda yaşamlarını avuç dolusu antidepresanlarla devam ettiriyorlar.

Çocukların en iyi arkadaşları teknolojik ürünler. Teknoloji bağımlısı olarak beton binalarda, dört duvar arasında yetişen gençlerin sosyal ilişkileri zayıf, duygusuz ve bencil, bağışık sistemleri zayıf, hastalanmaya yatkın oluyorlar. Dünyayı sanal ortamda tanıyorlar ve farkında olmadan birçok hastalığı tetikliyorlar. Bunda ebeveynlerin de büyük hatası var. Çocuklara küçük yaşta resim yapmak, müzik zevki aşılamak, bir müzik aleti çalmalarını öğretmek, sevdikleri bir spora teşvik etmek gibi alanlarda yönlendirseler onların gelecekte toplumla daha uyumlu olmasını sağlayacaklardır.

Artık yalnız yetişkinlerin değil çocukların da yaşamını teknoloji yönlendiriyor; küçük yaşlarda ellerine verdiğimiz akıllı telefonlar, bilgisayar, video oyunları vs. ile çocuklar yaşamı ekran arkasından, görsellerle öğrenmeye çalışıyorlar, bu sanal ortamda

363 Matthew Gentzkow (University of Chicago)- Jesse M. Shapiro (University of Chicago), Does Television Rot Your Brain?, NBER Working Paper, No. 12021 Şubat 2006, JEL No. I21, J13, J24.
Elizabeth A. Vandewater, David S. Bickham, June H. Lee, Always On Heavy Television Exposure and Young Children's Development, *American Behavioral Scientist*, Ocak 2005 vol. 8 No. 5 s. 562-577.
Marie Winn. The Plug-in Drug: Television, Computers, and Family Life, New York: Penguin, 2002.

kendilerini eğlendiriyorlar. ABD'de Kaiser Aile Vakfı'nın (*Kaiser Family Foundation*) 2010 yılında yaptığı bir araştırmaya göre ABD'de 8-18 arası yaş grubu çocuklar haftada 53 saatten fazla zamanlarını internet ve TV üzerinden film seyretmekle, oyun oynamakla geçiriyorlar. [364] Bu, çocukların günde 7,5 saatten fazla kapalı yerde, elektronik aletlerin önünde zaman geçirdiğini göstermektedir. 2015 yılında İngiltere'de yapılan bir araştırmaya göre 5-16 arası çocuklar (16 yaş dahil) günde 7 saate yakın ekran önünde zaman geçirmektedirler. 1995 yılında bu rakam yalnız 3 saatti. [365]

Çoluk çocuk hepimiz teknolojinin esiri olmuş durumdayız ve bunu geri döndürmenin, bundan kurtulmanın imkânı yok. Buna karşı koymamız da mümkün değil; bağımlısı olduk.[366] Diğer bir çıkmaz da bu teknolojik bağımlılıktan ailemizi, çocuklarımızı kısmen de olsa nasıl kurtaracağımızı ve bu şartlar altında akıl sağlığımızı nasıl koruyacağımızı bilmiyoruz. Ekran karşısında otururken kumar oynuyorsunuz, alışverişinizi yapıyorsunuz, tanımadığınız ve kendisini başka biri kişi olarak gösteren şahıslarla arkadaş oluyorsunuz...

Çocuklara dijital aletlerle oynamada günlük sınırlama getirilmesi gerekiyor. Bu boşluğun da daha olumlu aktivitelerle doldurulması görevi ebeveynlere düşüyor. Çocuklarının eğilimlerini, kabiliyetlerini erken yaşta tespit ederek çocuklarını ona göre yönlendirmeleri işlerini kolaylaştırır. Bütün bunları söylemesi çok kolay fakat bu işler zaman, para, sabır gerektirir. Herkesin bunu yapabilmesi kolay değil. Devlete bu yönde büyük iş düşmektedir.

"Birçok kişi için bağımlılık kavramı klasik anlamda alkol, esrar, kokain, eroin gibi kimyasal madde kullanımını içerir fakat aslında bağımlılığı neyin oluşturduğu konusunda gerçekte net bir açıklama yapmak zordur. Özellikle son zamanlarda kumar, seks, para harcama, alışveriş yapma, yemek yeme, egzersiz, televizyon izleme, bilgisayar oyunları oynama gibi çok çeşitli davranışların

364 Jon Henley, Richar Louv: Let them climb trees, *The Guardian*, 05.06.2010.
     Generation M2: Media in the Lives of 8- to 18-Year-Olds, Kaiser Famil Foundation, Haziran 2010.
     http://kff.org/other/event/generation-m2-media-in-the-lives-of/
365 Jane Wakefield, Children spend six hours or more a day on screens, *BBC News*, 27.03.2015.
366 Alter Adam, *Irresistible: The Rise of Addictive Technology and the Business of Keeping Us Hooked*, New York: Penguin Publ. 2017.

da bağımlılık yaratabileceği görüşü artmaktadır. 'İnternet bağımlılığı', 'patolojik internet kullanımı', 'aşırı internet kullanımı' ya da 'uygun olmayan internet kullanımı', genel olarak internetin aşırı kullanılması isteğinin önüne geçilememesi, internete bağlı olmadan geçirilen zamanın önemini yitirmesi, yoksun kalındığında aşırı sinirlilik hali ve saldırganlık olması ve kişinin iş, sosyal, ailevi hayatının giderek bozulması olarak tanımlanabilir. İnternet bağımlılığı ile ilgili yapılan gözlemler sonucu, oluşturulan tanı ölçütlerinin daha çok madde bağımlılığına benzer özellikler gösterdiği görülmüştür. Bu bağlamda patolojik düzeyde internet kullanımı genel olarak 'teknolojik bağımlılıklar' başlığı altında ele alınmaktadır. İnternet tıpkı kumar gibi bağımlılık yaratmaktadır ve internet bağımlıları çeşitli dürtü kontrol bozukluğu belirtileri göstermektedir. İnternet bağımlılığında tedavi, eğer saptanabilmişse altta yatan psikiyatrik rahatsızlığın ortaya çıkarılmasıyla başlar.[367]

Kurumlardaki Yanlış Eğitim Metodolojisinin Doğurduğu Umutsuzluk

Geleceğin toplumunu doğa sevgisiyle ve onun dilini anlayarak yetişmiş, ekolojik okuryazarlığı olan gençler kurtaracaktır.

İlkokuldan başlayarak çocukları dört duvar arasına koyup, sessizce sıralarında oturmaya mahkum ediyoruz. Yaşamlarının en güzel yıllarını hareketsiz bir şekilde, doğadan kopuk geçirmelerine neden oluyor, çoğunlukla pratik yaşamda işlerine yaramayacak gereksiz bilgilerle beyinlerini dolduruyoruz. Böylece hem beyin hem vücut algılarını bozuyoruz. Onlara ilkokul binasının en az on katı büyüklüğünde bir açık alanda doğayı tanıyacakları, ekolojik okuryazarlık öğrenecekleri, koşup oynayarak beden ve ruh sağlıklarını geliştirecekleri alanlar yaratmıyoruz. Çocuklarımızı yarış atı gibi yetiştiriyoruz. İyi bir okul bitirip bir diploma almaları için çocukların üzerinde inanmaz baskılar kuruyoruz. Okul bitirip bir meslek sahibi olamazlarsa toplumda neredeyse bir hiç olacaklarını onlara aşıladık. Bilinçaltlarına yerleştirdiğimiz bu baskılarla onlara âdeta robot muamelesi yapıyor, seçim ve hayat hakkı

---

367 Doç. Dr. Özden Arısoy, İnternet Bağımlılığı ve Tedavisi, Psikiyatride Güncel Yaklaşımlar-Current Approaches in Psychiatry, 2009; 1:55-67 s.57-60.

vermiyoruz. Artık bizim de fazla bir alternatifimiz olmadığından ve çocuklara da fazla bir seçim hakkı veremediğimizden mutsuz ve hastalıklı nesilleri elimizle yaratıyoruz.

Eğitim kurumları tamamen ezbere dayalı, yaşamın gerçekleriyle alakası olmayan, çağın gerisinde kalmış bilgilerle çocukların kafasını dolduruyor. Doktor oluyorlar, çeşitli dallarda mühendis oluyorlar, çeşitli meslek sahibi oluyorlar fakat hayatın gerçeklerinden uzak olarak yaşamlarına başlıyorlar. Ellerindeki diploma aslında onların genel kültürü, yaşam tecrübeleri konusunda fazla bir şey ihtiva etmiyor. Mesleklerinin inceliklerini, çalışırken öğreniyorlar. Eğer mesleklerini sevmiyorlarsa, zorla buna itilmişlerse onu da öğrenemiyorlar.

Çocukların gelişimiyle ilgili bir diğer önemli mesele de onlara eleştirel düşünme, kendine güven aşılayarak etkin konuşma ve yazı yazma, günlük tutma, kitap okuma alışkanlıkları kazandırılmasıdır. Doğa sisteminin nasıl işlediğini, insan ilişkilerinin nasıl oluştuğunu erken yaşta sosyalleşerek öğrenen çocuklar yalnız okulda değil, yaşamlarında da yaratıcı, başarılı, sorun çözen lider vasfına sahip olacaklardır. Çocukların geleceği biraz da ailelerin onları doğru yönlendirmesiyle ilgilidir. Onun için toplumda küresel farkındalığı, doğa, çevre duyarlılığı olan yetişkinlerin olması çok önemlidir. Dikkat edilmesi gereken başka konu da sosyal medyadır. New York Üniversitesi'nden Prof. Adam Alter yaptığı bir araştırmada, çocukları artık sosyal medyanın yönlendirdiğini belirtir.[368] Bu aslında çocukların üzerinde ailelerin sosyal medya kadar etkisi olmadığını göstermektedir.

Çocuklarımızın eğitimini yalnız okullara bırakmamalıyız. Çocuklar doğanın içinde eğitilmeli, doğayı tanımalı, doğanın dilini öğrenmelidir. Esas eğitim aile içindedir. Çocuklar ufak yaştan ebeveynleri tarafından doğa ve hayvan sevgisi aşılanarak büyütülmelidir. Bu şekilde yetişen ve bilinçlenen çocuklar, ileride doğanın tahrip edilmesinin önüne geçecek ve muhtemelen insanlığın geleceğini kurtarmada da en büyük güç olacaklardır.

---

368 Prof. Adam Alter, Tech Bigwigs Know How Addictive Their Products Are, Why Don't the Rest of Us?, *Wired*, 24.03.2017.

Daha mı Zekileşiyoruz Yoksa Zekâ Seviyemiz Geriliyor mu?

Evren insanın düşünce gücü kadar büyüktür veya
bir o kadar da küçüktür.

1960'lı ve 70'li yıllarda dünyaya gelenlere "x" nesli deniyor. Bu nesil otoriteye saygılıydı. Teknolojik icatların çoğuna şahit olduk fakat çoğu dijital gelişmeye adapte olmakta zorlandı, çocukları ise bu konuda onları geçti.

1980'li 90'lı yıllarda doğanlara "y" nesli deniyor. Bu nesil teknolojiyi kullanma, bilgiye serbestçe ulaşma konusunda ebeveynlerinin çok ilerisindeler. Bu nesli okullarda çağın gerisinde kalmış eğitim sistemleri tatmin etmiyor. Her şeyi çabuk elde edip çabuk tüketiyorlar ve düşünceleri hızla değişip gelişiyor. Arkadaş ve toplumla ilişkileri genelde birebir değil, sosyal medya üzerinden gelişiyor.

2000 yılından sonra gelenlere "z" nesli deniyor. Bu nesil artık tamamen internet ve akıllı telefon bağımlısı. Dijital teknoloji ile büyüdüklerinden erken yaşta zekâ kapasiteleri oldukça gelişmiş oluyor. Nesiller arasındaki farklar ve kopukluk hızla artıyor. Yaşlı nesillerin bu hızlı gelişme ve değişmeye adapte olması çok zorlaşıyor. Bilgi hızla değişiyor, okulda öğrenilenlerin çoğu, yaşama uygulamada gündem dışı kalıyor. Yaşam boyu öğrenme bir kural haline geliyor. İnsan odaklı bir eğitim ile makine ve teknoloji odaklı bir eğitim arasında denge oluşturmak gerekiyor. El yazısıyla not alma kaligrafi gerektirdiği için çocuklarda zekâyı geliştiriyor. Dijital aletlerden dolayı çocukları el yazısından uzaklaştırdık. Beynin gelişmesinde önemli rol oynayan ve kaligrafik temele dayanan elle yazı yazmayı hemen hemen bıraktık. Çocukların ellerine bilinçsizce verilen, hatta eğitimde kullanılan tabletlerin faydalarından çok zararları var. Sizin yerinize düşünen matematik hesapları yapan robotların zekâ gelişimini ne kadar köelteceği görülmek istenmiyor. Sokak oyunları yerine tercih edilen dijital oyunların, psikolojik ve fiziksel ne gibi tahribatlar yaptığı yeni yeni ortaya çıkmaya başladı.

Beyin vücudun %2'si olsa da geri kalan %98'i yönetiyor. "Ortalama insan beyni 1,4-1,5 kilogram, bunun da %80'i sudan oluşuyor. Geriye kalan %20'lik katı kısmın ağırlığı yaklaşık 280 gram!

Yani bir insanın hayatta ne olacağına ya da ne olamayacağına karar veren 280 gramlık bir parça!" Biz bu beyni gittikçe atıl hale getiriyoruz. Elimizi kullanarak yapılan yaratıcılığı ve kitap okumayı azalttık. Matematiksel hesapları artık cep telefonundaki hesap makinelerinden yapıyoruz. Cep telefonu numarasını hafızamızda tutmuyoruz. Bir sürü işlemi bilgisayara bıraktık. Kısacası aklımızı, düşüncemizi, yaratıcılığımızı teknolojiye teslim ettik. Kullanılmayan beynin gerilediği bilimsel olarak ispat edilmiştir. Beyni canlı tutmak için devamlı dışarıdan uyarı vermek gerek. Çünkü beyin doğduğu zaman ne yapacağını bilmeyen tek organdır. Kendisini geliştirmesi için uyarılması ve öğrenmesi gerekir.

Son yıllarda batıda yapılan zekâ testlerinden IQ'nun[369]düştüğü görülüyor. Zekâ araştırmacılarının bazıları IQ'yu ikiye ayırıyorlar. Biri akışkan zekâ; yani şablonları görebilme ve mantık kullanılarak sorunları çözebilme yeteneği. Diğeriyse kristalleşmiş zekâ; yıllar boyunca öğrendiğimiz ve gördüğümüz şeyler, yani deneyimle sorunları çözme yeteneği. Matematik ve kelime bilgisi testleri ikincisini ölçüyor.

İkinci Dünya Savaşı'ndan sonra dünyaya gelen nesillerin IQ'sunda görülen artış, 1975 yılından bu yana tersine dönmüş durumda. İkinci Dünya Savaşı'ndan 1975'e kadar geçen zamanda, insanlarda yılda ortalama 3 puan IQ gelişimi kaydedilirken, zekâ seviyesindeki bu artışın sonlanmasında birçok etkenin rol oynadığı kaydedildi. Araştırmacıların 2004 yılından itibaren farkına

---

369 "Intelligence quotient" ifadesinin baş harflerinden oluşan "IQ" entellektüel zekânın ölçülmesi için kullanılan bir katsayıdır. İfade Alman psikolog ve filozof Wilhelm Stern tarafından 1912 yılında türetilmiştir. IQ, aşağıda formülü verildiği gibi kişinin "zekâ yaşının" (intelligence sge – IA) "biyolojik yaşına" (life age) oranı olarak tespit edilmektedir. IQ = (zeka yaşı/biyolojik yaş) x 100. Bulunan IQ değeri verilen zekâ skalalarına göre analiz edilir. Çoğu IQ skalasında normal zekâyı temsil eden "100", ortalama değer olarak kabul edilmektedir. Örnek bir zeka (IQ) puanı skalası aşağıda verilmiştir:

Zekâ / IQ	Açıklama
>140	dahi
120-139	çok zeki
110-119	zeki
90-109	normal zekâ
80-89	düşük zekâ
70-79	çok düşük zekâ
69>	son derece düşük zekâ

varmaya başladıkları bu gerilemenin tek bir nedeni yok.[370] Bazı araştırmacılar 19. yüzyılda Victoria döneminden beri insanların IQ'sunun günümüze gelene kadar 14 puan düştüğünü iddia ediyorlar. [371]

Matematik ve dil öğreniminde değişen tekniklerin düşüşe neden olabileceği belirtilirken, insanların kitap okumak yerine teknolojik cihazlarla daha çok vakit geçirmesi de nedenler arasında gösterildi. Okullarda eskisi kadar çok matematik eğitimi verilmiyor, eğitimin doğası değişti. Mesela artık daha çok hesap makinesi kullanılıyor.[372] Daha çok seyredip fazla kitap okumadıkları için kelime hazinelerinde de düşüklük oluşuyor.[373] Oslo Üniversitesi Öğretim Üyesi ve Frisch Araştırma Merkezi'nde çalışan Dr. Ole Rogeberg ve Bernt Bratsberg, 1975 sonrasında doğanların IQ'larının gerilediğini tespit etti. *Proceedings of the National Academy of Sciences* adlı dergide yayımlanan araştırmaya göre, her 10 yılda bir Norveçlilerin zekâsı ortalama 3 puan düşüyor. Kısa bir süre önce İngiltere'den bir grup araştırmacı da benzer sonuçlar bulmuş, IQ skorlarının her 10 yılda bir ortalama 2,5 ile 4,3 puan azaldığı belirtiliyor.[374]

---

370 Sally Adee, We seem to be getting stupider and population ageing may be why, *New Scienrist,* 08.09.2017.

371 Michael A.Woodley-Jante Nijenhuis-RaeganMurphy - Were the Victorians cleverer than us? Intelligence Vol. 41, Issue 6, Kasım-Aralık 2013, s. 843-850.

372 Toplam 730 bin kişi üzerinde yapılan araştırmaya göre, yaşları 7-9 arasında değişen çocuklardan haftada en az bir kez balık yiyenlerin, nadiren yiyenlere göre IQ seviyelerinin ortalama 5 puan yüksek olduğu görüldü. Burada ailelerin eğitim durumu, meslekleri ve medeni durumları gibi faktörlerin de etkili olduğu belirtilirken, balık yemenin IQ seviyesini yükselttiğinin altı çizildi.

373 PeeraWongupparajab-RangsiratWongupparajc-VeenaKumari, The Flynn effect for verbal and visuospatial short-term and working memory: A cross-temporal meta-analysis, *Intelligence,* Vol. 64, Eylül 2017, s. 71-80.

374 Bernt Bratsberg -Ole Rogeberg, Flynn effect and its reversal are both environmentally caused
PNAS June 26, 2018 115 (26) 6674-667.
Araştırmayı yapan isimlerden Dr. Rogeberg yaptığı araştırmanın metodolojisini şöyle izah etti: Eskiden Norveç'te askerlik zorunluydu. Ortalama 18 yaşındaki tüm erkekler askerlik şubesine gidiyor ve bazı zorunlu testlere katılıyordu. Biri dil bilgisi, diğeri aritmetik, sonuncusuysa tipik IQ testiydi. Testler 1950'de hazırlandı ve sonra hiç değişmedi. Yani o yıllardan beri herkes aynı testi çözüyor, sadece artık zorunlu değil. Bu da bize çok önemli bir veri kaynağı sağladı. Sonuçları incelediğimizde 1975'te doğanlara kadar, her sene IQ skorlarının yükseldiğini görüyoruz. Bu kişiler 1993 gibi teste katılmış. Bu yıldan sonra IQ seviyesi sürekli düşmeye başlamış.

Batıda, eğitim süresi, beslenme kalitesi, sağlık koşullarının iyileşmesi gibi etkenler göz önünde bulundurulduğunda IQ skorları her 10 yılda 3 puan artıyordu. Bu zekâ gelişiminin hızı düşüşe geçti ve düşüş de aynı oranda, 10 yılda bir IQ'da 3 puan kaybettirdi.

Norveçli bilim insanları daha önce yaptıkları bir çalışmada entelektüel yeteneklerin azalmaya başladığını tespit etti. Bu çalışmada 1970-2009 döneminde askere alınan Norveçlilerin IQ test sonuçları kullanıldı. Toplamda 730 bin testin sonucu incelendi. 20. yüzyılın ilk yarısı boyunca gözlemlenen IQ artışı "flynn etkisi" adını almıştı. Bu fenomeni açıklamak için birçok tez öne sürülmüştü. Teorik olarak insanların "akıllanmasını" etkileyen faktörler arasında beslenme, sağlık ve eğitimin iyileştirilmesi gösterilmişti. Ancak Norveçli bilim insanlarının son araştırması etkinin tersine değiştiğini ortaya koydu. Yapılan hesaplamalara göre, zekâ düzeyi ortalama bir nesil başına 7 puan düşüyor. IQ'daki düşüşün, kısmen çevre faktörlerinin yanı sıra insanların yaşam tarzındaki değişikliklerle ilgili olabileceği düşünülüyor. Mesela Norveç'te diğer gelişmiş ülkelerde olduğu gibi gençler interneti, Youtube'u çok kullanıyor. Haliyle çok fazla İngilizce kelimeye maruz kalıyorlar. Bu durum ana dilleri konusundaki bilgileri ve yeteneklerini azaltıyor.

Bugün IQ'su gelişmekte olan ülkelerin sayısı da artıyor. Özellikle Asya'nın doğusu ve Afrika'da. Gerileme ise, çoğu batıda olan ülkelerin gençlerinde daha öne çıkıyor. Yapılan araştırmaya göre margarinli besinler tüketmek, devamlı "google-sosyal medya"da vakit harcamak, içi boş reality şov izlemek IQ seviyesini

---

Daha önce Norveç'te ve pek çok diğer Avrupa ülkesinde kitap okuma oranlarının azaldığını ortaya koyan araştırmalar yapıldı. Özellikle gençler daha çok TV izliyor, internette zaman geçiriyor, daha az okuyor. Yaygın eğitimin zekâ artışına katkısı konusunda da çok güçlü veriler var. Norveç'te zorunlu eğitim 7 yıldı, sonra 10 yıla çıkarıldı. Bu artıştan sonra zekâ testlerindeki artışı da gözlemleyebiliyorsunuz. Veriler ortada. Fakat eğitim yaygınlaştıkça kalitesindeki azalma IQ'da düşüşü tetiklemiş olabilir. Bakın kesinlikle eğitim yaygınlaştırılmamalı demiyorum ama kalitesinden taviz verilmemeli. Son yıllarda fast food'un artmasıyla birlikte bazı bilim insanları beslenmenin IQ üzerinde olumsuz etkilerinin olabileceğini savunuyor. İnsanlar artık daha az aktif, obezite artıyor.

Nalan Koçak, "Zeka Batı'da Azalıyor Doğu'da Artıyor", *Haber Türk*, 18.06.2018.

düşürüyor.[375] İngiliz fizyolojist Richard Lynn (1930-) IQ düşüşü-
nün devam edeceğini, 2050 yılına kadar batıda IQ'da 1,3 oranda
düşüklük yaşanacağını ileri sürüyor.[376]

375 India Sturgis, 7 everyday ways you are ruining your IQ, , *The Telegraph*, 30.07.2015.
     Doymuş yağlı (margarin) besinler tüketmek beynin dopamin hormonu salgılama-
     sını engelliyor, hafızaya zarar veriyor ve beynin reaksiyon verme süresini uzatıyor.
     Aynı anda birden fazla işle uğraşmak beynin yakıt olarak ihtiyaç duyduğu bir şeker
     çeşidi olan glikozun daha hızlı harcanmasına, yani beynin yorgun düşmesine neden
     oluyor. Devamlı Google ve benzerlerinde vakit harcamak beyni tembelliğe alıştı-
     rıyor ve hafıza gelişimini engelliyor. Fazla fruktoz alımı, meyve, bal ve sebzelerde
     bulunan doğal şeker fazla alındığında beyin aktivitelerini yavaşlatıyor. Reality şov
     izlemek beyni tembelleştiriyor. Uykusuz kalmak / jetlag, öğrenme yeteneğini azaltı-
     yor. Bu maddelere daha önce de belirttiğimiz gibi birçok konu eklenebilir.
376 Sarah Griffiths , Are we becoming more stupid? IQ scores are decreasing, Mail On-
     line, 21.08.2014.

ADALETSİZ BİR DÜZENİN MUTLU
BİR GELECEĞİ OLAMAZ

*İnsan özgür doğar; oysa her yerde zincire vurulmuştur. Falan kimse
kendini başkalarının efendisi sanır ama böyle sanması onlardan
daha da köle olmasına engel değildir.*[377]

Fransız yazar, filozof Jean Jacques Rousseau (1712-1778)

Dün, Bugün ve Gelecekte Halkın
Değişmeyen/Değişmeyecek Kaderi

Bugün dünyamızda ne olup bittiğini bilmek, yani küresel far-
kındalık, yaşamın en önemli noktalardan biridir. Dünyadaki
siyasi, ekonomik ve sosyal olaylar ve bunların perde arkasında
yaşananlar bilinmeden ne günümüz ne de insanlığın gidişatı an-
laşılabilir. Kişilerin ve ülkelerin kendi konumlarını tam olarak
saptamalarına, içinde yer aldıkları ekonomik ve siyasal sistemin
neresinde yer aldığını tam olarak bilmelerine imkân yoktur. Bu-
gün devletlerin dokunulmazlığı altındaki görünmez güç odakları
olan gölge hükümetler, esas yönetim kontrol merkezinde otur-
maktadırlar. Halk için en tehlikelisi de bu durumdur. Bu güçler
gerçek pozisyonlarını sahip oldukları iletişim araçlarıyla, yalan-
larla saklamaya çalışmakta, toplumu tek bir merkezden yönet-
meye çalışmaktadırlar.[378] Bugün dünyaya hakim olan kapitalist

---

377 Jean-Jacques Rousseau, *The Social Contract*, Çeviri: Maurice Cranston, I. Kitap. I.
Bölüm London-New York: Penguin, 2006.
https://socialpolicy.ucc.ie/Rousseau_contrat-social.pdf
Man is born free, and (but) everywhere he is in chains. Once who believes himself
the master of others is nonetheless a greater slave then they.
Jean-Jacques Rousseau, *Toplum Sözleşmesi*, Çeviri: Vedat Günyol, İstanbul: İş Bank.
Kültür Yay., 2006.

378 Dünyanın geleceği bu durumu daha 1940'lı yıllarda görüp yazan George Orwell
(1903-1950) *Bin Dokuz Yüz Seksen Dört* adlı romanında büyük birader (*big brother*)
adını verdiği perde arkasındaki güçler ile yönetimin kontrol altında tutulacağını

dünya, bu çarpıtma ve aldatma geleneğini daha profesyonel bir şekilde sürdürmektedir. Bu sistem bugün demokrasi kılıfı altında tam bir aldatma, sömürü ve soygun düzeninin meşrulaştırılması üzerine inşa edilmiş durumdadır. Sistem materyal, teknolojinin hızla gelişmesi, emek üretiminin, insani vasıfların hızla değer kaybetmesi üzerine çok hızlı değişiyor ve toplumun sosyal yapısını da hızla dejenere ediyor. Emeği de artık ölçülebilir bir değer olmaktan çıkarıyor.

Egoizm, daha çok şeye ve güce sahip olma, aşırı para hırsı bütün kötülüklerin anasıdır. Dünyadaki kayıt dışı ekonomi, vergi kaçırma, büyük soygunlar, enerji kaynaklarını ele geçirmek için yapılan dayatmalar ve işgaller, çevrenin para için acımasızca tahribi... Bu durum küresel adaletsizliği daha da bozmakta, gelecek nesillere yaşanılabilir bir dünya bırakmamaktadır. Bugün dünyadaki en büyük sorun, bu adaletsiz soygun sisteminin hükümetler tarafından desteklenmesi, talancıların çevreyi kirleterek ekilebilir toprakları, ormanları yok etmesidir.[379] Tarihte güçlü olan hep zayıfı ezmiş, onların sahip olduğu doğal varlıkları talan etmiştir.

İngiltere'de Roma işgaline karşı bölgesinde direnişi örgütleyen Caledones kavminin Şefi Galcacus, kavmine şöyle seslenip onları uyandırmaya çalışıyordu: "Romalılar bütün dünyayı soyuyorlar. Karada soyulacak bir şey kalmayınca, yeni soyulacak yerler arıyorlar. Zengin düşman karşısında gözleri doymaz. Fakir

anlatmıştı. Fakat biz bu gerçeği yeni yeni anlamaya başladık. George Orwell'e atfedilen "Evrensel aldatmanın hakim olduğu dönemde gerçeği anlatmak bir devrimdir" ifadesi, bugün için de çok geçerlidir. Bu ifade aslında İtalyan sosyalist Antonio Gramsci'ye (1891-1937) aittir.

379 Dünya kara parçasının büyüklüğü 13 milyar hektar, dünya toprağının %38'i ekilebilir arazi, %30'u orman. Ekilebilir arazinin 4.9 milyar hektar büyüklüğünde. Bunun 287 milyon hektarı gibi çok küçük alanı sulanabiliniyor. İnsanlık için su gibi yaşama kaynağı olan bu iki değeri her geçen gün daha çok kirletip daha çok kaybediyoruz. Bazı yerlerde ekilebilir topraklar çoğalmış gibi görünse de 1960'ların başından itibaren bu son elli yılda orman arazilerinden 500 milyon hektar alınarak yapılmıştır. (Hervé Guyomard - Agneta Forslund, Hungry for Land? Potential Availability of Arable Land, Competition Between Alternative Uses, and the Impact of Climate Change, *Paris Tech Review*, 03.03.2011.)
Merkezi Avusturya'da bulunan başka bir uluslararası organizasyonun araştırmasına göre (International Institute for Applied Systems Analysis / IIASA http://www.iiasa.ac.at/) dünyada 4.2 milyar yağmur suyuna dayalı tarım yapılabilecek arazi var. Bunun yalnız 1.6 milyar hektarında tarım yapılıyor, geriye kalan 2.6 milyar hektar alan henüz tarım alanı olarak kullanılmıyor. Bu araziler daha çok Endonezya'da, Güney Amerika ülkelerinde ve Afrika'nın Sub-Saharan bölgesindedir.

düşmana da hükmetmek için savaşırlar. Ne Doğu ne Batı onların gözünü doyurmaz... Haydutluğa, katilliğe, soygunculuğa yalandan imparatorluk adı verirler. İzole ederler, yalnızlık yaratırlar ve adına barış derler."[380]

Amerika kıtasında işgale, sömürüye, katliamlara şahitlik yapmış olan Dominiken rahibi Bartolomeo de las Casas'ın (1474 -1566) 1552'de yazdığı *Yerlilerin Gözyaşları* adlı kitabında şunları der: "İspanyollar, 1511 yılında Küba Adası'na geldiler. İspanyollar Küba'da yerlilere daha ağır eziyetler (katliamlar) yaptılar. İspanya istilasına karşı direnen yerlilerin şefi Hatuey, İspanyolların altın, değerli taşlar, kısacası çıkarları uğruna yaptıkları acımasız katliamları biliyordu. Kabilesini toplayıp şöyle dedi: 'İspanyolların buraya geldiğine ilişkin söylentileri siz de duymuşunuzdur. Haiti Adası'nda kimlere neler yaptıklarını, soyluları nasıl katlettiklerini biliyorsunuz. İspanyolların burada daha merhametli davranacaklarını ummayın. Dostlarım, onları buraya getiren nedeni biliyor musunuz?' Yerliler cevap verdi: 'Bilmiyoruz...' Hatuey devam etti: 'Bize o kadar insafsız davranmalarının tek nedeni işkence etmekten hoşlanıyor olmaları değil... Bizim de inandıkları tanrıya inanmamızı istiyorlar...' Hatuey, elindeki altın ve değerli taşlarla dolu sepeti havaya kaldırarak şöyle dedi: 'İşte onların tanrıları, Hıristiyanların tanrısı bu işte... Şimdi bakın, bu sepet yanımızda kalırsa, onu ele geçirmek için hepimizi öldürecekler. Bundan dolayı sepeti ırmağa atalım.' Yerliler şefleri Hatuey'in önerisini kabul ettiler ve içi altın dolu sepeti ırmağa attılar."[381]

Kendi halkının ve bulunduğu toprakların hakkını savunan Hatuey, İspanyollara karşı direndi fakat İspanyollar tarafından yakalanarak diri diri yakıldı.

Amerikan yerlileri Kızılderililer uzun bir dönem soykırım ve katliama uğratılarak pasifize edilmişlerdir. Amerikan yerlilerinin

---

380 Tacitus, *Agricola*, Çev. M. Hutton-W. Peterson, Harvard University Press, 1914, Bölüm: 30; Tacitus: Life of Cnaeus Julius Agricola, Çev. Alfred John Church - William Jackson Brodribb, Internet Ancient History Sourcebook, Bölüm: 30, http://www.fordham.edu/halsall/ancient/tacitus-agricola.asp; http://classics.mit.edu/Tacitus/annals.html;

Robbers of the world, having by their universal plunder exhausted the land, they rifle the deep. If the enemy be rich, they are rapacious; if he be poor, they lust for dominion; neither the east nor the west.

381 Bartolomeo de las Casas, *Yerlilerin Gözyaşları: Yerlilerin Yok Edilişinin Kısa Tarihi,* Çev. Oktay Etiman, İmge Kitabevi, Ankara, 2011, s. 49-50.

İspanyollar kıtayı istila etmeden önceki nüfusları tartışmalıdır.[382] İspanyolların geldiği 1492 yılından önce değişik kaynakların 50 milyona kadar verdiği yerli nüfusu, 40 yıl içinde 4 milyona düşmüştü.[383]Amerikan Sioux Kızılderili şefi Oturan Boğa (1831-1890),[384] "Her kim beyaz adamın yaptıklarına imrenirse bizim ırkımıza küfür etmiş olur,"[385] demişti. "Tektanrıcılık insanların ahlak standardını yükseltmeye pek yaramamıştır. Hıristiyan istilacılar Amerika'nın yerli kabilelerinden daha mı ahlaklıydı? Tektanrıcılığın yol açtığı kesin bir şey varsa o da pek çok insanı eskisinden daha çok hoşgörüsüz yapması, bu yolla din kaynaklı zulüm ve kutsal savaşların yaygınlaşmasını sağlamasıydı. Çoktanrıcılıkta farklı insanların farklı tanrılara tapması, değişik tören ve âdetler uygulaması gayet kabul edilebilir bir şeydi."[386]

"Eşitsizlik taş devrine kadar uzanır. Üç bin yıl önce avcı ve toplayıcı bir topluluk, kimi üyelerini binlerce fildişi boncuk, bilezik ve sanat eseriyle dolu mezarlara gömerken kimi üyelerine de basit çukurları layık görmüştür. Buna rağmen eski avcı toplayıcı topluluklar daha sonra gelen topluluklardan daha eşitlikçiydiler. Çünkü mal varlıkları çok azdı. Mal varlığı uzun süreli eşitsizliğin ön koşuludur. Tarım devrimini takiben (yerleşik düzene geçtikten sonra) çoğalan mal varlığıyla beraber eşitsizlik de arttı. İnsanlar toprak, hayvan, bitki ve aletlerin mülkiyetini elde edince hiyerarşik toplumlar oluştu. İnsanlar bu düzeni doğal, hatta Tanrı buyruğu

---

382 1492 yılında 30, 40, 50 hatta 70 milyon oldukları ileri sürülen Amerikan Kızılderili nüfusun bugünkü rakamları D'Arcy McNicle araştırma rakamlarına göre 6 milyon, Smithsonian Enstitüsü'nün *Kuzey Amerika Kızılderililerin El Kitabı* (*The Handbook Of North American Indians*) çalışmasında yer alan rakamlara göre bir milyon 890 bin kişi olduğudur. Peter Watson, *Ideas, A history From Fire to Freud*, London: Orion Books/Phoenix. 2006, s.608.

383 Bartolomeo de las Casas, *Yerlilerin Gözyaşları: Yerlilerin Yok Edilişinin Kısa Tarihi*, Çeviri: Oktay Etiman, (Ankara: İmge Yay. 2011, s.9)

384 "Oturan Boğa" yalnız bir kızılderili kabile şefi veya kabilenin doktoru değil, etrafında dönen olayların farkında olan bir düşünür ve eylem adamıydı 15 Aralık 1890'da yatağından zorla kaldırılıp tutuklanmak istemesine karşı direnince vurularak öldürülmüştür. Aslında Sioux kabilesi ve Oturan Boğa 1881 yılından itibaren silahlarını bırakmış, Amerikan hükümetinin gözlemi altında yaşamışlardır. Fakat Oturan Boğa ezilen, ellerinden toprakları alınmış Kızılderililerin haklarını savunmaya, kızılderilileri uyandırmaya devam etmiştir. Ölümü Amerikan hükümeti tarafından bölgede polis olarak görevlendirilmiş Kızılderililer tarafından olmuştur.

385 One Way, Issue No: 18 Autumn 1979.

386 Yuvah Noah Harari, *21. Yüzyıl İçin 21 Ders*, Çeviri: Selin Siral, Kolektif Yay., 2018, s.181.

addetmeye başladı."[387] Yönetimi ele geçirenler ve din adamları bu düzenin kutsal ve dokunulmaz kılınmasına yardımcı oldular.

Adaletsizlik bugün de dahil olmak üzere her dönemin en büyük sorunu olmuştur. İsa'nın doğumundan yaklaşık 2 bin, zamanımızdan 4 bin yıl önce Mısırlı din adamı Ankhu'nun ülkesindeki kötü gidiş, haksızlık ve adaletsizlikler üzerine yakınması şöyledir:

İşte olanlar oldu ülke başsız
Ayaktakımı talan etti ulusun varlığını ...
Kargaşalık yaratan bozgunculara karşı koymuyor hiç kimse
İşte bunu da görmek kısmetmiş
Başını sokacak odası olmayanlar
Artık köşklerde konaklarda yaşıyor...
İşte cebi delikler zengin oldu.
İleri gelenler bile övüyor yeni zenginleri.
İşte devlet daireleri darmadağın
Çobansız kalmış sürü.
Hiç kimse ülkenin en ulu kişilerine
Halkın durumunu anlatmıyor.
Batıyor bu memleket.[388]

Memleket baştan aşağı azapla kıvranıyor.
Bir olup bitenler çileden çıkartıyor insanı
Öncekini aratıyor her geçen yıl
Kargaşalık var ülkede, yıkımın eşiğindeyiz.
Kapı dışarı ettiler adaleti.
Haksızlık kol geziyor hükümet çevrelerinde .
Millet yoksulluktan perişan
İnsanlarda ne saygı kaldı ne sevgi.
Memleket baştan aşağı tedirgin.
Fakirler zenginlerin karşısında güçsüz.
Ama ağzını açıp tek kelime söyleyen yok.
İnsan sesini yükseltmeye görsün
Başlıyor gerçekleri bilmeyenlerin(tuzu kuruların) öfkesi [389]

---

387 Yuvah Noah Harari, *21. Yüzyıl İçin 21 Ders*, Çeviri: Selin Siral, Kolektif Yay. 2018, s.81.
388 Talat S. Halman, *Eski Mısır Şiiri*, Türkiye İş Bankası Yay., 1972.
389 Talat S. Halman, *Eski Mısır Şiiri*, Türkiye İş Bankası Yay., 1972.

4 bin yıl önce yazılan bu şiir aslında bugünü de anlatıyor. Demek ki fazla değişen bir şey yok.

Tevrat'ın çeşitli bölümlerinde Yahudilerin yaşadığı veya şahit olduğu kaos ortamı, yozlaşma anlatılır: "Yöneticiler, asilerle hırsızların işbirlikçisi; hepsi rüşveti seviyor, armağan peşine düşmüş. Öksüzün hakkını vermiyor, dul kadının davasını görmüyorlar."[390] *Kuran*'da da aynı konuyu eleştirilir: "Yetimlere mallarını verin ve murdar olanla temiz olanı değiştirmeyin. Onların mallarını mallarınıza katarak yemeyin. Çünkü büyük bir suçtur (Nisa, 2)." Adaletsizlik tarihin her döneminde vardı ve hiçbir zaman yok olmadı.

Aslında dinler toplumu kolayca yönetmek, onların haksızlığa isyan etmesini önlemek için binlerce yıl bir silah olarak kullanılmış, bu durum adaleti getireceğine adaletsizliği ve sömürüyü körüklemiştir. Dinlerin hepsinin içinde binlerce yıllık kültürlerin, rasyonel olmayan mitolojik, gerçeküstü, mucizevi inançların öğeleri vardır.[391]

"Bir şeyi anlamanın, kavramanın temeli ya rasyonelliğe (akılcılığa) dayanır. Bu da mantıksal ve matematiksel iki alt bölüme sahiptir; duygusal sezgilere hitap etmesi veya sanatsal (görsel, sözlü hitabet vb.) olarak kabul edilebilir bir kaliteye ve temele sahip olması gerekmektedir. Rasyonel kavrayışın en üst kademesi (dogma ile değil) matematiksel ve mantıksal olgulara uygunlukla ilintilidir."[392]

---

390 *Tevrat*, Yeşaya (Isaiah) 1; 23.

391 *Kuran*, "Senden önce gönderdiğimiz elçilerden (peygamberlerden) sor," (Zuhruf 45) diyerek geçmişin, geleneğin, oradaki öğütlerin *Kuran*'ı anlamada yardımcı olacağına dikkat çeker. *Kuran*'da yer alan "Şüphesiz ki bir kavim kendini değiştirmedikçe, Allah da onları değiştirmez" ayeti oldukça düşündürücüdür.

392 Max Weber, *Economy and Society: An Outline of Interpretive Sociology*, Bölüm I. (toplam III. Bölüm) California: University of California Press, 1978, s.5. Alman sosyolog Max Weber, modern sosyolojinin babasıdır. *Ekonomi ve Toplum* adlı eseri modern sosyolojinin el kitabıdır. Bu önemli eser, 1920'lerin başında Almanca basılmış (*Wirtschaft und Gesellschaft: Grundriss der verstehenden Soziologie*) İngilizce baskısı ilk defa 1968 yılında yayımlanabilmiştir (New York: Bedminster Press. 1968, Toplam III. Bölüm). Max Weber, İslam dünyasında din, rasyonel görüş ve ekonomik gelişme arasındaki ilişkileri derinliğine inceleyip ilk ortaya koyan bilim insanlarındandır. Bir grup, Weber'den inançlarını açıklamasını rica ettiğinde Weber, onların isteklerini geri çevirmiş ve böylesi itirafları topluluklara değil yakınlarına yapacağını söylemiştir. Weber'e göre çağdaş toplum tanrısızdır; peygamberlere de, azizlere de bu toplumda yer yoktu. (Max Weber, *Sosyoloji Yazıları*, Çeviri: Taha Parla, İstanbul: Hürriyet Yay., 1987, s.28.)

Yerleşik düzene geçildikten, bir kişinin bir toprak parçasını çevirip mülkiyet hakkı elde ettikten, devlet düzeni oluştuktan sonra, kısa ve geçici fasılalar dışında, dünyada hiçbir zaman adaletli bir düzen olmadı. Meşhur şair, astronom, matematikçi filozof Ömer Hayyam (1048-1131) bu durumu şöyle izah ediyor:

İyi bir düzen olsaydı dünyada
Doğru tartılsaydı insan emeği
Dünya sevilen bir dünya olurdu
Namuslu insanlar kalmazdı köşelerde[393]

Çalıma bak şu zibidilerde, geçirmişler ellerine bu ülkeyi
Buranın en bilginini kendilerini sanırlar. Aldırma sen işini yap
Bilemezsin öyle eşektir ki onlar, eşek olmayana dinsiz
imansız derler.[394]

İnsanlar binlerce yıldır çoğunlukla doğa, yaşam, yönetim konularında yetersiz bilgiye sahip oldukları için masallarla avunup hayal aleminde yaşamışlar, arzu ve aşırı isteklerinin kurbanı olmuşlar, gereksiz tartışmalar ve böbürlenmelerle vakitlerini geçirmişlerdir. 13. ve 14. yüzyılda yaşamış İtalyan ozan, politikacı, Dante (1265-1321) bu durumu şöyle özetler:

Kimi hukuk kimi tıp peşinde koşar
Kimi umudunu din adamlığına (papazlığa) bağlar
Kimi zorbalıkla yalan dolanla hüküm sürer
Kimi çalıp çırpar, kimi alıp satar
Kimi şehvet batağına saplanıp kimi de miskinlik yaparken
vakit yitirir...
Günümüzde Tanrının kimseden esirgemedeği ekmeğe el
koyulmaktadır.[395]

William Shakespeare (1564-1616)'in 66. *Sone*'si (*Sonnet 66*) döneminin adaletsizliğini çok açık bir şekilde gözler önüne serer:

393 A. Kadir, *Bugünün Diliyle Hayyam*, İstanbul: Hilal Matbaacılık, 1979, s. 115.
394 A. Kadir, *Bugünün Diliyle Hayyam*,İstanbul: Hilal Matbaacılık ,1979, s.76.
395 Dante, *İlahi Komedya* (Cennet Bölümü), Çeviri: Rekin Tekinsoy, İstanbul: Oğlak Yay., 2013, s.741, 814.

Vazgeçtim bu dünyadan tek ölüm paklar beni
Değmez bu yangın yeri, avuç açmaya değmez.
Değil mi ki çiğnenmiş inançların en seçkini
Değil mi ki yoksullar mutluluktan habersiz
Değil mi ki ayaklar altında insan onuru
Genç kızlar ahlaksızca kötü yola düşürülmüş
Ezilmiş, hor görülmüş el emeği, göz nuru
Ödlekler geçmiş başa, derken bozulmuş mertlik
Değil mi ki korkudan dili bağlı sanatın,
Değil mi ki çılgınlık sahip çıkmış düzene,
Doğruya doğru derken eğriye çıkmış adın,
Değil mi ki kötüler iyiye hakim olmuş,[396]
Vazgeçtim bu dünyadan, dünyamdan geçtim ama,
Seni yalnız koymak var ya, o koyuyor bana [397]

Jean Jacques Rousseau (1712-1778) ilk defa 1755 yılında basılan kitabında eşitsizlik üzerine şöyle der: "Tarihte ilk kez bir toprak parçasının etrafını çitle çevirip 'Burası benimdir,' diyen ve buna inanacak kadar saf olan insanlar bulabilen ilk insan, uygar toplumun ilk kurucusu oldu. O zaman biri çıkıp çitleri söküp ya da hendeği doldurup insanlara, 'Sakın dinlemeyin bu sahtekârı, meyveler herkesindir, toprak hiç kimsenin değildir ve bunu unutursanız

---

396 Can Yücel, orijinal soneyi çevirirken daha çarpıcı olsun diye bu satırı "kötüler kadı olmuş Yemen'e" diye çevirmiştir.
   William Shakespeare Kimdir? (Oyunları - Hayatı - Biyografi)
   http://kisaroman.blogcu.com/william-shakespeare-kimdir-oyunlari-hayati-biyografi/3185586

397 Tired with all these , for restful death I cry,
   As, to behold desert a beggar born,
   And needy nothing trimm'd in jollity,
   And purest faith unhappily forsworn,
   And guilded honour shamefully misplaced,
   And maiden virtue rudely strumpeted,
   And right perfection wrongfully disgraced,
   And strength by limping sway disabled,
   And art made tongue-tied by authority,
   And folly doctor-like controlling skill,
   And simple truth miscall'd simplicity,
   And captive good attending captain ill:
   Tired with all these, from these would I be gone,
   Save that, to die, I leave my love alone

mahvolursunuz,' diye haykırsaydı, işte o adam, insan türünü, nice suçlardan, nice savaşlardan, nice cinayetlerden kurtaracaktı."[398]

Eşitsizlik birçok farklı biçimde evrenseldir. Eşitsizliğin varlığı diğerlerinin sırtından geçinen bazı insanların ihtiyaçlarına hizmet eden geleneksel inanç ve uygulamaların kurulmasına yol açmıştır.[399] Düşman yaratma, karşı tarafı katletme, başka halkların topraklarını gasp etme hep dini kılıf içinde meşrulaştırılmıştır.

İngiltere küresel soygunu ve sömürüyü başlatan ve 300 yıldan beri en iyi bilen ülkedir. Üç asırdır kolonileştirdiği ülkelerin zenginliğini İngiltere'ye taşımıştır. Nisan 2011 tarihli İngiliz *The Independent* gazetesi dünyada bugün yaşanan problemlerin çoğunun İngiltere'nin geçmişteki emperyalist sömürü düzeninin günümüze kalan kötü mirasından kaynaklandığını ileri sürmektedir.[400] Bugün de bu durum ABD'nin saldırgan, işgalci, adaletsiz dış politikaları ile devam ediyor.

Küreselleşme, özelleştirme, serbest pazar diyerek bir avuç zengin daha çok zengin olmaktadır. Dünya nüfusunun artması, doğal kaynakların hızla tükenmesi ile gelecekte yoksulluk, adaletsizlik daha da artacak, dünya biyoemperyalist, ekonomik,yüksek teknolojinin oluşturduğu dijital, siber savaşlar[401] gibi savaş formlarının içine girecek, kendi kendisini yok etme noktasına gelecek.

Tarih boyunca insanlığın ve bireylerin değişmeyen dört düşmanı olmuştur: cehalet, adaletsizlik, fakirlik ve despotik yönetimler. Adaletsizlik bütün kötülüklerin anasıdır.

398 J. J. Rousseau, *Eşitsizliğin Kökeni*, Çeviri: Aziz Yardımlı. İstanbul: İdea Yayınları, 201, s.63.
Jean-Jacques Rousseau, *Discourse on the Origin of Inequality*, Dover Publ. 2004.
399 Robert B. Edgerton, *Hasta Toplumlar*, Çeviri: Harun Turgut, Ankara: Buzdağı Yay., 2016, s.145.
400 Andy McSmith, A world of troubles all made in England, *The Independent*, 07.04.2011.
401 Robert H. Latiff, *Future War: Preparing for the New Global Battlefield*, New York: A.A.Knopf Ltd. 2017.
Anna C. Cold, The Digital Battlefield and the Future of War, Diplomatic Courier 19.10.2018.

DÜNYANIN EKONOMİK VE
SOSYAL YAPISININ GELECEĞİ

Dünyada her geçen gün gelir dağılımı daha çok bozuluyor, sermaye daha küçük bir zümrenin elinde toplanıyor; zengin daha zengin olurken orta sınıf kayboluyor, fakirler daha çok fakirleşiyor. Bu sistem devamlı kaos yaratır. Dünya nüfusunun %20'lik kısmı oluşturan zenginlerin, dünya kaynaklarının %86'sını tükettiği bir sistem sürdürülebilir değildir.

Gelecekte Dünya Ekonomisinin Sosyal Yapısını Bekleyen Kaos

Bir banka soyduğunuzda 20 sene yersiniz. Banka sizi soyduğunda CEO'su 20 milyon dolar bonus alır.[402]

Bud Meyers, *The Economic Populist*, Şubat 2014

Küreselleşmenin Getirdiği Kaos ve Adaletsizlik

Dünyada üretim biçimleri değişiyor, para ekonomisinden bilgi-enformasyon-veri ilişkisine dayalı ekonomiye geçiliyor. Bu, emek ve para ekonomisini sarsıyor. Zaten 1970'lerden itibaren para karşılıksız basılmaktadır. Ekonomik krizlerde de büyük miktarlarda para piyasalara salınır. Bu durum bir taraftan paranın değerini düşürüp enflasyonu arttırırken diğer taraftan borç ekonomisini inanılmaz ölçülerde yükseltip bütün ülkeleri borç batağına sokar, borçlar ödenemez seviyelere gelip âdeta her an patlamaya hazır ekonomik kaosun alt yapısını hazırlar. Bugün dünya

---

402 Bud Meyers, CEO's and their PayPals, *The Economic Populist*, 15.02.2014.

finans sistemi, halkı mümkün olduğu kadar soyma ve paradan para kazanma sistemi üzerine şekillenmiştir.

Emperyalist politikalar çevreye, doğaya gerekli korumacı önlemleri almıyor. Çünkü arkalarında küresel şirketlerin çıkarlarının doğurduğu baskı var. Bütün bunların yanında dünya her geçen gün milli hasılasının üç katı (2019 yılı için 85 trilyon dolar) miktarda büyük borç batağına giriyor. Sistemi, görülmeyen alacaklılar yönetiyor.

2008 küresel krizinden sonra hane halkı, şirketler, hükümetler borçlarını on sene içinde (2008-2019) %50'den fazla arttırarak 244 trilyon dolara yükseltti. Bu, küresel ekonominin üç katıdır. Dünyada halkın ortalaması günde 5,5 dolar (ayda 165 dolar) ile yaşıyor.[403] Bu durum bütün dünyayı ödeyemeyeceği, hatta karşılığı olmayan bir borç krizine götürmekte, bir saatli bomba olarak durmaktadır.

Bu finansal soygun batıda daha geniş bir şekilde yapılır. 2008'de ekonomik kriz patlayınca hâlâ uyanmayanların, hepsi değil fakat bir kısmı, gerçekleri görmeye başladılar. Meşhur borsa, finans spekülatörü olup bu bozuk düzenden büyük paralar kazanan George Soros bile bu işten şikayet ediyordu. Soros, Nisan 2009'da bir televizyon programında bu konuda şöyle diyordu: "Ülke (ABD) uzun süredir serbest pazarın mucizeler yaratacağı üzerine yapılan yanlış yönlendirmelerle aptallar cennetinde yaşıyordu. Pazar, sahte umutlar ve sözler üzerine yönlendirildi. Şişirilmiş bir balon oluşturuldu. Amerikalılar ürettiğinin %6,5'inin üzerinde tüketiyor. Toplumu borçlanarak tüketime yönlendiren bir ekonominin sürdürebilir ve hukuksal olduğuna inandırdık."[404]

Faizleri, para politikalarını belirleyen Merkez Bankası yönetiminin karar mekanizmasında yer alan kişiler, liyakat usulüne göre veya seçimle değil, ülkelerin hakim güçlerinin atamalarıyla o mevkiye geliyorlar. Para musluğunu elinde tutup yönetenler,

---

403 Tyler Durden, Global Debt Tops 244 Trillion Dollars As "Nearly Half The World Lives On Less Than $5.50 A Day", Zero Hege, 18.01.2018.
Aaron Kuriloff, Taking Stock of the World's Debt, *The Wall Street Journal*, 02.01.2019.
Jeff Cox, Global debt is up 50% over the past decade, but S&P still says next crisis won't be as bad, Bloomberg, 12.03.2019.

404 Aaron Task, Americans we are livin in a fool's paradise, that's gone forever Soros says, Yahoo Finance, 09.04.2009.

aslında yine büyük kapitali elinde tutup siyasi iradeyi de yönetenler oluyor. Devlet yoktan var ettiği hazine bonolarını Merkez Bankası'na belli bir faizle veriyor. Merkez Bankası bunu piyasaya satıyor. Hazinenin, Merkez Bankası'na bu tahvilleri ödeme zamanı geldiğinde devlet ya dışarıdan borç alarak ya da tekrar tahvil basarak ödeme yoluna gidiyor. Böyle bir ekonomik sistemin sağlıklı yürümesi mümkün değil. Bu borçlar en sonunda halkın sırtına biniyor ve zengin olanlar çalışmadan, emek harcamadan parayla para kazanan oluyorlar.

Dünyada milli hasıla devamlı artıyor, fakat bu artan rakamdan fakirler faydalanamıyor, para zenginlerin cebine gidiyor. 2019'da 80 trilyon dolar civarı olan dünya toplam GSYH'si 2060'ta 320 trilyon ABD dolarına çıkacak, fakat bu para topluma adaletli bir şekilde yansımayacak.

Gelecekte ucuz veya pahalı, insan emeğine olan ihtiyaç çoğunlukla ortadan kalkacak. Emperyalist ülkelerin, gelişmekte olan ülkelerin ucuz iş gücüne ihtiyacı kalmayacak, yalnız doğal kaynaklarıyla (maden, petrol, ekilebilir topraklar, su kaynakları) ilgilenecekler.

Bugün sömürü yöntemleri kulağa hoş gelen sloganlarla, küresel medya kanalları kullanılarak yapılmaktadır: "Sömürüyü yaymak artık demokrasi", "serbest pazar", "adalet, refah getireceğiz" vb. Esas amaç fakirin durumunu iyileştirmek değil, küresel sermaye sahibi çok uluslu firmalar için pazar alanlarını mümkün olduğu kadar genişletmek ve bir avuç elitin gücünü pekiştirmektir. Bu adaletsiz sistem maalesef güçlünün yararına, fakirin zararına işlemekte, zengin gittikçe daha zengin olmaktadır. Ülkeler bu durumun farkına kısmen de olsa vardılar. Fakat sistem örümcek ağı gibi her yeri sardığından buradan çıkmak zor oluyor. Geçen 10 yılda küreselleşme, ışık hızından salyangoz temposuna dönüştü; bugün kısmen "yavaş küreselleşmeye (*slowbalisation*)" evriliyor.[405] Bunun da içi boş bir slogan olduğunu belirtelim.

Zengin Ülkeler Dünyadaki Dengeleri Daha Çok Bozacak

Dünyanın en zenginlerinin %1'i 2030 yılına kadar dünya zenginliğinin üçte ikisine (%64) sahip olacak. %1'lik zengin kısım, bugün sahip olduğu 140 trilyon dolarlık zenginliklerini 2030'da

---

405 *Slowbalisation*: The steam has gone out of globalisation, *The Economist*, 24.01.2019.

216 trilyon dolara çıkaracaklar.[406] Bu sistem adaletsizliği körüklerken ekonomik krizlerin de alt yapısını hazırlıyor.

G8 denilen dünyanın en gelişmiş sekiz ülkesi (ABD, Kanada, İngiltere, Fransa, Almanya, İtalya, Rusya, Japonya) dünya nüfusunun %13,6'sına, fakat dünya gelirinin %62,6'sına sahip. Buna rağmen Çin ile beraber onların bile büyük borçları var. Dünyanın en önemli doğal kaynak zengini olmasına karşın vatandaşların büyük çoğunluğuna bu zenginliğin yansımadığı bilinmektedir. Nisan 2019'da açıklanan, Rusya devlet bankası VEB Bank ile Yüksek Ekonomi Okulu'nun beraber yaptığı araştırmaya göre, Rusya'da nüfusun %3'ü tüm finansal aktiflerin %89'unu, vadeli hesaplardaki paranın %92'sini ve nakit paranın % 89'unu elinde tutuyor.[407]

Yakın gelecekte ABD dolarının dünyanın en etkin para birimi olmaktan çıkıp küresel hakimiyetinin azalacak olması, bu durumun ABD ekonomisini sarsıp bir kriz yaratması gibi durumlara karşı ABD, küresel etkinliğini kaybetmemek için yeni savaş ve hakimiyet alanları yaratmaya çalışacaktır. Böyle bir krizin yaşanmasıyla dünyadaki ekonomik stabilite daha da bozulacaktır. Şu anki gidişata bakıldığında ABD dolarının 2030 yılına kadar dünya para birimi olma özelliğini kaybedeceği kesin görülüyor. Dolar 1969-1979 yılları arasında dünya merkez bankalarında %80'lerin üzerinde tutuluyordu; 2019 yılına gelindiğinde dolar, yabancı para rezervi olarak dünya merkez bankalarında %63 civarında tutuluyor.

Bugün rezerv para olarak doların en yakın rakibi euro %20 civarında.[408] Dolar rezervinin aşağı doğru inmesi, ekonomik küresel dengelerin sağlanması açısından kaçınılmaz bir durum. ABD doları, dünya para rezervi olma statüsünü kaybettiği an dünya geniş çaplı savaşlara gebe olacaktır.

406 Michael Savage, Richest 1% on target to own two-thirds of all welth by 2030, *The Guardian*, 07.04.2018.

407 Anton Kardashov, Richest 3% Russians Hold 90% of Country's Financial Assets-Study, *The Moscow Times*, 12.04.2019.

408 Son yıllarda dış ticaretinin önemli bir kısmını kendi para birimi TL ile yapan Türkiye, Rusya, İran ve Çin ile geliştirmeye çalıştığı ulusal paralarla ticaret çalışmaları da dolara karşı açılan cepheyi iyice genişletti. Türkiye, İran ile yürüttüğü ulusal para birimleriyle ticaret girişimlerinin benzerlerini Rusya ve Çin ile de yürütüyor. Artık bu hükümetlerin planlarında ulusal para birimleriyle ödemeleri teşvik etmek ve gereksiz kayıplar olmadan herhangi bir para birimiyle işlemler yapılmasına olanak sağlayacak uygun mekanizmalar oluşturmak yer alıyor.

Kendisini dünyanın jandarması ve demokrasi timsali olarak gören Amerika kurulduğu tarih olan 1776 yılından itibaren bugüne kadar geçen dönemde zamanının %93'ünü bir şekilde savaşlara dahil olarak geçirmiştir. Bunlar içeride yerli halka karşı yaptığı katliamlar,[409] ABD Bağımsızlık Savaşı (1771-1783)[410], İç Savaş (1861-1865),[411] doğrudan savaşlar ve işgaller olmak üzere çeşitlidir. Birkaç yıl hariç ABD devamlı savaşlarla iç içe olmuştur.[412] ABD, Vietnam Savaşı'ndan (1965-1973) itibaren girdiği savaşları da net olarak kazanamamıştır.[413]

Savaşlar yalnız, ABD savaş ve petrol endüstrisi ile birkaç büyük uluslararası firmanın işine yarıyor. Amerika ekonomisi uzun yıllardır savaştan beslenmektedir. Bunu değiştirmeleri de çok zordur.

ABD hiç hız kesmeden bu saldırgan ve adaletsiz dış politikalarını devam ettirmektedir. Savaşlarla şekillenmiş bir ülke olduğundan kendisi de dünyayı savaşlarla şekillendirmeye çalışmaktadır. Bu yanlış politikalarını devam ettirirken de büyük borçlara girmekte, ülke içinde gelir adaletsizliği büyütmektedir. Yaşadığımız

---

409 Aslında bu politikalar Amerika'nın keşfedilmesinden, 15-16. yüzyıllardan itibaren devam ettiriliyor. Amerika kıtasında bu dönemdem sonra katliamları yapan Amerikalı değil, Avrupalılardı. O dönemde gerçek Amerikalılar, o kıtanın yerlileriydi. Esas onlar katliama uğradılar. Amerika'da kapitalizm, zenci kölelerin alın terleri, gözyaşları, Amerika'nın esas sahipleri kızılderilerin katliama uğratılması üzerine kuruldu.

410 Amerikan Bağımsızlık Savaşı, 1775-1783 yılları arasında Büyük Britanya ve Kuzey Amerika'daki 13 koloni arasında geçen bağımsızlık mücadelesidir. Koloniler, Amerikan Bağımsızlık Bildirgesi'ni yayımlamışlar ve Paris Antlaşması'yla da bağımsızlıklarını resmen tanıtarak kazanmışlardır. Bu mücadelenin sonucunda Amerika Birleşik Devletleri kurulmuştur ve devletin ilk başkanı George Washinghton olmuştur.

411 İngiltere'den 1783 yılında bağımsızlığını kazanan Amerikalılar savaşın ardından 1848 yılına kadar Fransa ve Rusya'dan satın aldığı ve ayrıca işgal ettiği topraklarla Kuzey Amerika kıtasının orta kısmında egemenliğini kurdu. Ancak birlik sanayileşmiş ve ücretli işçiliğe dayanan kuzey ile tarımsal üretime ve köle emeğine dayanan Güney olarak fiilen bölünmüştü. İki toplumsal yapı ve egemen sınıflar, ABD temsilciler meclisi ve senatoda da karşı karşıya geliyordu. Zoraki birlik 1861'e kadar sürdü ve güney eyaletleri bir deklarasyonla Birleşik Devletler'den ayrıldıklarını resmen ilan etti. Ve hemen ardından köleliği yaymak için kuzeye saldırmaya başladı. 11 güney eyaleti 1860 yılında Abraham Lincoln'ün başkan seçilmesiyle Jefferson Davis komutasında ayaklanarak bağımsızlıklarını ilan etmişler, 1861 yılında da savaş başlamışlardı. Kölelik yüzünden çıkan iç savaş 1865 yılında kuzeyin galibiyeti ile son buldu. Kölelik resmen yasaklandı.

412 Danios Wrote, America Has Been at War 93% of the Time – 222 out of 239 Years – Since 1776, Global Research, Şubat 2015.

413 Alex Ward, Why America doesn't win wars anymore, Vox, 23.08.2018.

kırılgan dünyada hem kendisinin hem dünyanın, ekonomik ve sosyal düzeninin alt üst olmasını tetiklerken dünyayı da kaos içine sokmaktadır.[414]

ABD, 2017 yılında 176 ülkenin imzası bulunan Paris İklim Anlaşması'ndan,[415] 2018 yılında Birleşmiş Milletler İnsan Hakları Komisyonu'ndan[416] ayrılmıştır. Sovyet Rusya ile 1987 yılında imzalanan, nükleer başlıklı füzeleri (5 bin 500 km mesafeli) yasaklayan anlaşmadan (INF) 2019 yılında tek taraflı olarak çekilmiştir. Bu durum sürdürülebilir değildir ve dünyanın, insanlığın geleceği için çok büyük tehlike arz etmektedir.

Gelişen Yeni Güçler ve Değerler

Bugün veri tabanları en değerli emtia yerine geçmiştir. Gelecekte önemi daha da artacaktır. Bilgisayar ve iletişim teknolojilerinin gelişimi her geçen gün daha fazla organizasyonun süreçlerini ve iş modellerini değiştirmektedir. Kurumsal açıdan çok büyük verilerin üretildiği bu verilerin saklanması, işlenmesi ve yönetilmesi çok önemli hale gelmiştir. Veri tabanı depolanması daha ucuz, daha etkili iş yönetimi, daha çabuk karar verme, kolayca potansiyel müşterilere ulaşma için kaçınılmaz olacaktır.

Günümüzde elektronik-dijital olarak bilgi depolamak çok kolay ve ekonomik bir hale geldi. Milyonlarca ciltlik belgeleri

---

414 Stephen Marche, America's Next Civil War, The Walrus, 12.03.2019.

415 Paris İklim Anlaşması, Birleşmiş Milletler İklim Değişikliği Çerçeve Sözleşmesi çerçevesinde sera gazları salınımını azaltmaya yönelik önlemleri içeren bir anlaşmadır. Anlaşma 22 Nisan 2016 tarihinde imzaya açılmıştır ve yeterli sayıda üye ülkenin imzalamasının ardından 4 Kasım 2016 tarihi itibarıyla yürürlüğe girmiştir. Anlaşma 195 üye ülke tarafından imzalanması bakımından, dünya tarihinde iklim değişikliği ile ilgili en geniş kabul görmüş anlaşma olma özelliğine sahiptir. Anlaşılan maddeler kısaca şöyledir: Uzun dönemde, küresel sıcaklık artışının sanayileşme öncesi döneme göre 2 derecenin altında kalmasının sağlanması; sera gazı salınımının küresel seviyede azalma eğilimine geçirilmesi; anlaşma yürürlüğe girdikten itibaren bilimin elverdiği her türlü olanak kullanılarak sera gazı salınımını azaltacak her türlü önlemin en kısa sürede devreye alınması. Anlaşma çerçevesinde, anlaşmaya taraf devletler, konulan hedefleri sağlamaya yönelik ne gibi tedbirler aldıklarını ve bunların sonucunda hedeflerini ne ölçüde başardıklarını özetleyen raporlar yayımlayacaklardır.

416 Birleşmiş Milletler İnsan Hakları Konseyi, BM İnsan Hakları Komisyonu'nun yerine 2006 yılında kuruldu. 47 ülkenin üye olduğu konsey seçimleri her üç yılda bir yapılır. ABD, 2009 yılında yapılan seçimlerde konsey üyeliğine seçilmiştir. ABD konseyden çekilen ilk ülke oldu.

bugün cepte taşınabilecek birkaç belleğe ya da bir bilgisayara sığdırmak mümkün. 21. yüzyılın başında bankacılık-finans-enerji gücüne dayalı zenginlik zayıflamaya, istikrarsız bir yol çizmeye başladı. Onların yerini yavaş yavaş dijitalleşme ile bilgi teknolojisine hakim olanlar alıyor[417] ve hızla yükselip daha güçlü oluyorlar. Ellerindeki en büyük güç ise sosyal ağlardan topladıkları veriler. Yapay zekâ ile birleşecek olan biyoteknoloji ve dijital veri dolaşımı/işleminde küresel ölçekte trilyonlarca gigabaytlık veriler, dijital olarak dolaşıyor ve saklanıyor. Sırf Google sunucuları, her gün milyonlarca kullanıcının yaptığı aramalarla ilgili 24 terabayt (bir terabayt bir milyon gigabayt) veri işliyor. Veriler dünya nüfusunun tüm eğilimlerinin takip edilmesini kolaylaştırıyor. Buradaki bilgiler paha biçilmez bir veriye dönüşüyor. İleride en büyük değer veri tabanı olacak. Eldeki verilerle düzeni, sistemi kontrol etmek, geleceği okumak en önemli güç ve değer haline geldi. Google, Facebook, Amazon ve Apple sosyal medyada ve topluma ait verilerde tekel olmak istiyor. Bu şirketler kendilerinden daha küçük şirketleri satın alarak büyük veri sistemini ele geçirmeye çalışıyorlar.

Gelecekte en büyük güç, veri kaynakları olacak. Artık ülkelerin gücü, sahip oldukları doğal kaynaklardan ziyade ne kadar veri depolayabildikleri, ne kadar veri işleyebildikleri ve kullandıkları dijital ağlarda ne kadar veri yükü taşıyabildiğiyle ölçülecek. Teknolojik gelişmelerin hızı, bilgisayarların hızına ve veri depolayabilme kabiliyetine bağlı olacak.

Hızla değişen dünyada yeni nesillerle beraber yeni bir ekonomi ortaya çıkıyor. Yeni üretim-tüketim ilişkileri bugünden çok farklı bir toplum oluşturacak. İnsanoğlu tamamen teknolojiye bağımlı, onun esiri olan bir yaşama mahkum olacak. Bu sistemin dışında kalanlar en alt sınıfları oluşturacak. Toplum, teknolojik diktatörlük yoluyla belirli merkezlerden kontrol edilip yönetilecek. Dijital paraya geçişle kağıt para kullanma hürriyeti insanların

---

417 *Forbes Dergisi*'nin belirlediği 2017 yılının en zengin kişiler listesinin ilk 1. sırasında Bill Gates (Microsoft), 3. sırasında Jeff Bozos (Amazon), 5. Sırasında Mark Zuckerberg (Facebook), 7. sırasında Larry Ellison (Yazılım), 12. sırasında Larry Page (Google), 13. sırasında Sergey Brin (Google) vardır. 13 kişinin neredeyse yarısı dijital teknolojiyi kullanan, veri depo eden kişilerdir. Bu rakam ileriki yıllarda daha da çoğalacaktır.

elinden alınarak finansal olarak da dijital yolla tamamen kontrol sağlanabilecek.

Son dönemde ekonomik büyüme, gelişmekte olan ülkelere kayıyordu, fakat 3 boyutlu baskı, yapay zekâ, robotlaşma nedeniyle sanayi üretim Avrupa, Japonya ve ABD'ye geri dönecek. Bu durum teknolojiden uzak kalan ülkelerin daha da fakirleşmesine, o ülkelerde sosyal kaoslara neden olacak. 2050 yılına kadar yetişkinler, yaşlı nüfus hızlı teknolojik gelişmenin gerisinde kalacak. Yetişkinlerin hayattan kopmamaları için yaşam boyu kendilerini geliştirmeleri gerekecek.

Zenginliği üreten artık bilim ve teknoloji, fakat bunun arkasında yatan ve her geçen gün daha çok önem kazanan entelektüel sermaye, ticari sermayenin yerini almak üzere. Japon kökenli teorik fizikçi Prof. Michio Kaku, 2040 yılından evvel "mükemmel kapitalizm" kavramının dünyaya hakim olacağını, bilimsel ve teknolojik gelişmelerin ticari kapitalizmin sonunu getireceğini iddia ediyor. Entelektüel sermayeye dayalı bu sistemde esas olarak tüketicilerin kazançlı çıkacağını söylüyor. Kaku, her 80 yılda bir, yeni bir inovasyon dalgası oluştuğunu, ilk dalganın buhar makinesinin icadıyla, ikinci dalganın elektrik ve otomobille, üçüncü dalganın ise ileri teknoloji, bilgisayarlar, uydular, lazerler, telekomünikasyon ve internetle olduğunu, ancak bunun sürdürülebilir olmayan bir zenginlik yarattığını ifade ediyor. Dördüncü dalganınsa biyoteknoloji, yapay zekâ ve nano-teknolojinin gelişmesiyle tüm endüstrilerin tek tek dijitalleşmesi sonucu gerçekleşeceğini dile getiriyor. Kaku, teknolojinin kısa dönemdeki etkisinin "daha fazla demokrasi" olacağını, ancak bu demokrasinin de oy verenlerin kalitesi kadar olduğunu vurguluyor! "Gelecekte de uluslar olacaktır fakat 2100'de artık yerel kültürün yanı sıra ikinci kültür, 'gezegen kültürü', kısaca evrensel bir kültür olacaktır". Kaku'nun, teknolojinin daha fazla demokrasi getirecek, iddiasına biraz şüpheli bakmak gerekiyor. İddia ettiği gibi ileride mükemmel kapitalizm mi gelecek yoksa tekno-diktatörlüğü kapitalizmi mi gelecek onu şimdilik bilemiyoruz. Demokrasiye gelince; zaten demokrasinin kalitesi her zaman ona oy verenlerin kalitesi ölçüsünde olmuştur.

Geleceğin en büyük sorunlarından biri de yapay zekânın yaratacağı işsizler kitlesi olacaktır.

Geleceğin İşsizler Ordusu

İleri teknoloji ile genç nesilleri büyük bir tehlike bekliyor; iş imkânlarının azalması. Otomasyonun doğuracağı işsizlik, iklim değişikliği toplumları zorlayacak. Yakın gelecekte birçok meslek yok olup tarihe karışacak. Algoritma brokerların, sistem, finansal analistlerin yerini alacak, şoförlerin yerini şoförsüz arabalar alacak. Bozulan arabalar uzaktan tamir edilecek. Uçak pilotluğu tarihe karışacak. Mimarlık da mühendislik de... Üniversite bitirmenin yakında hiçbir anlamı olmayacak. Finans sektöründe; borsada, muhasebede çalışan beyaz yakalıların çoğu işsiz kalacak. İşsizlik manüel yapılan işlerden başlayarak her alana yayılacak. Verilerin toplanması ve işlenmesiyle çalışanların işlerini algoritmaya dayalı yapay zekâlar yapacağından, deneyim ve muhakeme gibi insan vasıflarının yerini, verilerden elde edilen tahminler alacak.[418] Televizyonda haberleri robotlar okuyacak. Birçok sunum robotlar ile yapılacak. Spor müsabakalarını yapay zekâlı robotlar yönetecek. Çalışanı olmayan oteller olacak (Japonya'da var). Özellikle fast food restoranların yemekleri robotlar tarafından yapılacak. Haziran 2018'de ABD'li Momentum Machines şirketi hamburgerleri robotlarla üretmeye başladı bile. Robotlar, taze çekilmiş kıymadan isteğe göre hamburger yapıp en doğru şekilde pişiriyor. Saatte 360 hamburger hazırlayan makine, ayrıca hamburger ekmeğini kızartıyor, dilimliyor, siparişe göre içine soğan, domates, ketçap koyuyor.[419] Bu binlerce örnekten bir tanesi.

Gelecekte doktorluk mesleğinin birçok kolu ortadan kalkacak. Üzerimize giydiğimiz akıllı kıyafetler doktorumuz olacak. Robotlara muayene olacağız. Akıllı tuvaletlerimiz idrar testi yapacak. DNA çipleri, kanser başta olmak üzere hastalıkları çok önceden tespit edebilecek. Organlar sanal bir ortamda çoğaltılıp yeniden büyüyecek ve geliştirilmesi sağlanacak. Nanoteknoloji kanserde kemoterapinin yerini alacak. Hedefe yönelen akıllı ilaçlar kanserli hücreleri yok edecek. Felçli insanlar, yapmak istedikleri birçok şeyi sadece düşünce gücüyle yapabilecek.

---

418 Martin Ford, *Rise of The Robots,* New York: Basic Books, 2015.
419 Christina Troitino, Meet The World's First Fully Automated Burger Robot: Creator Debuts The Big Mac Killer, *Forbes,* 21.06.2018.

Yapay zekâ, endüstri 4,0 ve benzerlerini kullanarak işsizler ordusu yaratacak ve bu, geleceğin en büyük problemlerinden biri olacak. İşsizler ordusu ve ekonomik belirsizlikler, dengesizlikler büyük sosyal patlamalar doğuracak. Bir de buna hızlı nüfus artışını, gittikçe daralan ekilebilir toprak alanlarını ve hızla yok olan tatlı su kaynaklarını ekleyin, geleceğin resmini daha net görebilirsiniz.

Batı finans sektörü 2008 küresel ekonomik krizinden hiç ders almadı; freni patlamış şekilde hızla daha büyük bir ekonomik krize doğru gidiyor. Yakın gelecekte küresel ısınmayla, doğal kaynakların hızla tüketilmesiyle, çevrenin tahrip edilmesiyle, adaletsiz düzeniyle dünya, gelecek nesillere yaşanılmaz bir ortam hazırlıyor. Bu gidişata önlem alma yolunda geç kalmak üzereyiz.

2008 yılındaki küresel ekonomik krizden sonra İngiliz tarihçi Eric Hobsbawm 2009 Nisan'da İngiliz *The Guardian* gazetesine yazdığı makalede şu soruyu soruyor: "Sosyalizm başarısız oldu, kapitalizm iflas etti. Peki bizi gelecekte ne bekliyor?"[420] Gelecekte bizi üç önemli olgu bekliyor: Birincisi, çevre kirlenmesi ve iklim değişikliğinin doğayı ve insan sağlığını olumsuz etkilemesi. İkincisi, çarpık ekonomik düzen ve ABD'nin kışkırttığı savaşlar yüzünden dünyada gelir dağılımın daha da bozulacak olması. Üçüncüsü, dünyayı saracak gıda krizi ve doğuracağı kaostur. Yalnız İngiltere'deki gıda israfı önlense dünyada 1 milyardan fazla açlık çeken insanın rahatlıkla doyurulabileceği öngörülmektedir.[421] ABD dünyada gıda israfı en çok olan ülkedir; senede kişi başına 278 kg gıdayı israf etmektedir.[422] Bu ABD'ye senede 218 milyar dolara mal olmaktadır.[423]

Bütün bunlar bilinmeyen şeyler değil. Birleşmiş Milletler'de Nisan 2019'da, gelişmekte olan ülkelerin kalkınması için yapılan ekonomi formunda (ECOSOC Forum on Financing for Development) buna yakın sorunlar dile getirildi. Yine 2017 yılında BM Genel Sekreteri seçilen, Portekiz'de Sosyalist Parti'den Başbakanlık

---

420 Eric Hobsbawm, Socialism has failed. Now Capitalism is bunkrupt. So what comes next? *The Guardian*, 10.04.2009.

421 Adam Vaughan, Elimination of food waste could lift 1bn out of hunger, say campaigners: Excessiveconsumption in rich countries "takes food out of mouths of poo" by inflating food prices on global market, *The Guardian*, 08.09.2009.

422 Food Waste Around The World, Magnet, 27.02.2018.

423 https://www.refed.com/?sort=economic-value-per-ton

da yapan (1995-2002) Antonio Guterres (1949-) ve Genel Kurul Başkanı Ekvadorlu politikacı, diplomat Maria Fernanda Espinosa tarafından da bu sorunlar gündeme getirildi, fakat dünya basınında fazla yer bulmadı. Bu çalışmalarda özellikle sürdürebilmesi mümkün olmayan adaletsiz duruma dikkat çekiliyor ve işsizliğin büyük sorun olduğu, gelişmekte olan ülkelere yardım edilmesi gerektiği, toplumları gittikçe daha zor hayat şartlarını beklediği ifade ediliyordu.[424] Aynı toplantıda Birleşmiş Milletler Genel Kurul Başkanı Maria Fernanda Espinosa, küresel olarak sürdürülebilir bir çalışma ortamının yaratılabilmesi için 2030 yılına kadar 600 milyon kişiye düzgün iş olanakları yaratılması gerektiğini belirtiyordu.[425] Batıda bile insanların iş bulamadığı, milyonlarca işsizin olduğu, teknolojinin insanların işlerini elinden aldığı, işsizliğin artık her sene bir milyonun üzerinde arttığı bir dünyada böyle bir iş hacminin oluşturulması mümkün görünmüyor.

Dünyada resmi işsiz rakamlarının 200 milyona yaklaştığı, resmi olmayan rakamın bunun çok üzerinde olduğu, çalışanların %42'sinin (1,4 milyar) iş güvencesinin olmadığı bir ortamda[426] kısa sürede yüz milyonlarca iş olanağı yaratmak mümkün değil. Birçok sektörün otomasyona geçmesiyle 2035 yılına kadar dünyada çalışanların %40'ının işlerini kaybedeceği görünüyor.[427]

Endüstri 4,0 da denilen dijital-teknolojik devrim, Sanayi Devrimi gibi istihdam yaratan bir düzen oluşturmayacak. Teknolojik

424 "Critical moment" for sustainable development, UN chief tells major financing forum, *UN News*, 15.04.2019.
   Climate change, greenhouse gas emissions and technologies disrupting labour markets, were a major challenge. We are here today as part of an effort to coordinate an urgent global response to reverse these trends". we need more money to implement the Sustainable Development Goals". Development aid remains essential, "especially for the poorest countries".
425 "Critical moment" for sustainable development, UN chief tells major financing forum, *UN News*, 15.04.2019.
   María Fernanda Espinosa, President of the General Assembly, noted that while global economic growth has remained steady, it was not enough just to support the 2030 Agenda. We need to generate "600 million new decent jobs" up to 2030.
426 World Employment and Social Outlook: Trends 2018, International Labour Organization (ILO) Geneva: 2018 s.1, 8-10.
   www.ilo.org/wcmsp5/groups/public/---dgreports/---dcomm/---publ/documents/publication/wcms_615594.pdf
427 Don Reisinger, A.I Expert Says Automation Could Replace 40% of Jobs in 15 Years, Fortune, 10.01.2019.

devrimin ardından yok edilen mesleklerin ve işini kaybeden çalışanların yerine yeterli alternatif istihdam olmayacak; teknolojik devrim her kesimin ihtiyacını karşılamayacağı gibi işsizliği de küresel boyutta arttırıp yeni sosyal çalkantılar ve adaletsizlikleri tetikleyecek. Gerçekleşmesi en olası beş küresel risk şöyle sıralanıyor: :1- Aşırı hava olayları (iklim değişikliği), 2- Doğal felaketler, 3- Siber ataklar, 4-Veri suçları ve hırsızlığı, 5- İklimsel değişiklik nedeniyle göç ve uyumdaki başarısızlık.[428]

Bunlar yeterli değil. Biz de bu maddelere şunları ekleyelim: 6- Dünyayı bekleyen yeni bir küresel ekonomik kriz, 7- Dünyadaki gelir dağılımı adaletsizliğinin artmasıyla fakir ile zengin arasındaki uçurumların artması, 8- Büyük bir nükleer savaşın çıkma ihtimali, 9- Yapay zekânın gelişimi ve otomasyonun her iş kolunda hakim olması ile işsizler ordusunun yaratacağı problemler, 10- Yapay zekâlı robotların insanlığı esir alması ve bir tekno-diktatörlük oluşarak insanların dijital makinelere bağımlı yaşaması.

---

428 2018 yılındaki Dünya Ekonomi Forumu (WEF) Davos Zirvesi 23-26 Ocak tarihlerinde "Parçalanan Dünyada Ortak Gelecek Oluşturmak" temasıyla düzenlendi. WEF'in bu yılki raporunda, iktisadi, çevresel, jeopolitik, toplumsal ve teknolojik riskler ve uzun dönemde bu riskleri etkileyebilecek eğilimler saptandı.

TEKNOLOJİK GELECEĞE KISA BİR BAKIŞ

Bilim adamı evrensel nedenselliğin anlamına vakıftır. Onun için
gelecek, tıpkı geçmiş gibi zorunludur. [429]

Albert Einstein (1879-1955)

2015'te 8 milyar alet internete bağlı çalışıyordu. 2020 yılına kadar bu rakam 50 milyar, 2030 yılında 1 trilyon olacak.

2008'de 500 bin dolara mal olan bir endüstriyel robot fiyatı, 2025'te %95 daha ucuz olacak, böylece birçok kişi robot sahibi olabilecek.

Televizyon, cep telefonu, radar vs. ile çok radyasyon alıyoruz.[430] Teknoloji ilerledikçe aldığımız radyasyon miktarı artacak.[431]

2150 yılı itibarıyla günümüzde var olan bazı meslek kolları tarihe karışacak.

Bu çok hızlı gelişen teknoloji nedeniyle artık 10 yıl ileriyi düşünerek üretim ve yenilik yapmamız gerekiyor.[432]

---

429 Albert Einstein, *Benim Gözümden Dünya*, Çeviri: Demet Evrenasoğlu, İstanbul: Alfa Yay., 2010, s.29.
   Albert Einstein, *The World As I see It*, New York: Philosophical Library, 1950, s. 22. "The scientist is possessed by the sense of universal causation. The future, to him, is every whit as necessary and determined as the past. There is nothing divine about morality, it is a purely human affair."
430 Martin Rees, What the future looks like, *The Guardian*, 26.05.2009.
431 Uçaktan bile radyasyon alıyoruz. Yerden yükseldikçe, daha fazla kozmik radyasyona maruz kalıyoruz. Güneş ve uzay kaynaklı kozmik radyasyon, ışık hızına yakın, yani saniyede 300 bin kilometre hızla ilerliyor, uzayı kat ederek dünyaya ulaşıyor. Ama atmosfer süzgeç görevi görüyor. Kozmik radyasyonu engelleyerek yeryüzünü etkilemesini önlüyor. Yüksek irtifalarda atmosfer katmanının daha ince olması nedeniyle, radyasyon tam süzülemiyor. En yüksek radyasyon, yolcu uçaklarının üst uçuş seviyelerinde görülüyor. Örneğin, 39 bin feet yani 11 bin 880 metredeki radyasyon, yerdekinin 30 katına kadar yükselebiliyor. Uçak kabinlerinde kozmik radyasyona karşı bir koruma yok.
432 Jeremy Howell, Electronics boss: You need to think 10 years ahead, *BBC News*, 13.08.2018.

ABD'li yatırımcı, fütürist, bilim insanı Raymond Kurzweil (1948-) güneş panellerinin 2030 yılına kadar daha da geliştirilerek dünyadaki enerji ihtiyacını karşılayacağını öne sürüyor.[433]

Bu hızlı teknolojik gelişmelerin insanlığı nereye götüreceği bilinmiyor, insanlık hızla bir çılgınlığa doğru koşuyor.[434]

Hızla gelişen teknolojinin gerisinde kalan milyarlarca kişi, ikinci sınıf insan muamelesine tabi olacak ve neredeyse toplumdan izole edilerek yalnızlığa itilecek.

Teknolojinin diğer endişelendirici tarafı da insanların artık özel hayatlarının kalmaması olacaktır. İleri teknoloji tarafından her an izlenip kontrol altına alınan hayatın gittikçe güçlenen bu gidişattan kurtulmasının imkânı yok.

2030 yılında ikinci bir dil öğrenmeye gerek kalmayacak. Kulağınızın içine yerleştirilecek çok küçük bilgisayar, dinlediğiniz başka bir dili anında ana dilinize tercüme edecek.[435]

ABD İleri Savunma Araştırmaları Projeleri Ajansı DARPA,[436] 2016 yılında "Yaşayan Materyaller Mühendisliği" adında bir program başlattı. Amaç yaşayan, büyüyen ve hatta kendini tamir edebilen inşaat materyalleri yaratabilmek. Örneğin duvarda oluşan çatlaklar yaşayan materyallerin birbirlerine tekrar tutunması sayesinde onarılacak ve materyaller, içerisinde bulundukları her türlü çevreye uyum sağlayacaklar. ABD ordusu için yumuşak ve esnek bir malzemeden üretilmiş, bir ağ gibi vücudu saran, yüksek ağırlıklarda bilekleri, dizleri, beli, sırtı ve omuzları koruyan *exoskeleton* denilen kıyafet, DARPA tarafından yapılan çalışmalarla yaşlılardaki hareket zorluklarını da çözebilecek.[437]

Yakın gelecekte hayat kadınlarına yapay zekâlı kadın robotlar rakip olacak. Nitekim bu doğrultuda Passion Dolly adlı, silikon

Üç boyutlu (3D) yazıcılarla üretimde devrim yapan Tayvan, Kinpo Elektronik CEO'su Simon Shen'in Ağustos, 2018 yılındaki beyanı.

433 Ray Kurzweil, Bring on the nanobots and we will live long and prosper, *The Guardian*, 22.11.2007.

434 Matt Weinberger, The smartphone is eventually going to die, and then things are going to get really crazy, *Business Insider*, 02.04.2017.

435 Aaron Saenz, Making Predictions for the Year 2030, Singularity Hub, 30.01.2011.

436 Amerika'da NASA gibi birçok kuruluşun bağlı olduğu DARPA (Defense Advanced Research Projects Agency-İleri Savunma Araştırmaları Projeleri Ajansı) bugüne kadar teknolojik gelişmelerin öncüsü olmuştur. Amacı Amerika'nın ulusal güvenlik projelerine yatırımlar yaparak yeni teknolojiler geliştirmektir.

437 L.J. Devon via Natural News DARPA developing mechanically augmented "super soldiers" using motorized exoskeletons, Natural News-Waking Science, 17.09.2016.

kaplı yapay zekâlı kadın robot ilk defa 2017 İrlanda'nın Dublin şehrinde genelevde çalışmaya başladı. Saati 80 sterlin fiyata kiralanıyor.[438]

Eskiden odaya zor sığan bilgisayarlar 2040 yılına doğru buğday veya kum tanesi kadar küçülecek, üzerinize giydiğiniz elbiseden kullandığınız aparatlara veya aletlere, hatta derinize ve beyninize kadar takılabilecek.

Bilgisayarlar 2030'da insan beyninden 3 milyon kat daha hızlı çalışacak ve bu kadar güçlü bilgisayarların fiyatı ortalama 1000 dolar civarında olacak.

2030'lu yıllarda esnek pil teknolojileri, yeni nesil görüntüleme teknikleri ve verimliliği artan, yüksek işlem gücü sunan mobil işlemcilerle tek bir gözlük, şu anda kullandığımız bütün teknolojik cihazların yerini alabilecek. Bu gözlükle cep telefonu, tablet, dizüstü bilgisayar ve benzeri bütün dijital oyuncaklara aynı anda sahip olmak mümkün olacak! Bundan sonraki adımda artık akıllı telefonlara ihtiyaç kalmayacak. Akıllı telefonlar, klasik bilgisayarlar kısa sürede çöpe gidecek.

Cep telefonu, akıllı saat, akıllı televizyon, dizüstü veya masaüstü gibi sistemler olmayacak. Ne görmek istiyorsak onu gösteren gözlükler, gözlük takmayı kabul eden herkese farklı dünyalar sunacaklar.

Bugün bilgisayarlar ve cep telefonlarımız aracılığıyla internete ulaşabiliyoruz. 2030 yılına kadar internet her yerde var olacak; duvarda, mobilyalarda, reklam panolarında, hatta gözlüklerinizde ve kontakt lenslerinizde. Bir göz kırpışıyla internete bağlanabileceksiniz.[439]

İnternet gözlükleri, nesneleri ve hatta bazı insan yüzlerini de tanıyacak. Şimdiden bazı yazılımlar, %90'dan daha yüksek bir doğrulukla, daha önceden programlanmış yüzleri tanıyabiliyorlar. Görüştüğünüz insanın yalnızca ismi değil, özgeçmişi de siz konuşurken gözünüzün önüne gelecek.

---

438 Megan Hill, Dublin brothel rents out 32E Sex Doll for £80 an hour...and "Passion Dolly" gets scores of visitors every week, *The Sun*, 09.07.2017.

439 Michio Kaku, *Geleceğin Fiziği: 2100 Yılına Kadar Bilim İnsanlığın Kaderini ve Günlük Yaşamımızı Nasıl Şekillendirecek?*, Çevirenler: Yasemin Saraç Oymak-Hüseyin Oymak, Ankara: ODTÜ Yay., 2016, s.29.
Michio Kaku, *Physics of The Future:E How Science Will Shape Human Destiny and Our Daily Lives by the Year 2100*, New York: Anchor Books, 2012.

Gelecekte, tanımadığımız insanların kimliklerini tespit edebilecek, onların özgeçmişlerinden, daha onlarla konuşurken haberdar olabileceksiniz. Gözlüğünüzün çerçevesinde küçük bir video kamerada olabilecek, çevrenizi çekebilecek ve görüntüleri doğrudan internette yayınlayabileceksiniz. Deneyimlerinizi dünyadaki diğer insanlarla daha o anları yaşarken paylaşabileceksiniz.[440]

Gelecekte zihin/düşünce gücü ile televizyondaki kanalları değiştirip internete girebilecek ve klavyede yazarak değil de sadece düşünerek e-posta gönderebileceğiz.

2018/2019 yılında ebeveynlere ait cep telefonundan internete giriş yapmayı başarma yaşı 2'ye indi. Bunu 2013 yılında ancak 5 yaşındakiler başarabiliyordu.

Her cihazın birbirini duyabildiği ve veri tarafından yönetilen yapay zekâ ile veriden değer üretmeyi başarabilme yeteneği, ülkelere büyük bir ekonomik sıçrama şansı yaratacak.

Silikon ve çelik robotların monte edildiği laboratuarlarda artık silikon, çelik ve canlı hücrelerden robotlar monte edilmeye başlanıyor. Elde edilen kas hücreleri, sakat insan bedenlerine düzgünce takılacak, protezler yakında uygulamaya konulabilecek.

İleri teknoloji bir cihaz yardımıyla düşüncelerimizle harekete geçirebileceğimiz üçüncü bir kolumuz olabilecek.[441] 2070 yılından sonra düşünerek makineleri kontrol edebileceğiz.[442]

Çin'de sokaklarda 20 milyon kamera, kişileri yüz tanıma teknolojisiyle tarıyor ve bu sayede suçlular kolayca tespit ediliyor. Bu sistem dünyaya yayılacak.

2020 yılında dünyada 6 milyar insan akıllı telefon sahibi olacak.

Fiziksel bedenimizin yetkinliklerini arttırmak için sanal bedenler satın alacağız

Dokunmatik ekranlar, klavye veya grafik kullanıcı ara yüzlerine gerek kalmadan insanlarla doğrudan konuşabilen bilgisayarlar sayesinde klasik yazılım çağı kapanacak ve akıllı yazılım çağı başlayacak.

440 Michio Kaku, *Geleceğin Fiziği: 2100 Yılına Kadar Bilim İnsanlığın Kaderini ve Günlük Yaşamımızı Nasıl Şekillendirecek?*, Çevirenler: Yasemin Saraç Oymak-Hüseyin Oymak, Ankara: ODTÜ Yay., 2016, s.32.

441 Christian I. Penaloza-Shuichi Nishio, BMI control of a third arm for multitasking *Science Robotics*, 25.07.2018: Vol. 3, Issue 20.

442 Michio Kaku, *Geleceğin Fiziği: 2100 Yılına Kadar Bilim İnsanlığın Kaderini ve Günlük Yaşamımızı Nasıl Şekillendirecek?*, Çevirenler: Yasemin Saraç Oymak-Hüseyin Oymak, Ankara: ODTÜ Yay., 2016, s.67.

2050 yılı civarında biyolojik olmayan zekâ, bilgi tabanlı teknolojilerin hızla artması ve makinelerin bilgiyi anında paylaşabilme yeteneği nedeniyle ön plana çıkacak.[443] Akıllı nano robotlar, vücudumuza, beynimize ve çevremize entegre olacak. İnsan makine karışımı "trans human çağı" ile makinenin hızı ve zekâsı, insan zihnine entegre edilecek ve tekillik oluşacak. Böylece beynimizin işlem gücü ve erişilebilir bellek sınırları çok üst seviyeye çıkacak, fakat bu yapay zekâya bağlılık en sonunda insan zekâsının takip ve kontrol edemeyeceği bir noktaya gelecek.

2030 yılları civarında organik ve yapay bileşenlerin dijital aparatlarını kullanıp yarı insan yarı makine olan *cyborg* (siborg)[444] insan olmamamız muhtemel.[445]

Yaptığımız yapay zekâlı robotlar bizden çok daha akıllı olacak. Bir gün robotlar bizim gereksiz olduğumuza karar verebilecekler. Bir gün, daha akıllı, daha güçlü olmak için beynimize çip taktırmayı bir zorunluluk haline getirebileceğiz. Böylece insandan çok bilgisayara dönüşmeye başlayacağız.[446]

Bu gidişle insanoğlu 2050 yılı civarında yedek parçalı ve destekli bir çeşit tekno-insan (*cyborg*) olacak. İnsanlıktan bir ölçüde çıkmış, sonunda ne olacağını bilmediği, sınırları zorlanmış, muhtemelen de teknolojinin kontrolü altında kendisini yok etme noktasına gelecek.

Yapay zekâlı robotlar şimdiden milyonlarca çalışanı işsiz bırakmaya aday. Yapay zekânın gelişimi belki de insanlık için en iyi veya en kötü olabilecek bir gelişme olacak. Yapay zekâ 20-30

---

443 Kurzweil, 2045'e gelindiğinde insanlığın zekâsından bir milyar kat güçlü bir zekâya sahip biyolojik olmayan zekânın üretileceğini öngörüyor.

444 *Cyborg* kelimesi *cybernetics* (sibernetik) ve *organism* (organizma) kelimelerinden türemiştir. Bu terim 1960 yılında Manfred Clynes tarafından uzayda insan neslinin hayatta kalabilmesi ve biyolojik fonksiyonlarının geliştirilmesi amacıyla ortaya atılmıştır. İlk olarak siborg insan vücut faaliyetlerinin kontrolünü desteklemek amacıyla ortaya çıkmıştır. Siborg bugün insanların kendilerine yapay zekâ ile çalışan "robot" parçaları ekleyerek yarı robot yarı insan bir siborg haline gelmesi, yani insanla teknolojinin bütünleşmesi anlamında kullanılıyor. Şu anda beyindeki bilgileri bulut gibi bir yere ya da beyne bilgi yüklenmeye çalışılma aşaması, yakında kalp başta olmak üzere silikondan üretilen bazı insan organlarının kendi kendini onarabilmesi insanı cyborg'laştırmanın küçük bir parçası.

445 Chris Weller, I talked with a real life cyborg, and now I'm convinced cyborgism is the future, *Business Insider*, 01.12.2016.

446 Martin Rees, What the future looks like, *The Guardian*, 26.05.2009.

yıl içinde insanoğluna her yönden baskın olacak. Bunun yanında yapay zekâ gelecekteki iş başarısında önemli bir araç.[447]

Bütün bunların yanında teknolojinin bu kadar hızlı gelişmesi çok yakın gelecekte bile dünyayı tanınmaz, ileriyi tahmin edilemez bir hale getiriyor. Bundan dolayı uzun vadede dünyanın teknolojik olarak nereye gideceğini tahmin etmek imkânsız. Gelecek bilinmeyen bir kara deliğe dönüştü. [448]

2050 yılına kadar yetişkinler yaşlı nüfus hızlı teknolojik gelişmenin gerisinde kalacak. Yetişkinlerin hayattan kopmamaları için yaşam boyu kendilerini geliştirmeleri gerekecek. Hali hazırda OECD (*Organization for Economic Cooperation and Development*) 2012 yılında yetişkinlerin kavramalarını ve kabiliyetlerini ölçen Yetişkin Yeterliliklerinin Uluslararası Değerlendirmesi Programı (*The Program for the International Assessment of Adult Competencies/PIAAC*) adlı uygulamayı başlattı.[449] Bu uygulama ileride çok önem kazanacak.

Yaşam uzadıkça yaşlı nüfus daha da artacak. Bu sefer yaşlıların bakımı büyük sorun yaratacak. Gerontoloji (yaşlılık bilimi)[450] önem kazanacak. Gerontologlara büyük talep olacak.

Üç boyutlu (3D) yazıcılar, cihazları birbirine sensörler vasıtasıyla dijital yollarla bağlayan nesnelerin interneti, 5G haberleşme, bilgi bankası, büyük veri, akıllı sistemler, bulut bilişim sistemleri, insansız hava araçları, yapay zekâlı robotlar derken insanların sosyal yapıları, davranış normları, üretim ve iş modelleri, üretim maliyetleri ve hızı, müşteri deneyimleri, çalışma şekilleri, haberleşme şekilleri, ulaşımları değişecek. İnsanlığın yakın gelecekte bu hızlı gelişmeye ne ölçüde ayak uyduracağı, bu şartlar altında insan ilişkilerinin ne ölçüde sağlıklı olacağı, ne ölçüde yarı makine yarı insan olacağı henüz bilinmiyor.

---

447 John Koetsier, Stephen Hawking Issues Stern Warning On AI: Could Be 'Worst Thing' For Humanity, 06.11.2017.
Stephen Hawking'in Lizbon'da Kasım 2017'de yapılan bir toplantıya İngiltere'den görüntülü video ile katılarak görüşlerini beyan etmesi.

448 Teward Brand, Bruce Sterling-The singularity: your future as a black hole, The Long Now Foundation, 14.06.2004.

449 https://nces.ed.gov/surveys/piaac/

450 Gerontoloji, yaşlanmanın ve yaşlılığın bilimi anlamına gelmektedir (gero=yaşlı). Gerontoloji multidisipliner bir bilim dalıdır, yani farklı bilim dallarında yaşlanma ve yaşlılık incelenmektedir. Teorik çalışmaların yanı sıra gerontoloji aynı zamanda uygulamalı bir bilim koludur. Öncelikle yaşlıların hayat şartlarını, koşullarını iyileştirme hedefi takip edilmektedir. Yeni teknolojik veya ekonomik gelişmeler, bu hedefe yaklaşabilmek açısından birçok imkânı sunmaktadır.

Gelişen gen teknolojisi birçok hastalığa çözüm bulurken yakın gelecekte süper zekâlı insanlar yaratabilir. ABD merkezli Sosyal Bilimler Genom Derneği Birliği (SSGAC/*Social Science Genetic Association Consortium*/https://www.thessgac.org/), insanda bilişsel becerileri etkileyen bir avuç DNA bölgesi belirlemiştir. 2012 yılında ortaya çıkan gen düzenleme teknolojisi CRISPR (*Clustered Regularly Inter Spaced Palindromic Repeats*, "düzenli aralıklarla bölünmüş palindromik tekrar kümeleri")[451] sayesinde özellikle tıptan tarım ve mühendisliğe kadar birçok alanda yeni gelişmeler yaşanmaya başlandı. CRISPR ile artık hemen hemen her canlı üzerinde genetik değişimler yapmanın kolay yolu açılmış durumda. Araştırmacılar, bu tekniğin hastalıklara etkili çözümler bulmada, dayanıklı bitkiler yetiştirmede ve hastalık nedeni olabilecek patojenler ile savaşmada önemli bir gelişme olduğu fikrindeler. Bilim insanları çok yakın gelecekte bu teknoloji sayesinde birkaç yıl içinde nesli yok olmuş tüylü mamutları yaşama döndürmeyi amaçlıyor. Böylece dinozor gibi kaybolmuş türleri de hayata döndürmek mümkün. Bu teknoloji ile artık kalıtımı istediğimiz gibi tasarlayabiliyoruz. İstediğimiz gibi görece kolay ve ucuza gen çıkarıp ekleyebiliyoruz. Artık aileler tasarlanmış çocuklar isteyebilirler. İsterseniz çocuğunuzun genleriyle oynayarak akıllı yapabilir, kaslarını geliştirebilir, mavi gözlü yapabilir, hastalıklara karşı dirençli hale getirebilirsiniz. Bu bilimkurgu değil artık. Bugün bitkiler ve hayvanlar için bu uygulamalar yapılmaya başlandı ama insana yapmak konusunda ahlaki sorunlar var.

2100 yılından sonra bazılarımız genetik, bazılarımız da mekanik olarak geliştirilmiş olabilir. Ama gelişimlerden kimlerin faydalanacağı bugünden bellidir. Eşit ve demokratik bir şekilde bu teknolojiye ulaşmak mümkün olmayacaktır. Bu yüzden sınır getirip yalnız tıbbi amaçlar için kullanması sağlanmalıdır.

---

451 CRISPR aslında bir bakterinin virüslere karşı geliştirdiği savunma düzeneğidir. Yani bilimciler bu düzeneği doğada hazır bir şekilde bulmuşlardır. Bakteriye gelen virüsün genetiğinden bir kesit aldıktan sonra bakteri onu saklar ve bir sonraki saldırıda bu kesiti kullanarak virüsü etkisiz hale getirir. Bakteri, bunu yapmak için Cas9 diye bir protein yapmış (yapmış derken bakteri öyle evrilmiş), içine de virüsün genetik kesitini saklamıştır. Bilimciler de bakteriden aldıkları bu proteinin içine kendi istedikleri geni koyarak istedikleri canlıya bu geni ekleyebiliyorlar veya bir geni tamamen silebiliyorlar. Kısacası bu Cas9 proteini bir genetik düzenleme makinesi oluyor ve bilimciler bunu istedikleri gibi programlayabiliyor. Düzenli aralıklarla bölünmüş palindromik tekrar kümeleri (*Clustered regularly interspaced short palindromic repeats*/CRISPR), kısa tekrarı baz dizileri içeren prokaryot DNA segmentleridir. Her tekrarı daha önce maruz kalınan bakteriyofaj veya plazmid kaynaklı kısa "aralayıcı DNA" segmentleri takip etmektedir.

BİTİRİRKEN

Zamanların en iyisiydi, zamanların en kötüsüydü. Hem akıl ça-
ğıydı hem aptallık. Hem inanç mevsimiydi hem şüphe. Hem her şe-
yimiz vardı hem hiçbir şeyimiz yoktu.⁴⁵²

İngiliz romancı Charles Dickens (1812-1870)
İki Şehrin Hikayesi romanından

Bugün dijital devrim çağındayız fakat hızla nereye doğru git-
tiğimizi bilmiyoruz. Çağımızda teknolojik gelişmenin ürün-
leri her zaman insanlığın iyiliğine çalışmıyor, insanlık için büyük
tehlikeler de taşıyor. Artık her şeyimiz var gibi görünüyor. Fakat
hepimiz aşırı tüketime bağımlı olduk. En fakirimizin bile elinde
cep telefonu var. İnternetten bütün dünyaya ulaşmak kolay; ula-
şım araçları bizi kolayca her yere götürüyor, daha zahmetsiz, daha
mutlu bir hayat yaşıyor gibi görünüyoruz. Fakat devamlı kontrol
altındayız. Dijital mecrada her türlü hareketimiz ve haberleşme-
miz gözlemleniyor. Hür olduğumuzu zannediyoruz fakat değiliz.
İş olanakları gittikçe kısıtlanıyor, geleceğimizden emin değiliz.
Geçmişe göre daha uzun yaşıyoruz fakat her şeyin doğallığını kay-
bettiği ortamda genç yaştan itibaren çeşitli hastalıklarla boğuşu-
yoruz. Teknoloji çok hızlı gelişiyor fakat büyük çoğunluk bunun
gerisinde kalıyor. Evet, biz geçmiş zamanların en iyisi içinde, aynı
zamanda en kötüsünü yaşıyoruz. Charles Dickens'ın 1856 yılında
yazdığı, Fransız Devrimi'nden önce Paris ile endüstriyel devrimini
yapan, zenginleşen İngiltere'nin 19. yüzyıl Londra'sındaki sefale-
tini konu alan *İki Şehrin Hikayesi* romanında söylediği gibi: "Za-
manların en iyisiydi, zamanların en kötüsüydü. Hem akıl çağıydı

---

452 Charles Dickens, *A Tale of Two Cities,* Oxford: Oxford Univ. Press, 2000, s.1.

hem aptallık. Hem inanç mevsimiydi hem şüphe. Hem her şeyimiz vardı hem hiçbir şeyimiz yoktu."

Teknolojinin hızla gelişmesi karşısında toplumun büyük bir kesimi aynı zamanda bir aptallık çağını yaşıyor. Artık canlılığın bir evrim içinde geliştiği bilimsel olarak kabul edilmişken birçoğumuz hâlâ bilimsel gerçeklere direniyoruz. Charles Dickens'ın dediği gibi, "hem akıl çağı içindeyiz hem de aptallık."

Aslında 200 yıl öncesine göre teknolojik gelişme dışında insan kaderinde fazla bir şey değişmedi. Elimizdeki oyuncak çeşidi çoğaldı; bunlar da sık sık teknolojik olarak geliştirilip elimize tutuşturuluyor. Biz onlarla avunuyoruz. Dünyanın en fakir bölgesi Orta Afrika'da cep telefonuna sahip kişiler, şehir şebekesi suyuna ve elektriğe sahip kişilerden daha çok sayıda.[453] Tekno-diktatörlük tarafından güdülen sürüler olduğumuzun farkında olmuyoruz. Bu ortamda nereye sürüklendiğimizi de bilmiyoruz. Yüksek teknolojiyi elinde tutan güçler bizi yönetenleri de kullanıp yönlendiriyor. Onlar da nereye gittiklerini bilmiyorlar.

Toplumun yöneticilerle ilişkisi birkaç bin yılda fazla değişmedi. Sistem içindeki herhangi bir kurum ve güç, doğa ve insana sevgisi, saygısı olmayan, devamlı yalan söyleyen, halkı sömüren belli güçlerden ve politikacılardan halkı koruyamamakta. Siyasetin bütün dünyada insanları kandırma sanatına dönüştüğü bir düzende[454] fazla umutlu olmak, adalet beklemek biraz saflık olacaktır.

İnsanların farkında olmadığı fakat yakın gelecekte yaydığı aşırı radyasyon ve yapay zekânın insanları kontrol etme imkânı ile büyük belalar getirme tehlikesi olan bu dijital düzen çağı ister istemez her şeyi hızla değiştiriyor, kişiyi ve toplumları ailesine, çevreye, doğaya, kendi emeğine ve yaşama yabancılaştırıyor. Umutsuzluğun ve depresyonun artması insan ilişkilerinin ve toplumsal yardımlaşmanın erozyona uğramasına neden oluyor. İnsanın metalaşması, aile bağlarının çözülmesi yaşamı insan

---

453 Phoebe Parke, More Africans have access to cell phone service than piped water, CNN, 19.01.2016. In much of sub-Saharan Africa, mobile phones are more common then Access to electricity, *The Economist*, 08.11.2017.

454 Alman sosyolog Max Weber (1864-1920) 20. yüzyılın başlarında siyasetçiler için şöyle demişti: "İktidara geldikten sonra dava önderlerinin yandaşları genellikle yozlaşır ve kolaylıkla bir fırsat avcılarına dönüşürler. Ruhunun kurtuluşunu arayan kişi bunu siyaset kulvarında aramamalıdır."

Max Weber, *Sosyoloji Yazıları*, Çeviri: Taha Parla, İstanbul: Hürriyet Yay., 1987, s.123.

odaklı değil, ben merkezli sanal bir dünyaya doğru hızla itiyor. İnsanoğlu artık yüksek teknolojinin esiri olmuş durumdadır. Kendi eliyle yarattığı yapay zekâyı yönlendirirken bir ölçüde onun kontrolü altına girme tehlikesini yaşadığının farkında değil. Bugün en büyük sorun, yüksek teknolojinin bizi ne gibi bir felakete sürüklediğini tahmin edip önlemlerini almamak, çevrenin acımasızca talan edilmesinin ve doğanın kirlenmesinin önüne geçememek. Hükümetlerin insan sağlını koruyamaması, güçsüze karşı yapılan adaletsizliğin ve sömürünün önüne geçememesidir.[455]

Yakında bütün dünyayı kaplayacak küresel kriz sadece petrol, enerji, finans gibi konularda değil, öncelikle gıda, ekilebilir topraklar ve su kaynakları paylaşımı üzerine olacak fakat kimse bu soruna yeterli önlem alamamakta.[456] Doğa, yapılan tahrip karşısında bizi gittikçe daha acımasızca cezalandırmakta, hâlâ göremiyoruz.[457] Her şeyi artan hızla tüketirken kendimizi de tüketiyoruz.[458]

Tanrı sevgisi, doğa ve insan sevgisiyle bir bütündür. İnsanoğlu, ölünce ben nereye gideceğim, sorusuna cevap bulmaktan vazgeçip, doğayla nasıl barışık bir şekilde yaşayabilirim, dünyanın bu

---

455 Dünya kara parçasının büyüklüğü 13 milyar hektar dünya toprağının üçte biri kısaca %38'i ekilebilir arazi, %30'u ormandır. Ekilebilir arazinin 4.9 milyar hektar büyüklüğünde. Bunun 287 milyon hektar gibi çok küçük alanı sulanabiliniyor. İnsanlık için su gibi yaşama kaynağı olan bu iki değeri her geçen gün daha çok kirletip daha çok kaybediyoruz. Bazı yerlerde ekilebilir topraklar çoğalmış gibi görünse de 1960'ların başından itibaren bu son elli yılda orman arazilerinden 500 milyon hektar alınarak yapılmıştır. (Hervé Guyomard-Agneta Forslund Hungry for Land? Potential Availability of Arable Land, Competition Between Alternative Uses, and the Impact of Climate Change, *Paris Tech Review*, 03.03.2011)

456 Alicia McMullen, Forget oil, the new global crisis is food, Financial Post, 07.01.2008. Mathew Lew, Water War Could Erupt In Coming Decades, Says U.S. Intel Report, Huffington Post, 22.03.2012.

457 En büyük hatamız doğal kaynakları ve toprağı bitmez tükenmez bir kaynak gibi görmemizdir. Doğadan borç alıp hiç geri ödeme yapmıyoruz. Bu doğayı bitirirken doğa da bizi bitiriyor. En kötüsü bunun farkında değiliz. Çünkü doğadan koptuk, doğanın bize verdiği mesajları anlayamıyoruz. Doğanın ve geleceğimizin sigortası olabilecek olan doğanın dilini anlayan, ona karşı hassas olan, insanı odak alan ekolojik okur yazarlığı olan nesiller yetiştirmiyoruz.

458 Dünya Limit Aşım Günü (*Earth Overshoot Day*/EOD) insanlığın yıllık kaynak tüketimi aşımının belirlendiği tarihtir. Dünyanın kaynaklarının kapasitesi, o kaynakları yeniden oluşturmak için bir yıllık hesaplanır. 2000 yılında limit aşımı Ekim ayında gerçekleşmişti, ancak 2015'te Ağustos ayının ortasında bütün kaynakları tüketmiştik. 2016'da bu tarih 8 Ağustos'a geriledi ve her yıl daha da geriye gidiyor. Dünyanın süper gücü sayılan Çin, ABD, İngiltere ve Japonya gibi ülkeler, uzun zamandır ürettiklerinin neredeyse iki katını tüketiyorlar.

kötü gidişine nasıl engel olabilirim, diye düşünmelidir. İnsanoğlu ölünce, doğmadan önce neredeyse oraya gidecektir. Termodinamik[459] yasalarına göre; "madde ve enerji kaybolmaz, yok olmaz, yalnızca birbirlerine dönüşür."[460]

Bilim, özellikle gökbilimi insanoğlunu mütevazılaştıran, kibrini ve aşırı arzularını silen, kişilik kazandıran bir deneyimdir. Gökbilimcileri sonsuz büyüklükteki gezegenimizde dünyanın bir kum tanesi, insanın da atomaltı parçacıkları kadar ufak olduğunu bilirler ve öğretileri bunu anlamamıza yardımcı olur.

Uzaydan dünyaya baktığımızda biz bir hiç olarak görünüyoruz. "Mikroskop insana ne kadar önemli olduğunu gösterdi; teleskop ise evrenin büyüklüğü içindeki önemsizliğimizi." Nokta kadar yer kaplamadığımız gezegenimizde, onu saran uzayın karanlığı içinde biz ne kendimizi ne içinde yaşadığımız dünyayı tam olarak çözememiş ve yaşadığımız yeri devamlı tahrip etmiş canlılarız. İşin üzücü tarafı sözde, dünyadaki canlıların en akıllısıyız.

Bütün bunlara rağmen geniş ve bilinmeyen bir kozmosta küçücük bir nokta olsak da varız ve belki de yalnız değiliz. İlerleme sağlamamıza rağmen yaşamı, evreni anlamanın hâlâ daha başındayız; evren ve yaşam konusunda hâlâ çok az şey biliyoruz. Şu anda evreni açıklayan iki fizik teorisi var. Birincisi, yıldızlar, galaksiler gibi çok büyük boyutlu maddeleri açıklayabilen Einstein'ın görelilik teorisi; ikincisi ise atomlar gibi çok küçük boyuttaki maddeleri açıklayabilen kuantum fiziği teorisi (teorileri). Kuantum fiziği evreni oluşturan tüm bileşenler arasındaki etkileşmeleri göz önüne alarak gerçeği bir bütün olarak vermeye çalışır.

Klasik fiziğe tutku ile bağlı olan "Einstein doğa ile bilim arasındaki ilişkiyi klasik fizikten farklı düzenleyen, ondan farklı mantığı

---

459 Termodinamik, enerjinin bir yerden başka bir yere ve bir biçimden başka bir biçime transferi ile ilgilenir. Termodinamik kavramı Yunanca *thermos* (ısı) ve *dynamic* (enerji) kelimelerinden türetilmiştir.

460 Fransız kimyacı, Antoine-Laurent de Lavoisier (1743-1794) doğanın tüm işleyişlerinde hiçbir şeyin yoktan var edilmediğini, tüm deneysel dönüşümlerde maddenin miktar olarak aynı kaldığını, elementlerin tüm bileşimlerinde nicel ve nitel özelliklerini koruduğunu açıklamış ve modern kimyanın temelini atmıştı. Lavoisier, "hiçbir şey yoktan var olmaz; varken de yok olmaz," diyordu. 1905 yılında Albert Einstein, maddenin yoğunlaşmış bir enerji olduğunu, enerjinin maddeye, maddenin de enerjiye ($E=mc^2$ / E: erg-enerji, m: gram-kütle, c: cm/s boşluktaki ışık hızı) dönüşebileceğini bilim âlemine kabul ettirmişti.

olan kuantum fiziğini tam olarak kabul edememiş, kuantum fiziğinin olasılık kavramına[461] sıcak bakmamıştı. Buna rağmen kuantum fiziği Einstein'ın görelilik kuramına rakip değil bir ortaktı."[462] Bu iki teoriyi birleştirerek evreni bütünüyle anlamak mümkündür. Ancak bu, bugüne kadar tam olarak başarılamadı. Stephen Hawking'in en büyük hayali dünyada var olan en önemli iki formülü tek formül haline getirerek evrenin sırrına vakıf olmak istemesiydi. Bunu tam olarak başaramadı fakat evrenin anlaşılmasına büyük katkılar sağladı.

Biz aslında dünyayı bilimsel olarak hâlâ anlayamadığımız için dini/mistik görüşler ve geçmişin kavramlarıyla 21. yüzyılı, kendimizi ve geleceğimizi anlamaya çalışıyoruz. Bir an evvel gerçekleri görmeliyiz. Isaac Newton (1623-1727) şöyle diyor: "Plato arkadaşım, Aristoteles arkadaşım, ama en iyi arkadaşım gerçek."[463]

Çağımız sadece gerçekleri görüp, dünyayı yeniden tanımlayıp anlama değil, insanı doğadan kopartan, toplumsal ilişkileri dijital dünyaya taşıyıp tek düzeliğe indirgeyen, doğayı, insanı ön plana çıkartıp tekrar insan olmayı öğrenme çağıdır. Bunu yapamazsak her şey çok geç olacaktır. Prof. Hawking'in dediği gibi, "artık insanoğlu doğada en tehlikeli çağa girdi."[464]

Yakın gelecekte insanlığı bekleyen bu tehlikenin bir an önce farkına varmamız lazım. Yoksa gelecek yüzyılda var olma savaşı vereceğiz. Eğer bugünkü tahripkar ve vurdumduymaz durumumuzu böyle devam ettirirsek, Prof. Stephen Hawking'in dediği gibi; "insanoğlunun evrende bin yıl bile ömrü kalmayacak".

---

461 Einstein'in da içinde olduğu klasik fizikte sistem konum hız, basınç, hacim, sıcaklık gibi fiziksel büyüklükler ile tanımlıdır. Kuantum fiziğinde fiziksel büyüklükler zaman içindeki değişimi verir. Burada kesinlik yerine bir olasılık fonksiyonu vardır. Kuantum fiziği ile klasik fizik arasındaki fark araya olasılık fonksiyonun girmesidir. Belirsizlik ilkesine göre parçacığın konumu kesin olarak ölçüldüğünde hızı (momentum) ölçülemez. Hızı (momentumu) ölçüldüğünde konumu ölçülemez. Klasik fiziğin aksine bir parçacığın konumu ve hızı aynı anda ölçülemez.

462 Prof. Cengiz Yalçın, *Kuantum*, Ankara: Akılçelen Yay., 2015, s.125, 130-132.

463 Newton'un 1664 yılında Latince yazdığı Quaestiones Quaedam Philosophicae (Bazı Felsefi Sorular- Certain Philosophical Questions) adlı defterinin başına yazdığı not. J. E. McGuire - Martin Tamny, *Certain philosophical questions: Newton's Trinity notebook*, Cambridge: Cambridge University Press, 1983.

464 Stephen Hawking, This is the most dangerous time of our planet, *The Guardian*, 28.11.2017.

SÖZLÜK

(Alfabetik sıraya göre değil konu
bütünlüğüne göre düzenlenmiştir)

Evren: Madde ve dalgalardan oluşan bir enerji sistemdir. Evren tüm uzay ile birlikte uzayda oluşabilecek tüm enerji ve kütle (bir cisimde bulunan madde miktarına "kütle" denir) formlarını kapsar. Gördüğümüz, bildiğimiz, duyduğumuz her şey evrenin içindedir. Evren, uzaydan ve uzayda bulunan sayısız varlıktan meydana gelmiştir. Evren gittikçe genişlemektedir. Bugünkü genişleme hızını geçmişe yönelik kullanarak, büyük patlamanın günümüzden ne kadar zaman önce olduğunu hesaplayabiliyoruz Genişleme dünyadan uzaklaştıkça artmaktadır. Evrenimiz 13,8 milyar yıl yaşındadır. Evrenin sonsuz olup olmadığı da tartışmalı. Evrenin nasıl oluştuğunu gösteren ve gözlemlerle uyuşan bütün teorilerimiz, bugüne kadar bize hep sonsuz veya çok sayıda başka evrenin de olması gerektiğini söyledi. Oysa biz bunları sadece kendi evrenimizde test edebiliyoruz. Stephen Hawking, evrenin sonsuz olduğu fikrine şüpheci yaklaşmış, bunun kanıtı olmadığını söylemiş, sonsuz evren kavramı test edilebilen değerler içermediği sürece bilimsel bir fikir olarak kabul edilemez demiştir. Prof. Hawking, dostu meslektaşı Prof. Thomas Hertog'la birlikte sicim teorisinde[465] kullanılan bazı denklemleri aldı ve bunlarla evrenimizin sonlu olduğunu göstermeye çalıştı. Buna göre evrenimiz sonlu bir kainatın içindeki çok sayıda evrenden biri olabilirdi. Yeni çalışmalar ve bilgiler ileride bu teorilere daha net açıklamalar getirecektir.

Kozmoloji: Yunanca düzenlemek, süslemek, yerli yerine koymak anlamına gelen *kosmeo* sözcüğünden türetilmiştir. Kozmos ilk kez, Platon (İÖ-428/427-348/347) tarafından evren anlamında kullanılmıştır. Evrenin bir bütün olarak incelenmesi bilimidir. Kozmoloji ile uğraşan bilim insanlarına "kozmolog" veya "evrenbilimci" denir. Kozmoloji pratik olarak uygulama sahası olmayan özgün bir bilim olmadığı için hakkında sıklıkla spekülasyonlar çıkar. Fakat son bilimsel gelişmeler kozmoloji biliminin ne kadar önemli olduğunu göstermiştir.

---

465 Sicim teorisi kainatta 10^{500} evren olduğunu söyler. Bu sebeple sicim teorisi ilk çoklu evren teorisidir. Ancak sanılanın aksine, sicim teorisinden türetilen zar kozmolojisi sonsuz sayıda evren olduğunu öne sürmez. Hawking işte bu yüzden kainatın sonlu olduğunu göstermek için sicim teorisini kullandı.

Kozmologlar, kozmoloji çalışmalarının içerisinde astronominin yanı sıra biyolojiden matematiğe kadar birçok bilim dalını da kullanırlar. İlgi alanı, evrenin büyük ölçekte tüm yapısı, oluşumu ve evrimidir. Fiziksel evrenin bir bütün olarak kavranıp anlaşılmasını sağlamak amacıyla doğa bilimlerini, özellikle fiziği ve gökbilimini bir araya getirir. Astronomi, gök cisimlerinin pozisyonlarını, parlaklıklarını, hareketlerini diğer karakteristik özelliklerini ölçerken kozmoloji, bunu daha büyük yapılar içinde evreni bir bütün olarak yapar.

Astronomi (Gökbilimi): Gök cisimlerinin konumlarını, hareketlerini, birbirine olan uzaklıklarının ölçülmesini, bunların fizik ve kimya bakımından yapılarını inceleyen bilim dalıdır. Astronomi ile uğraşan kişilere "astronom" veya "gökbilimci" denir. Yıldız bilimi anlamına gelen ve temel bilimlerin atası olan astronomi, genel anlamda, evrende bulunan her çeşit maddenin dağılımını, hareketini, kimyasal bileşimini, evrimini, fiziksel özelliklerini ve birbirleriyle olan etkileşimlerini inceleyen bilim dalıdır. Astronomi, kullanılan inceleme yöntemi, amaç ve konuya göre iç içe girmiş birkaç dala ayrılır. Temel astronomi, astrofizik ve uzay bilimleri bu dalların başlıcalarıdır. Pozitif bir bilim dalı olan astronominin astroloji ile hiçbir ilgisi yoktur.[466] Bilinen ilk astronomik gözlemler Babiller zamanında yapılmış, gece ve gündüzün 12 saate bölünmesi bu devirde gerçekleştirilmiştir.

Astrofizik: Astronomi biliminin bir dalı gibi görünse de astrofizik, astronomi ve kozmolojinin ortak dalı gibidir. Astrofizikçiler, gökbilimciler olarak da bilinirler. Bu ifadedeki gök; bulutların, atmosferin ötesinde bir kavramdır. Yıldızları, gezegenleri, kara delikleri ve akla gelebilecek diğer gök cisimlerini kapsar. Evrende var olan yıldızları, gezegenleri, galaksileri, bulutsuları ve diğer tüm cisimleri yaşamından ölümüne kadar inceleyip bu süreçleri açıklamakla yükümlü olan fizik dalına "astrofizik" denir. Astrofizik bilim dalında, uzayda yer alan gök cisimlerinden yayılan dalgalar oldukça büyük anlamlar

---

466 Astroloji bir bilim dalı değildir. Gök cisimlerinin konumu ve hareketlerinden yola çıkarak insanoğlunun günlük yaşamı ve hatta geleceği hakkında tahminlerde bulunur, bilimsel değildir. Genellikle yoruma dayalıdır, kişiden kişiye değişebilir ve amacı yıldızların konumuna bakarak burçlara göre geleceği tahmin etmektir. İlk çağlarda ortaya çıkmıştır. O çağlarda bilim olmadığı için insanoğlu çevresinde olan bitenleri açıklayamıyordu. Deneyimlere dayanan ortak bir geçmişin, mitoloji ve din birleşimiyle oluşturulmuş senaryolarla, toplumun idaresi ve vücudun sözde tedavisi için kullanılmıştır. Yıldızlar bizi etkileyemeyecek kadar uzaktadır. Bize en yakın yıldız yaklaşık olarak 4 ışık yılı yani 40 trilyon km uzaklıktadır. Astrologların verdiği astronomik bilgilerin bilimsel gerçekliği yoktur. 2200 yıl önce 25 Mart'ta gerçekten dünya-güneş doğrultusu koç takımyıldızını gösterirken şimdi balık takımyıldızını gösteriyor. Kendini akrep sanan birisi aslında terazidir; zira doğum tarihinde güneş İ.Ö 600 yılında olduğu gibi akrep burcunda değil, terazi burcundadır. **Zodyak**, yani güneş, ay ve gezegenlerin üzerinden hareket ettikleri takımyıldızlarının kemeri, diğer adıyla "burçlar kuşağı" incelemesi genel olarak ikiye ayrılmaktadır: Hintlilerin kullandıkları vedik astrolojisindeki "**sidereal Zodyak**" ve batı astrolojisinde kullanılan "**tropikal Zodyak**" arasında farklar vardır.

ifade etmektedir. Bu incelemeler için tek bilgi kaynağı, gök cisimlerinden yayılan ışık ve diğer elektromanyetik dalgalardır. Bu bilim dalının ortaya çıkışı incelendiğinde, gök cisimlerinden yayılan ışığın etkisi çok büyüktür. Astrofizik sadece fizik yasalarını değil, aynı zamanda yapı gereği kimya yasalarını da kullanır. Astrofiziğin, astronomi ve kozmoloji ile arasında ince bir ayrıntı söz konusudur. Astrofizikçilerin en temel hedefi evreni ve içindeki yerimizi anlamaya çalışmaktır.

Teorik Fizik (Kuramsal Fizik): Teorik fizik üzerinde çalışması zor olan dallardan biridir. Deneysel fiziğin zıttıdır. Kuramsal fizik, matematiğin fazlasıyla kullanılmasından dolayı "matematiksel fizik" olarak da adlandırılır. Buna karşın deneysel fizik, deney ve gözlem araçlarını kullanarak araştırma yapar. Kuramsal fizik veya teorik fizik, doğayı anlamak için deneysel yöntemler kullanmak yerine matematiksel modeller kullanan ve fiziğin soyut kavramları üzerinde yoğunlaşan bilim dalıdır. Amacı, fizik kavramlarını mantıkla açıklamaktır. Fiziksel bir sistemin matematiksel tasvirini çıkarmak, sonrasında bu matematiksel tasvir üzerinde fiziksel dünyada karşılığı olduğunu varsaydığımız operasyonları uygulamak, sonucunda çıkan matematiksel tasvirin fiziksel gerçekliğini test etmek aşağı yukarı fiziğin tüm öngörü yetisinin metodunu teşkil eder.

Richard Phillips Feynman (1918-1988): New York'ta, Rus ve Polonya asıllı Yahudi bir ailenin çocuğu olarak dünyaya geldi. Tıpkı Einstein gibi konuşmaya geç başlamıştı. 15 yaşındayken kendi kendine trigonometri, ileri alcebra, analitik geometri, türev ve integrali tüm yönleriyle öğrenmişti. Aynı zamanda ressamdı. Şiir ve müzikle de ilgileniyordu. Kuantum mekaniği alanında bir devrim yarattı ve "kuantum elektrodinamiği" (QED - ışık ile madde arasındaki etkileşim teorisi) teorisini formüle etti. Feynman, teorik fiziğin karmaşık unsurlarını kolayca anlaşılabilir bir şekilde açıklayabildiği için ün kazandı. 1965 yılında kuantum elektrodinamiğine yaptığı katkılardan dolayı Nobel Fizik Ödülü'ne layık görülürken, 20. yüzyılın fütüristik bilim insanlarına da eşsiz bir bilimsel külliyat hediye etti. Yaptığı çalışmalar, kullandığımız kuantum bilgisayarlardan nano tıp uygulamalarına varana dek sayısız alanda gelişimin önünü açtı. Hayatının ilerleyen dönemlerinde Feynman'ın ilgisi kuantum kütle çekimi teorilerine yönlendi. Bu amaç için geliştirilmemesine karşın Feynman'ın diyagramları; "sicim teorisi" ve "M-teorisi" gibi kuramları geliştirmek için büyük bir temel oluşturdu.

Kuantum Mekaniği/Fiziği: Makro boyutta maddeleri değil mikro boyutta atomun, atomaltı parçacıkların, hem madde hem de aynı anda dalga şeklinde bulunabilme olasılığının incelenmesidir. Bu parçacıkların tam olarak nerede olduğu ancak dağılımlarla belirlenebilir. Parçacıkların olasılık dağılımlarının sonsuz seçeneği olması, kuantum mekaniğinin anlamasını zorlaştırır. Klasik fizik ile kuantum fiziği arasındaki ayrım, boyut farkındadır. Klasik fizikteki kavramları makro boyuttan mikro boyuta indirgediğimizde karşımıza farklı bir dünya çıkar. Makro boyuttaki maddenin davranışı ile kuantum fiziğinin incelediği mikro boyuttaki parçacıkların davranışı farklıdır. Klasik fizikte determinizm, yani "belirlilik" vardır. Oysaki kuantum fiziğinde belirsizlik ve düzensizlik vardır. Daima belli bir olasılık yüzdesi bulunur. Belirsizlik ilkesi, kuantum fiziğinin en temel ilkelerinden biridir. Bir parçacığın konumu ne kadar az belirsiz ise momentumu o kadar fazla belirsiz olacaktır; aynı şekilde momentumu ne kadar az belirsiz ise konumu o kadar belirsiz olacaktır. Eğer momentum-konum belirsizliği olmasaydı atomlar ve dolayısıyla çevremizde gördüğümüz makroskobik dünya asla var olamazdı. Çünkü negatif yüklü elektronların pozitif yüklü çekirdeğe düşmemelerini belirsizlik ilkesi sağlar. Belirsizlik ilişkisi olan sadece momentum ve konum değildir. Belirsizlik ilişkisi olduğu bilinen başka bir çift de enerji ve zamandır. Uzayın aslında boş olmadığını gösterir. Uzayda "yoktan" parçacıklar meydana gelebilir ancak kısa bir süre sonra yok olmak şartıyla. Yıldızlar, enerjileri yetmediği halde füzyon tepkime gerçekleştirebilmelerini, enerji-zaman belirsizliğine borçludur. Belirsizlik evrenin kendi doğasından dolayıdır.

Görelilik Teorisi: Albert Einstein (1879-1955) tarafından 20. yüzyılın başlarında ortaya konulmuştur. Zamanımızın en büyük bilimsel gelişmelerinden biri olarak kabul edilmektedir. Görelilik/izafiyet kelimeleri aynı anlamlarda kullanılır; bir şeye veya bir olguya göre değişim gösteren, kişiden kişiye farklı algılanan anlamına gelir. Einstein evrende her şeyin başka bir şeye göre hareket halinde olduğunu anlamış ve kuramına görelilik adını vermiştir. Çünkü sadece özel durumlarda geçerli oluyor ve uygulanıyordu. Zaman herkes için aynı akmıyordu. Çok hızlı giden bir araç içinde zaman, kendisinden daha yavaş giden araca nazaran daha az akıyordu. Görelilik teorisinin bilinmesi gereken en önemli noktalarından biri enerji ve maddenin aynı şey olduğudur. Albert Einstein maddenin enerjiye enerjinin de maddeye (kütleye) dönüşebildiğini, kütle ve enerjinin aynı şeyin farklı görünümleri olduğunu söylemiştir. Enerjinin kütle ile aynı orantıda olduğunu formülüze ederek göstermiştir: $E(enerji)=m(kütle)c^2$ (sabit evrensel ışık hızının karesi; madde ile enerjinin birbirine dönüşmesini $m= E/c^2$ formülünün daha iyi gösterdiği iddia edilir). Böylece Einstein atom çağını başlatmış ve uzayda hiçbir şeyin ışıktan hızlı gidemeyeceğini öne sürmüştür.

Özel Görelilik Teorisi: 1905 yılında "Hareket Eden Cisimlerin Elektrodinamiği" ("The Electrodynamics of Moving Bodies") adlı makale ile ortaya konulmuştur. Özel izafiyet teorisi, uzay ve zaman kavramlarının fiziksel olarak daha net açıklanmasını ve hareket eden ölçüm cihazları ile saatlerin davranışlarının anlaşılmasını sağlamaktadır. Mutlak eşzamanlılık kavramını ortadan kaldırmakta, kütle ve enerjinin eş değerliliklerini kanıtlamakta, ayrıca evrensel sabit hız olan ışık hızının, doğa yasaları üzerindeki rolünü de ortaya koymaktadır.

Albert Einstein, özel görelilik kuramı ile zaman ve mekânın birbiri içine geçmiş bir bütün olduğunu keşfetmişti (uzay-zaman). Çeşitli hızlardaki araçlar veya maddelerde geçen zamanın, uzay-zaman içinde değişik konumlarda bulunan gözlemcilere göre "göreceli" olduğunu varsayan bir teoridir. Algılama herkesin bulunduğu konuma göre değişir. Newton, uzay ve zamanın birbirinden farklı ve bağımsız olduğunu, bunların sabit olarak hiçbir duruma bağlı olmadıklarını söylemişti.

Einstein, bir kişi için aynı anda olan iki olay, evrendeki herkes için aynı anda gerçekleşir düşüncesini kırmış, zaman ve mekânın "boyutlarının" birbirlerini göreceli şekilde etkilediklerini göstermiştir. Özel izafiyet-görelilik teorisi tıpkı isminde olduğu gibi özeldir. Özel izafiyet teorisinin en önemli ilkesi "mutlak uzay ve zaman yerine, mutlak ışık hızı" önermesidir. Özel izafiyet teorisine göre her hareket görecelidir.

Einstein, özel izafiyet kavramıyla bilinenin aksine, ortak bir zaman kavramının olmadığını ve her bir bireyin kendi zaman dilimi içinde yaşadığını, bireylerin sabit bir durumda kalmaları durumunda ancak ortak bir zaman dilimine sahip olabileceklerini söylemiştir. O halde mutlak bir zaman kavramının oluşması imkânsızdır. Zamanın, harekete bağlı olarak yavaşlaması etkisine "zamanın genişletilmesi etkisi" denilmektedir. Teori düz bir rotada, sabit bir hızda hareket ederken geçerlidir. Hızlandığınızda, rotanızı değiştirdiğinizde veya hareketin doğasını değiştiren herhangi bir şey yaptığınızda özel izafiyet geçerliliğini kaybeder. Mesela ışık hızına yakın bir süratle giden bir uzay gemisini, dünyada ikizi bulunan birinin kullandığını varsayalım. 10 yıllık bir seyahate çıkıp dünyaya geri döndüğünde, uzay gemisini kullanan ikiz, dünyada kendisini bekleyen ikizinden daha genç olarak dünyaya ayak basacaktır. Uzay gemisini kullanan ikiz, ışık hızına yakın bir süratle hareket ettiği için, onun saatiyle on yıl, dünyadaki kardeşinin saatiyle 15-20 yıl olabilecektir.

Genel Görelilik Teorisi: Bu kuramda kütle çekiminin zamana etkisi sorununa çözüm getirilir. Genel görelilik, uzay ve zamanın birbirinden bağımsız olamayan, birbirine bağlı uzay-zaman adında tek bir şey olduğunu söyler. 1916 yılında "The Foundation of the General Theory of Relativity" adlı makale ile tanıtılmıştır. Kütle çekiminin de işin içine girdiği eğri uzay-zaman kuramına "genel görelilik" adı verilmektedir. Einstein, arkadaşı Marcel Grossmann'ın yardımıyla, daha önce George Friedrich Riemann tarafından geliştirilen bükülmüş uzay ve yüzeyler kuramı üzerinde çalıştı. Riemann sadece uzayın eğri olduğu düşünüyordu. Einstein ise eğri olanın, uzay-zaman olduğunu kavradı. Genel görelilik teorisi, dünyanın etrafındaki uzay-zamanın sadece sapmadığı, aynı zamanda büküldüğünü de öngörmüştür. Einstein uzay ve zamanın birbirinden bağımsız olmayan, iç içe geçmiş uzay-zaman sürekliliği olduğunu bulmuştur. Bu teori, olayların bir gözlemci için meydana geldiği anın, başka gözlemciler için farklı anlar da meydana gelebileceğini öne sürmektedir. Kütlenin varlığı uzay ve zamanı bükmektedir. Yerçekiminin sebebi, büyük kütlelerin uzay-zamanı bükmesiydi. Einstein'ın görelilik teorisi, kütle çekimini enerjinin ve maddenin etkisiyle uzay zamanın bükülmesi olarak açıklar. Dünyanın ve diğer gök cisimlerinin, üzerinde bulunan cisimlere uyguladığı çekim kuvveti olan kütle çekimi, bir kuvvet değil, uzay-zamanın bir özelliğidir. Dünya üzerinde bir kütle çekimi hissederiz ama bu, dünya bizi merkezine çektiği için değil, uzay bizi dünyaya ittiği içindir. Genel görelilik kuramı, bütün başvuru sistemleri (koordinat sistemleri) için geçerli fiziksel yasalar formülleştirme kuramıdır.

Enerji: Kuantum fiziği açısından gördüğümüz, algıladığımız her şey enerjidir. Dünyamızın tek enerji kaynağı güneşten gelen ışınımlar ile çevremizi görüyorsak, evrenin varlığını bize hissettiren ışımalar bir enerjidir. Evren, dalga ve maddelerden oluşan bir enerji sistemidir. Gördüğümüz, algıladığımız her somut olay ve nesne farklı bir enerji formudur. Bir hareket oluşturma ve eylem açısından tarifi ise farklıdır. Buna göre enerji; fiziksel bir sistemin mevcut durumunu değiştirmek için yapılması gereken iş gücüne denir, yani işe dönüştürülebilen bir değerdir. Enerjiyi, fiziksel bir sistemin ne kadar iş veya ne kadar ısı transferi yapabileceğini belirleyen bir durum fonksiyonu olarak da tanımlayabiliriz.

Madde: Uzayda yer kaplayan, kütlesi olan her şeydir. Maddenin şekil almış haline "cisim" denir. Kütle, bir cisimde bulunan madde miktarının ölçüsüdür. Maddeler doğada bulundukları hallerine göre katı, sıvı, gaz ve belirli bir şekli hacmi olmayan, iyonize[467] olmuş plazma[468] şeklinde bulunur (maddenin dört hali). Kimyacılar maddenin/maddelerin neden birbirinden ayrı özelliklere sahip olduğunu anlamaya çalışırlar. Einstein maddeyi "kütlesi olan enerji" olarak tanımlamıştır. Madde oluşabilmesi için atomların ortaya çıkması gereklidir. Başlangıçta madde yoktu. İçinde yaşadığımız evren 13,7 milyar yıl önce başladığında sadece enerji vardı. Bu enerji hemen atomaltı parçacıklar yarattı ve madde oluştu. Einstein'ın $E=mc^2$ denkleminde açıkladığı gibi başlangıçtaki enerji kütleye dönüşüp maddeyi oluşturdu.

Kütle Çekim Kuvveti: Yerden belli bir yükseklikten bırakılan cismin yer yüzeyine doğru düşmesi, kütle çekim kuvvetinden dolayıdır. Kütle çekimi, cisimlerin dünyanın yüzeyinde kalması, gezegenlerin yörüngelerinin olması gibi fiziksel olayların sebebidir. Gezegenlerin kütle çekim kuvveti, gravitasyon parçacıkları ile oluşmaktadır. Uzayda iki kütleli parçacık birbirleriyle gravitasyon denilen parçacıklarla etkileşmektedir. Yakın zamanda bu gravitasyon dalgaları

---

467 İyonize olma, en az bir elektronun atom ya da melokülünden ayrıldığı anlamına gelir. X ışınları da iyonize radyasyonlardır. Hastanede çekilen filmler de iyonlaştırıcı radyasyon kaynağıdır. Cep telefonları, elektrikli aletler, fön makinesi, traş makinesi, mikrodalgalar iyonlaştırıcı olmayan radyasyon kaynaklarından bazılarıdır, fakat fazla miktarda maruz kalınca insan sağlığına zararlı olabilirler.

468 Plazma, bir gazın enerji verilerek iyonlaştırılmasıdır. Atomlarda elektronlar atom çekirdeğine bağlıdır. İyonlaştırmak, elektronlarla atom çekirdeği arasındaki bağı koparmaktır. Plazma halinde atomlar iyonlaşır, sürekli birbiriyle çarpışır. Bu durumda elektronlar hızla hareket edebildiği için plazma iyi bir elektrik ısı iletcisidir. Plazma maddenin dördüncü halidir. Evrende maddenin en sık karşılaşılan hali plazmadır. Evrenin %99'undan fazlası plazma halindedir. Gerçekte plazma hali bir maddenin ilk halidir.

gözlemlenmiştir. Dünyanın ve diğer gök cisimlerinin, üzerinde bulunan cisimlere uyguladığı çekim kuvvetine "kütle çekim kuvveti" denir. Bir kütleye sahip olan herhangi bir cismin, nesnelerin diğer cisimlere uyguladığı bir çekme kuvvetidir. Dünya söz konusu olduğunda bunun adı "yer çekimi" olur. İki cisim arasındaki çekim gücü, bu cisimlerin kütlelerinin bir sonucudur. Doğada dört temel kuvvet bulunur: Elektromanyetik kuvvet, güçlü nükleer kuvvetler, zayıf nükleer kuvvetler ve kütle çekim kuvveti (yer çekimi). Kütle çekim kuvveti, bunlar içerisinde en zayıf olan kuvvettir. Atomaltı parçacıkların seviyesinde belirgin bir etkisi yoktur. Aksine mikroskobik ölçekte hakim güçtür ve astronomik cisimlerin şeklinin oluşumunda ve yörüngesinin belirlenmesinde aktif güçtür. Örneğin, "yerçekimi dünya ve diğer güneş sistemindeki gezegenlerin güneşin etrafında dönmesini sağlar". Einstein'a göre kütle çekimi bir kuvvet değil, uzay-zamanın eğriliğiydi.

Standart Model: Tüm parçacık fiziğinin açıklandığı denklemler silsilesidir. Standart model, maddeyi oluşturan temel parçacıklar ve bu parçacıkların rol aldığı etkileşimleri açıklayan kuvvetler üzerine kuruludur. Diğer bir deyişle fermionlardan ve bozonlardan oluşan temel parçacıklarla ilgili bir fizik kuramıdır. Standart model parçacık tablosunda fermionlar (bildiğimiz maddeyi oluşturan parçacıklar, örneğin elektron) ve bozonlar (elektromanyetik, zayıf ve güçlü etkileşimi ileten parçacıklar, örneğin foton ve gluon) olmak üzere iki sınıf bulunur. Standart modele göre maddenin yapı taşları olan temel parçacıklar; altı lepton ve altı kuarktan oluşan, madde parçacıkları olan fermionlar ve fermionlar arasındaki temel etkileşmeleri gerçekleştiren, aracı parçacıklar olan bozonlardır. Temel parçacıkları birbirinden ayıran en önemli özelliklerden biri spin değeridir. Fermionların yarım spin, bozonların tam spin değerleri var. Burada spin, kendi etrafında dönme değildir. Sadece bir benzetmedir. Spin sözcüğü, parçacıkların bir iç özelliğini tarif etmek için kullanılır. Standart model doğadaki üç temel kuvveti de açıklar: Elektromanyetizma, zayıf nükleer kuvvet ve güçlü nükleer kuvvet. Ancak model, kütle çekim açıklamaz. Standart model, dünya çapında pek çok bilim insanının katkısıyla 20. yüzyılın ikinci yarısında aşamalar halinde geliştirildi. Güncel formülasyon kuarkların varlığının deneysel olarak doğrulanmasıyla 1970'lerin ortasında gerçekleşti. Standart modelde yer almayan ama var olduğu tahmin edilen atomaltı parçacıklar aranmaya devam ediliyor. Bunlar bulunduklarında isimlendirilerek standart model tablosundaki diğer parçacıklara eklenecek.

Radyoaktivite: Belirli kimyasal elementlerin atom çekirdekleri bozunmaya uğrarken aynı anda zararlı radyasyonlar yayma özelliğidir. Radyoaktif bozunma, kuantum olasılık kurallarına uyar. Radyoaktiflik, etkinlik veya nükleer bozunma, atom çekirdeğinin, tanecikler veya elektromanyetik ışımalar yayarak kendiliğinden parçalanmasıdır ve bir enerji türüdür. Radyoaktiflik, uranyum gibi ağır elementlerde görülür. Atom çekirdeği kararsız haldeyken rastgele biçimde bozunarak kararlı bir çekirdeğe dönüşür. Bozunma işlemi sonucunda çeşitli parçacıklar ve radyasyon enerjisi yayılır. Radyoaktivite, nükleer fisyonla (bir atom çekirdeğinin bölünmesi) da yaratılır. Otto Hahn ve Strassman, 1938 yılında yaptıkları deneylerde, yavaş nötronların (düşük enerjili nötronlar) bir U-235 (uranyum-235) izotopunun çekirdeğine girdiği zaman, bu çekirdeğin birbirine hemen hemen eşit iki parçaya bölündüğünü ve bu bölünme sonucunda çok büyük bir enerjinin açığa çıktığını gözlemlediler. Bu deneysel sonuç Albert Einstein'ın 1905 yılında ortaya koyduğu, enerji ve kütlenin birbirine dönüşebileceğini gösteren, meşhur $E= mc2$ formülünün doğruluğunu göstermiştir.

Atom: Bir elementin kimyasal özelliklerini taşıyan en küçük parçasıdır. Evrende bilinen bütün maddeler (kozmik madde, yüksek enerjili madde ve antimadde hariç), pozitif yüklü bir çekirdek ve etrafında dönen negatif yüklü elektronlardan oluşan yaklaşık 100 farklı atomdan meydana gelmektedirler. Atomun çekirdeği artı yüklü proton ve yüksüz nötronlardan, çekirdek etrafında bir yörüngede dolaşan eksi yüklü elektronlardan oluşmaktadır. Bu üç parçacık, etrafımızdaki sonsuz çeşitlilikteki maddenin temel yapı taşlarıdır. Atomların bir araya gelmesi ile moleküller oluşur. Atom, duyu organları tarafından algılanamaz, çıplak gözle görünemez. Sadece taramalı tünel mikroskobu (atomik kuvvet mikroskobu) ile incelenebilir. Kimyasal olaylar atomların birleşmesi veya ayrışması neticesinde meydana gelir. Atomlar birleşerek molekülleri meydana getirir. Madde, fiziksel ve kimyasal olarak değişmeye uğradığı zaman atomlar varlıklarını korur. Atomu oluşturan parçacıklar farklı yüklere sahiptir. Atomda bulunan yükler, negatif yükler ve pozitif yüklerdir. Atomu oluşturan parçacıklar üç tanedir: cisimden cisme elektrik yüklerini taşıyan negatif yüklü elektron, elektronların yükünü dengeleyen aynı sayıda ama pozitif yüklü olan proton, elektrik yükü taşımayan nötr parçacık nötron.

Atomaltı Parçacıklar: Maddenin en küçük yapı taşı dendiğinde akla ilk olarak atom gelmektedir. Atomun da çeşitli parçaları bulunur. Bunlar atom çekirdeğini meydana getiren nötron ve protonlardır. Hep bilinen protonlar ve nötronların haricinde atomların alt seviyelerinde de başka parçacıkların olduğunun deneylerle ortaya çıkması, fizik dünyasında yeni bir dönemi başlatmıştır. 20. yüzyılın sonlarına doğru yapılan yüksek enerjili çarpışma deneylerinde birçok yeni parçacık keşfedildi. Şu ana kadar belirlenen parçacık sayısı 300'den fazladır. Atomdan daha küçük veya atomu oluşturan parçacıklara "atomaltı parçacıklar" denir. Bu parçacıklar temel olarak "kuarklar" ve "leptonlar" olarak isimlendirilir. Atomaltı parçacıkları açıklayan, deneysel olarak ispatlanmış en iyi teori standart modeldir. Kuantum fiziğinin standart modelindeki tablo da atomaltı parçacıkları fermion (lepton ve kuark) ve bozon (aracı parçacık) olarak sınıflandırır. Bütün evren bu iki ana atomaltı parçacık gruplarından oluşmaktadır. Kısacası bütün parçacıklar ya fermion ya da bozondur. Fermionlara madde parçacığı da denir; çünkü etrafımızda gördüğümüz her şey fermionlardan oluşur. Elektron, proton ve nötron da fermiondur. Fermionlar dünyamızda, protonlar, nötronlar ve elektronlar da dahil olmak üzere, fiziksel madde olarak düşündüğümüz şeylerin çoğunu oluşturan parçacıklardır. Leptonlar ve baryonlar da birer fermiondur.

Kuarklar: Proton ve nötron gibi hadronları oluşturmak için bir araya gelen atomaltı parçacıklardır. Atomun çekirdeğini oluşturan proton ve nötronlar "kuark" adı verilen daha alt parçacıklardan oluşur. Daha önceleri elektron, nötron ve proton üçlüsünün temel parçacıklar olduğu, yani kendilerinden daha küçük parçalara ayrılamadığı düşünülüyordu. Ancak parçacık hızlandırıcılarının kullanılmaya başlanmasıyla ortaya çıktı ki yalnızca elektron temel parçacıktı; protonlar ve nötronlar kuarklardan oluşuyordu. Kuarkları proton ve nötronlarda bir arada tutansa "gluon" ismindeki bozondur. Eğer elimizde iki kuark parçacığı var ise, bunlar "mezonlar" olarak ve üçlü parçacıklarda "baryonlar" olarak bilinir. İki kuark mezonları, üç kuark baryonları meydana getirir. Kuarklar bir araya gelerek hadronlar (bileşik parçalar) oluşur. Hadronlar kendi içlerinde baryonlar (3 değerlik kuarktan oluşur) ve mezonlar (1 kuark ve antikuarktan oluşur) olarak ikiye ayrılırlar. Kuarklar, yalnız gözlemlenemediği gibi hadron denilen parçacıklar halinde bulunurlar. Bu nedenle, bilim insanları kuarklar hakkında edindikleri tüm bilgileri hadronları sayesinde elde etmişlerdir.

Leptonlar: Elementer parçacıklardır, yani kendilerini oluşturan başka parçacıklardan yapılmamışlardır. Leptonlar atomun olmazsa olmazı hafif parçacıklardır. Yükleri nedeniyle atomu dengeler, yükünü nötr yapar. Leptonların en bilineni kimyanın neredeyse tamamını oluşturan elektrondur. 6 çeşit lepton vardır. Bunlar, çekirdek kuvvetleri ile hiçbir etkileşime girmezler. Belirli bir şekilleri de bulunmayıp noktasaldırlar. Leptonun anlaşılır türü elektronken en esrarengiz türü elektrik yükleri olmayan nötrinodur. Temelde iki sınıfta incelenirler. Bunlar yüklü leptonlar ve nötr leptonlardır (nötrino olarak da anılırlar). Altı çeşit lepton bulunmaktadır: elektron nötrinosu, elektron, müon nötrinosu, müon, tau nötrinosu, tau. Leptonlar atomun çekirdeğinde bulunmazlar. Onlar bazen çekirdekte üretilir fakat çabucak dışarı çıkarlar. 1975'te keşfedilen tau leptonunun kütlesi, protonun kütlesinin iki katıdır. Tauya eşlik eden nötrino henüz laboratuarda gözlenmemiştir. Altı leptondan her birinin bir antiparçacığı vardır.

Nötrinolar: Bunlar leptondur. Yüksüz (nötr) ve sıfır veya çok küçük kütleye sahiptirler. Bu yüzden diğer parçacıklarla neredeyse hiç etkileşmezler. Birçok nötrino, bir kere bile etkileşmeden yeryüzünün içinden geçer. Nötrinonun üç türü vardır. Bunlar üç lepton ile birleşip, elektron nötrino, müon nötrino ve tau nötrino olarak adlandırılırlar. Nötrinolar dünya boyunca kolayca ilerleyebilir.

Fermionlar: Fermionlar bir araya gelerek protonları, nötronları, mezonları (bir kuark ve antikuark çeşidinden oluşan fermion) oluşturabilirler. Yani daha büyük bir parçacık olurlar. Tabii bu protonlar, nötronlar, mezonlar vs. başıboş dolaşmazlar. Onlar da bir araya gelip daha karmaşık yapılara katılırlar. Fermionlar kabaca lepton ve kuarklardan oluşmaktadır. Lepton ve kuarklar şu anki bilgilerimize göre temel parçacıklar olarak kabul edilmektedirler.

Bozonlar: Dört temel kuvveti oluşturan, kuvvet taşıyıcı atomu bir arada tutan, aynı zamanda atom ve atomaltı parçacıklar arası etkileşimi sağlayan güç taşıyıcı parçacıklardır. Elektromanyetik alan (elektromanyetizma)ve muhtemelen kütle çekim gibi temel fiziksel kuvvetlerin etkileşimlerinden sorumludurlar. Bozonlar üst üste gelebilir ve diğer parçacıklarla beraber var olabilirler. Bozonlara bazen kuvvet parçacıkları denir, çünkü elektromanyetizma ve hatta yerçekimi gibi fiziki güçlerin etkileşimini kontrol eden bozonlardır.

Elektronlar: Atomun etrafında çok büyük hızla dönen eksi yüklü taneciktir. Maddeyi oluşturan ve daha küçüğüne bölünmeyen temel parçacıklardan biri de elektrondur. Elektron kütlesi ve elektrik yükü ölçülebilen bir temel parçacıktır. Elektrik düğmesine bastığımızda odayı aydınlatan elektrondur. Elektronlar, elektromanyetizma kuvveti, kütle çekim kuvveti, zayıf nükleer kuvvetle etkileşime giren mucizevi parçacıklardır.[469]Atomlar arası bağların oluşmasında ana etken elektron yapılarıdır. Elektronlar gözlemlendiğinde tanecik değil dalga özelliği gösterirler. Kimyasal reaksiyonlarda yalnızca elektron sayısı değişir. Proton ve nötronların sayısı değişmez. Elektronlar 1897 yılında bulunmuşlardır. Kuantum fiziğinin standart modelinde leptonlar grubu içindedir. Elektronlar elektrik sanayinin merkezinde yer alırlar. En basitinden, bir devreden bir elektrik akımı geçirilmesi için burada hareket eden yüklü elektron parçacıklarına ihtiyaç vardır. Parçacık hızlandırıcısında üretilen elektron demetleri radyasyon terapisinde tümörlerin tedavisinde kullanılır. Çok geniş kullanım alanı vardır. [470]

Pozitron: Negatif elektronun artı yüklü antiparçacığı olup lepton grubuna aittir. Pozitron aynı zamanda antielektron olarak da bilinir. Carl Anderson (1905-1991) 1932'de pozitronu deneysel olarak gözlemiş ve bu başarısıyla 1936'da Nobel Ödülü kazanmıştır. Hemen hemen, bilinen her temel parçacığın ayrı bir antiparçacığı vardır. Foton ve yüksüz piyon (π^0) elektron-pozitron yok edilmesi, bir nükleer görüntüleme yöntemi olan pozitron yayınlama tomografisi (PET / *positron emmission tomography*) denilen cihaz ile tıbbi teşhiste kullanılır. Hastaya pozitron vererek bozunan, radyoaktif bir madde içeren

---

469 Radyoları, motorları ve daha pek çok cihazı çalıştıran elektrik aslında kablolar boyunca seyahat eden çok miktarda elektrondur. Elektrik yüklü atom ya da moleküle "iyon" denir. Elektrik yüklü olmak, elektron ve proton sayılarının eşit olmamasıdır. İyonlar genellikle çözelti şeklinde karşımıza çıkar. İyonlar elektriksel çekim kuvvetleri etkisiyle hareket ederler. Hareket yeteneği iyonların yaşamsal bir özelliğidir. **İyonlar** fazladan elektronlu veya eksik elektronlu atomlardır. Oksijen molekülleri elektronlarını kaybettikçe pozitif yani zararlı iyonlar artmaktadır, oksijende elektronlar fazlalaştıkça negatif yani faydalı iyonlar artmaktadır. Negatif iyonlarda oksijenin atomunun ekstra elektronlarla yüklenmesi demektir. Negatif iyonlar suda oldukça çoktur. **Negatif iyon**, ortamda yer alan oksijen molekülünün elektron almış halidir. Yapılan araştırmalara göre negatif iyon oranının yüksekliği damar sağlığından kalp ritmine, nefes kalitesinden deri hastalıklarına kadar birçok alanda vücut sağlığına fayda sağlar.

470 **Elektrot:** Elektrik akımlarının yol açabileceği bir iletken (piller, elektrolitik hücreler veya elektron tüpleri gibi çok çeşitli elektrikli cihazlar vb.) anlamına gelir. Metaller büyük elektrik iletkenleridir.

glikoz çözeltisi enjekte edilir ve madde kan ile vücudun her tarafına taşınır. İçinde hafif radyoaktif maddeyi toplayan tümörlü hücreler sinyal vermeye başlar. Bu sinyaller "PET-Scanner" denilen özel bir kamerayla tespit edilir ve bütün vücudu gösteren bir resim haline dönüştürür. Bu suretle hastanın vücudundaki şeker dağılımı görülür ve dolayısıyla vücuttaki gizli tümörler daha iyi ve daha kesin tespit edilir.

Protonlar: 1911 yılında yapılan Rutherford deneyi [471] ile atomun, "çekirdek" adı verilen bir bölümü bulundu. Çekirdeğin boyutunun 10^{-15} mertebesinde olduğu ve yapısında pozitif elektrik yüküne sahip parçacıkların bulunduğu görüldü. Bu parçacıklara "proton" adı verildi. 2 yukarı 1 aşağı kuarktan meydana gelirler. Atomun üç bileşeninden biridir (proton, nötron, elektron). Atomlar pozitif bir yüke sahip olan protonlara sahiptirler. Protonlar ve nötronlar kümelenerek atom çekirdeğini meydana getirirken, elektronlar da güneşin etrafında dönen gezegenler gibi çekirdeğin etrafında döner. Protonlar elektronların yükünü dengeler. Atomların cinslerine göre proton sayıları değişmektedir. Aynı sayıda proton ve elektrona sahip olan atomlara "nötr" denir. Kuantum fiziğinin standart modelinde nötron gibi hadron grubu içinde sınıflanır.

Nötron: Nötron, atom çekirdeğini oluşturan parçacıklardan birisidir. Nötron, doğal hidrojen dışındaki bütün atomların çekirdeklerinde yer alan temel parçacıktır. Nötronun toplam yükü sıfırdır. Nötron 1932'de İngiliz fizikçi James Chadwick tarafından bulundu. Nötronların elektrik yükü yoktur. Atom çekirdeklerinin bölünmesiyle nükleer reaktörlerde nötronlar elde edilir. Nötron ismi dünyada nükleer bombalar yapılmasıyla beraber duyuldu. Nötron bombası nükleer bombalardan bir tanesidir. Bilinen nükleer silahların hemen tümü atom çekirdeğinin parçalanması (*fission*) sonucunda patlamaktadır. Nötron bombası ise tam tersine bir birleşme (*fusion*) reaksiyonu sonucunda oluşan enerjiyi kullanır. Patlama esnasında %30 radyasyon yayar. Nötron 2 aşağı 1 yukarı kuarkdan meydana gelirler. Atom kütlesinin %99,9'undan fazlasını nötronlar ve protonlar oluşturur. Nötron protonla birlikte atomun çekirdeğini oluşturur. Serbest (bir çekirdeğe bağlı olmayan) nötron, beta bozunumu olarak adlandırılan türden radyoaktif bozunuma uğrar; nötron bu bozunum sonucunda bir proton, bir elektron ve bir karşıt nötrinoya dönüşür. Kolaylıkla bozunuma uğradığı için doğada serbest nötrona rastlanmaz, bu nedenle serbest nötronlar ancak yapay olarak elde edilebilir.

Hadronlar: Kuarklar, bir araya gelerek hadronlar olarak bilinen bileşik parçacıkları oluşturur. Bunların en kararlıları, atom çekirdeğinin bileşenleri proton ve nötrondur. Kuarklar, tek olarak bulunmazlar. Birkaç tanesi bir araya gelerek hadron adını verdiğimiz bileşik parçacıklar oluşturur. Hadronlar, iki ya da üç kuarkın bir araya gelmesiyle oluşur.

---

471 Rutherford atom modeli (Ernest Rutherford 1871–1937). Atomun çekirdeğini ve çekirdekle ilgili birçok özelliğini ilk defa keşfeden bilim adamı Rutherford'tur

Baryonlar: Baryonlar ve mezonlar, hadronlar ailesini oluşturur. Baryonlar üçlü kuark sisteminden oluşur. 3 kuark ya da 3 antikuarkın bir araya gelmesiyle oluşur. Hadronlar ikili ve üçlü kuarkların bir araya gelmesiyle oluşan ağır parçacıklardır. En tanıdık baryonlar proton ve nötrondur. Proton, iki üst bir alt kuarktan meydana gelir. Nötronlar ise iki alt bir üst kuarktan oluşur. Baryonlar ve protonlar atomun çekirdeğinde bulunurlar. Temel parçacıklar daha çok kuark denilen baryonlardan oluşur gibi görünür.

Mezonlar: (Yunanca "küçük" veya "hafif" anlamındaki *leptos*) Çekirdek kuvvetiyle etkileşmeyen parçacıklar grubudur. İkili kuark sistemlerinden oluşur. 140 çeşit mezon vardır. Güçlü etkileşim ile bağlı bir kuark ve bir antikuarktan oluşan hadronik atomaltı parçacıklardır. Bunlar, kuark ve bir antikuarkın bir araya gelmesiyle oluşur. Hadronların tam aksine, bilinen leptonların sayısı azdır. Atom çekirdeği içinde nükleonların değiş tokuş yaparak bir arada bulunmasını sağlayan parçacıklardır. (Proton ve nötronların ikisine "nükleon" denir.) Tüm mezonların sonunda elektron, pozitron, nötrino ve fotonlara bozunduğu bilinmektedir. Mezonlar kararsızdırlar, çabuk bozunurlar. En hafif mezon piondur. Bir üst ve bir alt kuarktan meydana gelir. Yüklü bir pionun ömrü yaklaşık olarak 10^{-8} saniyedir. Evrende başka parçacıklar varsa eğer, atom çekirdeği içerisinde (sonlu nükleer yapı) proton ve nötronları (nükleon) bir arada tutan nükleer kuvveti mezon denilen parçacıkların alanı ile açıklayabiliriz. Kabaca atom çekirdeği içinde nükleonların değiş tokuş yaparak bir arada bulunmasını sağlayan parçacık mezonlardır. Nükleer fizikte bir kol, bu mezon alanlarına bakarak atom çekirdeğini anlamaya çalışır.

Higgs Bozonu/Parçacığı: Parçacık fiziğinin standart modelinde yer alan temel parçacıklardan biridir. İlk kez 1960'larda var olduğu öne sürülen bu parçacığın gerçekten var olup olmadığı parçacık fiziğinin en temel sorusu olarak görülüyordu. 2010'larda Avrupa Nükleer Araştırma Merkezi'nde (CERN) yapılan deneyler sırasında özellikleri Higgs bozonuna benzeyen bir parçacığın gözlemlenmesinden sonra bu parçacığın var olduğunu öne süren[472] araştırmacılardan ikisi, Peter Higgs ve François Englert, Nobel Fizik Ödülü'yle onurlandırıldı. Büyük patlamadan hemen sonra temel parçacıklar bir kütleye sahip değillerdi. Teori, büyük patlamadan hemen sonra "higgs alanı" denilen bir ortamın evrenimizi kapladığını söyler. Higgs alanı dediğimiz şey, bütün evrenin sahip olduğu tüm alanı ifade ediyor. Higgs bozonu da evrendeki bu alan içerisinde ortaya çıkan uyarılmalar sonucunda bazı parçacıkların tek bir yerde kümelenmiş halini ifade eder. Higgs alanı olarak anılan bir alan tüm uzayı kaplar ve çeşitli temel parçacıkların kütle kazanmasına sebep olurdu. Esas sorun, "maddenin kütle kazanmasını sağlayan mekanizmanın ne olduğuydu. Buna

---

472 Kütlesi protondan 135 kat daha büyük bir bozon bulundu. Birbirinden bağımsız olarak Atlas ve CMS deneylerinin her ikisi de bu bozonu başarıyla bulduklarını açıkladı. Yalnız bir deneyin sonuçlarına göre bu bulunan şeyin gerçek olmaması ya da tesadüf olması ihtimali 100 milyonda bir.

hâlâ cevap verilemedi. Evrenimizin sadece %5'i bizi var eden maddeyi oluşturuyor. Geri kalan %95'i ise karanlık madde veya karanlık enerji dediğimiz şeylerden oluşuyor. Bunların tam olarak ne olduğunu henüz biz de bilmiyoruz".

Atmosfer: Yerçekiminin etkisiyle dünyayı çepeçevre saran gaz ve buhar tabakasıdır. Atmosferi oluşturan gazlar genellikle gezegenin iç katmanlarından yanardağ etkinliğiyle ortaya çıktığı gibi gezegenin tarihi boyunca dünya dışı kaynaklardan da beslenmiştir. Atmosferdeki gazların %78'ini azot, %21'ini ise oksijen oluşturur. Kalan %1'lik bölümü ise karbondioksit, neon, helyum, kripton, ksenon, hidrojen gibi gazlar oluşturmaktadır.

Biyosfer: Okyanuslar ve atmosfer de dahil olmak üzere, canlıların yaşadığı, sürekli enerji ve besin alışverişinin gerçekleştiği "canlı yüzey" olarak da adlandırılan yeryüzü katmanıdır. Canlılığın olduğu tüm ortamlar gezegenimizin biyosferini oluşturur. O nedenle ekosistem, biyosferin içinde yer alır. *Terrestrial* (karasal) ekosistemler, *aquatik* (sucul) ekosistemler, atmosferik ekosistemler gibi sınırları son derece geniş ve bir yerde sınırların birbirinin içine girdiği, yaşam ve canlıların birbirleriyle ve değişik yönleriyle ilişkide olduğu, sınır kabul etmeyen ortamlardır.

Uydu: Bir gök cisminin çekim alanına tabi olarak onun etrafında dönen diğer gök cisimleri.

Uzay kavramı: Tüm gezegenler, asteroitler, kuasarlar, pulsarlar, galaksiler, süper galaksiler arasındaki boşluğu ifade eder.

Asteroit: Yörüngeleri çoğunlukla mars ile jüpiter gezegenleri arasında kalan gökcisimleri.

Kuasar: Evrenin en uzak köşelerinde yüksek bir enerjiyle parlayan gökadalara verilen addır. Evrenin genç ve çalkantılı döneminde oluştukları bilinmektedir.

Pulsar / (atarca): "Kalp gibi atan" anlamına gelmektedir. Pulsarlar, içinde bulundukları nebulaların çekirdeği ve kalbi hükmünde oldukları kadar, kalp atışı gibi düzenli aralıklarla uzaya radyo dalgaları gönderen nötron yıldızlarıdır.

Meteor / (gök taşı): Gezegenler arasında serbest biçimde dolaşan irili ufaklı taş parçalarıdır. Güneş sistemindeki maddelerin dünyanın atmosferine girmesiyle birlikte yanmaya veya buharlaşmaya başlayan asteroit veya kuyruklu yıldız gibi bir kozmik cismi temsil eder. Meteor, her ne kadar yeryüzünü tehdit eden oluşum olsa da halk arasında "yıldız kayması" olarak da bilinir. Meteor, güneş sistemindeki maddelerin dünya atmosferine düşerken yüksek hızda hava ile sürtünmesi sonucunda akkor haline gelerek, yeryüzünden özellikle geceleri kısa süreli bir ışık çizgisi şeklinde görülür. Gezegenler arasında dolaşan taş parçalarından her biridir. Daha genel bir ifadeyle; uzaydan dünya üzerine düşen, "dünya dışı" maddelerdir. Ortalama olarak dünya yüzeyine yılda birkaç bin meteor düşer. Fakat bu taşların sadece 500 kadarı buharlaşmaya uğramadan yeryüzüne ulaşır. Dünya yüzeyinin büyük bir bölümünün suyla kaplı olması nedeniyle yüzeye ulaşabilen meteorların birçoğu okyanuslara ya da göllere düşer. Bu sebeple de yeryüzüne düşen meteor sayısı bilinenden çok daha fazladır.

Galaksi / (gök ada): Uzayda milyonlarca yıldızın, gaz ve toz bulutlarının kümeleştiği uzay odaklarının genel adıdır. Her bir galaksi sayısız yıldız içerir, birçoğunun etrafında da gezegenler bulunur. Çeşitli galaksi vardır (eliptik, merceksi, düzensiz vb.). Bizim galaksimiz sarmal/spiral galaksi grubundan Samanyolu galaksisidir. Evrendeki milyarlarca gök adadan sadece bir tanesidir. Samanyolu galaksisi, güneşin de içinde bulunduğu dev yıldızlar sistemine verilen isimdir. Biz ise Samanyolu spiral galaksisinin etrafındaki kollardan birinde bulunan bir yıldızın yörüngesinde dönen gezegende yaşıyoruz. Güneş sistemimizin de içinde bulunduğu gök ada "Samanyolu" olarak adlandırılır. Evrende çok sayıda gök ada olduğu bilinir. Ancak bu gök adaların tam sayısını ne doğrudan gözlem yaparak ne de hesaplayarak bulmak imkânsız. Galaksimizde 100 milyar (bazı kaynaklar daha fazla sayı veriyor) yıldız olduğu tahmin ediliyor. Galaksinin bir tarafından diğer tarafına gitmek 100.000 ışık yılı mesafe kat eder. Yani bir ışık yılı ortalama 9.500.000.000.000 kilometreye eşittir. Samanyolu'nun merkezinde, evrendeki en garip şeylerden biri olan kara delikler yer alır. Galaksimize en yakın olan galaksi ise, bazen "kız kardeş galaksi" olarak adlandırılan, başka sarmal galaksi olan andromeda galaksisidir.

Sibernetik: İnsan müdahalesine gerek duymadan, kendi başına karar verebilen, dış dünyanın gereksinimlerine göre kendini yenileyip kendisine verilen görevleri yerine getiren, amacına göre hareket etmeyi sağlayan, yapay veya biyolojik sistemlerin kontrol ve haberleşmesi üzerinde yoğunlaşan bir bilim dalıdır. Yapay zekânın yaygınlaşması ile sibernetik ifadesi de daha geniş bir alanı; canlılardaki sinir sistemini bilgisayarlara uyarlamaya çalışarak kendi kendisini yöneten, makineler yapmaya çalışan bilim dalını içine almıştır. Sibernetik yaşantımızda biyolojik ve yapay olmak üzere iki farklı tipte karşımıza çıkar. Sibernetik otokontrol, otobakım ve bilgi aktarımı üzerine yoğunlaşır. Sibernetik biliminin gelişimi geri bildirimli sistemlere duyulan ihtiyaç ile başlamıştır. Günümüzde kendi kendini yönetebilen sistemlerin çoğu bunu bilgisayar çipleriyle gerçekleştirmektedir. Otokontrol, otobakım ve bilgi aktarımı üzerine kurulu bu sistemler işleyişlerini istenilen düzeyde ve değerlerde yürütebilmek için dış dünya ile olan ilişkileri hakkında bilgi toplar. Bu bilgi toplama işlemi, temel olarak bir dizi elektronik alıcı tarafından gerçekleştirilir ve bilginin çipler tarafından işlenmesi ile düzeltici sinyaller verilir. Sibernetik bilim, diğer bilim dallarının her biriyle, uyumluluk içinde olan bir dizi kavram yardımıyla ilişkiler kurar. Sibernetik terimini ilk kez Andre Ampere adlı Fransız matematik ve fizikçi kullanmıştır. Sibernetiğe güncel anlamda manasını veren kişi ise modern sibernetiğin kurucularından Amerikalı felsefeci ve matematikçi Norbert Wiener olmuştur.

Siborg: İnsan vücudunda organik ve yapay bileşenlerin bir arada kullanılmasıyla ortaya çıkar. Siborg hem robotik hem de biyolojik organizma demektir.

Siborg hem organik hem de biyomekatronik[473] kısımları olan varlıktır. Terim, ABD'li bilim insanları Manfred Clynes ve Nathan S. Kline tarafından ilk defa 1960 yılında uzayda kendi kendini düzenleyen insan-makine sistemlerinin avantajlarını anlattıkları bir makalede kullanıldı. Siborgda canlıya teknoloji ürünü birtakım yapay bileşenlerin entegrasyonu ile fonksiyonların geri kazanılması veya arttırılması söz konusudur. İngiliz sanatçı (müzisyen) Neil Harbisson siyah, beyaz ve gri haricinde diğer renkleri göremeyen "akromatopsi" denilen bir hastalıkla dünyaya gelmiş, sonradan renk frekanslarını tanıyan elektronik bir gözün, başının arkasına takılan çipe gönderdiği renk frekanslarıyla 2003 yılından itibaren renkleri tanımaya başlamıştır. Böylece Harbisson dünyanın ilk siborg (sibernetik organizma) insanı olmuştur. Yine yapılan bazı çalışmalarla kolları olmayan birine biyonik kollar nakledilmiş ve bu biyonik kollar uzaktan da kontrol edilebilmiştir. Siborg ile insan yaşamında birçok engelin aşılacağı kesin. Fakat yakın gelecekte insanlar daha fazla makine ve daha az biyolojik hale geldiklerinde, yani siborg teknolojisiyle donatıldıklarında, bu tip insanlara hangi temel insani ve yasal haklar tanınacağı büyük problemler yaratacaktır. Beyin ile bilgisayar arasında bağlantı yaratan nöroprostetik[474]bir cihaza üçüncü bir şahıs tarafından erişilirse bu nasıl önlenecek, kişinin belleği düzenlenmek veya beyninde yeni bir hafıza oluşturmak istendiğinde hukuk bu soruları nasıl düzenleyecek şimdilik bilinmiyor.

Transhuman: Türkçeye "geçiş insanı" olarak çevrilebilir, fakat daha doğrusu insanüstü insana geçiş ifadesi daha uygundur. Transhümanizm kavramsal olarak, "gelişen teknolojilerle birlikte" insanın daha uzun yaşaması, kapasitesini geliştirip artı bir üst insan yaratmasıdır. Transhümanizm, insanın fiziksel ve bilişsel yeteneklerinin arttırılması, yaşlanma ve hastalanma gibi durumların

---

473 Biyomekatronik, mekatronik mühendisliğinin biyoloji, mekanik, elektronik ve bilgisayar bilimleri ile ilişkili alt alanlarından biridir. Biyomekatronik sistemler klasik mekatronik sistemlere ek olarak biyolojik sensörlerden gelen bilgileri de kullanırlar. Biyomekatronik sistemlerin amacı, insan vücudunun desteklenmesi, güçlendirilmesi, sorunlu vücut fonksiyonlarının işler hale getirilmesi veya bu fonksiyonların işlevlerini yerine getirmektir. Biyomekatronik araştırmalar özellikle insan hareketlerinin desteklenmesi veya geri kazandırılması, yapay organların geliştirilmesi ve nörocihazların tasarımı üzerine yoğunlaşmıştır. Biyomekatroniğin önemli uygulama alanlarından biri de yapay organlardır. Biyomekatronik artan ve hızla yaşlanan dünya nüfusu ile beraber her geçen gün önem kazanan konulardan biridir.

474 Beyin bilgisayar ara yüzleri (BBA) beynin oluşturduğu komutlar için normal çıktı yolu olan sinir lifleri (periferik sinirler) veya kaslara dayanmayan bir iletişim sistemi olarak tanımlanır. Bu tanımlama ile BBA bazı felçli hastalarda hareketleri korunmuş mimik ve göz kaslarını kullanarak hastanın iletişim becerisini artıran diğer yöntemlerden ayırt edilmiş olur. Beyin bilgisayar ara yüzleri genellikle insan kafatasına, beynin yüzeyine ya da beynin dokusuna yerleştirilen elektrotları içerir. Beyin bir şeyi düşündüğünde bunları algoritmaya dönüştürür, bilgisayara aktarır, bilgisayar sırayla bu algoritma kodlarını harekete geçiren komutlara dönüştürür. Kollarını, bacaklarını hareket ettiremeyen kişiler bunları kısmen de olsa hareket ettirmeye başlarlar, duyusal engelli olanlara yardımcı olurlar vb.

ortadan kaldırılması amacıyla teknoloji ve bilimden faydalanılması gerektiğini öne süren uluslararası entelektüel ve kültür hareketidir. İngiliz evrimci biyolog Julian Huxley 1957 yılında yayımlanan *New Bottles For Wine*[475] kitabında *transhuman* ifadesini kullanıp açıklamasını yapmıştır. Huxley'e göre; "İnsan eğer isterse, kendisinin ötesine geçebilir, birey bir ya da öteki bir şekilde, kendi bütünlüğü içinde birey olarak kendini aşabilir. Bu inancı isimlendirmek lazım. 'Transhümanizm' bu inancı tanımlamak için kullanılabilir: İnsanın kendini yeni olanaklara adapte etmesi ve kendini aşması kavramıdır. Ben transhümanizme inanıyorum. Bu kavrama inanacak insan sayısı yeterli olduğu zaman ise, bizden farklı olarak, insan türü yeni bir varoluşun eşiğinde olacak, kendi kaderini bilinçli olarak yerine getirecektir." Huxley'in bunları söylediği 1957 yılında teknoloji bugünkü seviyesinde değildi ve teknolojinin insanlığı esir alabilecek seviyeye gelebileceğinin farkında olması çok zordu.

Bulut Teknolojisi (*Cloud Computing*): Bilgisayarlar ve diğer cihazlar için, istendiği zaman kullanılabilen ve kullanıcılar arasında paylaşılan, bilgisayar kaynakları sağlayan, internet tabanlı bilişim hizmetlerinin genel adıdır. Bulut sözcüğü dosyaların sağlandığı konumu işaret etmektedir. Hiçbir kurulum gerektirmeyen web tabanlı uygulamalar ile işlemsel olarak kolaylık sunan online depolama hizmetidir. İnternet üzerinde barındırdığımız tüm uygulama, program ve verilerimizin sanal bir makine üzerinde, yani en çok kullanılan adıyla bulutta depolanması ile birlikte internete bağlı olduğumuz her lokasyonda bu bilgilere, programlara ve verilere kolaylıkla ulaşım sağlayabiliriz. E-posta göndermek, belge düzenlemek, film veya televizyon izlemek, müzik dinlemek, oyun oynamak, resimleri veya diğer dosyaları depolamak için çevrimiçi bir hizmet kullanıyorsanız, tüm bunların altyapısı büyük olasılıkla bulut bilişim tarafından sağlanıyordur. En büyük bulut bilgi işlem hizmetleri, dünya çapındaki güvenli veri merkezleri ağında çalışır, fakat bu tip bilgi işlem uygulamalarının kişisel bilgilere erişimleri doğurabilme tehlikesi taşımaktadır. Google Drive, Yandex Disk, Just Cloud gibi birçok şirket bulut hizmeti vermektedir. Değişik şirketler 2 gb'den başlayarak 15 gb'ye kadar ücretsiz bulut depolama hizmeti sunuyor. Verdikleri bedava miktardan fazla depolama kapasitesi talep edilirse ücret alıyorlar.

Algoritma: Bir sorunu ya da bir problemi çözmek veya belirli bir amaca ulaşmak için gerekli olan sıralı mantıksal adımlardır. Amaca ulaşmak için işlenecek çözüm yolları ve sıralamalar belirlenir, algoritma bu sırayı takip ederek en mantıklı çözüme ulaşır. Günlük yaşantımızda aldığımız kararlar, her söylediğimiz söz, yaptıklarımız beynimizin karar mekanizmasıyla sonuçlanan her şey algoritmadır. Algoritma bilgisayar dünyasına girmeden önce matematikte problemlerin çözüm yolunu belirlemeye dayalı olarak kullanılmaktaydı. Teknolojinin ilerlemesiyle bilgisayarların da bizler gibi düşünmesini sağlamak için kullanılmaya başlandı. Bilgisayarda algoritmalar yazılımın olduğu her yerde

---

475 Julian Huxley, *New Bottles For Wine*, London: Harper & Brothers Publ. 1957.

kullanılır. Tüm programlama dillerinin temelinde algoritma vardır. Algoritmalar, programlama dillerinin vasıtasıyla uygulanabilirler. Algoritmalar yazılan kodun görünmez parçalarıdır ve bilgisayara belli bir görevin nasıl sonuçlandırılacağını söylerler. Algoritmadaki tüm ihtimaller belirtilmiş ve net olmalıdır. Hiçbir ihtimal şansa bırakılmamalıdır. Algoritma tabanlı karar verme mekanizmasının en büyük problemi denetlenebirliğinin eksikliğidir.

Kuantum bilgisayarı: Dünyada sadece birkaç tane kuantum bilgisayar üreticisi var. Kuantum bilgisayarlar, "henüz" tüketicilere yönelik üretilmiyorlar; çok büyükler, herkesin kullanabileceği ölçü ve kolaylıkta değiller. Ayrıca kuantum bilgisayarlarının dış etkilerden izole edilmiş bir ortamda olmaları gerekiyor. Çünkü atomaltı dünyanın herhangi bir madde veya radyasyon ile etkileşime açık olan hassas yapısı, bir elektrona bağlı olarak var olan bilginin de herhangi bir müdahalede düzgün çalışmasını engelliyor, kübitlerin hassas yapısını bozuyor (Bu engel IBM tarafından aşılmak üzere). Klasik bilgisayarlar 0'lar ve 1'lerden oluşan diziler halinde bilgi depolarlar. Bu sayılarla şu an ekranda gördüğünüz bütün bilgiler oluşur, videolar izlenir, resimler görüntülenir. Her 0 ve 1'in bulunduğu birime "bit" adı verilir, bitler içerisindeki değer 0 ile 1 arasında değiştirilerek bilgi depolanır. Kuantum olanlar bit birimlerini kullanmazlar. Bunun yerine onlar belli olasılıkla 1 ve 0'dan oluşan "kübit" adı verilen birimlerle bilgi depolarlar. Kuantum bilgisayarlar ise bilgiyi tek bir atomun karşılık geldiği "kübit" (kuantum bit) üzerinden işler. Bunu yaparken de kuantum fiziğinde bir olgu olan "süperpozisyon" ilkesini kullanır. Süperpozisyon, bir atomun "aynı anda" iki ya da ikiden fazla durumda bulunabilmesi demektir. Normal bitler 1 ya da 0 değerlerini kullanırken, süperpozisyon sayesinde kübitler aynı anda hem 1 hem 0 hem de bu ikisi arasındaki değerleri alabilir. Kuantum bilgisayarlar sadece bazı problemleri klasik bilgisayarlardan daha hızlı çözebilir. Nedeni, işlemcileri daha hızlı olduğu için değil, kuantum fiziğinin özellikleri sayesinde daha hızlı işlem yapabilmeleridir. Kuantum bilgisayarları internette bugün kullanılan bütün standart şifreleri kıracak kapasiteye sahiptir.

Nesnelerin interneti: İngilizce yaygın bilinen adıyla *Internet of Things* (IoT), yaşantımızda çok önemli değişimleri öngörüyor. Sadece kişisel eşyalar değil; otomobiller, evde kullandığımız fırın, buzdolabı, tüm cihaz ve eşyaların birbirlerine ve internete bağlanmasını mümkün kılacak, biz bunları uzaktan yönetebileceğiz. Nesnelerin interneti ile ses ve görüntü tanıma, sensör ve yakın saha iletişimi gibi alanlarda faydalanılacak. Günümüzde internete bağlı akıllı eşyaların hayatımızdaki yerinin artması, dijital pazarlama için de önemli fırsatlar yaratacak. Nesnelerin interneti ve endüstri 4,0, gelişen sensör teknolojileri ve bilgileri bir noktadan diğer noktaya götüren bağlantı teknolojileriyle her bir bilgiyi içeren "şey"in birbiriyle haberleşmesini sağlayan sistemlerin sonucudur. Birçok şeyin uzaktan, hızlı bir şekilde karşılıklı bağlanmalarını sağlar.

Endüstri 4.0: Endüstri 4.0 halihazırdaki üretim anlayışının gelişen yazılım, bilgisayar teknolojisiyle insan iş gücünün olmadığı yeni bir üretim boyutuna girilmesi anlamına geliyor. Endüstri 4.0 üretim sürecindeki dijital-elektronik türlü araç gerece entegre edilmiş sensör-çip ve işleticilerle donatılmış, internet bağlı, insan müdahalesi olmadan haberleşmeyi sağlayan, "siber-fiziksel sistemlerdir. Bu sistem, büyük veri (big data), üç boyutlu internet, cihazların birbirleriyle bağlantısını sağlayan ve nesnelerin interneti gibi yapay zekânın yönlendirdiği büyük bir ağın birbiriyle bütünleşmesiyle çalışıp üretimi ucuzlatıp hızlandıracak, anında kişiye özel üretim yapabilecektir. Endüstri 4.0 insanın düşünce boyutlarını aşan bir üretim devrimidir. Getireceği olumsuz sonuçlarla nasıl baş edilebileceği şu anda gündemde değil.Bu sistem üretimde inanılmaz bir sürat, yenilik sağlarken birçok kişiyi işsiz bırakacak. Endüstri 4.0 yaygınlaşması ile mühendisler dahil çoğu çalışan işlerini kaybedecek. Bütün dünyada birden oluşan işsizler ordusu, devletler için en büyük problem olacak.

Artırılmış Gerçeklik (Augmented Reality): Artırılmış gerçeklik, gerçek dünyadaki fiziksel ortamın bilgisayar aracılığıyla oluşturulan üç boyutlu sanal ortamıdır. Kısaca güçlendirilmiş bir sanal gerçekliktir (*virtual reality*). Bu teknolojiyle gerçek dünyada sanal tecrübeleri duyabilir, görebilir ve hissedebilirsiniz. Kamera, bilgisayar alt yapısı, bir işaretleyici ve gerçek dünyadan oluşmaktadır. Artırılmış gerçeklik bu farklı dört birimin üç boyut (3D) olarak gerçek dünyada konumlandırılması olarak görülebilir. Ses, video, grafik veya GPS verileri gibi bilgisayar tarafından üretilen bu sanal ortam ileride hayatımızın büyük bir bölümünde yer alacaktır. Bu teknolojinin geleceğinde en önemli araçlar sanal ile gerçeği aynı anda ve eşit seviyede algılamasına imkân veren, üzerinde kamera olan gözlüklerdir. Bu gözlükler bilgisayara bağlı olarak çalışır, kullanıcıya gerçeğe yakın bir tecrübe yaşatır. Artırılmış gerçeklikle insan duyusuna hitap edecek ve hislerini harekete geçirecek girdiler bir bakıma simülasyonlardır. Artırılmış gerçeklik uygulamalarının temelinde de birçok teknolojide olduğu gibi askeri teknolojiler yatar. Artırılmış gerçeklik, endüstriyel tasarımcıların ürünlerini tamamlanmadan önce onların tasarımını ve işleyişini tecrübe etmesine yardımcı olur. Artırılmış gerçeklikle müşterilerinize bir ürünü daha almadan bütün boyutları ve özellikleriyle elinizde gibi daha detaylı şekilde gösterebilirsiniz.

KAYNAKÇA

KİTAPLAR

- A. Christopher Hitchens, *Arguably: Essays by Christopher Hitchens*, New York: Twelve Publisher, 2011.
- A. Douglas Stone, *Einstein and the Quantum: The Quest of the Valiant Swabian*, Princeton-Oxford: Princeton University Press, 2013.
  A. Douglas Stone, *Einstein ve Kuantum*, Çeviri: Volkan Yazman, İstanbul: Say Yayınları, 2017.
- A. Jerry Coyne, *Why Evolution is True*, New York: Viking Publisher, 2009.
- Albert Einstein, *Benim Gözümden Dünya*, Çeviri: Demet Evrenasoğlu, İstanbul: Alfa Yayınları, 2010.
  Albert Einstein, *The World As I see It*, New York: Philosophical Library, 1950.
- A. Kadir, *Bugünün Diliyle Hayyam*, İstanbul: Hilal Matbaacılık, 1979.
- Alexander Wendt, *Quantum Mind and Social Science*, Cambridge: University Press, 2015.
- Ali Demirsoy, *Evrim*, İstanbul: Asi Kitap, 2017.
  Ali Demirsoy, *İlk 1 Saniye: Tanrı Parçacığından Güneşe Evrenin Evrimi*, İstanbul: Asi Kitap, 2019.
- Alter Adam, *Irresistible: The Rise of Addictive Technology and the Business of Keeping Us Hooked*, New York: Penguin Publisher, 2017.
- Andrej A. Grib, Robert John Russel, Nancey MurphyVatican, *Quantum Cosmology Observer and Logic, Quantum Cosmology and the Laws of Nature, Scientific Perspective on Divine Action*, Observatery Berkeley: 1993.
- Anton Chekhov, *How To Write Like A Cekhov*, Edit: Piero Brunello, Çeviri: Lena Lencek, Philedelphia: Da Capo Press, 2008.

- Aubrey de Grey, Michael Rae, *Ending Aging: The Rejuvenation Breakthroughs That Could Reverse Human Aging in Our Lifetime*, New York: St. Martin's Griffin Publisher, 2008.
- Bartolomeo de las Casas, *Yerlilerin Gözyaşları: Yerlilerin Yok Edilişinin Kısa Tarihi*, Çev. Oktay Etiman, İmge Kitabevi, Ankara: 2011.
- Benjamin Farrington, *What Darwin Realty Said?*, Sphere Books, 1966.
- Bernard d'Espagnant, *Veiled Reality, An Analysis of The Present Day Quantum Mechanical Concepts*, New York: Addison Wesley Publisher, 1995.
- Brain Clegg, *30 Second Quantum Theory*, Tiflis: Prospero Books, 2014.
  Brain Clegg, *Quantum Age*, London: Icon Books, 2014.
  Brain Clegg, *Kuantum Çağı*, Çeviri: Samet Öksüz, İstanbul: Say Yayınları, 2016.
- Carl Sagan, Ann Druyan, *Atalarımızın Gölgesinde*, Çeviri: Ayça Türkkan, İstanbul: Say Yayınları, 2016.
- Charles Darwin, *The Descent of Man, and Selection in Relation to Sex*, London: John Murray Publisher, 1871.
- Charles Dickens, *A Tale of Two Cities*, Oxford: Oxford University Press, 2000.
- Danah Zohar, *Kuantum Benlik*, Çeviri: Seda Kervanoğlu, İstanbul: Ayrıntı Yayınları, 2014.
- Dante, *İlahi Komedya* (Cennet Bölümü), Çeviri: Rekin Tekinsoy, İstanbul: Oğlak Yayınları, 2013.
- David J. Chalmers, *The Conscious Mind. In Search of a Fundamental Theory*, Oxford: University Press, 1997.
- David Eagleman, *Incognito: Beynin Gizli Hayatı*, Çeviri: Zeynep Arık Tozar, İstanbul: Domingo Yayınları, 2013, 2016.
- Dean Rickles, *A Brief History of String Theory: From Dual Models to M-Theory*, New York: Springer Publisher, 2014.
- Ed Regis, *The Biology of Doom: America's Secret Germ Warfare Project*, New York: Henry Holt Publisher, 2000.
- Edward F. Kelly, Adam Crabtree, Paul Marshall, *Beyond Physicalism: Reconcilation of Science and Sprituality*, London: Rowman & Littlefield Publisher, 2015.
- Emily Dickinson, *Complete Poems*, New York: Faber&Faber Publisher, 2016.

- Ervin Laszlo, *The Cennectivity Hypothesis: Fountations of an Integral Science of Quantum, Cosmos, Life, and Consciousness*, Albany: State University of New York Press, 2003, s.108.
- George Gamow, *The Creation of the Universe*, New York: The Viking Press, 1952.
- Hans Moravec, *Robot: Mere Machine to Transcendent Mind*, New York: Oxford University Publisher, 1999.
- Helen Dukas, Banesh Hoffman, *Albert Einstein, the Human Side: New Glimpses from His Archives*, Princeton: University Press, 1981.
- Henry M. Morris, *Scientific Creationism*, California: Master Books, 1985.
- Ian Barbour, *Hen Science Meet Religion*, New York: Harper Collins Publisher, 2000.
- Jean Jacques Rousseau, *Discourse on the Origin of Inequality*, Dover Publisher, 2004.
  Jean Jacques Rousseau, *The Social Contract*, Çeviri: Maurice Cranston, I. Kitap. I. Bölüm, London-New York: Penguin, 2006.
  Jean Jacques Rousseau, *Toplum Sözleşmesi*, Çeviri: Vedat Günyol, İstanbul: İş Bankası Kültür Yayınları, 2006.
  Jean Jacques Rousseau, *Eşitsizliğin Kökeni*, Çeviri: Aziz Yardımlı, İstanbul: İdea Yayınları, 2011.
- Jaume Navarro, *A History of The Electron*, Cambridge: University Press, 2012.
- John Polkinghorne, *Quantum Physics and Theology: An Unexpected Kinship*, Yale: University Press, 2008.
- Johnjoe McFadden, *Quantum Evolution*, London: Harper Collins Publisher, 2000.
- Jim Al-Khalili, John Joe Mc Faddlen, *Kuantum Sınırında Yaşam*, Çeviri: Şiirsel Taş, İstanbul: Domingo Yayınları, 2016.
- J. E. McGuire, Martin Tamny, *Certain Philosophical Questions: Newton's Trinity Notebook*, Cambridge: University Press, 1983.
- J. R. Eaton, *Electrons, Neutrons, Protons in Engineering*, London-New York: Pergamom Press, 1966.
- Joseph McMoneagle, *Memoirs of a Psychic Spy: The Remarkable Life of U.S. Government Remote Viewer 001*, Charlottesville VS: Humpton Roads Publisher, 2006.
- Joseph Polchinski, *String Theory: Volume I-II.*, Cambridge: University Press, 1998.
- Kenneth W. Ford, *101 Soruda Kuantum*, Alfa Kitap, 2011.

- Kerem Cankoçak, *Cern ve Büyük Patlama*, İstanbul: Asi Kitap, 2019.
- Leon Lederman, Dick Teresi, *The God Particle*, New York: First Mariner Books, 2006.
- Lyn Bunchanan, *The Seventh Sense*, New York: Praview Pocket Books, 2003.
- Lynn Margulis, Dorion Sagan, *Doğanın Doğası*, Çeviri: Avni Uysal, Gizem Uysal, İstanbul: Ginko Bilim Yayınları, 2018.
- Marcus Chown, *Atomların Dansı*, Çeviri: İmge Tan, İstanbul: Alfa Kitap, 2016.
- Marie Winn, *The Plug-in Drug: Television, Computers and Family Life*, New York: Penguin, 2002.
- Martin Ford, *Rise of The Robots*, New York: Basic Books, 2015.
- Martin Rees, *Our Final Century: Will the Human Race Survive the Twenty-first Century?*, U.K-Eastbourne: Gardners Books, 2004.
- Max Born, *The Born-Einstein Letters*, Çeviri: İrene Born, New York: Walker and Company, 1971.
- Max Weber, *Economy and Society: An Outline of Interpretive Sociology*, Bölüm I., California: University of California Press, 1978.

  Max Weber, *Sosyoloji Yazıları*, Çeviri: Taha Parla, İstanbul: Hürriyet Yayınları, 1987.
- Michio Kaku, *Geleceğin Fiziği: 2100 Yılına Kadar Bilim İnsanlığın Kaderini ve Günlük Yaşamımızı Nasıl Şekillendirecek?*, Çevirenler: Yasemin Saraç Oymak, Hüseyin Oymak, Ankara: ODTÜ Yayınları, 2016.

  Michio Kaku, *Physics of The Future: E How Science Will Shape Human Destiny and Our Daily Lives by the Year 2100*, New York: Anchor Books, 2012.
- M. J. Behe, *Darwin'in Kara Kutusu*, Çeviren: Burcu Çekmece, İstanbul: Aksoy Yayıncılık, 1998.
- Nurdoğan Rigel, Gül Batuş, Güleda Yücedoğan, Barış Çoban, *Kadife Karanlık - 21.Yüzyıl İletişim Çağını Aydınlatan Kuramcılar*, İstanbul: Su Yayınevi, 2005.
- Olen Gunnlaugson, Edward W. Sarath, *Contemplative Learning and Inquiry Across Disciplines*, Alnaby: State University of New York Press, 2014.
- Prof. Dr. Cengiz Yalçın, *Kuantum*, Ankara: Akılçelen Yayınları, 2015.

- Prof. Dr. Selim Şeker, *5G Nesnelerin İnterneti ve Sağlığımız*, İstanbul: Hayy Yayınları, 2018.
- Rachel Carson, *Sessiz Bahar*, Çeviri: Çağatay Güller, Ankara: Palme Yayınları, 2004.
- Ray Kurzweil, *The Age of Spiritual Machines: When Computers Exceed Human Intelligence*, NewYork: Viking, 1999.

  Ray Kurzweil, *The Singularity is Near: When Humans Transcend Biology*, London-New York: Viking-Penguin Books, 2006.

  Ray Kurzweil, *How to Create a Mind: The Secret of Human Thought Revealed*, Viking-Penguin Publisher, 2012.

  Ray Kurzweil, *Bir Zihin Yaratmak*, Çeviri: Dilara Gostolüpçe, İstanbul: Bilgi Üniversitesi Yayınları, 2015.

  Ray Kuzweil, *İnsanlık 2.0 Tekilliğe Doğru Biyolojisini Aşan İnsan*, Çeviri: Mine Şengel, İstanbul: Alfa Kitap, 2016.
- Richard Dawkins, *A Devil's Chaplin: Reflections on Hope, Lies, Science and Love*, New York: Mariner Books, 2004.
- Richard Dawkins, *The Selfish Gene*, London: Oxford University Press, 1976.
- Richard Feynman, *The Character of Physical Law*, Cambridge: Massachusetts Press, 1995.
- Richard Louv, *Last Child in the Woods,* New York: Workman Publisher, 2005.
- Richard P. Feyman, R. B Leighton, M. L. Sands, *The Feyman Lectures on Physics*, New York: Addison-Wesley Pubisher, 1964.
- Robert B. Edgerton, *Hasta Toplumlar*, Çeviri: Harun Turgut, Ankara: Buzdağı Yayınları, 2016.
- Robert H. Latiff, *Future War: Preparing for the New Global Battlefield* New York: A. A. Knopf, 2017.
- Robert John Russel, Nancy Murphy, C. J. Isham, *Logic Quantum Cosmology and the Laws of Nature*, Vatican: Observatory Berkeley, 1993.
- Robert Lanza, Bob Berman, Biocentrism: *How Life and Consciousness are the Keys to Understanding the True Nature of the Universe*, Dallas: BenBella Books, 2010.
- Robert B. Edgerton, *Hasta Toplumlar*, Çeviri: Harun Turgut, Ankara: Buzdağı Yayınları, 2019.
- Robert Gilmore, *Alice in Quantumland*, New York: Springer Verdag Publisher, 1995.

- Robert Lanza, Bob Berman, *Biocentrism: How Life and Consciousness are the Keys to Understanding the True Nature of the Universe*, Dallas: BenBella Books, 2010.
- Roger Penrose, *The Emperor's New Mind*, Oxford: University Press, 1989.
- Rolf Froboese, *The Secret Physics of Coincidence: Quantum Phenomena and Fate-Can Quantum Physics Explain Paranormal Phenomena?*, Books on Demand Publisher, 2012.
- Stephen Hawking, *Zamanın Kısa Tarihi*, Çeviri: Dr. Sabit Say, Murat Uraz, İstanbul: Milliyet Yayınları, 1988.
  Stephen Hawking, Roger Pennrose, *The Nature of Space and Time*, Oxford: Princeton University Press, 1996.
- Talat S. Halman, *Eski Mısır Şiiri*, Türkiye İş Bankası Yayınları, 1972.
- Thomas Hobbes, *Leviathan*, New York: Penguin Publisher, 1985.
  Thomas Hobbes, *Leviathan* Çeviren: Semih Lim, İstanbul: Yapı Kredi Yayınları, 2004.
- Yuval Noah Harari, *21. Yüzyıl İçin 21 Ders*, Çeviri: Selin Siral, İstanbul: Kolektif Yayınları, 2018.
  Yuval Noah Harari, *21 lessons fo the 21 Century*, London: Jonathan Cape Publisher, 2018.
  Yuval Noah Harari, *Homo Deus: A Brief History of Tomorrow*, London: Penguin Books, 2016.
  Yuval Noah Harari, *Homo Deus*, Çevirmen: Poyzan Nur Taneli, İstanbul: Kolektif Kitap, 2016.
- Werner Heisenberg, *Physics and Beyond*, New York: Harper&Row, 1971.

DERGİ/GAZETE YAZILARI
- Aaron Kuriloff, "Taking Stock of the World's Debt", *The Wall Street Journal*, 02.01.2019.
- Aaron Saenz, "Making Predictions for the Year 2030", Singularity Hub, 30.01.2011.
- Aaron Task, "Americans We Are Livin in a Fool's Paradise, That's Gone Forever Soros Says", Yahoo Finance, 09.04.2009.
- A. Balmori, "Electromagnetic Pollution From Phone Masts. Effects on Wildlife Pathophysiology", *Electromagnetic Fields (EMF) Special Issue*, 2009, vol.16, no.2-3, p.191-199.
- A. Chodos, "The Neutrino as a Tachyon", *Physics Letters*, 1985, vol.150, no.6, p.431-435.

- Adam Vaughan, "Elimination of Food Waste Could Lift Out of Hunger, Say Campaigners: Excessive Consumption in Rich Countries 'Takes Food Out of Mouths of Poo' by Inflating Food Prices on Global Market", *The Guardian*, 08.09.2009.
- Albert Einstein, B. Podolsky, N. Rosen, "Can Quantum-Mechanical Description of Physical Reality Be Considered Complete?", *Physical Review Journal*, 15.05.1935.
- Alex E. Pozhitkov, Rafik Neme, Tomislav, "Tracing The Dynamics of Gene Transcripts After Organismal Death", *Open Biology*, 01.01.2017.
- Alex Ward, "Why America Doesn't Win Wars Anymore", *Vox*, 23.08.2018.
- Alexander Lerchl, Melanie Klose, Karen Grote, "Tumor Promotion by Exposure to Radiofrequency Electromagnetic Fields Below Exposure Limits for Humans", *Biochemical and Biophysical Research Communications*, April 2015, vol.459, no.4, p.585-590.
- Adam Alter, "Tech Bigwigs Know How Addictive Their Products Are, Why Don't the Rest of Us?", *Wired*, 24.03.2017.
- Alicia McMullen, "Forget Oil, the New Global Crisis Is Food", *Financial Post*, 07.01.2008.
- Alyson Shontell, "A Comment About Artificial Intelligence Left Elon Musk Frozen On Stage", *Business Insider*, 27.10.2014.
- Amanda Sharkey, "Autonomous Weapons Systems, Killer Robots and Human Dignity", *Ethics and Information Technology*, December 2018, p.1-13.
- Andrei Linde, "The Self-Reproducing Inflationary Universe", *Scientific American*, November 1994, p.48-55.
- Anderson D. S., Sydor M. J., Fletcher P., Andrij Holan, "The Risks and Benefits for Medical Diagnosis and Treatment", *Journal of Medicine&Nanotechnology*, 28.07.2016.
- Andy McSmith, "A World of Troubles All Made in England", *The Independent*, 07.04.2011.
- Anton Kardashov, "Richest 3% Russians Hold 90% of Country's Financial Assets-Study", *The Moscow Times*, 12.04.2019.
- Antonio Pietroiusti, Helene Stockmann, Juvala-Kai Savolaine, "Nanomaterial Exposure, Toxicity and Impact on Human Health", *Wires, Nanomedicine and Nanobiotechnology*, 28.02.2018.
- Anthony Gucciardi, "Bill Gates Foundation Funded Approval of Genetically Modified Mosquitoes", *Shatter Limits News*, 06.01.2010.

- Arjun Walia, "5G Is The Stupidest Idea In The History of The World", *Collective Evolution*, 19.02.2019.
- Arjun Walia, 5G Is The "Stupidest Idea In The History of The World", Collective Evolution, 19.02.2019.
- Aristos Georgiou, "Human Did Not Evolve From a Single Population in Africa Researchers Sats", *Newsweek*, 11.07.2018.
- Arthur Firstenberg, "Petition: 26,000 Scientists Oppose 5G Roll Out", *Principia Scientific*, 09.01.2019.
- Aylin Çalışkan, Joanna J. Brayson, Arvind Narayanan, "Semantics Derived Automatically From Language Corpora Contain Human-like Biases", *Science*, 2017, vol.356, no.6334, p.183-186.
- Bernardo Kastrup, "Physics is Pointing Inexorably to Mind", *Scientific American*, 25.03.2019.
- Bernt Bratsberg, Ole Rogeberg, "Flynn Effect and Its Reversal are Both Environmentally Caused", *PNAS*, June 2018, vol.115, no.26, p.6674-667.
- Betty Liu, "Tesla's Elon Musk: We're 'Summoning The Demon' With A.I.", *The Telegraph*, 28.10.2014.
- Borbely, A. A., R. Huber, T. Graf, B. Fuchs, E. Gallmann, and P. Achermann, "Pulsed High Frequency Electromagnetic Field Affects Human Sleep and Sleep Electroencephalogram", *Neuroscience Letters*, 1999, no.275, p.207-210.
- Brady Hartman, "Google Futurist Ray Kurzweil Hacks His Body With These" *Longevity Facts*, 12.08.2017
- Bryce Seligman DeWitt, "Quantum Mechanics and Reality: Could The Solution To The Dilemma of Indeterminism be a Universe In Which All Possible Outcomes of an Experiment Actually Occur?", *Physics Today*, September 1970, no. 23, p.30-40.
  Bryce Seligman DeWitt, R. Neill Graham, *The Many Worlds Interpretation of Quantum Mechanics, Princeton Series in Physics*, Princeton University Press, 1973.
- Bud Meyers, "CEO's and their PayPals", *The Economic Populist*, 15.02.2014.
- Camilo Mora, Derek P. Tittensor, Sina Adl, Alastair G. B. Simpson, Boris Worm, "How Many Species Are There on Earth and In The Ocean?" *PLOS Biology*, 23.08.2011.
- Carmen I. Moraru, "Nanotechnology: A New Frontier, in Food Science", *Food Technology*, December 2003, vol.57, no.12, p.25.
- Carole Cadwaller, "Are The Robots About The Rise?", *The Guardian*, 22.02.2014.

- Chad Orzel, "What Has Quantum Mechanics Ever Done For Us?", *Forbes*, 13.08.2015.
- Christie Vilcox, "Evolution Out Of The Sea", *Scientific American*, 28.06.2012.
- Claudia Dreyfus, "The Life and The Cosmos; Word by Painstaking Word", *New York Times*, 09.05.2011.
- Chris Weller, "I Talked With a Real Life Cyborg and Now I'm Convinced Cyborgism Is The Future", *Business Insider*, 01.12.2016.
- Christina Gregory, "Internet Addiction Disorder: Signs, Symptoms, Diagnosis and Treatments for Those Who May be Addicted to The Web on Their PC or Smart Phone", *Psycom*, 04.03.2019.
- Christianna Reedy, "Kurzweil Claims That the Singularity Will Happen by 2045", *Future Society*, 05.10.2017.
- Christina Troitino, "Meet The World's First Fully Automated Burger Robot: Creator Debuts The Big Mac Killer", *Forbes*, 21.06.2018.
- D. Amoroso, G.Tamburrini, "The Ethical and Legal Case Against Autonomy in Weapons Systems", *Global Jurist*, 2017. https://doi.org/10.1515/gj-2017-0012
- Danielle Muoio, "The 6 Craziest Robots Google Has Acquired", *Business Insider*, 09.04.2016.
- Danios Wrote, "America Has Been at War 93% of the Time - 222 out of 239 Years - Since 1776", *Global Research*, February 2015.
- Dara Horn, "The Man Who Want Tol Ive Forever", *New York Times*, 01.08.2016.
- David Abel, "Stephen Hawking Casts Some Light On Black Holes", *Global*, 18.04.2016.
- David J. A. Jenkin, J. David Spence, Edward L. Giovannucci, "Supplemental Vitamins and Minerals for CVD Prevention and Treatment", *Journal of the American College of Cardiology*, 22.06.2018.
- David Nield, "We Can Now Harvest Electricity From Earth's Heat Using Quantum Tunnelling", *Physics*, 08.02.2018.
- Davide Castelvecchi, "Next-generation LHC: CERN Lays Out Plans For €21-billion Supercollider", *Nature*, 15.01.2019.
- David J. Chalmers, "The Singularity: A Philosophical Analysis", *Journal of Consciousness Studies*, 2010, no.17, p.7-65.
- Doç. Dr. Özden Arısoy, "İnternet Bağımlılığı ve Tedavisi, Psikiyatride Güncel Yaklaşımlar-Current Approaches in Psychiatry", 2009, vol.1:55-67, p.57-58.

- Dominic Basulto, "Why Ray Kurzweil's Predictions Are Right 86% of The Time", *Big Think*, 13.12.2012.
- Dominique Patton, "No Nano In Organic Foods, Says UK Certifier", *Decision News Media*, 16.01.2008.
- Don Reisinger, "A.I Expert Says Automation Could Replace 40% of Jobs in 15 Years", *Fortune*, 10.01.2019.
- Eleanor M. L. Scerri, Mark G. Thomasü Andrea Manicca, "Did Our Species Evolve in Subdivided Populations Across Africa and Why Does it Matter?", *Trends in Ecology&Evolution*, 11.07.2018.
- Elizabeth A. Vandewater, David S. Bickham, June H. Lee, "Always On Heavy Television Exposure and Young Children's Development", *American Behavioral Scientist*, January 2005, vol. 8, no.5, p.562-577.
- E. Manfred, Clynes, Nathan S. Kline, "Cyborgs and Space", *Astronautics*, September 1960.
- Eric Hobsbawm, "Socialism Has Failed. Now Capitalism is Bunkrupt. So What Comes Next?" *The Guardian*, 10.04.2009.
- Fan Chen, Mengxi Du, Jeffrey B. Blumberg, Kenneth Kwan Ho Chui, "Association Among Dietary Supplement Use, Nutrient Intake and Mortality Among U.S. Adults: A Cohort Study", *Annals of International Medicine*, 09.04.2019.
- Francis Crick, "Thinking About The Brain", *Scientific American*, September 1979, vol.241.
- Faruk Levent, "Elektromanyetik Alanın Dikkat Eksikliği Hiperaktivite Bozukluğunun Etiyolojisi ve Seyri Üzerine Etkileri", *New Symposium Journal*, Temmuz 2011, cilt 49, sayı 3.
- Gabriela Barreto Lemos, Victoria Borish, Garrett D. Cole, "Quantum Imaging With Undetected Photons", *Nature*, 28.08.2014.
- Gaurav Khanna, "May be You Really Can Uze Black Holes to Travel Universe", *Discover*, 25.01.2019.
  Gaurav Khanna, "Rotating Black Holes May Serve As Gentle Portals for Hyperspace Travel", *The Conversation*, 09.01.2019.
- G. Benford, D. Book, W. Newcomb, "The Tachyonic Antitelephone", *Physical Review*, 1970, vol. 2, no.2, p.263-265.
- Georgia Miller, Scott Kinnear, "Nanotechnology: The New Threat to Food", www.nano.foe.org.au/node/198
- G. Feinberg, "Possibility of Faster-Than-Light Particles", *Physical Review*, 1967, vol.159, no.5, p.1089-1105.
- G. Jayaswala, A. Belkadib, A. Meredova, B. Pelzb, G. Moddelb, A. Shamim, "Optical Rectification Through an Al_2O_3 based MIM

Passive Rectenna at 28.3 THz", *Meterialstoday Energy*, March 2018, vol.7, p.1-9.

- G. Paul Allen, "The Singularity Isn't Near", *Technology Review*, 12.10.2011.

- Gopala K. Anumanchipalli, Josh Chartier & Edward F. Chang, "Speech Synthesis From Neural Decoding of Spoken Sentences", *Nature*, 2019, vol.568, p.493-498.

- Gorenjak V., Akbar S., Stathopoulou M. G., Visvikis-Siest S., "The Future of Telomere Length In Personalized Medicine", *Frontiers Bioscience*, March 2018.

- Goose, S. "The Growing International Movement Against Killer Robots", *Harvard International Review*, 17.05.2018.

- Henry Blodget, "Guess How Much Google Futurist Ray Kurzweil Spends on Food That Will Make Him Live Forever?", *Business Insider*, 13.04.2015.

- H. B. Arberelli, Zoe Martell, "Florida Dengue Fever Outbreak Leads Back to CIA and Army Experiments", *Truthout News*, 21.07.2010.

- H. Dieter Zeh, "On the Interpretation of Measurement in Quantum Theory", *Foundations of Physics*, 1970, vol.1, p.69-76.

- Hervé Guyomard, Agneta Forslund, "Hungry for Land? Potential Availability of Arable Land, Competition Between Alternative Uses and the Impact of Climate Change", Paris Tech Review, 03.03.2011.

- Hugh Everett, "Relative State Formulation of Quantum Mechanics", *Review of Modern Physics*, 1957, no.29, p.454-462.

- I. Christian, Penaloza-Shuichi Nishio, "BMI Control of a Third Arm for Multitasking", *Science Robotics*, 25.07.2018.

- Ian Sample, "Anything But The God Particle", *The Guardian*, 29.05.2009.

- India Sturgis, "7 Everyday Ways You Are Ruining Your IQ", *The Telegraph*, 30.07.2015.

- Irving John Good, "Speculations Concerning the First Ultraintelligent Machine", Advances in Computers, 1966, vol.6, p.31-88.

- Jamie Farnes, "A Unifying Theory of Dark Energy and Dark Matter: Negative Masses and Matter Creation Within a Modified ΛCDM Framework", *Astronomy&Astrophysics*, vol.620, December 2018.

- Jamie Farnes, "Bizarre 'Dark Fluid' With Negative Mass Could Dominate The Universe What My Research Suggests", The Conversation, 05.12.2018.
- Jane Wakefield, "Children Spend Six Hours or More A Day On Screens", *BBC News*, 27.03.2015.
- Jason Jeffrey, "Eartquakes: Natural or Man-Made?", *News Dawn Magazine*, November-December 1999.
- Jeff Cox, "Global Debt Is Up 50% Over The Past Decade, But S&P Still Says Next Crisis Won't Be As Bad", Bloomberg, 12.03.2019.
- Jelena Kolosnjaj Tabia, "Anthropogenic Carbon Nanotubes Found in the Airways of Parisian Children", *The Lancet*, December 2015, vol.2, no.11, p.1697-1704.
- Jeremy Howell, "Electronics Boss: You Need to Think 10 Years Ahead", *BBC News*, 13.08.2018
- Jim Edwards, "Positive ID's Latest Human Chip Impmant Scare Story: Medical Identity Theft", *CBS News*, 06.04.2010.
  Jim Edwards, "Your Medical Reports: Soon to be Held by Ransom by a Chip- Implant Maker", *CBS News*, 13.10.2013.
- Jim Young, "AT&T Plans 5G Network Trial for DirecTV Customers", Reuters, 04.01.2017.
- Jody McCutcheon, "Frightening Frequencies: The Dangers of 5g & What You Can Do About The", *Eluxe Magazine*, 30.01.2019.
- John Noughton, "If Tech Experts Wory About Artificial Intelligence, Shouldn't You?", *The Guardian*, 16.12.2018.
- John Rennie, "The Immortal Ambitions of Ray Kurzweil: A Review of Transcendent Man", *Scientific American*, 15.02.2011.
  John Rennie, "Ray Kurzweil's Slippery Futurism", *IEEE Spectrum*, 29.11.2010.
- Joe Pinkstone, "Killer Robots That Are Incapable of Telling The Difference Between Innocent Civilians and Enemies Could Be On Battlefields Within A Year", *Mail Online*, 11.04.2018.
- Jon Henley, "Richar Louv: Let Them Climb Trees", *The Guardian*, 05.06.2010.
- Jonathan O'Callaghan, "Schrödinger's Bacterium Could Be a Quantum Biology Milestone", *Scientific American*, 29.10.2018.
- Josh del Sol Beaulieu, "Brussels Becomes First Major City to Halt 5G Due to Health Effects", *Global Research*, 03.04.2019.
- Kastalia Medrano, "Where Do You Go When You Die? The Increasing Signs That Human Consciousness Remains After Death", *Newsweek*, 02.10.2018.

- Katherine Kornei, "Synopsis: Still Waiting For Electron Decay", *Physics/Physical Review Letters*, 03.12.2015.
- Katherine Nightingale, "GM Mosquito Wild Release Takes Campaigners By Surprise", SciDev.Net, 11.11.2010.
- Katie Haggerty, "Adverse Influence of Radio Frequency Background on Trembling Aspen Seedlings: Preliminary Observations", *International Journal of Forestry Research*, 2010, Article ID 836278.
- Lai H, "Singh NP. Melatonin and A Spin-trap Compound Block Radiofrequency Electromagnetic Radiation-Induced DNA Strand Breaks In Rat Brain Cells", *Bioelectromagnetics* 1997, no.18, p.446-54.
- L. J. Devon, "Developing Mechanically Augmented 'Super Soldiers' Using Motorized Exoskeletons", *Natural News-Waking Science*, 17.09.2016.
- L. Joseph, M. Bower-Clayton, Christensen, "Disruptive Technologies: Catching the Wave", *Harward Business Review*, January-February 1995.
- Lynn Margulis "On the Origin of Mitosing Cells", *The Journal of Theoretical Biology*, March 1967, no.14(3), p.255-274.
- M. Clavton, Christensen Michael, E. Ravnor-Rovry McDonald, "What Is Distruptive Innovation?", *Harward Business Review*, December 2015.
- Marit Ilves, Sara Vilske, Kukka Aimonen, "Nanofibrillated Cellulose Causes Acute Pulmonary Inflammation That Subsides Within A Month", *Nantocicology*, 2018, vol.12, no.7, p.729-746.
- Marletto, "C-D M Coles- T Farrow- V. Vedral, Entanglement Between Living Bacteria and Quantized Light Witnessed By Rabi Splitting", *Journal of Physics Communications*, 2018, vol.2, no.10.
- Mark A. Rubin, "Locality in the Everett Interpretation of Heisenberg-Picture Quantum Mechanics", *Foundations of Physics Letters*, 2001, no.14, p.301-322.
- Maria Cheng, "GM Mutant Mosquitoes Fight Dengue Fever In Cayman Islands, But Experiment Could Wreak Havoc On Environment, Critics Say", *Huffington Post*, 11.11.2010.
- Mart Drake, "Killer 5 G warning", *Daily Star*, 04.02.2019.
- Martin L. Pall, "Microwave Frequency Electromagnetic Fields (EMFs) Produce Widespread Neuropsychiatric Effects Including Depression", *Journal of Chemical Neuroanatomy*, 2016, no.75, p.43-51.

- Martin, R. Aidan. , "The Earliest Sharks", ReefQuest Centre for Shark Research, 10.02.2009.
- Martin Rees "Exploring Our Universe and Others", *Scientific American* December 1999, p.78-83.
- Masood A. Shammas, "Telomeres, Lifestyle, Cancer and Aging", *Current Opinion in Clinical Nutrition&Metabolic Care*, January 2011, no.14(1), p.28-34.
- Matt Weinberger, "The Smartphone Is Eventually Going To Die and Then Things Are Going To Get Really Crazy", *Business Insider*, 02.04.2017.
- Mathew Lew, "Water War Could Erupt In Coming Decades, Says U.S. Intel Report", *Huffington Post*, 22.03.2012.
- Mattha Busby, "Killer Robots: Pressure Builds For Ban As Governments Meet", *The Guardian*, 09.04.2018.
- Max Tegmark, "Parallel Universes", *Scientific American*, May 2003, p.41-53.
- Matthew Gentzkow (University of Chicago), Jesse M. Shapiro (University of Chicago), "Does Television Rot Your Brain?", *NBER Working Paper*, February 2006, no.12021, JEL no. I21, J13, J24.
- Maureen Dowd, "Ellon Musk's Billion Dollar Crusade To Stop The A.I Apocalypse", *Vanity Fair*, April 2017.
- Megan Hill, "Dublin Brothel Rents Out 32E Sex Doll For £80 An Hour and 'Passion Dolly' Gets Scores of Visitors Every Week", *The Sun*, 09.07.2017.
- Mercenary Trader, "What If de Grey and Kurzweil are Half Right?", *Business Insider*, 09.05.2014.
- Michael A. Woodley, Jante Nijenhuis, Raegan Murphy, "Were The Victorians Cleverer Than Us?", *Intelligence*, November-December 2013, vol.41, no.6, p.843-850.
- Michael Byrne, "Einstein's Letter To Roosevelt: Why We Created the Atomic Bomb", *Vice-Motherboard*, 06.08.2010.
- Michael W.Grey, "Lynn Margulis and the endosymbiont hypothesis: 50 years later", *Molecular Biology of the Cell*, May 2017, no.28(10), p.1285-1287.
- Michael Savage, "Richest 1% on Target To Own Two Thirds of All Welth By 2030", *The Guardian*, 07.04.2018.
- Michio Kaku, "4 Things That Currently Break the Speed of Light Barrier", Big Think, 09.09.2010.
- Miriam Fisher, "Radiofrequency Expert Warns 5G Radiation Could Be Carcinogenic", *The West Australian*, 15.02.2019.

- Nalan Koçak, "Zeka Batı'da Azalıyor Doğu'da Artıyor", *Haber Türk*, 18.06.2018.

- P. Asaro, "On Banning Autonomous Lethal Systems: Human Rights, Automation and The Dehumanizing of Lethal Decision-making, Special Issue On New Technologies and Warfare", *International Review of the Red Cross*, 2012, no.94 (886), p.687-709.

- P. A. Kokate, A. K. Mishra, "Exteremly Low Frequency Electromagnetic Field and Childhood Leukamia Near Transmission Lines: A Review", *Advanced Electromagnetics*, April 2016, vol.5, no.1.

- Patrick J. Coles, Jedrzej Kaniewski, Stephanie Wehner, "Equivalence of Wave Particle Duality To Entropic Uncertainty", *Nature Communications*, 2014, no.5, p.5814.

- Paul Partner, "In 1973, An MIT Computer Predicted When Civilization Will End", *Big Think*, 23.08.2013.

- Peera Wongupparajab, Rangsirat Wongupparajc, Veena Kumari, "The Flynn Effect For Verbal and Visuospatial Short-term and Working Memory: A Cross-temporal Ceta-analysis", *Intelligence*, September 2017, vol.64, p.71-80.

- Peter D. Hart "Nanotechnology, Synthetic Biology&Public Opinion", Reaearch Associates, Washington, Inc. 22.09.2009, p.3.

- Peter Higgs, "Broken Symmetries, Massless Particles, and Gauge Fields", *Physics Letters*, 1964, no:12, p.132-133.
Peter Higgs, "Broken Symmetries and the Masses of Gauge Bosons", *Physical Review Letters*, 1964, no:13, p.508-509.

- Phoebe Parke, "More Africans Have Access To Cell Phone Service Than Piped Water", *CNN*, 19.01.2016.

- Pieter E. Vermaas, "The Societal Impact of the Emerging Quantum Technologies: A Renewed Urgency To Make Quantum Theory Understandable", *Ethics and Information Technology*, December 2017, vol.19, p.241-246.

- Prof. Igor Litvinyuk, Prof. Robert Sank (Center for Quantum Dynamics), "Measuring Tunneling Time-physicists Solve Great Mystery of the Quantum World", *Griffith University-Griffith News*, 19.03.2019.

- Prof. Rafi Letzter, "Aliens Might Shoot Lasers at Black Holes to Travel the Galaxy", *Live Science*, 15.03.2019.

- Ray Kurzweil, "Bring On The Nanobots and We Will Live Long and Prosper", *The Guardian*, 22.11.2007.

- Richard Gray, "Forget Black Holes! Women Are The Biggest Mystery In The Universe, Claims Stephen Hawking", *Mail Online*, 01.02.2016.
- Richard Panek, "Dark Energy: The Biggest Mystery in the Universe", *Smithsonian Magazine*, April 2010.
- Robison J. G., Pendieton A. R., Monson K. O., Murray B. K., O'neill K. L., "Decreased DNA Repair Rates and Protection From Heat Induced Apoptosis Mediated By Electromagnetic Field Exposure", *Bioelectromagnetics*, 2002, no.23(2), p.106.
- Roger Highfield, "Colonies In Space May Be Only Hope, Says Hawking", *Daily Telegraph*, 16.10.2001.
- Rory Cellan, "Stephen Hawking Warns Artificial Intelligence Could End Mankind", *BBC News*, 02.12.2014.
- Salart D., Baas A., Branciard C., Gisin N., Zbinden H., "Testing The Speed of Spooky Action at A Distance", *Nature*, Agust 2008, vol.14, no.454 (7206), p.861.
- Sally Adee, "We Seem to be Getting Stupider and Population Ageing May Be Why", *New Scienrist*, 08.09.2017.
- Sam Wong, "Carbon Nanotubes Found In Children's Lungs For The First Time", *New Scientist*, 21.10.2015.
- Sarah Griffiths , "Are We Becoming More Stupid? IQ Scores Are Decreasing", *Mail Online*, 21.08.2014.
- S. Cucurachi, W. L. M. Tamis, M. G. Vijver, M. Peinjenburg, J. F. B. Bolte, G. R. de Snoo, "A Review of Ecological Effects of Radio Frequency Electromagnetic Fields (RF-EMF)", *Environment, International*, January 2013, no.51, p.116-140.
- Sean Martin, "We Need To Leave Earth or Humanity Will Die, Warns Stephen Hawking", *Express*, 15.11.2011.
- Shawn Radcliffe, "Robert Lanza: Consciousness Is the Key to Understanding Reality", *Sience&Monduality*, 17.09.2015.
- Shivali Best, "Humans Will Not Survive Another 1,000 Years on Earth, Says Stephen Hawking", *Daily Mail*, 15.11.2016.
- Simon Hattenstone, "The End of the World As We Know It (Mertin Rees Interwiev)", *The Guardian,* 24.03.2003.
- Somosy Z., "Radiation Response of Cell Organelles", *Micron*, 2000, no.31.
- Stephen Hawking, "I Think The Human Race Has No Future If It Doesn't Go To Space", *The Guardian*, 26.09.2016.
  Stephen Hawkings, "This Is The Most Dangerous Time For Our Planet", *The Guardian*, 01.12.2016.
  Stephen Hawking, "We Must Leave", *Earth BBC News*, 02.05.2017.

- Stephen Marche, "America's Next Civil War", *The Walrus*, 12.03.2019.
- S. W. Hartings, Thomas Hertog, "A Smooth Exit From Eternal Inflation?", *Journal of High Energy Physics*, April 2018, no.147.
- Tai S. Reddy, J. Van der Vlies, Elenoara Simeoni, Veronique Angeli, Gwendalyn J. Randolph, "Exploiting Lymphatic Transport and Complement Activation In Nanoparticle Vaccines", *Nature*, 1.10.2007, p.1159-1164.
- Ted Friend, "Silicon Valley's Quest To Live Forever", *The New Yorker*, 27.03.2017.
- Tim Elmore, "Nomophobia: A Rising Trend in Students", *Psychology Today*, September 2014.
- Tyler Durden, "Global Debt Tops 244 Trillion Dollars As Nearly Half The World Lives On Less Than $5.50 A Day", *Zero Hege*, 18.01.2018.
- U. Satya Sainadh, Han Xu, Xiaoshan Wang, A. Atia-Tul-Noor, "Attosecond Angular Streaking and Tunnelling Time In Atomic Hydrogen", *Nature*, March 2019.
- Uzi Mahnaimi, "Israeli Gamma Pulse 'Could Send Iran Back To Stone Age'", *The Sunday Times*, 09.09.2012.
- Verrnor Vinge, "First Word", *Omni*, January 1983.
- Vicki Stone, Helinor Johnston, "What Are The Risks of Nanotech?", *The Guardian*, 28.03.2014.
- Vincent R. Johnson, "Commentary: Is Nanotechnology The New Asbestos?", *Stateman*, 28.12.2016.
- ..., "The Most Valuable Substances In The World By Weight", *The Telegraph*, 29.05.2018.
- ..., "Astronomers Find First Evidence of Other Universes", *MIT Technology Review*, 13.12.2010.
- ..., "Joint Press Release: Agricultura Familiar e Agroecologia (AS-PTA), Red América Latina Libre de Transgénicos (RALLT)", Third World *Network*, GeneWatch UK, 08.07.2014.
- ..., "GMO Mosquito Trial Has Reverse Effect Causes Dengue Emergency", *Activist Post*, 09.07.2014.
- ..., "Brian Barett, IBM Breakthrough Ensures Silicon Will Keep Shrinking", *Wired*, 06.05.2017.
- ..., "Gıdalar ve Nanoteknoloji", www.nanoturkiye.net/2009/02/25/gidalar-ve-nanoteknoloji/
- ..., "The Potential Risk Arising From Nanoscience and Nanotechnologies on Food and Safety", *The EFSA Journal*, 2009, no.958.
- ..., "The Risk of Nanotechnology for Human Health", *The Lancet*, April 2008, vol. 369, no.9568.

- ..., "Effects of Engineered Nanometerials in Human Immune System", *Life Science News*, 12.12.2018.
- ..., "Nanoparticle Exposure Can Awaken Dormant Viruses In The Lungs, Helmholtz Zentrum Muenchen-German Research Centre for Environmental Health", *Science Daily*, 16.01.2017.
- ..., "What are the Risks of the Development of Nanotechnology in Medicine?", *Just Science*, 13.12.2017.
- ..., "Slowbalisation: The Steam Has Gone Out of Globalisation", *The Economist*, 24.01.2019.
- ..., "Critical Moment For Sustainable Development, UN Chief Tells Major Financing Forum", *UN News*, 15.04.2019.

BİLDİRİLER/RAPORLAR

- Adam Ford, Vernor Vinge's First World on the Singularity, Singularity Summit Australia, Melbourn (18-19.08.2012) 14.08.2012.
- Cancer: The Health Risk Behind the Cosmeceutical Mask, Chicago, IL, October 6.10.2009, World-Wire www.healthy-communications.com/epstein10-masks.htm
- Cnaeus Julius Agricola, Çev. Alfred John Church, William Jackson Brodribb, Internet Ancient History Sourcebook, Bölüm:30, http://www.fordham.edu/halsall/ancient/tacitus-agricola.asp; http://classics.mit.edu/Tacitus/annals.html
- CERN, Our People, https://home.cern/about/who-we-are/our-people
- EPFL: "Ecole Polytechnique Federale de Lausanne"
- Fatih Mehmet Kılıç, Biyolojik Sistemlerde Kuantum Mekaniksel Tünelleme, Yüksek Lisans Tezi, Ankara Üniv. Fen Bilm Enst. Fizik Mühendisliği Anabilim Dalı, Ankara: 2005, s.10-15.
- Food Waste Around The World, Magnet, 27.02.2018.
- Generation M2: Media in the Lives of 8- to 18-Year-Olds, Kaiser Famil Foundation, Haziran, 2010. http://kff.org/other/event/generation-m2-media-in-the-lives-of/
- Janna Anderson, Lee Rainnie, "Artificial Intelligence and the Future of Humans", Pew Research Centre,10.12.2018.
- John Koetsier, Stephen Hawking Issues Stern Warning On AI: Could Be 'Worst Thing' For Humanity, 06.11.2017.
- John M. Grohol, FOMO Addiction: The Fear of Missing Out, Psych Central, 08.07.2018.
- Kadri Yakut, *Evrenin Evrimi*, Evrim VI. Uluslararası Sempozyumu Foça İzmir, 2008, s.306.
- Martin L. Pall, 5G: Great risk for EU, U.S. and International Health! Compelling Evidence for Eight Distinct Types of Great Harm

Caused by Electromagnetic Field (EMF) Exposures and the Mechanism that Causes Them, 17.05.2018.

- Mike Elgan, Why 5G will Disappoint Everyone", Computer World, 29.09.2018.
- Neutrinos sent from CERN to Gran Sasso respect the cosmic speed limit (Press release), CERN, 8.06.2012.
- NUS study: Nanoparticles may promote cancer metastasis, National University of Singapore (NUS) 01.02.2019
- 2016 Living Planet Report
http://awsassets.panda.org/downloads/lpr_2016_full_report_low_res.pdf
- Peter Phillips, Bridget Thornton, Lew Brown, "The Global Dominance Group and the US Corporate media", Seven Stories Press, 2006, http://www.projectcensored.org/wp-content/uploads/2010/05/Global_Dominance_Group.pdf
Peter Phillips - Lew Brown - Bridget Thornton, "Sonoma State University Project Censored", Media Freedom Foundation, December, 2006.
- Şule Kaplan, Tanju Karanfil, Mehmet Kitiş, Nano Materyallerin Potansiyel Çevresel Etkileri, 7. Ulusal Çevre Mühendisliği Kongresi Yaşam Çevre ve Teknoloji 24-27 Ekim 2007, İzmir, TMMOB Çevre Mühendisleri Odası.
- Teward Brand, Bruce Sterling-The singularity: your future as a black hole, The Long Now Foundation, 14.06.2004.
- Timur Karaçay, "Dünya Evrime Karşı: Evrim, Mantık, Matematik ve Felsefe", VI. Ulusal Sempozyumu, Foça-İzmir: 2008, s.33.
- Vernor Vinge, The Coming Technological Singularity: How to Survive in the Post-human Era, Whole Earth Review, 1993.
- William B. Schultz, Lisa Barclay, A Hard Pill to Swallow: Barriers to Effective FDA Regulation of Nanotechnology Based Dietary Supplements, Woodraw Wilson International Center for Scholars, 17 Haziran 2009 (Project on Emerging Nanotechnologies/PEW) Washington www.nanotechproject.org
- World Thinkers: 2015 Robert Lanza, Prospect, 16.02.2015.
- World Employment and Social Outlook: Trends 2018, International Labour Organization (ILO) Geneva: 2018 s.1, 8-10.
- http://www.mediafreedominternational.org/2009/09/21/us-electromagnetic-weapons-and-human-rights/.

DİZİN